GREGOR SCHÖLLGEN

KRIEG

GREGOR SCHÖLLGEN

KRIEG

HUNDERT JAHRE
WELTGESCHICHTE

Deutsche Verlags-Anstalt

Verlagsgruppe Random House FSC® N001967

1. Auflage
Copyright © 2017 Deutsche Verlags-Anstalt, München,
in der Verlagsgruppe Random House GmbH
Alle Rechte vorbehalten
Lektorat und Satz: Ditta Ahmadi, Berlin
Gesetzt aus der Adobe Jensen Pro
Bildbearbeitung: Aigner, Berlin
Umschlaggestaltung: Büro Jorge Schmidt, München
Umschlagmotiv: © Martyn Aim/Redux/laif
Druck und Bindung: GGP Media GmbH, Pößneck
Printed in Germany
ISBN 978-3-421-04767-0

www.dva.de

Dieses Buch ist auch als E-Book erhältlich.

Inhalt

Rückblick in die Gegenwart

Die Gegenwart ist eine Zumutung. Sie wartet nicht auf uns. Sie stemmt sich gegen ihre Entzifferung. Zu komplex, zu vielschichtig, zu undurchsichtig sind die zeitgleich ablaufenden Vorgänge. Will man sie entschlüsseln, hat man nur eine Chance: Man muss die Vergangenheit in den Blick nehmen. Wer das tut, findet sich unvermittelt in der Gegenwart wieder. Denn die erinnert frappierend an jene drei Jahrzehnte zwischen dem Ausbruch des Ersten und dem Ende des Zweiten Weltkriegs, als die Völker und Staaten der Erde versuchten, ihre historisch gewachsenen Konflikte mit buchstäblich allen Mitteln zu lösen. Mit dem Ende des zweiten dieser verheerenden Kriege gelangten sie 1945 – dezimiert und verwundet, ernüchtert und erschöpft – zu der Einsicht, dass sich ihre Gegensätze so nicht aus der Welt schaffen ließen.

Also blieben sie in der Welt – ungelöst und um neue vermehrt. Allerdings war die Menschheit nach dem monströsen letzten Krieg nicht mehr in der Lage, einen neuerlichen Waffengang von unbestimmter Länge zu wagen. Zudem zeichnete sich seit dem Abwurf von zwei Atombomben im August 1945 eine neue Dimension der Vernichtung ab. Daher einigten sich Sowjets und Amerikaner – noch vor dem Ende des Zweiten Weltkriegs und stellvertretend auch für andere – informell auf einen Waffenstillstand.

Er hielt beinahe 50 Jahre. Denn in Washington ahnte und in Moskau wusste man, dass eine Aufkündigung dieser Übereinkunft unweigerlich in die alten Konfliktlagen zurückführen musste. Dass einer der beiden Vertragspartner einmal ohne jede Vorankündigung und zudem noch mehr oder weniger geräuschlos aus der Weltgeschichte verschwinden könnte, kam niemandem in den Sinn. Mit der Implosion der Sowjetunion trat aber 1991 genau dieser Fall ein. Damit war der 1945 geschlossene Waffenstillstand hinfällig.

Besonders hart traf diese fundamentale Erschütterung der alles in allem bewährten Lage die Russen. Denn mit der Implosion der Sowjetunion fanden sie sich im Dezember 1991 dort wieder, wo sie gewesen waren, als die Bolschewiki im Oktober 1917 die Macht an sich gerissen und wenig später – geschlagen und gedemütigt – beim deutschen Kriegsgegner um Frieden nachgesucht hatten.

Wenige Ereignisse haben sich im russischen Bewusstsein so tief festgesetzt wie das Trauma von 1917. Zugleich hat kein zweites vergleichbares Ereignis das Weltgeschehen so tief und so nachhaltig beeinflusst wie der Putsch der Bolschewiki mit seinen mittelbaren und unmittelbaren Folgen. Die Bolschewiki waren nämlich die Ersten in der neueren Geschichte, die nicht nur einem lokalen, regionalen, nationalen oder internationalen Gegner den Krieg erklärten, sondern der Welt. Das lag an ihrem Anspruch, diese Welt nicht nur revolutionieren zu wollen, sondern sie revolutionieren zu müssen, wenn sie überleben wollten. Seither haben viele andere den Weg der Bolschewiki eingeschlagen, von denen die meisten gar nichts mit ihnen zu tun haben wollten. Die Putschisten von Sankt Petersburg ahnten nicht, dass sie Weltgeschichte schreiben würden. Aber sie taten es.

Mit diesem folgenreichen Kapitel beginnt das Buch. Es ist keine umfassende Geschichte der Weltpolitik eines Jahrhunderts. Die würde Bände füllen. Es ist das Porträt einer Welt, die seit 100 Jahren am Abgrund steht. Auch während des Kalten Krieges war das nicht anders. George Orwell, der ein schonungsloses Bild des bolschewistischen Terrors gezeichnet hatte, sprach im Oktober 1945 erstmals davon, dass mit dem Abwurf der beiden Atombomben ein »Kalter Krieg« begonnen habe. Und er sagte vorher, dass ein Friede kommen werde, »der kein Friede ist«.[1] Tatsächlich wurde der Waffenstillstand 1945 lediglich für einen Teil der Welt geschlossen. Nur die nördliche Hälfte des Globus – Europa, Nordamerika, außerdem einige Gebiete des pazifischen Raums – blieb während des folgenden halben Jahrhunderts vom heißen Krieg verschont.

Hingegen hat die südliche Halbkugel – oder die »Dritte Welt«, wie man sie damals nannte – auch in dieser Epoche Dutzende von Kriegen aller Art gesehen: Dekolonisierungs- und Befreiungskriege,

Bürger- und Guerillakriege, Grenz- und Rohstoffkriege, Staaten- und Stellvertreterkriege – und mit ihnen Genozid und Ökozid, Flucht und Vertreibung, Hunger und Elend. Auch davon wird in diesem Buch berichtet. Nicht zuletzt weil der Norden nach 1945, wenn irgend möglich, die Augen vor dem verschloss, was dort vorging, weil er zudem eskalierende Konflikte gegebenenfalls an die südliche Peripherie verlagerte, dort band und durch andere austragen ließ, war auch der Kalte Krieg der Jahre 1945 bis 1991 ein Weltkrieg. Der dritte in Folge.

Er formte die Brücke zwischen dem Zeitalter der klassischen, weitgehend nationalen Kriege in der ersten Hälfte des 20. Jahrhunderts und unserer Epoche der zunehmend transnationalen Krisen, Kriege und Konflikte. Ihre Begleiterscheinungen und ihre Folgen verschonen heute buchstäblich keinen Winkel der Erde. Auch nicht die nördliche Halbkugel. Denn die Konfliktpotentiale, die bis 1945 vor allem durch die Kolonialmächte auf der südlichen Halbkugel angelegt worden sind und nach 1945 als »Dritte Welt« ein Eigenleben entwickelt haben, sind ja 1991 mit dem Ende des Kalten Krieges nicht verschwunden. Im Gegenteil. Sie gehen jetzt eine Verbindung mit jenen Konflikten des Nordens ein, die 1945 eingefroren wurden und seit 1991 wieder aufgebrochen sind.

Wer diese komplexe Lage entschlüsseln will, muss sich ihr gleichermaßen chronologisch und systematisch nähern. Chronologisch deshalb, weil sich, so banal es klingt, heutige Geschehnisse durch frühere erklären lassen, nicht aber umgekehrt. Andererseits trägt die systematische Annäherung an den Komplex, die sich in den Kapitelüberschriften spiegelt, einem unabweisbaren Befund Rechnung: Viele Ereignisse und Entwicklungen – Revision und Intervention, Raub und Annexion, Säuberung und Vernichtung, Flucht und Vertreibung – ziehen sich wie rote Fäden durch die vergangenen 100 Jahre.

Dass manche Themen nicht in eigenen Kapiteln abgebildet werden, heißt nicht, dass sie aus dem Blick geraten. Die Zerstörung der Umwelt oder auch der Kampf um ihre Erhaltung, der Krieg um oder der Raub von natürlichen Ressourcen und andere Prozesse und Entwicklungen werden dort in den Blick genommen, wo sie Einfluss auf das Weltgeschehen genommen haben. Diese Linien in ihrem inneren zeitlichen und kausalen Zusammenhang nachzuzeichnen, ist unerlässlich, wenn es an die Entschlüsselung der Gegenwart geht. Das gilt für den Zeitpunkt, und es gilt für die Orte des Geschehens. Denn die Gegenwart lässt sich nicht mit einem geographisch verengten Rückblick entziffern. Deshalb richtet sich der Blick jeweils auf die Weltgegenden, in denen markante Entwicklungen eine geschichtsmächtige Verdichtung erfahren haben. So zum Beispiel der Nahe Osten im Falle des Präventivkrieges, China, Vietnam, Kambodscha oder auch Afghanistan im Falle des Guerillakrieges, Mittel- und Südamerika im Falle der Intervention oder Zentralafrika am Beispiel des mehr als zwanzigjährigen Mordens, das 1994 mit dem Genozid in Ruanda begann. Dass dieses Morden als der »erste afrikanische Weltkrieg« in die Geschichte eingegangen ist, zeigt, dass wir die Vergangenheit sehen, wenn wir uns in der Gegenwart umschauen.

Tanz der Putschisten. Deutsche und russische Soldaten feiern Mitte Dezember 1917 den Waffenstillstand. Sie ahnen nicht, dass die kommenden Jahrzehnte alles Zurückliegende in den Schatten stellen werden.

KAPITEL I

PUTSCH

Sie waren wenige. Ihre Führer lebten im Exil. Die allermeisten Russen, die durchweg auf dem Land hausten, hatten nie von ihnen gehört. Aber die Bolschewiki hatten ein Ziel, und sie hatten Wladimir Iljitsch Lenin, der sie mit eisernem Willen und konzentrierter Entschlossenheit zu diesem Ziel führte. So wagten sie in der Nacht auf den 7. November 1917 den Putsch. Als »Oktoberrevolution« ging er in die Geschichte ein, weil man nach russischem, dem julianischen Kalender den 25. Oktober schrieb. Die Umstellung auf den sonst in Europa gebräuchlichen gregorianischen Kalender zum 1. Februar 1918 gehört zu den frühen Entscheidungen der Bolschewiki.

Kein anderer Putsch der jüngeren Geschichte hat derart weitreichende Verwerfungen gezeitigt wie dieser. Es war das erste Mal, dass ein Akteur nicht nur einem lokalen, regionalen, nationalen oder internationalen Gegner den Krieg erklärte, sondern der Welt. Seither hat es keinen universellen Frieden mehr gegeben.

Für Lenin und seine Leute stand von Anfang an fest, dass die russische nur der Beginn der Weltrevolution sein könne. Und diese wiederum musste eher früher als später ins Werk gesetzt werden, weil nur durch den weltweiten Umsturz auch die russische Revolution auf Dauer zu sichern war. Lenin wusste immer schon: Scheitern die Bolschewiki in der westlichen Welt, ist ihnen insbesondere in Deutschland kein rascher, umstürzender Erfolg beschieden, wird über kurz oder lang auch das russische Modell des Sozialismus beziehungsweise Kommunismus am Ende sein.

Mit dieser radikalen, offensiven Zielsetzung katapultierten sich die Bolschewiki zwangsläufig in die Rolle eines Gegners. Sofern man sie beim Wort nahm, und das tat man bald. Wer nicht von ihnen überrollt werden wollte, musste sie bekämpfen – an jedem Ort und mit allen Mitteln: Die »Sowjets« waren der Feind. Man nannte die Bolschewiki so, weil sie zunächst in den Arbeiter- und Soldatenräten, den Sowjets, die Macht an sich gerissen und von dort aus auf nationaler Ebene konsequent ausgebaut hatten. Schon am 12. März 1918 hatten sie Moskau zur Hauptstadt erklärt, seither residierten ihre Führer im Kreml, der vormaligen Moskauer Residenz der Zaren. Am 30. Dezember 1922 war mit der Union der Sozialistischen Sowjetrepubliken das staatliche Fundament für ihre weltrevolutionäre Mission gelegt.

Das ist ein Grund, warum der Krieg in der Welt und die Welt im Krieg blieb. Die Sowjets konnten ihr Ziel, die Welt zu revolutionieren, nicht aufgeben, weil sie damit ihre Legitimation infrage gestellt hätten. Und die anderen konnten dieses Ziel nicht ignorieren, weil sie damit ihre Freiheit riskiert hätten. Enden konnte dieser Krieg nur, wenn sich die anderen geschlagen gaben oder die Sowjetunion die Weltbühne verließ. Dass sie 1991, sieben Jahrzehnte nach ihrer Gründung, tatsächlich implodierte, war für nicht wenige Russen zu unfassbar und ungerecht, zu demütigend und beängstigend, als dass sie sich damit hätten abfinden wollen. Also machten sie sich an die Wiederherstellung des Zerbrochenen. Und weil das nicht gewaltfrei möglich war, wurde der Kalte Krieg auch in diesem Teil der Welt jetzt wieder heiß geführt.

Zur bitteren Ironie gehört, dass sich die Sowjetunion von ihrem ersten bis zu ihrem letzten Tag in einer Situation erheblicher, mitunter bedrohlicher innerer Schwäche befand. Diese Schwäche zu kaschieren und sich so vor einem vernichtenden Angriff überlegener Gegner zu schützen, war eines der obersten Ziele sowjetischer Hochrüstungspolitik, auch in der Zeit des Kalten Krieges. Da die Rüstung Ressourcen band und verschlang, verschärfte sie den maladen Zustand noch und trug so eher zum Untergang des Ganzen bei. Michail Gorbatschow, letzter Präsident der Sowjetunion, bis auf wenige Tage letzter Generalsekretär ihrer Kommunistischen Partei und Totengräber der einen wie der anderen, hat später berichtet, dass sich die Ausgaben für das Militär auf 40 Prozent des Staatshaushalts beliefen und »buchstäblich allen Zweigen der Volkswirtschaft die Lebenssäfte« entzogen.[1] In den frühen Epochen der Sowjetunion dürfte der Prozentsatz eher noch höher gewesen sein.

Nicht dass sich das alte, das zaristische Russland, bis es in der Oktoberrevolution endgültig unterging, in einer stabilen Verfassung befunden hätte, im Gegenteil: Die innere Schwäche des riesigen Landes gehörte zu den Konstanten der europäischen Geschichte. Sie war ursprünglich auch ein entscheidender Grund, warum die Putschisten Ende Oktober 1917 die Kontrolle über die wichtigsten Machtzentren im Handstreich erobern und allen widrigen Umständen zum Trotz dauerhaft sichern konnten.

Im Vergleich mit England und Deutschland, mit Frankreich und selbst mit Italien war das russische Zarenreich ein rückständiges Land, und das in praktisch jeder Hinsicht. Gewiss, seit der Mitte des 19. Jahrhunderts hatte es Bewegung gegeben. 1861 war die Leibeigenschaft aufgehoben, drei Jahre später die Justiz reformiert worden. Seit 1906 gab es – erstmals in der russischen Geschichte – eine Verfassung und ein Parlament, und die Industrialisierung des Landes machte bis zum Ausbruch des großen Krieges im Sommer 1914 bemerkenswerte Fortschritte, jedenfalls dann, wenn man die Entwicklung am äußerst bescheidenen Ausgangsniveau maß.

Allerdings kamen die Anstöße in der Regel von außen. Sie wurden den Zaren aufgezwungen, vor allem durch schwere militärische Niederlagen wie diejenigen im Krimkrieg der Jahre 1853 bis 1856 oder im Krieg gegen Japan, der 1905 für Russland in einer Katastrophe endete. Viele Errungenschaften wurden auch bald wieder zurückgenommen und verboten, so im Juni 1907 die gerade erst gegründeten Gewerkschaften und die revolutionären Parteien. Unter ihnen auch die radikalere Mehrheitsfraktion der 1898 ins Leben gerufenen Russischen Sozialdemokratischen Arbeiterpartei, die seit der Spaltung von 1903 als »Bolschewiki« firmierte. Die knapp unterlegene Minderheitsfraktion der »Menschewiki« sollte während des Bürgerkrieges zu ihren Gegnern zählen.

Der Ausbruch des großen Krieges im Sommer 1914 gab dem politischen wie dem wirtschaftlichen Frühling dann den Rest. Dabei stand Russland ursprünglich auf der richtigen Seite. Denn nicht Zar Nikolaus II. hatte den Krieg begonnen, sondern sein Vetter Wilhelm II., der deutsche Kaiser und König von Preußen, hatte

Russland am 1. August 1914 den Krieg erklärt und so dafür gesorgt, dass sich die Großmächte Frankreich und England auf Russlands Seite einfanden und man gemeinsam gegen Deutschland zu Felde zog. Auch militärisch schien die Gunst zunächst auf Russlands Seite zu sein, denn seine Armeen stießen tief nach Ostpreußen und Galizien vor, standen also kurzzeitig in Deutschland und Österreich-Ungarn.

Doch dann wendete sich das Blatt – auf allen Ebenen und mit einer unerhörten Dynamik, wobei nicht sicher zu sagen ist, was Ursache und was Wirkung war. Jedenfalls geriet Russland auf den Schlachtfeldern sehr bald in die Defensive und im Innern an den Rand des Zusammenbruchs: Die Versorgung großer Teile vor allem der städtischen Bevölkerung war schlicht nicht mehr sicherzustellen. Jetzt schlug die Stunde der oppositionellen und radikalen Kräfte aller Couleur, auch der Bolschewiki.

Die Bolschewiki hatten allerdings ein Problem: Ihr Anführer Lenin – Jahrgang 1870, studierter Jurist, Berufsrevolutionär und Verbannter – war nicht vor Ort, sondern im Schweizer Exil. Wie sollte er von Zürich ins russische Machtzentrum kommen? Dass ihm das gelang, dass Lenin über Deutschland, Schweden und Finnland tatsächlich im Frühjahr 1917 in der Hauptstadt eintraf, lag am Kriegsgegner Russlands, dem Deutschen Reich, und dort wiederum vor allem am Auswärtigen Amt, das diesen Coup unterstützte.

Die Diplomaten in Berlin wussten genau, was sie taten. Dort ging man nämlich davon aus, dass der Import des Agitators das explosive, revolutionäre Potential Russlands stärken und damit seine Kampfkraft im Feld schwächen werde. Ende Februar 1917 eskalierte die Lage im Zarenreich, und als sich die ersten Soldaten den revoltierenden Arbeitern anschlossen, war es um das alte System geschehen: Am 27. Februar demissionierte die Regierung, am 3. März verzichtete Zar Nikolaus II. auf den Thron, am 9. April passierte Lenin mit großem Gefolge Deutschland in Richtung Petrograd – so hieß die russische Hauptstadt Sankt Petersburg, nachdem der ursprünglich deutsche Name mit Kriegsbeginn russifiziert worden war. Nach dem Tod Lenins führte die Stadt als »Leningrad« den Namen des Revolutionsführers, und nach dem Untergang der Sowjetunion erfolgte die Wiederauferstehung als »St. Petersburg«.

Ohne die verfahrene innere Lage des Gegners wären die Deutschen sicher nicht auf die Idee gekommen, Lenin nach Russland zu transportieren. Tatsächlich wurde dieser Mann aber dann zu ihrer »Geheim- und Wunderwaffe«, zur »Atombombe des Ersten Weltkriegs«.[2] Mit ihrer Hilfe gelang es Deutschland, sich auf dem Territorium Russlands einen gigantischen Einflussbereich zu sichern und etwa ein Jahr lang zu halten.

Zunächst standen allerdings die Chancen, dass ausgerechnet Lenin und seine Bolschewiki den innerrussischen Machtkampf für sich entscheiden würden, nicht besonders gut. Denn die provisorische bürgerliche Koalitionsregierung, die nach dem Sturz des Zaren ins Amt gekommen war, hielt sich auch deshalb, weil ihr prominente Vertreter des gemäßigten sozialistischen Lagers angehörten. Und diese linke Konkurrenz machte den Bolschewiki mehr zu schaffen als die alten Kräfte, gegen die sie sich zunächst gemeinsam gestellt hatten. Im Ersten Allrussischen Sowjetkongress, der Mitte Juni 1917 zusammentrat, waren die Bolschewiki eindeutig in der Minderheit, und Anfang Juli scheiterte ein Umsturzversuch so kläglich, dass Lenin nach Finnland fliehen musste.

Es war Leo Trotzki, der in den entscheidenden Tagen und Stunden des Oktobers 1917 den Putsch mit Erfolg steuerte. Er brachte es fertig, dass die ersten überfallartigen Aktionen am 24. Oktober, dass die Besetzung der Eisenbahnstationen, Brücken, Telegraphenstationen und anderer strategischer Positionen in Petrograd ohne Kampfhandlungen erfolgten und erst bei der Einnahme des Winterpalais nennenswerte Zusammenstöße gemeldet wurden. Trotzki – Jahrgang 1879, Kriegsberichterstatter, Verbannter und Emigrant – gehörte wie Karl Marx, Friedrich Engels, Mao Tse-tung und andere zu jenen radikalen Sozialisten, die sich in der Geschichte des Krieges und des Kriegshandwerks auskannten. Von März 1918 bis zu seiner Entmachtung durch Josef Stalin im Januar 1925 baute Trotzki die Rote Armee auf. Ihr verdankten zunächst die Bolschewiki die Sicherung ihrer Herrschaft im russischen Bürgerkrieg, dann die

Sowjetunion ihr Überleben während des deutschen Eroberungs- und Vernichtungsfeldzugs der Jahre 1941 bis 1945.

Allerdings war der Coup des Oktober 1917 lediglich der Anfang einer gefährlichen Entwicklung. In den Wahlen zur Allrussischen konstituierenden Versammlung, die noch von der provisorischen Regierung ausgeschrieben worden waren, konnten die Bolschewiki gerade einmal ein Viertel der Stimmen holen. Daher mussten sie am 18. Januar 1918 erneut zum Mittel des Putsches greifen und diese Nationalversammlung sprengen. Was sie jetzt vordringlich brauchten, war Ruhe an allen Fronten. An der inneren wie an der äußeren. Schon am Morgen des 26. Oktober 1917 hatten die Bolschewiki – damals noch im Schulterschluss mit der linken sozialrevolutionären Konkurrenz – zwei Dekrete erlassen: über den Grund und Boden sowie über den Frieden. Das erste richtete sich mit der Aufhebung des Privatbesitzes an Grund und Boden an die aus dem Feld heimkehrenden Bauern, das zweite an die unvermindert vorrückenden Kriegsgegner, allen voran natürlich an die zentrale Macht der feindlichen Koalition, das Deutsche Reich.

Somit war Deutschland schon in der Geburtsstunde Sowjetrusslands für dessen Überleben der – alles – entscheidende Dreh- und Angelpunkt. Ohne Deutschland waren ein Waffenstillstand und der Friede nicht zu haben; gegen Deutschland war dieser Friede weder kurz- noch langfristig zu sichern; ohne den erfolgreichen Export der Revolution nach Deutschland war die Revolution auch in Russland zum Scheitern verurteilt; und ohne die technische und wirtschaftliche Unterstützung durch Deutschland konnte das revolutionäre Russland erst gar nicht auf die Beine kommen.

Genau genommen schrieb dieses Abhängigkeitsverhältnis eine Konstellation fort, die schon seit der Gründung des Deutschen Reiches im Jahr 1871 bestand. Die Reichsgründung war, von Preußen ausgehend, über den Weg dreier Kriege – gegen Dänemark, Österreich und Frankreich – durchgesetzt worden. Sie war die Antwort auf eine aus deutscher Sicht nicht länger hinnehmbare Lage. Über Jahrhunderte hinweg war das alte, das 1806 untergegangene Heilige

Römische Reich Deutscher Nation das Durchzugsgebiet fremder Heere und das Schlachtfeld ihrer Kriege gewesen. Auf seine Kosten hatten die jeweiligen Großmächte der Zeit auch immer wieder zu einer Lösung bei strittigen Fragen finden können.

Für die Deutschen war das ein unhaltbarer Zustand. Ihre prekäre Lage in der Mitte Europas musste in eine stabile, aus eigener Kraft verteidigungsfähige Formation, den Nationalstaat, überführt werden. Dass die anderen das nicht ohne Widerstand hinnehmen würden, war zu erwarten, und ebenso, dass sie das Streben der Deutschen nach einer hegemonialen Stellung nicht dulden konnten. Für die Deutschen bedeutete die Hegemonie möglicherweise eine Sicherheitsgarantie, für die Nachbarn bildete sie die bedrohliche Ausgangslage für eine weit ausgreifende Eroberung.

Und so führte die nationalstaatliche Einigung Deutschlands 1871 zu einem Ergebnis, mit dem weder die einen noch die anderen wirklich leben konnten. Denn von Anfang an befand sich das Deutsche Reich in einer Lage, die man als »halbhegemonial« bezeichnet hat: als europäische Großmacht zu stark, um von den anderen ignoriert oder übersehen werden zu können, und zu schwach, um aus eigener Kraft die Hegemonie über den Kontinent errichten zu können.[3]

Dass diese Überlegung auch nach der Reichseinigung immer wieder einmal eine Rolle spielte, hatte seine Gründe. Zum einen galt der Krieg nach wie vor als legitimes Mittel der Politik, gewissermaßen als verlängerter Arm der Diplomatie. Und zum anderen hatte die nationalstaatliche Einigung ja nichts an der geostrategisch exponierten Lage des Landes geändert. Deutschland lag da, wo es immer gelegen hatte. Mitten in Europa. Mit acht Staaten hatte das Deutsche Reich eine gemeinsame Grenze. Darunter befanden sich mit Frankreich, Österreich-Ungarn und nicht zuletzt mit Russland drei der übrigen fünf Großmächte jener Zeit. Kein anderes vergleichbares Land der Erde war in einer solchen Lage.

Aus der Mittellage erklärte sich auch, warum die Deutschen nach 1871 immer wieder einmal mit dem Gedanken spielten, dieser Falle durch die Flucht nach vorn zu entkommen. Schon ihrem ersten

Kanzler Otto von Bismarck, der bei der Reichsgründung die Regie geführt hatte, war die Vorstellung eines Präventivschlages vertraut. Und das wiederum offenbarte, dass »der höchste Triumph Bismarcks schon die Wurzeln seines Scheiterns enthielt und die Gründung des Deutschen Reiches schon den Keim seines Untergangs«.[4] Denn offensichtlich war eine deutsche Großmacht dieses Zuschnitts mit dem Gleichgewicht der Kräfte in Europa nicht vereinbar.

In diesem Licht betrachtet, war auch die Reichseinigung ein Putsch, ein Angriff auf das überkommene europäische Mächtesystem. Hätte Russland in diesem entscheidenden Moment nicht stillgehalten, wäre der deutsche Putsch wohl gescheitert. So aber wurde er zu einem durchschlagenden Erfolg. Für viele Zeitgenossen war diese »deutsche Revolution« sogar »ein größeres Ereignis als die französische Revolution des vergangenen Jahrhunderts«.[5] So sah es Benjamin Disraeli, produktiver Romanschriftsteller und konservativer Politiker. Disraeli war damals Oppositionsführer im britischen Unterhaus und übernahm im Februar 1874 zum zweiten Mal das Amt des Premierministers.

Nun wäre es verfehlt, würde man in der europäischen Geschichte seit der Reichsgründung eine Einbahnstraße in den großen Krieg, die »Urkatastrophe« des 20. Jahrhunderts,[6] sehen. So war es nicht. Auch vor dem Sommer 1914 waren die Großmächte immer wieder einmal aneinandergeraten, ohne dass sich daraus ein Weltkrieg entwickelt hätte, etwa Engländer und Franzosen im Sudan oder Russen und Japaner in China. Seit 1908 war es den Großmächten sogar gelungen, mehrere schwere Krisen auf dem Balkan, die bis an den Rand eines großen europäischen Krieges führten, auf dem Verhandlungswege beizulegen.

Was die Deutschen im Besonderen angeht, so waren sie mit sich und mit dem, was sie erreicht hatten, lange Zeit im Reinen. Es war ja auch beachtlich und vorzeigbar. Dem spektakulären Erfolg der Reichsgründung folgten andere. Bis zur Jahrhundertwende war man – auf einigen Feldern sogar mit Abstand – die führende Wirtschaftsmacht Europas, zählte zu den stärksten Handelsnationen der Erde, hatte ein weltweit konkurrenzfähiges Bildungssystem, gehörte seit Mitte der achtziger Jahre des 19. Jahrhunderts zu den Kolonialmächten, und eine der schlagkräftigsten Armeen des Kontinents besaß man ohnehin.

Allerdings schienen die Nachbarn Deutschlands zusehends ihre Schwierigkeiten mit dieser atemberaubenden Karriere zu haben. So jedenfalls empfanden das die Deutschen. Im Sommer 1912 kam der deutsche Reichskanzler, Theobald von Bethmann Hollweg, gewiss kein Falke, zu dem Schluss, dass die anderen die Deutschen nicht »liebten«: »Dafür sind wir zu stark, zu sehr Parvenü und überhaupt zu eklig.«[7] Das war nicht die Stimme eines Außenseiters. So dachten viele, wenn nicht die meisten. Erst recht nachdem man ihnen, wovon sie allerdings überzeugt waren, den Krieg aufgezwungen hatte.

Tatsächlich war es aber so, dass die Deutschen einiges zu ihrer zusehends unkomfortablen Lage beigetragen hatten. Großspurige Auftritte in Ton und Tat, zum Beispiel in Afrika, aber auch handfeste rüstungspolitische Aktivitäten, wie der Aufbau einer deutschen Schlachtflotte, zeitigten nicht minder handfeste Reaktionen. Vor allem brachten die Deutschen ungewollt etwas zustande, was im Lichte der europäischen Geschichte, bis es passierte, höchst unwahrscheinlich, ja geradezu revolutionär war. Zunächst Frankreich und Russland, die Gegner in den großen Kriegen am Beginn und in der Mitte des 19. Jahrhunderts, und dann sogar England und Frankreich, die weltpolitischen Erzrivalen und Gegner in etlichen Krisen und Kriegen, fanden sich zusammen und nahmen die Deutschen in die Zange. Als sich 1907 auch noch England und Russland in sensiblen weltpolitischen Fragen einigten, war die »Einkreisung« des Deutschen Reiches perfekt.

Die Deutschen wähnten sich jetzt in einer Situation, die sie in ihrem historischen Gedächtnis seit den Tagen Friedrichs des Großen als bedrohlich abgespeichert hatten. Damals, im alles entscheidenden Siebenjährigen Krieg der Jahre 1756 bis 1763, hatte man, von indirekter britischer Hilfe abgesehen, keinen Verbündeten. Jetzt hatte man immerhin Österreich-Ungarn. Die Doppelmonarchie mochte in einem beklagenswerten inneren Zustand sein und namentlich auf dem Balkan eine Politik betreiben, die den deutschen Interessen abträglich war. Aber Österreich-Ungarn durfte keinesfalls geschwächt werden oder gar in eine existentielle Krise geraten. Und eine solche bahnte sich an, nachdem Ende Juni 1914 der österreichisch-ungarische Thronfolger in Sarajevo ermordet worden war. Als die Wiener Regierung Serbien für das Attentat verantwortlich machte und Russland unzweideutig zugunsten Serbiens Position bezog, hatte die deutsche Politik kaum noch Spielräume.

In Berlin setzten sie auf den Befreiungsschlag, die Flucht nach vorn. Nicht dass man im Sommer 1914 den Krieg um jeden Preis gewollt hätte. Aber man war bereit, einen hohen Preis zu zahlen und den Krieg – sofern unvermeidlich auch gegen Russland – zu führen. Und so ließ sich die Reichsleitung auf ein hochriskantes Spiel ein. Wissend, dass die russische Regierung die serbische nicht fallenlassen konnte, provozierten sie in Berlin russische Maßnahmen in rascher Serie. Sie gipfelten am 30. Juli in der russischen Generalmobilmachung, auch gegen Deutschland. Hinter dieser deutschen Eskalationsstrategie steckte das Kalkül, dass ein offensives Russland nicht auf die Unterstützung seiner Partner würde zählen können.

Das Kalkül ging nicht auf. Und nun ging alles rasend schnell. Nachdem das Zarenreich der ultimativen Aufforderung des Deutschen Reiches, die Mobilmachung zurückzunehmen, nicht nachgekommen war, erklärte Deutschland zunächst am 1. August Russland, zwei Tage später auch dessen Bündnispartner Frankreich den Krieg und eröffnete ihn mit dem Einmarsch ins neutrale Belgien. Zu diesem riskanten Zug gab es in den deutschen Planungen keine Alternative. So wollte man einen schnellen Sieg über Frankreich herbeiführen, um sich dann ganz auf den – wie man annahm – weitaus gefährlicheren Gegner Russland konzentrieren zu können.

Als auf den Einmarsch in Belgien hin am 4. August auch England Deutschland den Krieg erklärte, fanden sich gleichsam über Nacht sämtliche europäische Großmächte, von Italien einstweilen abgesehen, auf dem Schlachtfeld wieder. Damit hatte bei Ausbruch der Krise sechs Wochen zuvor kaum jemand gerechnet. Und schon gar nicht hatte man es für möglich gehalten, dass sich dieser europäische Krieg über Jahre hinziehen und im Frühjahr 1917 mit dem

Kriegseintritt der USA schließlich in einen weltumspannenden Krieg münden könnte.

Dass es dahin kam, lag vor allem am Geschehen auf dem westlichen Kriegsschauplatz. Seit die deutsche Offensive in Frankreich Mitte September 1914 ins Stocken geraten war, wurden hier zwar etliche Schlachten mit immensen Verlusten geschlagen, aber nennenswerte Fortschritte konnten weder die deutschen noch die Truppen der Gegner verbuchen. Ohne entscheidende Hilfe von außen, die nur von den USA kommen konnte, mussten die Westmächte auf Dauer ins Hintertreffen geraten. Das galt auf beiden Seiten der Front als ausgemacht.

Eine militärische Intervention der USA in Europa hielt man aber für ausgeschlossen – bis es tatsächlich dazu kam. Die konsequente amerikanische Abstinenz beruhte auf der nach ihrem Präsidenten James Monroe benannten Doktrin. Darin hatten sich die Vereinigten Staaten 1823 jedwede Intervention der Europäer in Mittel- und Südamerika verbeten, was im Gegenzug bedeutete, dass die USA sich ausdrücklich nicht in die kolonialen Angelegenheiten der Europäer und faktisch auch nicht in deren heimische Konflikte einmischen wollten.

Und dann taten sie es im Frühjahr 1917 doch und mit aller Macht. Auslöser für den Kriegseintritt gegen Deutschland waren zum einen die Wiederaufnahme des uneingeschränkten U-Boot-Krieges, dem auch amerikanische Schiffe und amerikanische Staatsbürger zum Opfer fielen, und zum anderen ein von den Briten abgefangenes Telegramm. Darin bot Arthur Zimmermann, der Chef des deutschen Auswärtigen Amtes, Mexiko – und beinahe zur gleichen Zeit auch Japan – am 19. Januar 1917 ein Bündnis an. Mit der Aussicht auf eine Rückeroberung von Texas, Arizona und New Mexico sollte der südliche Nachbar der USA zum Kriegseintritt gegen die Vereinigten Staaten bewegt werden.

Diese Maßnahmen und Aktivitäten gaben im Umfeld des amerikanischen Präsidenten jenen Kräften entscheidenden Auftrieb, die das Land im Krieg gegen Deutschland und dessen Verbündete sehen wollten. Der Kriegseintritt war kein selbstloser Akt. Mit ihm beugte

Amerika auch und gewiss nicht zuletzt der Gefährdung seiner globalen Wirtschafts- und Handelsinteressen vor. Und so wurde, gewissermaßen mit deutscher Unterstützung, Woodrow Wilson – Jahrgang 1856, Ökonomieprofessor und vormaliger Gouverneur von New Jersey – zu dem Mann, in dessen Händen Deutschlands Zukunft lag. Am 6. April 1917 erklärten die Vereinigten Staaten von Amerika dem Deutschen Reich den Krieg und erschienen dann mit ihrer geballten militärischen Macht auf den Schlachtfeldern Frankreichs.

Vor diesem Hintergrund traten die Ereignisse auf dem östlichen Kriegsschauplatz beinahe in den Hintergrund. Dabei stellte sich die Lage hier insofern ganz anders dar, als die deutschen Truppen die anfänglichen Erfolge der russischen Armeen ins Gegenteil verkehren, erhebliche Geländegewinne verbuchen und bis Herbst 1915 große Teile des Baltikums und Polens besetzen konnten. Je länger sie diese Stellungen halten und je weiter sie dann von hier aus vorrücken konnten, umso unübersichtlicher wurde die Lage im Innern Russlands. Und je unübersichtlicher diese wurde, umso größer war die Chance, durch den Transport Lenins nach Petrograd den inneren Kollaps und mit ihm den militärischen Zusammenbruch zu beschleunigen. Im Grunde war dieses Ziel erreicht, als die Bolschewiki am 26. Oktober alter Zeitrechnung in ihrem Dekret über den Frieden den Gegnern einen sofortigen Waffenstillstand und einen »demokratischen Frieden … ohne Annexionen … und ohne Kontributionen« vorschlugen.[8]

Am 15. Dezember 1917 schlossen Sowjetrussland und Deutschland den Waffenstillstand. Als sich die Vertreter beider Länder, auf deutscher Seite flankiert von Vertretern der Bündnispartner Bulgarien, Österreich-Ungarn und der Türkei, sieben Tage später in Brest-Litowsk zu Friedensverhandlungen einfanden, war klar, wer in der stärkeren und wer in der schwächeren Position war. Wie ultimativ die deutsche Seite ihre Forderungen vortrug, zeigte unter anderem der wiederholte Wechsel der sowjetischen Verhandlungsführer, zu denen für einige Monate auch Trotzki zählte. Am Ende blieb den Sowjets nichts anderes übrig, als am 3. März 1918 den Vertrag und am 27. August ein Zusatzabkommen zu unterzeichnen, das ihre Lage weiter verschlechterte. Russland verlor riesige Gebiete, darunter die Ukraine, und mit ihnen ein Drittel seiner Bevölkerung sowie die Hälfte seiner Industrie. Darüber hinaus musste es erhebliche Entschädigungsleistungen erbringen.

Trotz dieses demütigenden Diktats und obgleich die deutschen Truppen auch nach Brest-Litowsk ihren Vormarsch fortsetzten, war der Pakt mit den Deutschen für Russland die beste unter lauter schlechten Alternativen. Denn die Bolschewiki standen mit dem Rücken zur Wand. Sie waren von Gegnern umstellt. Zu ihnen gehörte im Innern ein heterogenes Bündnis aus Angehörigen der alten zaristischen Armeen, liberalem Bürgertum, Menschewiki, Sozialrevolutionären und anderen Gruppen. Und von außen zogen amerikanische und japanische, englische, französische und italienische, außerdem polnische, griechische, rumänische, serbische, ja selbst tschechische Truppen, die einmal zur österreichisch-ungarischen Armee gehört hatten, gegen die Bolschewiki zu Felde. So unterschiedlich die Motive all dieser inneren und äußeren Gegner auch gewesen sein mögen, einig waren sie sich darin, wer der Gegner war: Lenin und seine Leute. Dass die Deutschen sich in dieser schier ausweglosen Situation holten, was zu holen war, aber den Machtanspruch der Bolschewiki nicht infrage stellten, hat deren Herrschaft gerettet.

So retteten die Deutschen die Revolution. Wenn man so will, kamen die deutschen Putschisten des Jahres 1871 den russischen Putschisten des Jahres 1917 zur Hilfe. 1871 hatte Russland Preußens Anspruch auf die führende Rolle in Deutschland akzeptiert. Jetzt akzeptierte Deutschland die führende Rolle der Bolschewiki in Russland. Das war schon deshalb nicht ohne Ironie, weil Lenin immer wieder erklärt hatte, dass die russische Revolution die Voraussetzung für die deutsche und die erfolgreiche Revolutionierung Deutschlands die Voraussetzung für das Überleben der Revolution in Russland sei.

Und tatsächlich deutete für einen Moment einiges auf einen bevorstehenden Erfolg der Revolution in Deutschland hin. Denn dort gab es mit der Unabhängigen Sozialdemokratischen Partei Deutschlands (USPD) und dem Spartakusbund, die beide Ende 1919 zu großen Teilen in der Kommunistischen Partei Deutschlands (KPD) aufgingen, starke Bolschewiki-affine Kräfte. Und die hatten nicht nur mittelbar einen erheblichen Anteil daran, dass am 9. November 1918 die erste deutsche Republik das Licht der Welt erblickte. Vielmehr sah es in den kommenden Wochen so aus, als könnten sie in Berlin das Heft des Handelns in die Hand bekommen und Deutschland auf den sowjetischen Weg bringen. Im April und Mai 1919 zeigte dann die Münchener Räterepublik noch einmal, was vorstellbar war.

Fasste man den Revolutionsbegriff weiter und bezog ihn nicht vornehmlich oder gar ausschließlich auf die gesellschaftlichen Verhältnisse, dann musste man sogar bilanzieren, dass die Revolution in ganz Europa obsiegt hatte. Denn infolge des Weltkriegs hatte sich die politische Struktur des Kontinents derart radikal geändert, dass die Zeitgenossen die Orientierung verloren. So verschwand die Monarchie als Staatsform nicht nur in Russland, sondern auch in Österreich-Ungarn, in der Türkei und im Deutschen Reich. Dort traten im Herbst 1918 der Deutsche Kaiser und König von Preußen ab und ebenso die Monarchen aller übrigen Einzelstaaten.

Dieser revolutionäre Prozess ging mit der territorialen Auflösung oder doch Amputation der vier Großreiche einher. Und das wiederum hatte zur Folge, dass sich diese beziehungsweise die Rumpfstaaten, die von ihnen übrig blieben, an ihren Grenzen einer Reihe neuer Nachbarn gegenübersahen. Im Westen Russlands waren das Finnland, Estland, Lettland, Litauen, Polen sowie – als Folge der Annexion Bessarabiens von Russland – ein deutlich vergrößertes Rumänien. In allen Fällen waren die neuen Grenzen umstritten, in den meisten Fällen von beiden Seiten. Davon ist im nächsten Kapitel zu berichten.

Im Herbst 1919 eröffnete einer dieser neuen russischen Nachbarn den Krieg gegen Sowjetrussland. Der polnische Staat war in der Endphase des Ersten Weltkriegs aus russischen, deutschen und österreichischen Territorien gegründet oder genauer: wieder gegründet worden. Der polnische Angriff traf die Sowjets in einer Situation, in der sie ums Überleben kämpften. Denn weder die alliierte Intervention noch der Bürgerkrieg waren beendet. Gleichwohl gelang es den Sowjets, die von Józef Piłsudski kommandierten polnischen Armeen bei Kiew aufzuhalten und bis Warschau zurückzuwerfen. Trotzki hatte vor dem Marsch auf Warschau gewarnt; Lenin, unterstützt unter anderem von Stalin, wollte ihn. Trotzki behielt recht. Die noch im Aufbau befindliche Rote Armee wurde an der Weichsel erneut zum Rückzug gezwungen, weil eine französische Militärmission den Polen zur Hilfe eilte.

Am 12. Oktober unterzeichneten die beiden völlig erschöpften Gegner einen Waffenstillstand, am 18. März 1921 folgte in Riga der Friedensschluss. Mit der Grenze, die sie vereinbarten, konnten weder Polen noch Sowjets leben. Die Frage war nicht, ob die Grenze von Riga infrage gestellt werden würde; die Frage war auch nicht, mit welchem Mittel das geschehen würde, denn das stand fest: Es war der Krieg. Die Frage war lediglich, wann das geschehen, wer als Erster losschlagen und mit welchem Partner er diesen Krieg führen würde. Beantwortet worden sind diese Fragen im Sommer 1939, als Josef Stalin mit Adolf Hitler einen Pakt einging.

So dramatisch der polnische Überfall die militärische Lage der Bolschewiki kurzfristig verschlechterte, so unschätzbar war mittelfristig sein politischer Wert. Denn jetzt waren sie es, die den russischen Boden gegen die Eindringlinge aus dem Westen, also die Polen und ihre französischen Helfershelfer, verteidigten. Dass sich vor diesem Hintergrund auch eine ganze Reihe von Offizieren der Zarenarmee in den Dienst der Roten Armee stellte und dort blieb, sprach für sich und half den Sowjets in Zeiten, die noch schwieriger sein sollten.

Und was für den Westen des Schritt für Schritt sowjetisierten russischen Rumpfreiches galt, traf auch auf seinen Osten zu. Im Westen waren es die Polen, im Osten die Japaner, die Russlands Schwäche nutzen und sich, womöglich sogar dauerhaft, in Sibirien festsetzen wollten. Dass es während der dreißiger Jahre zu einer polnisch-japanischen Annäherung zulasten der Sowjetunion kam, war für Kenner der Szene wenig überraschend. Der Konflikt zwischen

Japan und Russland stand auf der weltpolitischen Tagesordnung, seit sich Nippon Mitte der neunziger Jahre des 19. Jahrhunderts in China festgesetzt hatte. Im Juni 1894 eröffnete Japan faktisch den Angriff auf das zwischen ihm und China umstrittene Korea. Der Verlauf des Krieges war eine Überraschung, weil die Japaner ihren Gegner militärisch und schließlich auch politisch in die Knie zwingen konnten. Mitte April 1895 musste China auf Korea, Formosa – also Taiwan –, aber auch auf die Halbinsel Liaodong mit Port Arthur verzichten. Für Russland war das eine äußerst bedenkliche Entwicklung, bedrohten die Japaner von Korea aus doch nicht nur seine mittelbaren Interessen in China, sondern ganz unmittelbar auch den strategisch enorm wichtigen Hafen von Wladiwostok. Hier liegen die Ursachen des russisch- beziehungsweise sowjetisch-japanischen Konflikts, der seither zu den Konstanten der Weltpolitik zählt und bis heute nicht beigelegt ist.

Kurzfristig zeitigte die japanische Festsetzung auf dem chinesischen Festland einen erstaunlichen Schulterschluss. Denn in Reaktion auf diese Verschiebung der ostasiatischen Kräfteverhältnisse taten sich Russland, Frankreich und Deutschland zusammen. Dabei hatten Russland und Frankreich doch erst 1892, also gerade einmal zwei Jahre zuvor, eine Militärallianz geschlossen, um sich gemeinsam vor einer möglichen deutschen Offensive zu schützen. In China mussten also erhebliche gemeinsame Interessen auf dem Spiel stehen.

Die koordinierte diplomatische Initiative der drei europäischen Großmächte, die als »Ostasiatischer Dreibund« in die Geschichte eingegangen ist, hatte weitreichende Folgen. Zum einen musste Japan schon Anfang Mai 1895 einen Teil seiner Beute, darunter Port Arthur, wieder an China abtreten. Zum anderen ließen sich Russland, Frankreich und Deutschland ihre Unterstützung Chinas honorieren und pachteten nunmehr ihrerseits von Peking strategisch und wirtschaftlich wichtige Gebiete an der Küste. Im Falle Deutschlands war das die Bucht von Kiautschou mit der Hafenstadt Tsingtau, im Falle Russlands besagtes Port Arthur, das Japan unter dem Druck des Ostasiatischen Dreibundes gerade erst wieder an China hatte zurückgeben müssen und das sich Russland jetzt von diesem zusichern ließ.

Vermutlich wäre der Konflikt zwischen Russland und Japan schon bei dieser Gelegenheit eskaliert, hätte nicht die Erhebung der chinesischen Boxer die beiden und eine Reihe weiterer Mächte kurzfristig zum Schulterschluss gezwungen. Für die Boxer – so wurden die Aufständischen von den Ausländern wegen ihrer Kampfsportübungen genannt – waren die Etablierung erst der Japaner, dann der Europäer in China, aber auch das offensive Auftreten westlicher Missionsgesellschaften Ausdruck einer nicht mehr hinnehmbaren Überfremdung des Landes. Dem Aufstand der Boxer, der Mitte Juni 1900 Peking erreichte, fielen Hunderte Ausländer und Tausende einheimischer Christen zum Opfer. Die sechs europäischen Großmächte, außerdem Japan und nicht zuletzt die USA antworteten mit einer massiven Intervention. Das militärische Vorgehen mündete in einem Massaker an der Zivilbevölkerung Pekings, und die politischen Maßnahmen, welche die ohnehin wankende chinesische Regierung im September 1901 zu akzeptieren hatte, kamen ihrer Entmündigung gleich.

Mit dem Sieg über die Boxer und der trügerischen Befriedung des Landes endete das Zweckbündnis der Mächte. Auch der kurzlebige Burgfriede Russlands und Japans zerbrach. Für Japan war es schlimm genug, dass die Russen 1898 Port Arthur besetzt hatten. Als sie dann auch noch die innerchinesischen Verwerfungen nutzten und sich in der Mandschurei festsetzten, war für Japan eine rote Linie überschritten. Rückversichert durch einen 1902 mit Großbritannien geschlossenen Bündnisvertrag, eröffnete Japan im Februar 1904 den Krieg gegen Russland und krönte seine Offensive nach durchschlagenden militärischen Erfolgen zu Lande und zur See mit einem politischen Triumph. Der vom amerikanischen Präsidenten Theodore Roosevelt vermittelte Friede brachte Japan im September 1905 unter anderem die erneute Kontrolle über Port Arthur. Für Russland bedeutete die verheerende militärische und politische Niederlage nicht nur das Ende seiner ostasiatischen Expansion, sondern auch seiner Rolle als Seemacht im pazifischen Raum.

So gesehen war in dieser Weltgegend ohnehin schon vieles, wenn auch nicht alles verloren, als die Bolschewiki die Macht übernahmen. Allerdings wurde bald deutlich, dass es auch dort noch schlimmer kommen konnte. Und wieder war es Japan, das den Beweis antrat, als es kurzzeitig die Kontrolle Russlands über seine fernöstlichen Provinzen infrage stellte. Schon in der Endphase des Ersten Weltkriegs war in Sibirien eine japanische Kampfeinheit zusammen mit Einheiten anderer Staaten aufgetaucht, ausgestattet mit einem Beschluss des Obersten Kriegsrats der Alliierten. Gemeinsam wollte man dort eine Front gegen die Bolschewiki errichten, die nach ihrem Putsch die gemeinsame Allianz gegen die Deutschen verlassen hatten und seit dem Waffenstillstand vom Dezember 1917 offenbar mit diesen gemeinsame Sache machten. Als aber klar wurde, dass sich auf diesem Weg gegen die Bolschewiki nichts ausrichten ließ, wurden die fremden Interventionsarmeen nach und nach wieder abgezogen. Nur die Japaner blieben in Sibirien, besetzten die Küstenregion einschließlich Wladiwostok und etablierten dort eine eigene Republik.

Was folgte, war eine beachtliche diplomatische Leistung Lenins und seiner Leute.[9] Da sie militärisch und politisch im Osten schon deshalb zu einer Intervention nicht fähig waren, weil der Krieg gegen Polen alle Kräfte im Westen band, veranlassten die Bolschewiki im Frühjahr 1920 hinter den Kulissen die Gründung einer sogenannten Fernöstlichen Republik. Deren Führer gaben vor, einen von Russland unabhängigen Staat etablieren zu wollen. Damit war dem weiteren Vordringen der Japaner ein Riegel vorgeschoben, denn deren Intervention war ausschließlich als Mission gegen die Bolschewiki legitimiert. Als die jetzt die Unabhängigkeit der Fernöstlichen Republik anerkannten, zwangen sie die Japaner, ihrerseits diesen Schritt zu tun. Damit entfiel jeder Grund für ihre militärische Präsenz.

Das war einer der wenigen Momente dieser frühen Jahre, in denen die Bolschewiki und die Westmächte an einem Strang zogen. Denn diese, allen voran die USA, aber auch Großbritannien, drängten Tokio zum Rückzug aus Russland. Ihnen konnte nicht daran gelegen sein, dass sich Japan die Umbrüche in Russland und China zunutze machte und zur dominanten Macht im ostasiatisch-pazifischen Raum aufstieg. Nicht zufällig zwangen die Westmächte die Japaner auch zur Aufgabe ihrer ungleich größeren chinesischen Kriegsbeute. Kaum war der Rückzug der Japaner aus Russland abgeschlossen, sorgten die Sowjets dafür, dass die unabhängige Fernöstliche Republik Mitte November 1922 ihren Geist aufgab, als Staatswesen aufgelöst und wieder in den nunmehr sowjetischen Staatsverband eingegliedert wurde.

Die Bolschewiki waren so gesehen »innovative Eroberer«,[10] und das nicht nur im Fernen Osten. Genauso operierten sie in anderen zeitweilig unabhängigen Republiken wie der Ukraine und Georgien, Armenien und Aserbaidschan, Usbekistan oder Kasachstan. Alle diese Länder waren auf dem Weg zurück in den sowjetischen Staatsverband, als die Union der Sozialistischen Sowjetrepubliken UdSSR Ende 1922 das Licht der Welt erblickte. Und es waren die Bolschewiki, die diese patriotische Großtat vollbracht hatten. Wenn es ein Motiv gab, das die Reihen hinter ihrer Führung schließen ließ, dann war es dieser russische Patriotismus. Wer die hohe Zustimmung der Russen zu den Manövern ihres Präsidenten Putin in Georgien oder in der Ukraine verstehen will, findet in den Ereignissen zu Beginn der zwanziger Jahre des vorigen Jahrhunderts eine historische Erklärung.

Begreiflicherweise nahmen viele Georgier und Ukrainer den russischen Patriotismus zu jener Zeit ganz anders wahr. Für sie und viele außenstehende Beobachter handelte es sich beim Vorgehen der Sowjets um Nationalismus oder auch Chauvinismus in Reinkultur. Die Sowjets aber wussten fortan, wie weit sie der patriotische Impuls ihrer Landsleute tragen konnte. Schon deshalb stand für sie außer Frage, dass sie die Gebiete, die sie bis Ende 1922 nicht hatten zurückholen können, dem Staatsverband so bald wie irgend möglich einverleiben würden – ganz gleich zu welchem Preis und mit welchem Partner, sollte man einen solchen benötigen.

Im Lichte der Geschichte war es konsequent, dass diese Rolle 1939 Deutschland zufiel. Ohne den Waffenstillstand mit den Deutschen am Jahresende 1917 und ohne die pragmatische Zusammenarbeit der folgenden Monate hätten die Sowjets die dramatische Zeit des Alles oder Nichts niemals überstanden. Und ohne die unfreiwillige Hilfe der Westmächte hätten die beiden so unterschiedlichen Partner, hätten das Deutsche Reich und die UdSSR während der zwanziger Jahre wohl kaum erneut zusammengefunden. Schon mit der Pariser Friedenskonferenz stellten die Westmächte dafür die Weichen.

Grenzenlos. Die Revisionisten des
Zeitalters der Weltkriege – hier der
»Große Diktator«, 1940 verkörpert
von Charlie Chaplin – haben nicht
nur die Änderung von Grenzen im
Visier.

KAPITEL 2

REVISION

Sie waren überfordert. Schon die Zahl der Teilnehmer sprengte alle bislang bekannten Dimensionen. Mehr als 1000 Vertreter von beinahe 30 Staaten kamen am 18. Januar 1919 in Paris zusammen, um nach dem verheerenden Krieg eine tragfähige Friedensordnung auf die Beine zu stellen. Dabei waren die Mitglieder jener fünf Delegationen, die für die Verlierer nach Frankreich reisten, nicht mitgezählt. Sie waren zu den Verhandlungen nicht zugelassen und warteten in Hotels darauf, dass man ihnen, wann auch immer, die Friedensverträge präsentierte. Allein im düsteren alten Versailler *Hôtel des Réservoirs* harrten 180 Abgesandte aus Deutschland – Experten, Diplomaten, Sekretärinnen, Journalisten – der Dinge.[1]

Unter den vielen Konferenzteilnehmern gab es wichtige, weniger wichtige und besonders wichtige wie Großbritanniens Premierminister David Lloyd George, die Ministerpräsidenten Frankreichs und Italiens, Georges Clemenceau und Vittorio Emanuele Orlando, sowie allen voran den amerikanischen Präsidenten Woodrow Wilson. Erstmals in der Geschichte der USA hatte ein Präsident sein Land verlassen, um an einer Friedenskonferenz teilzunehmen. Dass er sich in entscheidenden Punkten nicht durchsetzen konnte, war ein schlechtes Omen. Denn Wilson war der Verfasser jener Vierzehn Punkte, welche die Grundlage für die zu zimmernde Friedensordnung bilden sollten.

Überfordert war die Konferenz nicht nur mit der Zahl der Teilnehmer, sondern vor allem mit der Vielzahl von Themen. Alleine die Folgeprobleme, die aus den Konkursmassen des Osmanischen Reiches, Österreich-Ungarns, Russlands und in gewisser Weise auch des Deutschen Reiches erwuchsen, waren immens.

Es ging ja nicht nur um Europa, sondern unter anderem auch um den Nahen und Mittleren Osten, um Teile Afrikas sowie um den ostasiatisch-pazifischen Raum. Es ging um Handels- und um Wirtschaftsfragen. Es ging um das Völkerrecht und um den Völkerbund. Und dann stand von Anfang an eine Frage im Raum, die nicht ausdrücklich gestellt wurde, weil sie noch nicht zu beantworten war: Wer waren die Sieger, wer waren die Gewinner, und wer waren die Verlierer? Lediglich über den Kreis der Verlierer herrschte Einigkeit, jedenfalls im Kreis der Sieger. Es waren die fünf Staaten Deutschland, Österreich, Bulgarien, Ungarn und die Türkei, denen man einen Friedensvertrag vorlegen würde, den sie zu unterschreiben hatten. Auf der Siegerseite gab es hingegen eine Zweiklassengesellschaft, nämlich die »alliierten und assoziierten Hauptmächte« USA, Großbritannien, Frankreich, Italien und Japan auf der einen – und alle übrigen »alliierten und assoziierten Mächte« auf der anderen Seite.

In Kreis dieser »Mächte« gab es mit Polen, dem »serbisch-kroatisch-slowenischen Staat«, also dem späteren Jugoslawien, und der Tschechoslowakei Staaten, die bei Kriegsausbruch noch gar nicht existiert hatten. Das traf auch auf Finnland, Estland, Lettland und Litauen zu, nur waren diese vier auf der Friedenskonferenz gar nicht vertreten. Kurzfristig zählten diese sieben Neulinge insofern zu den Gewinnern, als sie überhaupt erst während beziehungsweise wegen dieses Krieges das Licht der Welt erblickt hatten.

Aber waren sie auch auf längere Sicht wirklich Gewinner? Und wie sah es mit den etablierten Staaten aus, die in einer ähnlichen Lage waren wie die sieben Neulinge, weil sie infolge der Friedensverträge erhebliche territoriale Zuwächse verbuchen konnten? So zum Beispiel Griechenland und Rumänien, Frankreich und Italien oder auch – bezogen auf die Ausdehnung seines ohnehin gewaltigen Empires – Großbritannien. Profitierten diese etablierten wie auch die neu entstandenen Staaten längerfristig tatsächlich von der neuen Ordnung? Oder mussten sie nicht ständig in der Furcht leben, dass ihnen ihre Eigenstaatlichkeit beziehungsweise der territoriale Zuwachs über kurz oder lang wieder abspenstig gemacht werden würde? Zogen die Gewinner eigentlich allesamt an einem Strang? Herrschte unter ihnen wenigstens so etwas wie Solidarität?

Noch bevor die Pariser Friedenskonferenz am 21. Januar 1920 offiziell zu Ende ging, gab es eine Antwort auf diese Fragen, denn nicht die Verlierer, denen dafür schlicht die Mittel fehlten, schritten als Erste zu gewaltsamer Revision, sondern die Gewinner zogen gegeneinander ins Feld. Am Abend des 11. September 1919 besetzten italienische Freischärler das kroatische Fiume, das heutige Rijeka, und gründeten einen Freistaat; 1924 wurde dieser von Italien annektiert. Dass sich die Tschechoslowakei ausgerechnet im Juli 1920 einen großen Teil des Teschener Gebietes sicherte, also zu dem Zeitpunkt, als sich Polen, wie im vorangegangenen Kapitel berichtet, gegen die Rote Armee zu verteidigen hatte, konnte man in Warschau nie vergessen: Als die Tschechoslowakei 1938/39 durch Deutschland zerlegt wurde, holte sich Polen dieses Gebiet zurück. 1920 kompensierte Polen die Niederlage andernorts, indem es sich, mit dem Einmarsch im Oktober beginnend, das zu Litauen gehörende Wilnaer Gebiet einverleibte. Diese Wunde verheilte selbst dann nicht, als Polen und Litauen gemeinsam von Deutschland und der Sowjetunion in die Zange genommen wurden.

Unter dem Strich waren die Gewinner der Friedensordnung also allesamt Verlierer. Keiner von ihnen fühlte sich sicherer als vor dem Krieg, im Gegenteil. Und wie sah es mit denen aus, die in Paris von vornherein als Verlierer gebrandmarkt wurden? Waren die Fünf auch unter dem Strich wirklich die Verlierer? Immerhin hatten sie unter- oder gegeneinander keine Ansprüche. Sie verband vielmehr die Forderung an die Adresse der alliierten und assoziierten Sieger des Ersten Weltkriegs, das zu revidieren, was man ihnen nach Abschluss der Pariser Konferenz vorgelegt hatte. Es war in den Verträgen fixiert, die Deutschland am 28. Juni 1919 in Versailles, Österreich am 10. September 1919 in Saint-Germain-en-Laye, Bulgarien am 27. November 1919 in Neuilly-sur-Seine, Ungarn am 4. Juni 1920 im Versailler Schloss Grand Trianon sowie die Türkei am 10. August 1920 in Sèvres und dann in revidierter Form am 24. Juli 1923 noch einmal in Lausanne zu unterschreiben hatten.

Dass die Fünf mit den Pariser Ergebnissen nicht leben wollten, lag nicht nur am Inhalt der Verträge, sondern auch an der Art und

Weise, wie sie zustande gekommen waren, nämlich im Wesentlichen ohne Beteiligung der Betroffenen. Das gilt auch für das Deutsche Reich. Nachdem der deutschen Delegation am 7. Mai 1919 das umfangreiche Vertragswerk übergeben worden war, hatte sie für die Prüfung gerade einmal zwei Wochen Zeit, und die Gegenvorschläge, die man schriftlich einreichen musste, wurden allenfalls marginal berücksichtigt.

Mit der Unterschrift erkannte Berlin an, »daß Deutschland und seine Verbündeten als Urheber für alle Verluste und Schäden verantwortlich sind, die die alliierten und assoziierten Regierungen und ihre Staatsangehörigen infolge des Krieges, der ihnen durch den Angriff Deutschlands und seiner Verbündeten aufgezwungen wurde, erlitten haben«.[2] So lautete der wohl berühmteste und zugleich berüchtigtste der insgesamt 440 Artikel des Versailler Vertrages. Von Weitsicht zeugte das nicht. Allen Beteiligten musste klar sein, dass sich die Deutschen nicht mit der einseitigen und in dieser Form unhaltbaren Zuweisung der Urheberschaft – also mit der im Reich sogenannten Kriegsschuld – würden abfinden können. Zumal dieser Artikel 231, der das Kapitel »Wiedergutmachungen« des Vertrages einleitete, exorbitante Reparationsforderungen legitimieren sollte.

Es waren vor allem die Franzosen, die darauf drängten. Das war insofern nachvollziehbar, als die Schlachten an dieser Front fast ausschließlich auf französischem Boden geschlagen worden waren. Außerdem mussten auch die Franzosen die während des Krieges aufgenommenen hohen Kredite an die USA zurückzahlen. Und da die Pariser Kasse klamm und an eine Rückzahlung der Schulden Russlands nicht zu denken war, setzte man auf deutsche Quellen. Darüber hinaus hatten die über Jahrzehnte zu leistenden deutschen Reparationszahlungen für Paris eine Ersatzfunktion. Mit ihnen sollte jene nachhaltige Schwächung des Nachbarn erzwungen werden, die man in territorialer Hinsicht nicht hatte durchsetzen können.

Das, was der deutsche Nachbar zeitweilig oder dauerhaft abzutreten hatte, war erheblich. Die Rückgabe von Elsass-Lothringen konnte niemanden überraschen. Dazu kam die Unterstellung des nördlich angrenzenden Saargebiets unter den Völkerbund und die

Übernahme seiner Kohlegruben durch Frankreich. Das bedeutete für Deutschland auch dann einen schweren Verlust, wenn man in Rechnung stellte, dass nach 15 Jahren eine Volksabstimmung über die Zukunft des Saarlandes entscheiden sollte. Das ungleich wichtigere Rheinland blieb zwar beim Reich, allerdings waren westlich sowie 50 Kilometer östlich des Flusses militärische Befestigungen und die »ständige oder zeitweise Unterhaltung oder Ansammlung von Streitkräften untersagt«.[3] Mit anderen Worten: Deutsche Soldaten durften diese strategisch bedeutsame Region auch dann nicht betreten, wenn die alliierten Truppen jene drei Zonen des Rheinlands nach spätestens 15 Jahren verlassen hatten.

Als besonders schwere Zumutung wurden in Berlin die territorialen Regelungen im Süden und Osten betrachtet, darunter die Verpflichtung, die »Unabhängigkeit« Österreichs als »unabänderlich« anzuerkennen.[4] Dieses sogenannte Anschlussverbot, das auch die Republik Österreich zu akzeptieren hatte, barg Sprengstoff. Denn der ursprünglich nur als Perspektive formulierte Anschluss wurde damit zu einer bei Bedarf oder Gelegenheit mobilisierbaren Revisionsforderung.

Unmittelbar schwerer wogen die Verluste des Hultschiner Ländchens, das an die Tschechoslowakei ging, des Memelgebiets, das zunächst unter alliierte Verwaltung, dann unter litauische Besatzung kam, und vor allem fast ganz Westpreußens und Posens, die an Polen fielen. Ausgenommen war lediglich die wirtschaftlich und strategisch äußerst wichtige »Freie« Stadt Danzig. Sie unterstand dem Völkerbund. Allerdings wurden Polen unter anderem die freie Benutzung der Hafenanlagen, die Verwaltung des Eisenbahnwesens und die »Leitung der auswärtigen Angelegenheiten«[5] der Stadt zugesprochen.

Unter dem Strich gingen durch den Versailler Vertrag insgesamt mehr als 13 Prozent des deutschen Gebietsstandes von 1914 verloren und mit ihm zehn Prozent der Bevölkerung. Nicht minder schwer wog der Verlust von 15 Prozent der landwirtschaftlichen Produktion und 20 Prozent des Bergbaus sowie der eisenerzeugenden Industrie, zumal die Handelsbeziehungen des Deutschen Reiches, aber auch die Benutzung zahlreicher Häfen, Eisenbahnstrecken und

Wasserstraßen Restriktionen und Kontrollen unterworfen wurden und Deutschland auf sämtlichen kolonialen Besitz verzichten musste. Erst wenn man all diese Zusammenhänge in den Blick nimmt, erschließt sich die ganze Dimension der Reparationsfrage.

Natürlich hatten die territorialen Amputationen, die Besetzungen, die wirtschaftlichen und finanziellen Belastungen auch mittelbare und unmittelbare Auswirkungen auf die Sicherheit des Reiches, soweit von einer solchen im engeren Sinne überhaupt noch die Rede sein konnte. Dass alle Festungen auch 50 Kilometer östlich des Rheins geschleift, fast die gesamte Hochseeflotte ausgeliefert und auf die Produktion von Panzern, U-Booten und anderen schweren Waffen verzichtet werden mussten, war schlimm genug.

Als geradezu unerträglich wurden die Abschaffung der allgemeinen Wehrpflicht und die Auflösung des Generalstabs empfunden. Mit den zugestandenen 100 000 Berufssoldaten, zu denen noch 15 000 Mann Marinetruppen kamen, war im Zweifelsfall nicht einmal die innere Ordnung aufrechtzuerhalten, von der Verteidigung der Landesgrenzen gar nicht zu reden: Ostpreußen mit Königsberg war durch polnisches Territorium, den sogenannten Korridor, vom Reichsgebiet getrennt; mit zehn alten und neuen Staaten hatte das Deutsche Reich jetzt eine gemeinsame Grenze; und die Lage gegenüber Großbritannien hatte sich, seit Deutschland über keine nennenswerten Seestreitkräfte mehr verfügte, ebenso verschlechtert wie diejenige gegenüber Italien, das sich das vormals österreichische Südtirol einverleibte und so der deutschen Grenze bedenklich nahe rückte.

Das alles war schmerzlich, aber eine Katastrophe war es bei nüchterner Betrachtung nicht. Denn die Substanz war geblieben. Anders als die Franzosen hatte die Mehrheit der Sieger, hatten vor allem Briten und Amerikaner nicht ernsthaft an der Großmachtstellung des Reiches rütteln wollen. Gerade Großbritannien konnte nicht an einer unproportionalen Stärkung des alten Rivalen Frankreich und einer Erschütterung des europäischen Gleichgewichts gelegen sein.

Außerdem nahm man die Bolschewiki vor allem in London wörtlich. Da sie ihre Revolution gen Westen exportieren wollten, musste man dem etwas entgegensetzen. So kam Deutschland, nicht zum letzten Mal, die Rolle zu, eine Barriere gegen die Gefahr aus dem Osten zu bilden. Um diese Aufgabe wahrnehmen zu können, musste es stabil und überlebensfähig sein. Damit saßen die Alliierten in einer Zwickmühle, in die sie sich selbst hineinmanövriert hatten. Denn sie hatten die Sowjets erst gar nicht zur Friedenskonferenz geladen und damit eine Möglichkeit vertan, mit ihnen ins Gespräch, womöglich auch zu einer Verständigung über Deutschland zu kommen.

Allerdings hatten die Westmächte Gründe, die Sowjets nicht einzuladen. So befand sich Russland mitten im Bürgerkrieg, womit sich die Frage stellte, wen man hätte einladen sollen. Die Bolschewiki konnten es schwerlich sein, denn die waren unmittelbar nach ihrem Petrograder Putsch aus der alliierten Kriegskoalition ausgeschieden und hatten im März 1918 ihren Frieden mit Deutschland gemacht. Sie hatten auch die Tore der zaristischen Archive geöffnet und dabei zahlreiche Geheimdokumente ans Tageslicht befördert, welche die Kriegs- und Vorkriegspolitik der ehemaligen Verbündeten, namentlich der Briten und Franzosen, nicht gerade in einem vorteilhaften Licht erscheinen ließen. Vor allem aber hatten die Bolschewiki erklärt, nicht für die erheblichen Vorkriegsinvestitionen des Westens im untergegangenen Zarenreich geradestehen zu wollen. Das bedeutete für die leeren Kassen in Paris und London einen Totalverlust und war einer der Gründe, warum die Alliierten militärisch gegen die Sowjets vorgingen, just als die Konferenz zusammentrat.

Das aber hatte zur Folge, dass die in Paris entworfene neue Ordnung weder die Hand- noch die Unterschrift sowjetischer Politiker oder Diplomaten trug, so dass sich diese auch nicht daran gebunden fühlten. Ein schwerwiegender Konstruktionsfehler, der von den Sowjets von Anfang an als Element einer großräumigen antibolschewistischen Strategie gedeutet wurde. Sehr wohl saßen nämlich in Paris Vertreter einiger jener Staaten mit am Tisch, die wenig später vom Westen, und dort insbesondere von Frankreich, gegen Sowjetrussland in Stellung gebracht wurden. Dieser von Paris aus organisierte Staatengürtel, der Cordon sanitaire, erstreckte sich von Finnland bis zum Schwarzen Meer und umfasste vor allem Staaten, die zuvor ganz oder teilweise zu Russland gehört hatten. Obgleich die Konstruktion Ende der dreißiger Jahre durch Sowjets und Deutsche zum Einsturz gebracht wurde, hat sich die dahintersteckende westliche Strategie tief ins russische Gedächtnis eingegraben.

Als die Sowjetunion 1991 kollabierte und eine Reihe ihrer Nachfolgestaaten in die NATO und die EU aufgenommen wurde, war die Erinnerung an diesen Sicherheitsgürtel wieder da. Ohne sie ist die russische Politik namentlich in der Ära Putin nicht zu verstehen.

Nach dem Ersten Weltkrieg sollte der Cordon sanitaire Sowjetrussland sowohl in Schach halten als auch isolieren. Vor allem von Deutschland. Und weil man den Staatengürtel in Berlin genau so, nämlich als Schutz vor einem deutschen Revisionismus vor allem gegen Polen wahrnahm, bildete er die Brücke, über die sich Deutsche und Sowjets aufeinander zubewegten.

Natürlich hatten die Sowjets ihr Ziel einer Revolutionierung Deutschlands nicht stillschweigend aufgegeben. Aber vordringlich brauchten sie nach den kräftezehrenden Kämpfen erstens Ruhe und zweitens eine rasche wirtschaftliche Konsolidierung. Da die nicht aus eigener Kraft zu stemmen und vom Westen keinerlei Unterstützung zu erwarten war, rückte Deutschland zwangsläufig ins Blickfeld. Ein Wiedererstarken der deutschen Industrie- und Wirtschaftsmacht war mithin für die Sowjets eine entscheidende Voraussetzung, um mit deren Hilfe wieder auf die Beine zu kommen und sich solchermaßen gerade für den erfolgreichen Export der Weltrevolution zu rüsten. Deutschland, reflektierte Lenin Ende November 1920, sei zwar »vom Versailler Vertrag erdrückt«, verfüge aber immer noch über »ungeheure wirtschaftliche Möglichkeiten«. Es könne die Friedensbedingungen »nicht ertragen« und müsse »Verbündete gegen den Weltimperialismus suchen, obwohl es selbst ein imperialistisches – aber geschlagenes – Land« sei.[6]

Es gab also eine Chance. Für beide. Sie lag im Schulterschluss. Deutsche und Sowjets vollzogen ihn, als es die Westmächte, allen voran Frankreich, wieder einmal nicht lassen konnten, den beiden demonstrativ ihre schwierige Lage vor Augen zu führen. Das geschah auf einer internationalen Konferenz, die im April und Mai 1922 über die großen Fragen der Weltwirtschaft beriet. Am Rande dieser Konferenz schlossen das Deutsche Reich und Sowjetrussland am 16. April 1922 in Rapallo einen Vertrag. Es war ein »Jahrhundertereignis«, ein »Erdstoß, der die ganze internationale Landschaft veränderte«.[7]

Ein »Erdstoß« war der Vertrag schon deshalb, weil er für den Rest der Welt völlig unerwartet kam und weil sich Deutsche und Sowjets mit ihm auf eine Linie verständigten, an der sie trotz mancher Rückschläge und Enttäuschungen so lange festhielten, bis einer von ihnen in der Lage war, mit Aussicht auf Erfolg über den anderen herzufallen. Damit ist gesagt, was auch dieser Vertrag vor allem war: ein Zweckbündnis. Neben der Wiederaufnahme der diplomatischen und konsularischen Beziehungen, die Berlin im November 1918 aus Protest gegen die sowjetische Unterstützung deutscher Revolutionäre abgebrochen hatte, vereinbarten die beiden den gegenseitigen Verzicht »auf den Ersatz ihrer Kriegskosten sowie auf den Ersatz der Kriegsschäden«.[8]

Für Deutschland, das auf sämtliche Vorkriegsansprüche gegen den Kreml verzichtete, hieß das nichts anderes, als dass Russland nicht von seinem Recht auf Wiedergutmachung Gebrauch machte. Dieses Recht hatten die Alliierten den Russen im Versailler Vertrag ausdrücklich eingeräumt, obgleich die gar nicht an den Vertragsverhandlungen beteiligt waren. Natürlich hatten die Westmächte das nicht selbstlos getan. Vielmehr hofften vor allem die Franzosen, sich auf diese Weise – also gewissermaßen über den deutschen Umweg – vielleicht doch zurückholen zu können, was sie vor 1914 in Russland investiert hatten. Mit dem Vertrag von Rapallo mussten rund anderthalb Millionen Anleger diese Investitionen jetzt offenbar endgültig abschreiben. Tatsächlich floss erst an der Wende zum 21. Jahrhundert ein kleiner Teil der Geldanlage nach Frankreich zurück.

Nicht nur Paris war mithin sogleich klar, was der deutsch-sowjetische Vertrag bedeutete. Berlin und Moskau hatten einen Präzedenzfall geschaffen. Ohne Sowjetrussland konnte es keine Front der vormaligen Alliierten gegen Deutschland und ohne Deutschland konnte es keine geschlossene Front des Westens gegen Sowjetrussland geben. Es war also nur konsequent, dass sich Deutsche und

Sowjets weiter aufeinander zubewegten und zum Beispiel Mitte Oktober 1925 einen Handelsvertrag schlossen. Vor allem aber hielten sie sich den Rücken gegenüber den Westmächten frei und schufen so Spielräume für ihre jeweilige Revisionspolitik. Wenn davon auch nicht öffentlich die Rede war, blieb die »Korrektur der Ostgrenzen«, also »die Wiedergewinnung von Danzig, vom polnischen Korridor und eine Korrektur der Grenze in Oberschlesien«, eines der wichtigsten, wenn nicht das vorrangige Ziel deutscher Revisionspolitik.[9] Und auch bei den Sowjets stand eine Korrektur ihrer Grenze zu Polen ganz oben auf der Revisionsagenda. Nicht zufällig fanden die beiden vier Jahre nach Rapallo, im April 1926, erneut zusammen, dieses Mal in einem Neutralitätsvertrag, der ihren Handlungsspielraum zum Beispiel in Polen vergrößerte.

Die Formulierung von der »Korrektur« der oberschlesischen, also der deutsch-polnischen Grenze findet sich übrigens in einem Brief, den der damalige Außenminister Gustav Stresemann im September 1925 an Kronprinz Wilhelm, den ältesten Sohn des letzten deutschen Kaisers, schrieb. Stresemann – Jahrgang 1878, Nationalökonom, Reichstagsabgeordneter zunächst der Nationalliberalen Partei des Kaiserreichs, dann der Deutschen Volkspartei – wurde 1926 als Erster von insgesamt vier Deutschen mit dem Friedensnobelpreis ausgezeichnet. Das hat zu dem Missverständnis geführt, der Mann sei zeitlebens Pazifist gewesen. Das war er nicht. Während des Ersten Weltkriegs war Stresemann lange ein vehementer Verfechter einer deutschen Annexionspolitik, und als Außenminister der Jahre 1923 bis 1929, davon die ersten knapp vier Monate in Personalunion auch als Reichskanzler, war er ein überzeugter Revisionist und damit ein typischer Repräsentant der überwältigenden Mehrheitsmeinung seines Landes.

Dass Stresemann gleichwohl als Exponent einer umfassenden Verständigung, insbesondere mit dem Nachbarn Frankreich, in die Geschichte eingegangen ist, hat seinen Grund: Weil dem demobilisierten und demilitarisierten Land ein starkes Militär – die »Macht, die Kriege führen kann«[10] – fehlte, weil sich also auf dem Weg der

Gewalt eine umfassende Revision des Versailler Vertrages schlicht nicht durchsetzen ließ, gab es keinen anderen Weg als den des Ausgleichs.

Der Ausgleich, das Schlucken großer und kleiner Kröten, musste sein, wenn man der Nachkriegsordnung zu Leibe rücken wollte. Zu den Zugeständnissen zählten vor allem die innenpolitisch heftig umstrittenen Locarno-Verträge, in denen Deutschland 1925 die im Versailler Vertrag festgeschriebenen Grenzen zu Frankreich und Belgien noch einmal akzeptierte. Von einigem Gewicht waren auch 1926 der Eintritt in den Völkerbund und 1928 der Beitritt zu dem mit deutscher Vermittlung zustande gekommenen sogenannten Kriegsächtungspakt, wodurch sich Deutschland den Regularien kollektiver Sicherheitssysteme unterwarf. Solche Maßnahmen schufen Vertrauen, und dieses Vertrauen war die Voraussetzung für erste mühsame Schritte auf dem Weg zur Revision. Sie wurden getan. Die vorzeitige Räumung der entmilitarisierten Zonen des Rheinlands oder auch ein gewisses Entgegenkommen der Alliierten in der Reparations- und der Abrüstungsfrage gingen in die richtige Richtung.

Aber den Verzicht auf eine umfassende Revision des »Schanddiktats« von Versailles hat Gustav Stresemann weder leisten wollen noch leisten können. Und wer weiß, wie er in die Geschichtsbücher eingegangen wäre, hätten nicht seine Nachfolger die Methoden radikalisiert, mit denen sie im Übrigen die gleichen Ziele ansteuerten wie er. Bezogen auf die Methoden und den Ton seiner Politik war dieser Außenminister ein Mann des Ausgleichs.

Dass sich mit dem plötzlichen Tod Stresemanns im Oktober 1929 die Gangart der deutschen Revisionspolitik beinahe von einem Tag auf den anderen änderte, hatte auch mit einem Zufall zu tun. Gut drei Wochen nach seinem Tod kam es zum Zusammenbruch der Kurse an der New Yorker Börse und zu einer Krise der Weltwirtschaft mit ihren vielfältigen Verwerfungen. Stresemanns Nachfolger nutzten sie für eine weitgehende Demontage des Versailler Systems.

Diese Demontage verbindet sich mit dem Namen von vier Reichskanzlern: Heinrich Brüning, Franz von Papen, Kurt von Schleicher und Adolf Hitler. So unterschiedlich lang ihre Amtszeiten gewesen sind – zwischen acht Wochen im Falle Schleichers und schließlich zwölf Jahren im Falle Hitlers –, gemeinsam waren ihnen jedenfalls bis 1938 die Zielsetzung, die Methoden und der verfassungsrechtliche Rahmen, in dem sie auch außenpolitisch operierten.

Nachdem eine letzte parlamentarisch legitimierte Reichsregierung am 27. März 1930 kapituliert hatte, machte der Reichspräsident von seinen beträchtlichen verfassungsrechtlichen Möglichkeiten – Ernennung und Entlassung des Reichskanzlers, Auflösung des Parlaments, Notverordnungsrecht – Gebrauch und sich damit die Reichsregierungen gefügig. Die erste dieser sogenannten Präsidialregierungen war die am 28. März beauftragte Regierung Brüning, das letzte unter diesen Bedingungen angetretene Kabinett stand unter der Führung Hitlers. Allerdings gab Hitler – Jahrgang 1889, gebürtiger Österreicher, gescheiterter Kunstmaler und Putschist, Festungshäftling und Führer der Nationalsozialistischen Deutschen Arbeiterpartei (NSDAP) – das Heft des Handelns nicht mehr aus der Hand, nachdem er am 30. Januar 1933 auf legalem Weg ins Reichskanzleramt gelangt war. Mit unbedingter Entschlossenheit, wie sie allen Revolutionären dieses Schlages zu eigen ist, und mit einer Mischung aus legalen Mitteln und politischer wie physischer Gewalt festigte er seine Macht im Verlaufe weniger Jahre so weit, dass er sein eigentliches Ziel, den rassenideologischen Vernichtungskrieg insbesondere gegen die Sowjetunion und das europäische Judentum, in Angriff nehmen konnte.

Voraussetzung war die vollständige Revision des Versailler Vertrages – in politischer, territorialer und militärischer Hinsicht. Hitler konnte dabei an die Erfolge seiner Vorgänger einschließlich Stresemann anknüpfen, der mit der vorzeitigen Räumung der entmilitarisierten Zonen des Rheinlands durch die Besatzer eine entscheidende Voraussetzung für ihre Wiederbesetzung durch deutsche Truppen geschaffen hatte. Nicht minder wichtig für Hitlers Frontalangriff auf den Vertrag und die Ordnung von Versailles waren die mit brachialer politischer Gewalt durchgesetzten Erfolge Brünings, Papens und Schleichers. Ihnen hatten die Westmächte, darunter die USA, 1931/32 nicht nur die faktische Beendigung der Reparationszahlungen, sondern auch die prinzipielle Gleichberechtigung in der Rüstungsfrage zugestanden.

Erfolgreich waren die deutschen Revisionisten der dreißiger Jahre, weil sie die Schwäche der Staatengemeinschaft nutzten und vor allem: Weil sie entschlossen waren. Keine zweite Eigenschaft war für ihren Erfolg so entscheidend wie der Wille zum Erfolg. Das gilt für sämtliche Revisionisten. Damals wie heute. Zwischen den Weltkriegen reüssierten damit nicht nur die potenten unter ihnen – Deutsche und Sowjets, Japaner und in gewisser Weise auch Italiener –, sondern auch kleine und mittlere Akteure wie Polen und Ungarn.

Polen verleibte sich 1920 das Wilnaer Gebiet ein, profitierte 1938 von der noch zu schildernden Zerschlagung der Tschechoslowakei und wäre unter bestimmten Umständen sogar bereit gewesen, mit Deutschland gegen die Sowjetunion zu gehen, um die 1920 notgedrungen akzeptierte Grenze zu revidieren. Auch Ungarn gehörte zu den Gewinnern bei der Zerschlagung der Tschechoslowakei, holte sich zunächst im November 1938 mit deutscher und italienischer Unterstützung dessen südliche Gebiete und verleibte sich im März 1939 die Karpato-Ukraine ein. Vor allem aber konnte sich Ungarn, auch in diesem Falle vermittelt durch Deutschland und Italien, Ende August 1940 einen beachtlichen Teil Siebenbürgens von Rumänien zurückholen und damit den Friedensvertrag von Trianon in einem entscheidenden Punkt revidieren.

Für diese wie für praktisch alle anderen Fälle von Revisionen in jenen Jahre galt: Die Grenzen zwischen Revision und Expansion waren fließend – für die Revisionisten, aber auch für die eigentlich am Erhalt des Status quo interessierten Großmächte wie Frankreich, Großbritannien oder die Vereinigten Staaten von Amerika. Für die Westmächte mussten und sollten diese Grenzen sogar fließend sein. Andernfalls nämlich hätten sie intervenieren müssen, sobald sie überschritten wurden. Das aber wollten sie nicht, weil sie es nicht konnten oder nicht zu können glaubten. Die Franzosen blieben in den dreißiger Jahren da, wohin sie sich seit den ausgehenden zwanziger Jahren mental, politisch und militärisch begeben hatten: in der Deckung. Die Briten, ohne die Paris schon gar nicht handeln wollte, waren zu sehr mit dem Zusammenhalt ihres gigantischen Empires beschäftigt, als dass sie sich auf dem Kontinent hätten engagieren können. Und die Amerikaner, ohne die wiederum London nicht tätig werden wollte, hatten sich nach dem Krieg aus Europa zurückgezogen und übten sich in der Kunst der politischen Isolation bei Wahrung ihrer weltwirtschaftlichen Interessen.

Für entschlossene Revisionisten vom Schlage Hitlers war das eine ideale Ausgangssituation. Die Mittel, die er anfänglich einsetzte, waren Zuckerbrot und Peitsche, wobei das Zuckerbrot bald gestrichen wurde, da es seinen Zweck erfüllt hatte. Wer hätte gedacht, dass ausgerechnet die Regierung Hitler am 20. Juli 1933 das jahrzehntelang angepeilte Konkordat mit dem Vatikan unter Dach und Fach bringen und der katholischen Kirche darin die Ordnung und Verwaltung ihrer Angelegenheiten zugestehen würde? Noch frappierender war der Nichtangriffspakt, den Deutschland am 26. Januar 1934 auf zehn Jahre mit Polen abschloss. Immerhin hatten sich sämtliche Repräsentanten der Weimarer Republik, Stresemann eingeschlossen, hartnäckig geweigert, die polnische Westgrenze anzuerkennen, was mit diesem Nichtangriffspakt faktisch geschah.

Dass Deutschland Mitte Oktober 1933 den Völkerbund und die Abrüstungskonferenz verließ, rief hingegen kaum Resonanz hervor. Zum einen kannte man das schon, zum Beispiel von Japan. Zum anderen sprach Hitler bei dieser wie anderer Gelegenheit von einer möglichen Rückkehr Deutschlands in dieses System kollektiver Sicherheit und gab so den Westmächten ein Argument an die Hand, mit dem sich ihr Nichtstun legitimieren ließ.

Folglich taten Franzosen und Briten nichts, als der Reichskanzler, der seit dem Sommer 1934 auch oberster Befehlshaber der Reichswehr war, zur Tat schritt, Mitte März 1935 die allgemeine Wehrpflicht wieder einführen und ein Jahr darauf deutsche Truppen in die entmilitarisierten Zonen des Rheinlands einmarschieren ließ. Damit ging er aufs Ganze. Die 48 Stunden nach dem Rheinlandcoup seien »die aufregendste Zeitspanne« in seinem Leben gewesen, hat Hitler später immer wieder gesagt: »Wären die Franzosen damals ins Rheinland eingerückt, hätten wir uns mit Schimpf und Schande wieder zurückziehen müssen, denn die militärischen Kräfte, über die wir verfügten, hätten keineswegs auch nur zu einem mäßigen Widerstand ausgereicht.«[11]

Da die Franzosen nicht einrückten und auch sonst nichts Nennenswertes geschah, wusste Hitler, dass er über kurz oder lang alles bekommen würde, was er brauchte, um Deutschland auf den großen Krieg vorzubereiten – sofern er es nur richtig anstellte. Nur eines bekam er nie: das Bündnis mit England. Dabei kam er den Briten weit entgegen, schloss im Juni 1935 sogar ein Flottenabkommen mit ihnen und ließ darin eine Selbstbeschränkung der deutschen Seestreitkräfte festschreiben.

Die Bündnisse, die das Deutsche Reich 1936 mit Italien und Japan einging, waren ein Ersatz für die Allianz mit Großbritannien, nicht weniger, aber eben auch nicht mehr. Doch machten sie auch deutlich, in welcher Liga Deutschland spielte. Das Abkommen mit Japan sollte noch einmal Druck auf England ausüben, und das Bündnis mit Italien war zwingend, weil der deutsche »Führer« Adolf Hitler Italiens »Duce« Benito Mussolini brauchte, als er Mitte März 1938 zum nächsten Schlag ausholte und deutsche Truppen in Österreich einmarschieren ließ. Per Gesetz wurde das Land mit dem Deutschen Reich »wieder« vereinigt und damit der Versailler Vertrag auch in dieser Hinsicht revidiert. Gegen den Widerstand Mussolinis wäre das noch immer schwer durchzusetzen gewesen.

Engländer und Franzosen hingegen verursachten Hitler kein Kopfzerbrechen, noch nicht einmal, als er im Herbst 1938 mit der Zerschlagung der Tschechoslowakei begann. Als sich der britische Premier Neville Chamberlain innerhalb von nur 14 Tagen dreimal auf den Weg nach Deutschland machte, um dem Kanzler Hitler eine gewaltsame Lösung der Krise um die sudetendeutschen Gebiete des Landes auszureden, wusste der, dass die Sache gelaufen war. Zumal der britische Regierungschef bei seinem dritten Besuch am 29. September 1938 nicht alleine kam, sondern sich mit seinen Kollegen aus Frankreich und Italien, Daladier und Mussolini, bei Hitler in München einfand. Dort besprachen die Drei mit dem Reichskanzler die Modalitäten eines Einmarsches deutscher Truppen in die mehrheitlich von Sudetendeutschen bewohnten Gebiete der Tschechoslowakei. Damit war das Ende dieses Staates eingeläutet. Und weil das alle wussten, ging Hitler auch kein besonders hohes Risiko ein, als er am 15. März 1939 deutsche Truppen nach »Böhmen und Mähren« einmarschieren und diese Gebiete der »Resttschechei« am folgenden Tag Deutschland als »Reichsprotektorat« angliedern ließ.

Wer konnte, wer wollte das Deutsche Reich jetzt noch aufhalten? Auffallend war immerhin, dass ein Hauptakteur der europäischen Politik bislang kaum in Erscheinung getreten war. Josef Stalin – wohl Jahrgang 1879, relegierter Theologiestudent, Berufsrevolutionär, Deportierter und Verbannter –, der 1922 den Machtkampf um die Nachfolge Lenins für sich entschieden hatte, gehörte zwar zu den wenigen Zeitgenossen, die Hitler von Anfang an wörtlich nahmen und auch deshalb in seiner Revisionspolitik eine nach Osten gerichtete Offensivstrategie erkannten. Doch war die Sowjetunion auf Grund einer Welle von Verhaftungen, Deportationen und Liquidationen und nicht zuletzt wegen mehrerer Naturkatastrophen nach außen so gut wie handlungsunfähig.

Stalin blieb daher kaum mehr als eine defensive Diplomatie. Dazu gehörte ein sowjetisch-französischer Beistandsvertrag, mit dem die beiden Allianzpartner der Vorkriegszeit im Mai 1935 auf die Wiedereinführung der allgemeinen Wehrpflicht in Deutschland reagierten. Dazu gehörte aber auch eine vorsichtige Einbindung der Sowjetunion in das System kollektiver Sicherheit. Dass Stalin Mitte September 1934 den ersten Schritt mit dem Beitritt zum Völkerbund tat, hatte auch mit der zunehmend offensiven Chinapolitik Japans zu tun. Im Kreml konnte man die ostasiatischen und die ostmitteleuropäischen Ereignisse nicht isoliert voneinander sehen, erst recht nicht seit Japan und Deutschland im November 1936 ihren sogenannten Antikominternpakt geschlossen hatten. So wie Deutschland in Ostmitteleuropa näherte sich Japan in China den sowjetischen Grenzen. Dass der Westen Hitler in der Tschechoslowakei freie Hand und die Sowjetunion demonstrativ außen vor ließ, obgleich sie 1935 einen Beistandsvertrag mit dem Land geschlossen hatte, versetzte Stalin in einen Zustand allerhöchster Alarmbereitschaft. Der oberste Sowjet hatte keinen Zweifel, was Frankreich und vor allem Großbritannien im Schilde führten: Deutschland sollte durch großzügiges Entgegenkommen auf ihre Seite gezogen und in eine westliche, antisowjetische Front eingebunden werden. Angesichts des heftigen Antibolschewismus, den Hitler mit der britischen Elite teilte, war das nicht abwegig. Und weil es nicht abwegig war, trat Stalin die Flucht nach vorne an und versuchte die Briten und mit ihnen die Franzosen in ein Bündnis gegen Deutschland zu locken. Wäre es nach Stalin gegangen, hätten die Briten den Zuschlag bekommen. Auch diese Priorität teilte er mit Hitler. Als die aber auch ihm, wie zuvor schon Hitler, eine Abfuhr erteilten, schloss er den Pakt mit dem Teufel – und das Erdbeben, das 1922 in Rapallo ausgelöst worden war, entfaltete jetzt seine verheerende Wirkung.

Schon die Entlassung von Außenminister Maxim Maximowitsch Litwinow Anfang Mai 1939 konnte man als Offerte deuten. Litwinow stand wie kein zweiter sowjetischer Diplomat für das System kollektiver Sicherheit, dem Hitler in München den Todesstoß versetzt hatte – und er war Jude. Die Juden aber sah der deutsche Diktator neben den Bolschewiki als seine eigentlichen Feinde an. Der wiederum hatte sein nächstes Ziel, die Revision der deutschen Ostgrenze, längst fest im Blick, und weil er sich nicht sicher war, wie weit die Zurückhaltung der Westmächte im Falle eines deutsch-polnischen Krieges gehen würde, ließ er sich auf Stalin ein.

Im Juli sandte Berlin auf verschiedenen Ebenen – direkt und indirekt, formell und informell – deutliche Signale nach Moskau. Über einen Neutralitätsvertrag könne man sprechen und von der Ostsee bis zum Schwarzen Meer gebe es kein Problem, das sich »nicht zur beiderseitigen Zufriedenheit« lösen ließe, erklärte Außenminister Joachim von Ribbentrop einem sowjetischen Diplomaten.[12] Einige Wochen später saß er im Flugzeug, und nur wenige Stunden, nachdem er in Moskau eingetroffen war, unterzeichnete er mit Litwinows Nachfolger Wjatscheslaw Michailowitsch Molotow zwei Abkommen, die als »Hitler-Stalin-Pakt« in die Geschichte eingegangen sind.

Dem eigentlichen Vertrag, einem auf den 23. August 1939 datierten Neutralitäts- und Nichtangriffspakt, war ein geheimer Zusatz angefügt. In ihm ließen sich die Sowjets durch ihre deutschen Partner eine Reihe jener Gebiete zusichern, die Russland im Verlauf des Ersten Weltkriegs nicht zuletzt infolge der deutschen Kriegführung verloren hatte. Das galt für Finnland, Estland, Lettland, Bessarabien, also den östlichen Teil Rumäniens, sowie Polen östlich einer Linie, die im mittleren Abschnitt entlang der Weichsel verlief, also Warschau teilte. Polen westlich dieser Linie und Litauen fielen in die deutsche Interessensphäre.

Nach der Zerschlagung Polens durch die deutschen und sowjetischen Armeen wurde die Demarkationslinie dann Ende September 1939 in Polen und Litauen noch einmal nachjustiert. Litauen fiel jetzt an die Sowjetunion, im Gegenzug wurde die gemeinsame Demarkationslinie in Polen zugunsten Deutschlands von der Weichsel an den Bug verlegt, also nach Osten verschoben.

Mit wenigen Ausnahmen folgte diese Grenzziehung einem Vorschlag, der ursprünglich von den Westmächten stammte und seither als »Curzon-Linie« firmierte. Der britische Außenminister George Nathaniel Curzon hatte diesen Grenzverlauf Ende 1919 telegraphisch an Polen und Sowjetrussland übermittelt – im Namen der Alliierten und in der Hoffnung, die beiden Kriegsparteien zu einem Waffenstillstand zu bewegen. Der Vorschlag scheiterte damals vor allem am entschiedenen Widerstand der Polen. Man kann das verstehen, denn die von Curzon vorgeschlagene Grenze lag weit diesseits der Ostgrenze des alten Königreichs. Andererseits lebten östlich von ihr, also jenseits des Bug, vor allem Weißrussen und Ukrainer. Deswegen hatten die Alliierten diese Linie 1919 durch Curzon vorschlagen lassen.

Mit der Begründung, Weißrussen und Ukrainer von der polnischen Zwangsherrschaft befreien zu wollen, rückten die Sowjets jetzt dort ein. Damit hatten sich die Revisionismen zweier Hauptakteure der europäischen Politik in einer gemeinsamen Aktion verbunden. Dass weder Hitler noch Stalin in ihren Absprachen eine Dauerlösung sahen, lag auf der Hand. Für Hitler war der Pakt mit dem, den er früher oder später angreifen und vernichten wollte, ein Zwischenschritt, den er wohl oder übel tun musste, um diesem Ziel näherzukommen. Bei Stalin sah es, was die Lageanalyse angeht, nicht wesentlich anders aus: Der Pakt verschaffte ihm die Zeit, die er brauchte, um die Rote Armee nach den Säuberungen für den als unausweichlich betrachteten Krieg gegen Deutschland in Stellung zu bringen.

Beide rückten ja ein gutes Stück an ihren gefährlichsten Gegner heran. Vorderhand aber konnte der eine wie der andere davon ausgehen, sich nicht in einem Zweifrontenkrieg wiederzufinden, wenn sie sich an die Aufteilung der Beute und zugleich an die Vorbereitung des nächsten Zuges machten. Das galt für Hitler, aber ebenso für Stalin. Denn die Sowjetunion befand sich damals in einer Phase elementarer Bedrohung an allen Fronten. An der inneren hatten Stalins Vernichtungs- und Verfolgungsfeldzüge, von denen im vierten Kapitel zu berichten ist, ein Trümmerfeld hinterlassen. Und von außen war im Westen, vor allem aber im Osten Gefahr im Verzug.

An diese Zeit erinnerte Russlands Präsident Wladimir Putin, als er im Mai 2015 ausgerechnet anlässlich eines Besuchs von Bundeskanzlerin Angela Merkel zu Protokoll gab: Stalins Pakt mit Hitler habe angesichts der Isolation der Sowjetunion durch die Westmächte und der drohenden »direkten Konfrontation« durch Deutschland im Hinblick auf die »Sicherheitsinteressen« der Sowjetunion »Sinn« ergeben.[13] So konnte man es sehen.

Denn zum Zeitpunkt des Vertragsabschlusses mit Deutschland befand sich die Sowjetunion in einem nicht erklärten Krieg mit Japan, der auf beiden Seiten mit hohem Einsatz geführt wurde. Mit ihm erreichten die Spannungen zwischen Moskau und Tokio den Scheitelpunkt. Angebahnt hatte sich diese Entwicklung schon im Verlauf des Ersten Weltkriegs, den Japan nutzte, um seine 1894/95 fundierte, zuletzt 1905 im Krieg gegen Russland ausgebaute Position in China massiv und mit allen Mitteln auszubauen.

Dafür bedurfte es nicht einmal des Einsatzes aller Kräfte. Denn China hatte sich von den Erschütterungen der Jahrhundertwende nie erholt. Wie im ersten Kapitel gesehen, war der Boxeraufstand im September 1901 durch die auswärtigen Mächte niedergeschlagen worden. Diese Demütigung hatte den Kräften Auftrieb gegeben, die auf einen Sturz der seit 1644 herrschenden mandschurischen Qing-Dynastie drängten. Am 10. Oktober 1911, mithin »sechs Jahre vor der Oktoberrevolution in Russland«, brach in China die Revolution aus.[14] Kopf des darauf hindrängenden Chinesischen Revolutionsbundes war Sun Yat-sen – Absolvent einer amerikanischen Missionsschule und Mediziner, bis heute in ganz China verehrt und Vater der am 1. Januar 1912 proklamierten Republik China. Zwischen den chinesischen und den russischen Revolutionären gab es lockere Kontakte, mehr nicht. Zu sehr waren sie damit beschäftigt, die jeweilige Lage unter Kontrolle zu bekommen.

Der Zustand der Republik China war von Anfang an desolat. Fremden Mächten eröffnete diese fragile Verfassung der jungen Republik ähnliche Chancen, wie das 20 Jahre zuvor schon das Siechtum des Kaiserreichs getan hatte. Diese Chance nutzte Tokio. Die 21 Forderungen, die der japanische Gesandte der chinesischen Regierung am 18. Januar 1915 übergab, waren selbst in der diesbezüglich nicht gerade armen Geschichte des Landes beispiellos und schlossen unter anderem die Verpflichtung ein, »keiner dritten Macht einen Hafen, eine Bucht oder eine Insel an der chinesischen Küste abzutreten oder zu verpachten«.[15]

Erfolgreich war Japan mit diesem Vorstoß, weil die übrigen Mächte wegen des europäischen Krieges im ostasiatisch-pazifischen Raum mehr oder weniger handlungsunfähig waren. Das galt für die Großmächte des alten Kontinents, und es galt für die Vereinigten Staaten von Amerika. Dass Japan den europäischen Krieg nutzte, um die Amerikaner in China massiv unter Druck zu setzen, sollte Folgen haben. Denn der ostasiatisch-pazifische Raum und damit China gehörten zu den Weltgegenden, in denen die USA seit dem ausgehenden 19. Jahrhundert vernehmlich Interessen anmeldeten. Die Annexion Hawaiis oder auch die Besetzung der Philippinen infolge des Spanisch-Amerikanischen Krieges im Jahr 1898 gehörten ebenso dazu wie die Noten, die der amerikanische Außenminister John Hay in den beiden folgenden Jahren an die europäischen Großmächte und an Japan verschickte. Sie waren eine unmittelbare Reaktion auf die Festsetzung der Japaner in China und enthielten die unmissverständliche Forderung Washingtons, dort das Prinzip der »Offenen Tür« zu achten.

Japans 21 Punkte waren eine klare Absage an dieses Prinzip und damit eine krachende Ohrfeige für die amerikanische Regierung. Dass diese das schluckte und sogar Anfang November 1917 Japans »spezielle Interessen« in China förmlich anerkannte, hatte einen zwingenden Grund: Seit die USA dem Deutschen Reich am 6. April 1917 den Krieg erklärt hatten, waren sie militärisch in Europa gebunden, mithin in China nicht handlungsfähig.

Dass China nicht zuletzt auf japanischen Druck hin Deutschland und Österreich-Ungarn am 14. August 1917 den Krieg erklärte, deckte sich durchaus mit den amerikanischen Interessen, sagte aber auch viel über die Position aus, die Japan inzwischen in China einnahm. Unmittelbar nach der Kriegserklärung an Deutschland am 23. August 1914 hatte Tokio nämlich mit der Einverleibung des deutschen Pachtgebiets Kiautschou in der Provinz Schantung begonnen. In den kommenden Jahren wurde praktisch ganz China in ein japanisches Protektorat überführt.

Auf der Pariser Friedenskonferenz ergab sich daraus die bizarre Situation, dass China und Japan, die auf Seiten der Sieger über Deutschland zu Gericht saßen, heftig aneinandergerieten – mit der Folge, dass China sich weigerte, den Versailler Vertrag zu unterzeichnen, und die Friedenskonferenz unter Protest verließ. In diesem Abgang spiegelte sich auch die »Uneinigkeit« der chinesischen Regierung,[16] und in dieser wiederum der desolate Zustand des Landes.

Das war ein Triumph für Japan, eine Niederlage für China und eine Katastrophe für die Vereinigten Staaten von Amerika, namentlich für ihren Präsidenten. Wilson wollte nämlich unter allen Umständen, dass Japan den Versailler Vertrag unterschrieb und sich so auch an seinem Zukunftsprojekt, dem Völkerbund, beteiligte. Im Übrigen hatte der Präsident ja auch gar keine Möglichkeit, die Japaner mit Gewalt von ihrer Chinapolitik abzuhalten. Also drehten die USA bei und ließen – nicht zum letzten Mal in diesem 20. Jahrhundert –

China fallen. Dabei konnte es nicht bleiben. Als die Japaner dann auch noch in Russland intervenierten und in Sibirien eine Küstenrepublik etablierten, musste Washington handeln.

Im März 1921 folgte der Republikaner Warren G. Harding auf Woodrow Wilson, der nach zwei Amtszeiten nicht mehr kandidierte und nach schweren politischen Rückschlägen ohnehin mit seinen Kräften am Ende war. Am 12. November 1921 kamen in Washington auf Einladung des amerikanischen Präsidenten die Vertreter von neun Mächten, darunter die USA und Japan, zusammen, um bis zum 6. Februar des folgenden Jahres ein ganzes Vertragspaket zu verhandeln und zu unterzeichnen. China, um dessen Zukunft es dabei nicht zuletzt ging, war nicht vertreten.

Neben einem Flottenvertrag, in dem die USA, Großbritannien, Frankreich, Italien und Japan die jeweilige Gesamttonnage ihrer Kriegsmarinen, ausdrücklich auch ihrer Flugzeugträger, festlegten, war der Neunmächtepakt über China von besonderem Interesse. Denn darin verpflichteten sich die Neun, unter ihnen Japan, ausdrücklich, »die Souveränität, die Unabhängigkeit und die territoriale und administrative Unverletztheit Chinas zu achten«.[17] Mithin hatte Japan keine Wahl, als sich von seiner Kriegsbeute zu verabschieden und das Protektorat über China aufzukündigen. Wie stark der Druck auf Tokio war, zeigt die Tatsache, dass sich die Japaner, wie im ersten Kapitel berichtet, im Oktober 1922 auch aus ihrer sibirischen Küstenprovinz zurückzogen.

Dass sich Tokio diesem Druck beugte, lag an den Kräfteverhältnissen im ostasiatisch-pazifischen Raum. Immerhin standen Japan hier mit den USA, Großbritannien, Frankreich und Italien vier Großmächte gegenüber, die jetzt, von der europäischen Kriegslast befreit, wieder handlungsfähig waren. Japan hat diese neuerliche Demütigung nicht verwunden. Wie 1895, als man nach dem Sieg über China durch Deutschland, Frankreich und Russland zu einer partiellen Aufgabe der Beute gezwungen worden war, wartete man auch jetzt auf die Gelegenheit zur Revision. Waren es 1905 die Schwäche Russlands und die Rückversicherung durch den Bündnisvertrag mit England, der übrigens während der Washingtoner Konferenz aufgehoben wurde, so war es 1931 der allgemeine Schwächezustand des Staatensystems, der Japan in die Offensive gehen ließ.

Ausgelöst wurde diese globale Paralyse durch die Weltwirtschaftskrise. Die Disziplin ging verloren, die Nerven lagen blank. Und so wie die Deutschen diese Krise für eine weitgehende Demontage des Versailler Systems nutzten, so nutzten die Japaner sie, um die Washingtoner Ordnung zu zerlegen.

Dabei spielte das Verhältnis zu den USA eine entscheidende Rolle, denn das verschlechterte sich dramatisch. Zum einen brach der Export japanischer Rohseide ein, und das wiederum hatte Konsequenzen sowohl für die Deviseneinnahmen als auch für die Lebenssituation der ohnehin verarmten japanischen Bauern. Vor allem aber setzten die Amerikaner den 1922 in Washington eingeschlagenen Weg auf einer Folgekonferenz in London fort und zwangen die Japaner im Frühjahr 1930, die Zweitrangigkeit ihrer Seestreitkräfte gegenüber den amerikanischen noch einmal ausdrücklich anzuerkennen.

Diese »nationale Demütigung«[18] sorgte sowohl in der japanischen Öffentlichkeit als auch in Teilen des Militärs für Unmut, Protest und Reaktion. Auch bei der japanischen Kwantung-Armee, die in der Mandschurei stationiert war. Nach einer nächtlichen »mysteriösen Explosion« in der Nähe von Mukden befahl einer ihrer Kommandeure am 18. September 1931 eigenmächtig die Eroberung der Stadt und setzte damit die militärische wie politische Führung in Tokio unter Druck.[19] Mehr von der Eigendynamik der Entwicklung getrieben als einem Plan folgend, machten sich die Japaner nun an die Eroberung der Mandschurei und revidierten entschlossen, was sie 1922 am Washingtoner Verhandlungstisch hatten unterzeichnen müssen. Und weil es in der Logik des Revisionismus liegt, dass die Grenzen zum Expansionismus fließend sind, blieben die Japaner nicht stehen. Im Februar 1932 hoben sie einen Staat namens »Mandschukuo« aus der Taufe, wenig später installierten sie Puyi, den letzten Kaiser von China, an dessen Spitze, und Anfang 1933 gliederten sie ihrem Marionettenstaat unter anderem die chinesische Provinz Jehol ein.

Die weitere Entwicklung war damit programmiert. Das galt für Japans Krieg gegen China, der Anfang Juli 1937 eröffnet wurde, und es galt für den Konflikt mit den Sowjets. Die konnten der japanischen Offensive natürlich nicht tatenlos zusehen und schlossen unter anderem Mitte März 1936 einen Beistandspakt mit der von ihnen abhängigen Mongolischen Volksrepublik. Als die Japaner diese am 11. Mai 1939 überfielen, musste der Kreml reagieren. Der sich anschließende Krieg gegen Japan, den Lenin nicht hatte führen können, wurde jetzt von Stalin geführt. Um ihn bestehen und überstehen zu können, brauchte er Entlastung im Westen. Als er sie im Pakt mit Hitler fand, wurden auch für Ostmitteleuropa Weichen gestellt, die eine Totalrevision der 1919 etablierten Friedensordnung zur Folge hatten.

Mit dem Ersten Weltkrieg wurde der Revisionismus global zum Massenphänomen. Da er vor allem auf die Änderung bestehender Grenzen zielte, fand auch eine der verheerendsten Begleiterscheinungen der Urkatastrophe des 20. Jahrhunderts kein Ende: Das Verhältnis von Mehrheit und Minderheiten wurde in der Regel ohne Mitwirkung der Betroffenen neu festgesetzt. Auch deshalb waren ethnische Säuberungen und Vertreibungen an der Tagesordnung. Und es gab Zeiten, da stellten die Zahlen der Opfer dieser Gewaltmaßnahmen die der Opfer des Krieges noch in den Schatten.

Entsorgt. Ethnische Säuberungen sind in Europa
seit Beginn des 20. Jahrhunderts an der Tagesordnung. Sie verschonen keinen. Auch nicht die
Schwachen und Hilflosen. 1945 wissen die deutschen Kinder noch nicht, was viele von ihnen in
einigen Jahren entdecken werden: Ihre Eltern waren Täter.

KAPITEL 3

SÄUBERUNG

Geplündert, vergewaltigt, massakriert. Die Geschichte des 20. Jahrhunderts ist auch eine Geschichte der Verbrechen an ethnischen Minderheiten. Schon die Gründungswelle junger Nationalstaaten in den siebziger Jahren des 19. Jahrhunderts in Zentral-, Süd- und Südosteuropa war mit der Vertreibung ethnischer Minderheiten einhergegangen. Das waren »Säuberungen«, die dem Ziel dienten, die neuen, national definierten Staaten zu »homogenisieren«.[1] Als »ethnisch« werden diese Maßnahmen des organisierten Terrors erst seit Ende des 20. Jahrhunderts bezeichnet. Der Begriff tauchte im Zusammenhang mit der Auflösung Jugoslawiens auf und bezog sich damit auf jene Gegend Europas, wo man acht Jahrzehnte zuvor erstmals systematische ethnische Säuberungen in größerem Umfang beobachtet hatte. War das ein Zufall?

In den Jahren 1912 und 1913 lösten sich die Völker des Balkans zunächst endgültig aus der jahrhundertealten osmanischen Vorherrschaft und gerieten dann über die Aufteilung der Beute untereinander in Streit. Das Reich der Sultane hatte zu Beginn des 20. Jahrhunderts seinen Zenit längst überschritten, befand sich im Zustand der Agonie, aus dem es letztlich auch eine Gruppe jüngerer Offiziere – unter ihnen Mustafa Kemal, der spätere Gründer der modernen Türkei »Atatürk« – nicht zu befreien vermochte.

Einerseits sorgten diese Jungtürken seit 1908 für eine gewisse Modernisierung im Innern, unter anderem für die Wiederbelebung der suspendierten Verfassung von 1876. Andererseits verpassten sie dem Rückzug der Türken aus Europa, der im Grunde schon 1683 mit ihrer zweiten Niederlage vor Wien eingeläutet worden war, den letzten Schub. So wurden Bosnien und die Herzegowina jetzt auch förmlich durch Österreich-Ungarn annektiert, erklärten sich Bulgarien für unabhängig und Kreta mit Griechenland vereint, und was dann in Europa noch unter türkischer Herrschaft stand, ging in den

Balkankriegen verloren. Die Annexion der nordafrikanischen Provinz Tripolitanien nach einem verlorenen Krieg gegen Italien rundete diese triste Bilanz der Jungtürken ab. Dieser Krieg wiederum war einer der Auslöser des Ersten Balkankrieges.

Im Ersten Balkankrieg, zugleich der letzte Türkenkrieg auf europäischem Boden, zogen seit Anfang Oktober 1912 Bulgarien, Griechenland, Montenegro und Serbien gegen die Türkei zu Felde. Vier Wochen nach dem Waffenstillstand von Ende Mai 1913 eröffnete dann Bulgarien den Zweiten Balkankrieg gegen seine vormaligen Bundesgenossen Serbien und Griechenland, musste aber trotz anfänglicher Erfolge im Bukarester Frieden vom 10. August des Jahres endgültig den Versuch aufgeben, die Ergebnisse des ersten Krieges zu revidieren, weil sich Montenegro, Rumänien und schließlich auch die Türkei auf Seiten der Gegner einfanden.

Während der beiden Kriege waren Massaker, Plünderungen, Vergewaltigungen und andere Verbrechen an der Tagesordnung, und auch nachdem die Waffen schwiegen, ließen sie in einigen Gegenden nicht nach. Anfänglich waren vor allem Muslime betroffen. In Verbindung mit ausbrechenden Seuchen und grassierendem Hunger, Enteignungen und Entlassungen hatte das zur Folge, dass von November 1912 bis März 1914 alleine über das griechische Thessaloniki rund 240 000 Muslime nach Kleinasien auswanderten.[2] Insgesamt dürften infolge der beiden Balkankriege bis zu eine Million Menschen ihre Heimat verloren haben.

Wie für die meisten anderen gilt auch für diesen Fall: Die Zahlen- und Datenangaben sind immer mit einer gewissen Vorsicht zu lesen. Zum einen standen in der Regel keine Mittel und Möglichkeiten für eine zuverlässige Erhebung zur Verfügung, zum anderen war und ist das Hantieren mit Opferzahlen stets auch ein Mittel von Politik. Schon deshalb hatten in den Vielvölkerstaaten des 20. Jahrhunderts weder die Mehrheiten noch die Minderheiten ein Interesse daran, die Größe der einzelnen Bevölkerungsgruppen genau zu erfassen.

Jedenfalls markierten die Balkankriege in Bezug auf ethnische Säuberungen erst den Anfang. Der große europäische Krieg, der sich im Sommer 1914 nicht zufällig aus einem weiteren Balkankonflikt entwickelte, vor allem aber seine unmittelbaren und mittelbaren Folgen stellten auch in dieser Hinsicht alles in den Schatten, was die jüngere Geschichte bis dahin gesehen hatte. Insgesamt waren fast 90 Millionen Menschen von den Staatsgründungen und Grenzverschiebungen infolge dieses Krieges betroffen, die allermeisten deshalb, weil sie sich über Nacht in einem anderen Staat wiederfanden als jenem, in dem sie bei Kriegsausbruch gelebt hatten. Und viele gehörten darüber hinaus von heute auf morgen einer Minderheit an. In Ostmittel- und Südosteuropa gab es keinen Staat, in dem nicht wenigstens eine Minderheit lebte, in der Regel waren es mehrere.

In den meisten Fällen war die neue Lebenssituation eine Folge von Grenzverschiebungen, und in nicht wenigen ging die radikal veränderte Lage alter und neuer Minderheiten auf ethnische Säuberungen und Vertreibungen zurück. Das galt vor allem für die beiden zerfallenden Vielvölkerstaaten Russland und das Osmanische Reich.

Als dem türkischen Sultan Anfang November 1914 von Russland, Frankreich und England der Krieg erklärt wurde und sich sein Land damit an der Seite des Deutschen Reiches, Österreich-Ungarns und später auch Bulgariens in einem schließlich gescheiterten Ringen um die staatliche Existenz befand, kontrollierte er immer noch ein territorial beträchtliches Imperium. Zum Osmanischen Reich gehörten bei Kriegsausbruch die heutigen Staaten des Nahen und Mittleren Ostens, also Saudi-Arabien, Jemen, die Vereinigten Arabischen Emirate, Katar, Irak, Syrien, Libanon, Jordanien und Israel, indirekt auch Kuwait und Ägypten und damit mittelbar der Sudan. Am Ende blieb nur Kleinasien. Die Kosten dieser Totalamputation hatten vor allem die nichttürkischen Völker zu tragen.

Auf der einen Seite wurden die Unabhängigkeitsbestrebungen der Araber durch die Kriegsgegner der Türkei instrumentalisiert. Offiziell stellte man ihnen einen eigenen Staat in Aussicht. Tatsächlich verständigten sich die britische und französische Diplomatie, vertreten durch Mark Sykes und François Georges-Picot, schon

Mitte Mai 1916 zu Lasten der Araber auf eine Aufteilung der Region in Einflusssphären: London kontrollierte Mesopotamien, Palästina und Jordanien, Frankreich Syrien mit dem Libanon.

Auf der anderen Seite gingen die Türken in Kleinasien, also in ihrem Stammland, selbst mit äußerster Härte gegen Minderheiten vor, denen sie Sabotage oder Kollaboration mit dem Gegner unterstellten. Das betraf vor allem die christlichen Armenier. Schon 1894, 1896 und 1909 waren Zehntausende von ihnen Massakern zum Opfer gefallen. Vermutlich im März 1915 beschloss die osmanische Regierung, die gesamte armenische Bevölkerung, die als potentieller Verbündeter der russischen Armeen galt, aus den kriegsnahen Gebieten Anatoliens zu deportieren. Seit dem 1. Juni 1915 war die Verfolgung öffentlich und offiziell. Angesichts der äußeren Umstände kam die Deportation einer Inkaufnahme des Todes der meisten Betroffenen gleich.[3] Verlässliche Opferzahlen gibt es nicht. Es waren Hunderttausende.

Noch vor den Armeniern, wenn auch nicht annähernd so hart, traf es die in Kleinasien lebenden Griechen, die massenhaft deportiert wurden, sofern sie nicht über die Ägäis nach Griechenland flohen. Anders als die Armenier hatten die kleinasiatischen Griechen, wenn man so will, eine Lobby, nämlich das griechische Mutterland und im Hintergrund Großbritannien. Diese beiden Länder nutzten die unklare Lage nach dem Ende des Ersten Weltkriegs für eine massive militärische Intervention. Im Juni 1920 eröffneten griechische Streitkräfte, von London diplomatisch unterstützt, den Krieg gegen die Türkei. Offiziell geschah das mit der Begründung, den am 10. August 1920 in Sèvres unterzeichneten Friedensvertrag zwischen den Alliierten und der Türkei militärisch durchsetzen zu wollen. Tatsächlich ging es um die Errichtung eines Großgriechenlands beiderseits der Ägäis. Ausgangspunkt des Angriffs war das schon 1919 von griechischen Truppen besetzte Smyrna beziehungsweise Izmir.

Die Folgen dieses Abenteuers, das zwei Jahre später mit einer krachenden Niederlage der Angreifer endete, sind kaum zu überschätzen. Zum einen halfen sie Mustafa Kemal, dem Sieger über die griechische Armee, und der türkischen Nationalbewegung dabei, sich gegen die alten Kräfte um den Sultan durchzusetzen und Ende Oktober 1923 die türkische Republik zu etablieren. Zum anderen war mit diesem Krieg die ethnische Säuberung von Staaten als legitimes und akzeptiertes Mittel nationalen wie internationalen Krisen- und Konfliktmanagements in der Welt.

Letzter Auslöser für diese Maßnahme waren die Ausschreitungen gegen die Zivilbevölkerung und der große Brand Smyrnas, nachdem türkische Truppen die mit Hunderttausenden von Flüchtlingen überfüllte Stadt im September 1922 eingenommen hatten. Am 30. Januar 1923 mussten Griechen und Türken unter internationalem Druck den fast vollständigen Bevölkerungsaustausch vereinbaren, von dem bis zu 400 000 Türken in Nordgriechenland und gut 1,2 Millionen Griechen in Kleinasien betroffen waren. Und der Friedensvertrag von Lausanne zwischen der Türkei einerseits, Griechenland, Großbritannien, Frankreich, Italien, Rumänien und Japan andererseits ersetzte am 24. Juli 1923 nicht nur den Vertrag von Sèvres. Er bestätigte auch ausdrücklich die Vereinbarung über den »Austausch der griechischen und der türkischen Bevölkerungsteile«.[4]

Es war übrigens der britische Außenminister George Curzon, der den beiden Konfliktparteien den »Austausch« ihrer Bevölkerung nahegelegt hatte, mithin derselbe Mann, mit dessen Namen sich auch der erwähnte Vorschlag für eine polnisch-sowjetrussische Grenze nach ethnischen Kriterien vom Jahresende 1919 verbindet, auf den sich 20 Jahre später Hitler und Stalin berufen sollten. Natürlich ist man nachher immer klüger. Ob Curzon oder einer der anderen Beteiligten das ganze Ausmaß des Elends vorhersehen konnten, das der Vollzug dieses griechisch-türkischen »Bevölkerungsaustausches« über Jahre nach sich ziehen würde, sei dahingestellt. Und dass sein Vorschlag die Blaupause für zukünftige ethnische Säuberungen bilden würde, hat er sich auch nicht vorstellen können. Aber so war es.

Wer einen Sinn für Zynismus hatte, konnte zu Protokoll geben, dass sowohl Griechenland als auch die Türkei dank dieses Bevölkerungsaustausches ein Problem weniger hatten. Denn dass Griechen und Türken nach den grässlichen Ausschreitungen der vergangenen Jahre zu einem friedlichen Nebeneinander mit der jeweils anderen

Minderheit im eigenen Land hätten finden können, galt als ausgeschlossen. Dafür standen beide Staaten jetzt vor einer Herausforderung, auf die sie nicht vorbereitet waren: Hunderttausende Neuankömmlinge mussten angesiedelt und integriert werden. Im Falle Griechenlands war das rund ein Viertel der Gesamtbevölkerung. Immerhin ließ die Staatengemeinschaft das mit dieser gewaltigen Herausforderung völlig überforderte Land nicht alleine. Unter Mitwirkung des Völkerbundes konnte Griechenland 1924 und 1928 zwei sogenannte Flüchtlingsanleihen von insgesamt gut 16,5 Millionen Britischen Pfund auflegen – eine Bürde für die Zukunft, aber eine Entlastung in der Gegenwart.[5]

Mit einer vergleichbaren Unterstützung konnte das neben dem Osmanischen Reich zweite Imperium des Ostens schon deshalb nicht rechnen, weil Sowjetrussland weder Teilnehmer der Friedenskonferenz noch Mitglied des Völkerbundes war. Vom Zusammenbruch und der Auflösung des alten Zarenreiches wurde im ersten Kapitel berichtet. Unmittelbar nach Ausbruch des Ersten Weltkriegs waren die russischen Behörden zu systematischen Deportationen übergegangen und hatten in den kommenden Jahren im Westen des Reiches bis zu eine Million Deutsche und Juden verschleppen lassen. Dahinter steckte die geradezu paranoide Furcht vor Kontrollverlust, Sabotage und nicht zuletzt Kollaboration mit dem Feind, die später auch bei manchem sowjetischen Führer, allen voran Josef Stalin, hoch entwickelt war und zu neuerlichen Wellen von Verfolgung und Deportation, Lagerhaft und Liquidation führte.

Die bolschewistische Revolution, die dem innerlich und äußerlich zerbröselnden Imperium den Todesstoß versetzte, und ihre vielfältigen Folgen sorgten bis 1922 für die bis dahin umfassendste Fluchtbewegung in der europäischen Geschichte: sieben Millionen Kriegsflüchtlinge und Evakuierte infolge des Krieges, bis zu zwei Millionen Bürgerkriegsflüchtlinge und noch einmal eine Million Polen, die Russland verließen. Nahm man die rund 250 000 Muslime, die vor dem Krieg zwischen Armenien und Aserbaidschan flohen, und die nicht genau fassbare, aber in die Hunderttausende gehende Zahl von Juden hinzu, die der Verfolgung und den Pogromen in

Russland oder Ostpolen zu entkommen suchten, zählte man rund zehn Millionen Flüchtlinge, Vertriebene und Verfolgte allein aus diesem Kriegsgebiet.[6] Sie trugen das Ihre dazu bei, dass sich in vielen Staaten das Verhältnis von Mehrheiten und alten wie neuen Minderheiten mitunter drastisch verschob.

Die Frage, wie man mit diesen Minderheiten umgehen sollte, war eines der größten Probleme, mit denen es die Friedenskonferenz in Paris zu tun hatte. Es wurde ihr geradezu aufgezwungen. Meldungen über schwere antijüdische Pogrome in Ost- und Ostmitteleuropa riefen nämlich die amerikanische Öffentlichkeit und namentlich den aus Anlass der Pogrome gegründeten American Jewish Congress auf den Plan und zwangen Präsident Wilson zu handeln.[7] Die Verfolgung der Juden Europas, nicht der nationalen Minderheiten in den alten wie vor allem in den neugegründeten Staaten, war in Paris der eigentliche Auslöser entsprechender Verhandlungen.

Immerhin wurde das Problem erkannt und seine Lösung vertraglich in Angriff genommen. Die Verlierer des Krieges – Deutschland, Österreich, Ungarn, Bulgarien und die Türkei – hatten in den jeweiligen Verträgen entsprechende Konzessionen zu machen, das Nähere regelten dann bilaterale Abkommen mit den betroffenen Nachbarn. So wie der Lausanner Friedensvertrag die zwischen Türken und Griechen vereinbarte Regelung der Minderheitenfrage bestätigte, regelte zum Beispiel eine am Tag der Unterzeichnung des Friedensvertrages von Neuilly-sur-Seine, also am 27. November 1919, zwischen Bulgarien und Griechenland geschlossene Konvention den Austausch der jeweiligen Minderheiten. Im entsprechenden Artikel des Friedensvertrages war von einer »wechselseitigen und freiwilligen Emigration von Personen« die Rede, die »rassischen Minderheiten« angehörten.[8] Auf dieser Basis wurden zwischen 1923 und 1931 rund 53 000 Griechen gegen 102 000 Bulgaren »ausgetauscht«. So gesehen war der Vertrag von Neuilly-sur-Seine ein Fanal; der Vertrag von Lausanne, der vier Jahre später den erwähnten »Bevölkerungsaustausch« zwischen Griechen und Türken festschrieb und das Prinzip der Freiwilligkeit nicht mehr kannte, war der Sündenfall.

Und dann wurden auch die zahlreichen neu eingerichteten Staaten wie zum Beispiel Polen und die Tschechoslowakei verpflichtet, in Schutzverträgen die Rechte der Minderheiten zu garantieren. Diese Garantien waren in der Regel eine Voraussetzung für die internationale Anerkennung der jungen Staatswesen. Dort traf das Ansinnen der Alliierten und assoziierten Mächte auch deshalb auf erbitterten Widerspruch, weil man nicht einzusehen vermochte, dass die meisten bereits bestehenden Staaten keine vergleichbaren Verpflichtungen eingehen mussten. Denn dagegen sträubten sich vor allem die Franzosen, die seit dem Versailler Vertrag die direkte oder indirekte Kontrolle über eine beträchtliche deutsche Minderheit ausübten. Frankreichs Weigerung wiederum hatte zur Folge, dass der Minderheitenschutz nicht als allgemeines Prinzip in die Völkerbundsatzung aufgenommen werden konnte.

Man kann davon ausgehen, dass bis zu 25 Millionen Menschen in den zwölf neuen beziehungsweise – wie im Falle Griechenlands oder Rumäniens – neu konfigurierten Staaten von diesem Minderheitenschutz erfasst wurden.[9] In Polen oder Rumänien stellten Minderheiten zum Beispiel 30 Prozent der Bevölkerung. Zwar zeigte sich im Laufe der beiden folgenden Jahrzehnte, dass dieser Schutz, wenn es hart auf hart kam, den betroffenen Minderheiten wenig nutzte. Denn es fehlten die Möglichkeiten und mehr noch der Wille, den Bruch dieser Schutzverträge effektiv zu sanktionieren; es fehlte die Erfahrung im Umgang mit diesen Verträgen; und es fehlte der Wille, sich an das Vereinbarte zu halten. Allerdings gilt auch hier, dass man später immer klüger ist. So konnte der amerikanische Präsident Wilson im Januar 1918 nicht wissen, welche Sprengkraft das aus seinen Vierzehn Punkten abgeleitete »Selbstbestimmungsrecht der Völker« für die später entstehenden multiethnischen Staaten entwickeln würde. Dass die auch in dieser Frage uneinigen Alliierten auf ihrer Konferenz den Umgang mit Minderheiten überhaupt vertraglich regelten, war beachtlich.

Einer der ersten neuen Nationalstaaten, die sich in diesem Sinne zu verpflichten hatten, war zugleich der größte unter ihnen. Wenige Staaten waren von der Geschichte so gezeichnet wie Polen. Die Zeiten der alten polnisch-litauischen Adelsrepublik lagen lange zurück, blieben aber für die meisten Polen schon deshalb der Bezugspunkt, weil nichts von dem, was nach den drei Polnischen Teilungen der Jahre 1772, 1793 und 1795 gekommen war, eine Identifikation zugelassen hätte. Auch nicht das 1815 auf dem Wiener Kongress eingerichtete Königreich Polen, das bis 1867 formal eigenständig blieb, aber von Anfang an ein russischer Satellit war. Tatsächlich waren die Polen seit der letzten Teilung entweder russische, deutsche oder österreichische Staatsangehörige, was unter anderem dazu geführt hatte, dass sie im Ersten Weltkrieg gegeneinander kämpften.

Dass der unabhängige polnische Staat nach diesen leidvollen Erfahrungen wenig Neigung verspürte, nun seinerseits den Minderheiten Schutz zu garantieren, kann man nachvollziehen. Zu den 30 Prozent Nichtpolen gehörten 3,7 Millionen Ukrainer und – hier wie anderenorts als »nationale« Minderheit gezählt – 2,7 Millionen Juden. Die zwei Millionen Deutschen folgten an dritter Stelle.[10]

Erschwerend kam hinzu, dass dieser polnische Staat zwar am 11. November 1918 – dem Tag, an dem Józef Piłsudski den Oberbefehl über die neue polnische Armee übernahm – offiziell gegründet worden war, aber nicht einmal klar definierte Grenzen zu allen drei vormaligen Teilungsmächten besaß. Völlig unübersichtlich war die Lage im Osten, und auch der Ende 1919 begonnene Krieg gegen Sowjetrussland führte, wie im ersten Kapitel gesehen, nicht zu einem Ergebnis, mit dem Polen leben konnte. Im Süden war die Lage insofern klarer, als der neu gegründete Staat Tschechoslowakei eine Barriere zu Österreich bildete. Aber eindeutig war die Lage auch hier nicht, weil im Teschener Gebiet, das Prag sich einverleibt hatte, 70 000 Polen lebten.

Auf den ersten Blick herrschten klare Verhältnisse nur im Westen, weil der Versailler Vertrag hier den Grenzverlauf definierte. Auf den ersten Blick. Tatsächlich sah es aus polnischer Perspektive ganz anders aus. Denn zum einen war unter anderem Ostpreußen zu großen Teilen beim Deutschen Reich geblieben und bildete eine Art deutscher Brückenkopf auf polnischem Territorium. Und zum anderen führte die im Versailler Vertrag vorgesehene und am 20. März

1921 durchgeführte Volksabstimmung in Oberschlesien zu einer schweren Niederlage für Polen: 60 Prozent der Wahlberechtigten sprachen sich für einen Verbleib beim Deutschen Reich aus. Damit mochten sich die Polen schon deshalb nicht abfinden, weil sie erst zwei Tage zuvor in Riga den erwähnten Frieden mit Sowjetrussland hatten unterzeichnen müssen, der weit hinter ihren Grenzvorstellungen zurückgeblieben war.

Also gingen sie – unter einem fadenscheinigen Vorwand und ermutigt durch ihre französischen Partner – in die Offensive und eröffneten einen von polnischer wie deutscher Seite brutal geführten Konflikt. Der Schiedsspruch der Pariser Botschafterkonferenz, der den erschöpften Parteien Mitte Oktober 1921 ultimativ unterbreitet wurde, ließ zwar gut 70 Prozent des Abstimmungsgebietes bei Deutschland, doch fielen mit dem kleineren Teil mehr als zwei Drittel der Industrieanlagen und drei Viertel der Kohlegruben an Polen. Das wiederum stärkte die chauvinistischen Kräfte in Deutschland und schwächte dort all jene, die wie der Anfang Februar 1922 ins Amt gekommene Außenminister Walther Rathenau die Hoffnung auf eine Verständigung mit Polen noch nicht aufgegeben hatten.

Daraus wurde, von Lichtblicken in der Endphase der Ära Stresemann abgesehen, auch deshalb nichts, weil zum einen kein deutscher Außenpolitiker, der politisch überleben wollte, das Fernziel einer Revision der Grenze zu Polen aufgeben konnte. Zum anderen aber taten die polnische Regierung und die polnischen Behörden alles, um den Deutschen – wie den anderen Minderheiten – das Leben zu erschweren. Zwar war auch Polen durch ein Abkommen, das es am 28. Juni 1919 zeitgleich zum Versailler Vertrag mit den fünf Hauptsiegermächten hatte schließen müssen, verpflichtet, bestimmte Rechte seiner Minderheiten zu achten. Allerdings bezog sich der vertraglich garantierte »Schutz« im Wesentlichen auf das Recht, zum Beispiel in der Grundschule oder vor Gericht die Muttersprache benutzen zu dürfen. Damit blieb das Abkommen weit hinter den Rechten zurück, welche die Minderheiten erwartet oder doch erhofft hatten.[11] Überraschen konnte das nicht, weil die Alliierten ja gerade nicht die Autonomiebestrebungen der Minderheiten, sondern ganz im Gegenteil deren umfassende Assimilierung fördern wollten.

Dass viele Polen selbst diesen rudimentären Minderheitenschutz als schwerwiegenden Eingriff in ihre Souveränität empfanden, zeigt, wie verfahren die Lage war. Von einer Gleichbehandlung konnte jedenfalls keine Rede sein. In keinem der 31 polnischen Kabinette mit ihren insgesamt etwa 350 Ministern, die das Land bis zum deutschen Überfall am 1. September 1939 regierten, war ein Angehöriger einer Minderheit vertreten. In keinem der von ihnen mehrheitlich bewohnten Gebiete gab es einen Oberpräsidenten oder einen Landrat der jeweilige Minderheit, und im Parlamentshandbuch wurden die nichtpolnischen Abgeordneten bis zuletzt als »Fremde« geführt. Hinzu kam, dass zum Beispiel deutschstämmige Beamte vom polnischen Staat nicht übernommen wurden und Geschäftsleuten durch Konzessionsentzug die wirtschaftliche Basis verloren ging.

Diese Verdrängungspolitik führte dazu, dass bis 1926 rund 600 000 Deutsche allein aus Posen und Westpreußen abwanderten.[12] Auch diese Maßnahmen waren eine Variante der Vertreibung. Stellt man das in Rechnung und bedenkt, welches Unheil die deutschen Besatzer seit Herbst 1939 über Polen brachten und was wiederum den Deutschen nach der Westverschiebung Polens im Jahr 1945 widerfuhr, versteht man, warum die deutsch-polnische Annäherung und Aussöhnung zu den größten Herausforderungen der europäischen Geschichte in der zweiten Hälfte des 20. Jahrhunderts zählten.

Gleiches gilt auch für die schwierige Aussöhnung zwischen Polen und der seit Jahresende 1991 unabhängigen Ukraine. Hier geht es vor allem um die Massaker, die ukrainische Nationalisten zwischen Februar 1943 und Mai 1945 an Mitgliedern der polnischen Minderheit verübten und denen vermutlich bis zu 100 000 Menschen zum Opfer fielen. Aus Sicht der Täter war das die Quittung für die Unterdrückung während jener Jahre, in denen diese Gebiete der Ukraine, insbesondere Wolhynien, zum polnischen Staat gehörten. Dass sich diese Säuberungsaktion wie auch die Racheakte polnischer Partisanen an der ukrainischen Mehrheit ausgerechnet zu der Zeit abspielten, als beide unter der deutschen Besatzung litten, zeigt, welche

gewaltigen Folgeprobleme die Minderheitenfrage der Zwischenkriegszeit aufwarf.

Ob die Mehrheiten die Minderheiten in ihren neuen Staaten integrieren wollten oder nicht, offenbarten mitunter schon die
Namen, die sie den Staaten gaben. Die Republik Polen benannte
sich schlicht und einfach nach der Mehrheit. Deutsche, Ukrainer
oder auch Weißrussen tauchten im Staatsnamen nicht auf, von den
Juden gar nicht zu reden, die in der politischen und administrativen
Behandlung noch schlechter davonkamen als die nationalen Minderheiten.

Einen anderen Weg ging das spätere Jugoslawien. Im Sommer
1917 mit einem serbisch-kroatischen Ausgleich beginnend, wurde
dieser Staat von vornherein in dem Bewusstsein gegründet, ein
Vielvölkerstaat zu sein. Anfänglich kam das jedenfalls ansatzweise
im Staatsnamen zum Ausdruck. Denn dieses Gebilde, in dem es
zunächst auch noch drei Währungen gab, nannte sich seit der
Staatsgründung am 1. Dezember 1918 »Königreich der Serben, Kro-
aten und Slowenen«. Das spiegelte allerdings die Realität nur zum
Teil wider. Neben diesen drei Titularnationen, die tatsächlich die
Mehrheit der Bevölkerung stellten, gab es eine ganze Reihe von
Minderheiten, darunter – an erster Stelle – Deutsche, aber auch
Ungarn, Albaner, Bosnier, Mazedonier, Rumänen, Bulgaren und
andere mehr.

Die optische Nachrangigkeit der »mitwohnenden Minderheiten«
gegenüber den Titularnationen entfiel Anfang Oktober 1929 mit der
Etablierung eines fiktiven südslawischen Staatswesens namens »Jugoslawien«. Sie ging mit der Errichtung größerer Verwaltungseinheiten,
der Banovinas, einher, die nicht den ethnischen Grenzen folgten. Alle
diese Maßnahmen, zu denen auch der Staatsstreich König Alexan-
ders und die Umwandlung der konstitutionellen in eine autoritär geführte Monarchie zählten, sollten die vielfältigen nationalen Probleme
des Vielvölkerstaates beherrschbar machen. Dass dieses Umnternehm-
men – aufs Ganze gesehen – gelang, dass Jugoslawien erst unter dem
Ansturm deutscher Truppen im Frühjahr 1941 zusammenbrach, hatte
vor allem einen Grund: Es gab keinen ernsthaften Versuch eines

Nachbarlandes, das zeitweilig fragile Gebilde durch die Instrumentalisierung einer nationalen Minderheit auszuhebeln.

Das unterschied Jugoslawien grundlegend von der Tschechoslowakei, die Ende 1918 aus der Konkursmasse Österreich-Ungarns hervorging und – von einem Intermezzo in Litauen abgesehen – für einige Zeit der einzige Staat in Mittel- und Osteuropa mit einer bürgerlich-demokratischen Ordnung sein sollte. Die Gründung des Staates war im Kern ein tschechisches Unternehmen, an dem die Slowakei nicht zuletzt auf Druck der Westmächte beteiligt wurde. Nicht zufällig wurde die Gründungsurkunde des künftigen Staates am 30. Mai 1918 im amerikanischen Pittsburgh unterschrieben. Allerdings täuschte der Staatsname darüber hinweg, dass die Verfassung der am 28. Oktober 1918 gegründeten Tschechoslowakischen Republik keine Sonderbestimmungen für die Slowakei vorsah, von der ursprünglich angestrebten Autonomie gar nicht zu reden.

Immerhin war die Slowakei als Titularnation im Staatsnamen vertreten, die übrigen »mitwohnenden Minderheiten« waren es nicht. Das galt für die Ungarn, die Polen oder die Ruthenen, und es galt für die Deutschen. Dabei stellten sie ausweislich der amtlichen Volkszählung vom November 1930 immerhin 22,5 Prozent, im tschechischen Teil der Republik sogar knapp 30 Prozent der Gesamtbevölkerung und damit deutlich mehr als die Slowaken, die es auf 15 Prozent brachten.

Zudem fühlten sich die Deutschen in der Tschechoslowakei in fast allen Bereichen benachteiligt. So wurden sie bei der Besetzung leitender Positionen in der Verwaltung allenfalls marginal berücksichtigt, und das wirtschaftliche Leben ging weitgehend an ihnen vorbei. Die Auswirkungen der Weltwirtschaftskrise verschlechterten ihre Situation weiter, da das industriell hochentwickelte und exportabhängige Sudetenland besonders schwer getroffen wurde. 1936 lebten 60 Prozent der Arbeitslosen der Tschechoslowakei in den sudetendeutschen Gebieten. Erschwerend kam hinzu, dass im Dezember 1935 Tomáš Masaryk nach anderthalb Jahrzehnten vom Amt des Staatspräsidenten zurückgetreten war. Seinem Nachfolger Edvard Beneš – Jahrgang 1884, Soziologe, in Frankreich ausgebildet – fehlten die Kraft und vor allem der Wille zur Integration der größeren und kleineren Nationalitäten.

Das alles war Wasser auf die Mühlen derer, die ein Interesse an der Schwächung oder, wie der deutsche Reichskanzler Adolf Hitler, an einer Zerschlagung der Tschechoslowakei hatten. Kaum hatte er Österreich an das Deutsche Reich anschließen und damit eine entscheidende Voraussetzung für den Zugriff auf den Vielvölkerstaat schaffen lassen, signalisierte er Ende März 1938, dass er die sogenannte Tschechoslowakische Frage »in nicht allzu langer Zeit zu lösen« gedenke.[13] Die Botschaft galt Konrad Henlein, dem Führer der Sudetendeutschen Partei, wie sich die vormalige Sudetendeutsche Heimatfront seit 1935 nannte. Tatsächlich hatten Henlein und seine Gefolgsleute ursprünglich gar nicht den Anschluss an das Deutsche Reich, sondern eine Autonomie des von den Deutschen besiedelten Sudetenlandes im Blick. Innerparteiliche Ranküne und andere Anfeindungen veranlassten Henlein dann aber Mitte November 1937, sich in Hitlers Pläne zu fügen.

Am 24. April trat Henlein mit einem sogenannten Karlsbader Programm an die Öffentlichkeit. Die zentralen Forderungen, darunter »volle Freiheit des Bekenntnisses zum deutschen Volkstum«,[14] waren natürlich für die Prager Regierung nicht akzeptabel. Deshalb ließ Hitler sie erheben. An sich war ihm das Schicksal der Deutschen in der Tschechoslowakei ziemlich gleichgültig. Er brauchte sie für die Umsetzung seiner Pläne, instrumentalisierte ihre außer Frage stehende Diskriminierung für die Zerlegung der Tschechoslowakei. Als sich die Regierungschefs Großbritanniens, Frankreichs und Italiens Ende September 1938, wie im letzten Kapitel berichtet, bei ihm einfanden, war der Weg auch in dieser Hinsicht frei.

Nachdem deutsche Truppen Mitte März 1939 in Prag einmarschiert waren, die Slowakei sich im unmittelbaren Vorfeld für unabhängig erklärt und am 23. März 1939 vertraglich in ein »Schutzverhältnis«[15] zum Deutschen Reich begeben hatte, nachdem sich auch Ungarn und Polen aus der Konkursmasse bedient hatten, war der Vielvölkerstaat 20 Jahre nach seiner Gründung vollständig zerschlagen. Als Präsident des deutschen Protektorats »Böhmen

und Mähren« fungierte der vormalige Staatspräsident der Tschechoslowakei Emil Hácha, als »Reichsprotektor« der ehemalige deutsche
Außenminister Konstantin Freiherr von Neurath, dem Ende September 1941 Reinhard Heydrich, der Chef des Reichssicherheitshauptamtes, als Stellvertreter zur Seite gestellt wurde.

Über die territoriale Neuordnung hinaus begann mit dieser mul-
tinationalen Zerschlagung des Vielvölkerstaates Tschechoslowakei
eine neue Runde ethnischer Säuberungen. Sie stellte in ihrer Totali-
tät und Geschwindigkeit alles in den Schatten, was man seit den
Friedensverträgen von Neuilly-sur-Seine und Lausanne gesehen
hatte. Ohne diese Verträge namentlich zu nennen, nahm Hitler doch
auf sie Bezug, als er nach der Zerschlagung Polens in seiner berüchtigten Reichstagsrede vom 6. Oktober 1939 auf die »neue Ordnung
der ethnographischen Verhältnisse« zu sprechen kam und »Umsied-
lungen« zu den »Aufgaben einer weitschauenden Ordnung des europäischen Lebens« zählte. Als eines der »Ziele der Reichsregierung«
definierte Hitler »die Ordnung des gesamten Lebensraumes nach
Nationalitäten, d. h. eine Lösung jener Minoritätenfragen, die … fast
alle süd- und südosteuropäischen Staaten betreffen«. Die Umsetzung dieser »Sanierungsarbeit«[16] hatte gigantische Dimensionen:
Selbst wenn man die industrielle Massenvernichtung des europäischen Judentums nicht einbezieht und die zumindest zeitweilig
umgesiedelten Zwangsarbeiter nicht einrechnet, ist für die Zeit
zwischen dem Münchener Abkommen und dem Zusammenbruch
des deutschen Herrschaftsbereichs sechseinhalb Jahre darauf von
»mindestens 6,4 Millionen« Menschen auszugehen.[17]

Für das, was die Deutschen während der Jahre 1939 bis 1945 in Europa
anrichteten, zahlten sie nach dem Ende des Krieges den Preis. Das
Riesenheer von bis zu 14 Millionen Vertriebenen wurde zur »vermutlich … größten Bevölkerungsbewegung der Weltgeschichte«. Die
Vertreibungen waren national organisiert, international sanktioniert
und schon im Planungsstadium Bestandteil einer Neuordnung Europas.[18] Und sie waren ein Anstoß für die Formulierung der Genfer
Flüchtlingskonvention, die am 28. Juli 1951 von zunächst 26 Staaten,

darunter die gerade gegründete Bundesrepublik Deutschland, unterzeichnet wurde. Nicht zufällig fand die Konvention ursprünglich lediglich auf Personen »Anwendung …, die infolge von Ereignissen, die vor dem 1. Januar 1951 eingetreten sind, … sich außerhalb des Landes« befanden, dessen Staatsangehörigkeit sie besaßen.[19]

Wie kompliziert die Lage für viele deutsche Vertriebene war, zeigt der Umstand, dass die Bewohner der sudetendeutschen Gebiete der Tschechoslowakei im Oktober 1938 mit der Besetzung durch die Wehrmacht automatisch die deutsche Staatsangehörigkeit besaßen, dass sie also jetzt in das Land flohen, dessen Staatsangehörige sie waren. Diese Massenflucht war eine Folge jener insgesamt 45 Dekrete, welche die in London ansässige tschechoslowakische Exilregierung auf Vorschlag von Edvard Beneš bis zu dessen Rückkehr nach Prag im April 1945 erließ. Als dort am 28. Oktober die Provisorische Nationalversammlung zusammentrat, waren weitere 98 erlassen worden. Ende März 1946 billigten die Mitglieder der Versammlung sämtliche Dekrete und erhoben sie zu Gesetzen.

Einige sind bis heute in Kraft, darunter das berüchtigte Dekret Nr. 115, das »Straffreistellungsgesetz« vom 8. Mai 1946. Es bezieht sich auf die Zeit zwischen dem 30. September 1938, dem Tag nach Unterzeichnung des Münchener Abkommens, und dem 28. Oktober 1945, dem Tag des Zusammentritts der Provisorischen Nationalversammlung. Eine »Handlung«, die in diesem Zeitraum »vorgenommen wurde und deren Zweck es war, einen Beitrag zum Kampf um die Wiedergewinnung der Freiheit der Tschechen und Slowaken zu leisten, oder die eine gerechte Vergeltung für Taten der Okkupanten oder ihrer Helfershelfer zum Ziele hatte, ist auch dann nicht widerrechtlich, wenn sie sonst nach den geltenden Vorschriften strafbar gewesen wäre«.[20] Damit wurden rückwirkend Mord und Folter, Vergewaltigung oder auch jene »wilden« Vertreibungen legalisiert, in deren Folge alleine bis Ende Juli 1945 mindestens eine halbe Million Deutsche das Land verließen.

Vergleichbar war die Lage in Polen. Dort wurden bis Ende Juli rund 300 000 Menschen zu Opfern der »Entdeutschung«. Sie kamen zumeist aus den Gebieten unmittelbar östlich von Oder und

Neiße. Entlang dieser beiden Flüsse verlief nämlich jetzt die deutsch-polnische Grenze, weil Amerikaner, Briten und Sowjets sie im Zuge der Westverschiebung Polens dort hinverlegt hatten. Das war eine Idee Josef Stalins, der am Ende des Zweiten Weltkriegs noch immer der oberste Sowjet war. Der britische Premier Winston S. Churchill und der amerikanische Präsident Franklin D. Roosevelt, zu dessen letzten Entscheidungen die Westverschiebung zählte, hatten kaum eine andere Wahl, als Stalin zu folgen, weil sie kurz zuvor schon einer anderen Forderung des Diktators nachgekommen waren: Anfang des Jahres hatten die beiden im Wesentlichen jene Ostgrenze Polens, die sogenannte Curzon-Linie, akzeptiert, die schon Hitler Ende September 1939 in seinem zweiten Pakt mit Stalin als deutsch-sowjetische Demarkationslinie akzeptiert hatte. Was Polen im Osten auf Kosten der Sowjetunion endgültig verloren hatte, wurde ihm mithin jetzt im Westen auf Kosten Deutschlands zugeschlagen.

Dass die »wilden« Vertreibungen der Deutschen aus Polen und der Tschechoslowakei im Juli 1945 nachließen, heißt nicht, dass der Massenexodus endete, im Gegenteil: Er wurde jetzt »ordnungsgemäß« durchgeführt. So beschlossen es die »Großen Drei«, als sie sich am 2. August 1945 in Potsdam vorläufig abschließend auch mit dieser Frage befassten. Allerdings saßen Stalin nicht mehr seine beiden Partner aus den Kriegsjahren, Roosevelt und Churchill, sondern deren Nachfolger gegenüber. Den Platz des am 12. April verstorbenen Roosevelt hatte Vizepräsident Harry S. Truman eingenommen, und der während der Konferenz abgewählte Churchill hatte seinen Platz am 28. Juli zugunsten des Labour-Kandidaten Clement Attlee räumen müssen, der in der Koalitionsregierung der Kriegsjahre sein Stellvertreter gewesen war.

Für die Bürokratisierung der »Überführung deutscher Bevölkerungsteile« aus Polen, der Tschechoslowakei und Ungarn gab es einen zwingenden Grund: Die Besatzungszonen der drei – wenig später mit Frankreich vier – alliierten Sieger in Deutschland waren mit dem Ansturm völlig überfordert, kamen die Vertriebenen doch in ein Land, das vor allem infolge der systematischen Bombardierung seiner Städte durch die Alliierten weitgehend zerstört war.[21] Auch wenn viele im Zuge von Flucht, Vertreibung und Zwangsaussiedlung ums Leben kamen – alleine in Polen waren es 400 000 –, war die Zahl derer, die in die Besatzungszonen drängten, gigantisch.

Insgesamt betrafen die Potsdamer Beschlüsse der Alliierten etwa acht Millionen Menschen, die Kriegsflüchtlinge nicht mitgerechnet. Es war die bis dahin größte ethnische Säuberung der Geschichte. Dabei verließen nicht einmal alle Deutschen ihre Heimat. Insgesamt etwa 1,1 Millionen vormalige Reichsbürger, darunter auch Angehörige von NSDAP und SS, konnten in Polen bleiben.[22] Sie beziehungsweise ihre Nachkommen wurden vor allem in den siebziger Jahren zu einem Politikum, als sich die Bundesregierung um ihre Umsiedlung bemühte und dafür erhebliche finanzielle Mittel bereitstellte.

Im Übrigen waren nicht nur Deutsche von diesen Säuberungswellen betroffen, sondern in der Tschechoslowakei auch Ungarn und in Polen Ukrainer, Weißrussen und Juden. Mit der Gründung des Staates Israel hatten diese, erstmals in der Geschichte, immerhin die Chance, jenseits der Länder ihrer Verfolgung und Vernichtung ein neues Leben zu beginnen. Schließlich waren sowohl in der Tschechoslowakei als auch in Polen Angehörige der Titularnationen Opfer ethnischer Homogenisierungsmaßnahmen, wurden doch Hunderttausende gezwungen, systematisch jene Gebiete im Sudetenland beziehungsweise östlich von Oder und Neiße zu besiedeln, die von den Deutschen geräumt worden waren.[23]

Wohl wahr, dieser gigantische ethnische Säuberungs- und Homogenisierungsprozess ging nicht selten bis an die Grenze der physischen Vernichtung der Opfer – und darüber hinaus. Aber er war kein systematischer Vernichtungsfeldzug, sondern in vielen Fällen eine unmittelbare oder mittelbare Reaktion auf einen solchen, wie ihn insbesondere die Deutschen in den Jahren 1939 bis 1945 geführt hatten.

Sprachlos. Die Dimensionen der Vernichtung im
20. Jahrhundert verweigern sich der Darstellung.
Das Berliner Mahnmal für die von den Deutschen
ermordeten Juden Europas legt stumm Zeugnis ab.

KAPITEL 4

VERNICHTUNG

Es war das Jahrhundert der Verheerung. Nichts wurde verschont. Natur und Umwelt, Schätze und Ressourcen, Staaten und Völker wurden beschädigt, zerstört, vernichtet. Der Wille zu vernichten machte vor nichts und niemandem halt. Die Konsequenz, mit der Japaner, Italiener und Deutsche ihre Vernichtungsfeldzüge gegen ganze Völkerschaften führten, war in der neueren Geschichte beispiellos.

Und selbst in den Reihen dieser Täter gab es noch eine Hierarchie des Grauens. Die Vernichtungsmaßnahmen der Japaner in China oder der Italiener in Äthiopien beziehungsweise – wie das Land damals bei den Ausländern hieß – Abessinien waren Massaker mitunter einzelner Truppenteile oder situationsbezogene Elemente einer totalen Kriegführung. Der deutsche Vernichtungsfeldzug gegen die Völker Ost- und Ostmitteleuropas sowie gegen das europäische Judentum hingegen war durchgeplant, wurde von Anfang an systematisch als solcher geführt und in einigen Bereichen industriell abgewickelt. Für die Opfer machte das keinen Unterschied. Sie wurden vernichtet. Aber über die Täter sagt das mehr aus, als es die nackten Zahlen nahelegen.

Dass die Wunden im chinesisch-japanischen Verhältnis bis heute nicht verheilt sind, liegt an jenem Krieg, der sich in der Nacht des 7. Juli 1937 aus einem Scharmützel in der Nähe der Marco-Polo-Brücke unweit von Peking entwickelte. Geplant war das nicht, denn eigentlich bereitete sich Japan darauf vor, von der 1932 besetzten Mandschurei aus die Sowjetunion anzugreifen, um – auch hier – den 1922 unter Druck akzeptierten Status quo zu revidieren.

Der Anlass für den Krieg gegen China war banal: Wahrscheinlich wurde eine japanische Kompanie, die auf der Basis des Boxerprotokolls vom September 1901 in der Nähe der Brücke stationiert war, während eines Manövers von einer chinesischen Einheit unter Beschuss genommen. Die Folgen waren von immenser Tragweite:

Aus dem Zwischenfall entwickelte sich ein Krieg, der bis zur Kapitulation der japanischen Chinaarmee am 9. September 1945 dauern, mindestens 15 Millionen Chinesen das Leben kosten und maßgeblich dazu beitragen sollte, dass die von Mao Tse-tung geführten chinesischen Kommunisten schließlich als Sieger aus dem Bürgerkrieg hervorgingen. Zweimal, 1927 und 1934, war ihre Armee durch die Streitkräfte der von Chiang Kai-shek geführten nationalchinesischen Kuomintang schwer geschlagen worden. Jetzt gab ihnen der Kampf, den sie gemeinsam mit der Kuomintang gegen die Japaner führten, die Gelegenheit, sich als gleichwertige und am Ende überlegene Streitmacht in Stellung zu bringen.

In die Erinnerung der chinesischen Bevölkerung hat sich vor allem ein Ereignis tief eingegraben. Nachdem Japans Streitkräfte Mitte November Schanghai eingenommen hatten, tauchten sie am 8. Dezember 1937 vor Nanking auf, das in dieser Zeit auch die Hauptstadt der Republik China war, und nahmen sie fünf Tage später ein. Was sich in den kommenden Wochen – von der japanischen Heeresleitung wohl nicht angeordnet, aber auch nicht verhindert – in der Stadt abspielte, war ein kollektiver Amoklauf: 20 000 Frauen wurden vergewaltigt, 5000 Frauen, Mädchen, auch Kinder wurden erst vergewaltigt, dann umgebracht, 200 000 Männer, mindestens ein Viertel von ihnen Zivilisten, wurden ermordet, ein Drittel der Stadt in Schutt und Asche gelegt, die ganze Stadt ausgeraubt.[1] Es war ein Massaker, wohl das größte Kriegsverbrechen der Japaner im Pazifikkrieg, und es war, jedenfalls im Ansatz, auch ein unter rassischen Gesichtspunkten geführter Vernichtungsfeldzug.

Auch wenn die japanische Regierung den Krieg gegen China zu diesem Zeitpunkt nicht geplant hatte, konnte sie ihn, nachdem er ausgebrochen war, ohne großes Risiko führen. Denn in Tokio wusste man, dass das System kollektiver Sicherheit in den letzten Zügen lag, wenn nicht bereits kollabiert war. Weil man das auch in China wusste, hätte Chiang Kai-shek von sich aus den Krieg gegen die japanischen Besatzer nicht begonnen. Denn er war sich sicher, dass die Staatengemeinschaft China genauso im Stich lassen würde, wie sie soeben Abessinien seinem Schicksal überlassen hatte.

In Abessinien war es Italien, das sich den Schwächezustand des internationalen Systems zunutze machte, um das Land am Horn von Afrika unter seine Kontrolle zu bringen. Es war der seit den achtziger Jahren des 19. Jahrhunderts dritte Versuch. Die beiden ersten waren krachend gescheitert, und vor allem die letzte Niederlage vom März 1896 war in traumatischer Erinnerung. Benito Mussolini – Jahrgang 1883, Lehrer, zunächst Radikalsozialist, dann Führer der italienischen Faschisten – war der Mann, der es sich zutraute, Abessinien im dritten Anlauf zu erobern und einem neu gegründeten Imperium Romanum einzuverleiben. Nachdem er Ende Oktober 1922 zum Ministerpräsidenten ernannt worden war, vergingen nicht einmal drei Jahre, bis er mit den Planungen beginnen ließ.

In Abessinien war es ebenfalls ein Zwischenfall, im Dezember 1934 durch italienische Soldaten an der Grenze zu Italienisch-Somaliland provoziert, der zum Krieg führte. An diesem hatten auch andere ein Interesse. Hitler kam der Konflikt gelegen, weil er die Aufmerksamkeit der Weltöffentlichkeit von Mitteleuropa nach Ostafrika zog. Außerdem bot ihm der Krieg eine Chance, Italien wirksam zu unterstützen und sich damit Mussolinis Wohlwollen für die eigenen Expansionspläne im Rheinland, vor allem aber in Österreich zu sichern. Je länger der Krieg dauerte, umso besser für Hitler. Also unterstützte er Italien – und Äthiopien. Deutschland war das einzige Land, »das uns wirkliche Unterstützung gewährte, das uns durch heimliche Konvois und Fallschirmabwürfe mit Waffen und Munition versorgte«, gab Äthiopiens Kaiser Haile Selassie ein Vierteljahrhundert später öffentlich zu Protokoll: »Während es zum Unternehmen Mussolinis ein freundliches Gesicht machte, tat es heimlich sein Möglichstes, um ihm zu schaden.«[2] War es, so gesehen, wirklich ein Zufall, dass Haile Selassie im November 1954 als erstes Staatsoberhaupt der jungen Bundesrepublik einen Besuch abstattete?

Kriegsentscheidend konnte die deutsche Hilfe nicht sein. Zu überlegen war die italienische Streitmacht, die Anfang Oktober 1935 von Eritrea und Somalia aus in Äthiopien einrückte. Zuletzt verfügten ihre Generäle über fast eine halbe Million Mann, darunter knapp 90 000 afrikanische Söldner, ausgestattet mit modernem

Kriegsgerät wie Flugzeugen, Artillerie und Maschinengewehren. Vor allem aber setzten die Italiener eine Waffe ein, die seit 1925 auch völkerrechtlich geächtet war. Bis Kriegsende, also bis Mai 1936, wurden über 1000 Tonnen Giftgas in Form von Yperitbomben abgeworfen und 60 000 Arsengranaten abgeschossen. Am Ende zählte man auf äthiopischer Seite 150 000 getötete Soldaten und Zivilisten. Wesentlich höher, wohl bei 400 000, lag die Zahl der Menschen, die während der sich anschließenden fünfjährigen Besatzung Opfer von Säuberungen und Vergewaltigungen, Hinrichtungen und Massakern wurden. Es war ein – jedenfalls zeitweilig – systematisch geführter Vernichtungskrieg.

Und die Welt schaute weg, obgleich Äthiopien Mitglied des Völkerbundes war und Kaiser Haile Selassie am 30. Juni 1936 als erstes Staatsoberhaupt zur Generalversammlung in Genf sprach und sie fragte: »Was wollen Sie für Äthiopien tun? … Welche Antwort darauf soll ich meinem Volk bringen?«[3] Sie war eindeutig: Zwei Wochen danach hob der Völkerbund die Sanktionen gegen Italien auf. Wenig später erkannte Großbritannien als erstes Land Italiens König Viktor Emanuel III. als Kaiser von Äthiopien und damit die Annexion des Landes durch Italien an. Von wenigen Ausnahmen abgesehen, darunter die USA und die Sowjetunion, schlossen sich die meisten an.

Selbstredend auch Deutschland. Der Reichskanzler hatte bekommen, was er bekommen wollte. Mussolini, der von der Unterstützung Äthiopiens durch Deutschland nichts wusste, fühlte sich Hitler für die deutsche politische und militärische Solidarität zu Dank verpflichtet und zeigte sich erkenntlich. Fortan konnte Hitler auf Mussolini zählen – bei der Wiederbesetzung der entmilitarisierten Zonen des Rheinlands, beim Anschluss Österreichs und bei der Annexion der sudetendeutschen Gebiete der Tschechoslowakei. Lediglich der »Griff nach Prag«, über den Mussolini vorab nicht unterrichtet war, sorgte für Irritationen und löste eine entsprechende italienische Aktion aus: Die ebenfalls nicht angekündigte Annexion Albaniens im April 1939 und ihre Folgen machten Hitler im Vorfeld des deutschen Angriffs auf die Sowjetunion zu schaffen.

Bevor er dieses Ziel, sein eigentliches, ins Auge fassen konnte, musste Hitler zunächst die polnische Frage klären, denn Polen war als unmittelbares Aufmarschgebiet der deutschen Armeen beim Feldzug gegen die Sowjetunion unverzichtbar. Die Antwort auf diese Frage, nämlich Hitlers Pakt mit Stalin, war lediglich eine Zwischenlösung. Acht Tage, nachdem dieser unter Dach und Fach gebracht worden war, begann der deutsche Angriff auf Polen und mit ihm ein rassenideologischer Vernichtungskrieg, wie ihn die Welt bis dahin nicht gesehen hatte.

Was Hitler vorhatte, dass er die Juden Europas vernichten, die Völker Osteuropas versklaven, einen Kreuzzug gegen den Bolschewismus führen und den Deutschen über diesen Weg den ihnen vermeintlich zustehenden Lebensraum verschaffen wollte, konnte man wissen – wenn man ihn wörtlich nahm. Das tat man nicht, und Hitler tat alles, um die nationale und internationale Öffentlichkeit »über die eigentlichen Ziele Deutschlands im unklaren zu lassen«. Das bestätigte Hitlers Propagandaminister Joseph Goebbels noch am 5. April 1940 – ein halbes Jahr nach der Niederwerfung Polens und wenige Tage vor dem Beginn des Feldzugs gegen Dänemark und Norwegen – vor einem Kreis geladener Vertreter der deutschen Presse, und er fügte hinzu: »… man hat uns durch die Gefahrenzone hindurchgelassen … 1933 hätte ein französischer Ministerpräsident sagen müssen (und wäre ich französischer Ministerpräsident gewesen, ich hätte es gesagt): Der Mann ist Reichskanzler geworden, der das Buch ›Mein Kampf‹ geschrieben hat, in dem das und das steht. Der Mann kann nicht in unserer Nachbarschaft geduldet werden. Entweder er verschwindet, oder wir marschieren. Das wäre durchaus logisch gewesen. Man hat darauf verzichtet. Man hat uns gelassen, man hat uns durch die Risikozone ungehindert durchgehen lassen, und wir konnten alle gefährlichen Klippen umschiffen, und als wir fertig waren, gut gerüstet, besser als sie, fingen sie den Krieg an.«[4]

In den frühen Morgenstunden des 1. September 1939 hatte Hitler zugeschlagen. Unter einem Vorwand begann um 4.45 Uhr der deutsche Überfall auf Polen. Gegen die mit massiver Luftunterstützung vorrückenden motorisierten Verbände der Wehrmacht hatten die zum Teil noch mit Kavallerieformationen kämpfenden Polen kaum eine Chance, zumal am 17. September auch die Rote Armee von Osten her den Angriff eröffnete. Der Zeitpunkt war kein Zufall.

Als sich Hitler und Stalin in Europa politisch aufeinander zubewegten, befand sich die Rote Armee im mandschurisch-mongolischen Grenzgebiet in schweren Gefechten mit der japanischen Chinaarmee, die nach Japans Überfall auf die Mongolische Volksrepublik am 11. Mai 1939 ausgebrochen waren. Nachdem Stalin am 23. August seinen Pakt mit Hitler geschlossen hatte, konnte er sich ganz auf diesen Konflikt konzentrieren. Am 15. September war er am Ziel. Nach schweren Schlägen und unter erheblichem Gesichtsverlust musste sich Japan in einen Waffenstillstand fügen. Zwei Tage später fiel die Rote Armee in Polen ein. Schon am 28. September setzten sich der sowjetische und der deutsche Außenminister erneut in Moskau zusammen und unterzeichneten einen zweiten Vertrag, der die gemeinsame Demarkationslinie in Polen von der Weichsel an den Bug verschob. Das wurde im zweiten Kapitel beschrieben.

Großbritannien und Frankreich, die vertraglich zum Beistand für Polen verpflichtet waren, beließen es am 3. September bei Kriegserklärungen an Deutschland, griffen aber nicht in das Geschehen ein. Und so begannen Deutsche und Sowjets mit der Vernichtung Polens. Deportationen und Hinrichtungen waren an der Tagesordnung. Dafür zeichnete auf sowjetischer Seite Lawrentij Berija verantwortlich, der berüchtigte Chef des sowjetischen Geheimdienstes NKWD. Er legte Stalin im März 1940 auch die Liste mit den Namen jener polnischen Offiziere vor, von denen wenig später mehr als 4400 im Wald von Katyn, unweit von Smolensk, exekutiert und verscharrt wurden.

Das Vorgehen der Sowjets in Polen unterschied sich kaum von dem der Deutschen in deren »Interessensphäre«. Denn mit dem Überfall auf Polen begann auch, Schritt für Schritt, der von Hitler immer gewollte Vernichtungs-, Vertreibungs- und Beutefeldzug. Polen wurde zum »Experimentierfeld«.[5] Nach Auflösung der Militärverwaltung wurde am 12. Oktober 1939 in dem von Deutschland besetzten Teil Polens ein Generalgouvernement eingerichtet, an dessen Spitze Hans Frank stand. Nachdem einige Gebiete, insbesondere die vormals zu Deutschland gehörenden Territorien einschließlich Danzigs, dem Reich ein- beziehungsweise wiedereingegliedert worden waren, wurde bis zum Sommer 1941 eine Million Polen von dort ins Generalgouvernement umgesiedelt, soweit sie nicht – wie die Angehörigen der polnischen Intelligenz – bereits umgebracht worden waren.

Im Generalgouvernement hatte inzwischen jene »Ordnung und Regelung des jüdischen Problems« begonnen, die Hitler am 6. Oktober 1939 vor dem Reichstag angekündigt hatte.[6] Dahinter verbargen sich zum einen die Verbannung und Einpferchung der jüdischen Bevölkerung in Großghettos, zum anderen aber, so der zuständige Gouverneur, Maßnahmen, durch die Polen »entjudet« werden sollte.[7] Dafür zuständig waren vor allem die SS, die Sicherheitspolizei und der Sicherheitsdienst.

Die Wehrmacht war vorerst nicht, jedenfalls nicht direkt, in diese Maßnahmen involviert. Sie hatte dafür zu sorgen, das die geostrategischen Voraussetzungen für den Angriff auf die Sowjetunion möglichst rasch geschaffen wurden, und das hieß: Die Flanken waren zu sichern. Die Operation begann am 9. April 1940 mit dem Angriff auf Dänemark und Norwegen. Mit dem Feldzug verfolgten Hitler und seine Generäle neben der Deckung der Nordflanke zwei weitere Ziele: die Sicherung der Rohstoffzufuhr und eine Warnung an die Sowjets, sich nicht zu weit aus dem Fenster zu lehnen. Zwar hatte der Feldzug der Roten Armee gegen Finnland im Winter 1939/40 deren krasse Schwächen offenbart, doch ging Hitler davon aus, dass Stalin bei nächster Gelegenheit versuchen würde, militärisch über den zugestandenen Einflussbereich hinaus tätig zu werden. So kam es dann auch. Ende Juni 1940 begannen die Sowjets mit der Besetzung Bessarabiens und – über die Vereinbarungen des Paktes mit Deutschland hinausgehend – der Nordbukowina.

Der deutsche Nordfeldzug war unter militärischen Gesichtspunkten ein beachtlicher, der deutsche Westfeldzug ein gewaltiger Erfolg. Noch bevor die letzten norwegischen Truppen kapitulierten, begann die Wehrmacht am 10. Mai mit dem Angriff auf Belgien, die Niederlande, Luxemburg und vor allem auf Frankreich. Als die

Franzosen am 22. Juni 1940 die Waffen streckten, hatten die Deutschen in gerade einmal sechs Wochen erreicht, was ihnen während des Ersten Weltkriegs in vier Jahren nicht gelungen war. Die Folgen dieses Triumphs kann man kaum überschätzen. Zu ihnen gehörte, dass die Generäle der Wehrmacht, die ja zu einem guten Teil noch in der preußisch-deutschen Tradition sozialisiert worden waren, nunmehr ihre anfänglich verbreitete Skepsis gegen Hitler ablegten und fortan bereit waren, ihm bedingungslos zu folgen. Auch in den Vernichtungskrieg.

Bevor Hitler – zu diesem Zeitpunkt Reichspräsident, Reichskanzler und Oberbefehlshaber der Wehrmacht – den Vernichtungskrieg mit dem Angriff auf die Sowjetunion eröffnen konnte, blieb vor allem eine Frage zu klären: Was tat England? Würde sich Winston Churchill – Jahrgang 1874, Schriftsteller und Stratege, in etlichen Funktionen gescheiterter und erfolgreicher Staatsmann –, der das Land seit dem 10. Mai führte, auf das von Hitler nach wie vor favorisierte Bündnis einlassen? Er tat es nicht. Freiwillig nicht und unter Druck auch nicht. Weder die massive Bombardierungen ziviler und militärischer Ziele, mit denen die Luftwaffe Mitte August 1940 begann, noch politischer Druck führten zum Ziel.

Zu den politischen Maßnahmen, mit denen Hitler den Druck auf Churchill erhöhen wollte, gehörte auch eine erkennbare Intensivierung der Beziehungen zum Nochpartner Stalin. Aber auch dieser Versuch schlug fehl – in doppelter Hinsicht. Weder war man in London beeindruckt, als der sowjetische Außenminister Molotow Mitte November 1940 gewissermaßen auf Gegenbesuch in Berlin auftauchte, noch mochte sich Moskau enger an Berlin binden.

Als Stalin daher abwinkte, hatte Hitler keine Optionen mehr. Am 18. Dezember 1940 erließ er die »Weisung Nr. 21«: »Die Deutsche Wehrmacht«, heißt es da, »muss darauf vorbereitet sein, auch vor Beendigung des Krieges gegen England Sowjetrussland in einem schnellen Feldzug niederzuwerfen.«[8] Alles wurde fortan »Barbarossa«, so das Codewort für das Unternehmen, untergeordnet, auf dieses Ziel hin geplant und durchgeführt. Auch die Feldzüge in Nordafrika und auf dem Balkan.

Diese beiden Feldzüge waren Reaktionen auf unvorhergesehene Entwicklungen, insbesondere auf nicht abgesprochene Angriffe Italiens auf Griechenland und Ägypten. Während das seit Februar 1941 operierende deutsche Afrikakorps in einen langwierigen Wüstenkrieg gegen die Briten, später auch die Amerikaner verwickelt wurde, führte der am 6. April begonnene »Blitzkrieg« gegen Jugoslawien und Griechenland innerhalb von 15 Tagen zur Kapitulation beider Staaten. Damit war jene Flankensicherung im Süden gegeben, die Hitler brauchte, um den Feldzug gegen die Sowjetunion zu eröffnen. Nicht nur er, auch seine Militärs waren jetzt davon überzeugt, dass man »in 3 Wochen in Petersburg« sein werde.[9] So gesehen bedeutete der Balkanfeldzug, einer späteren Legende zum Trotz, keine Verzögerung für das Unternehmen »Barbarossa«.

Als der »Führer« die deutschen Armeen am Morgen des 22. Juni 1941 den Bug überqueren ließ, »begann er, ein großes Reich zu zerstören: aber nicht das russische, sondern das deutsche«.[10] 152 Divisionen, also mehr als drei Millionen Mann, unterstützt von fast 4000 Flugzeugen, setzten an diesem Morgen, um 3.15 Uhr, zum Angriff auf die Sowjetunion an. Damit war es Hitler, der 1941 das apokalyptische Kräftemessen mit seinem eigentlichen Gegner begann. Denn der deutsche Diktator kam dem sowjetischen Despoten zuvor.

Einen Tag bevor er am 6. Mai den Vorsitz im Rat der Volkskommissare übernahm und damit die Regierungsgeschäfte förmlich an sich zog, hatte Stalin in einer Rede vor den Absolventen der 16 sowjetischen Militärakademien über die Unvermeidbarkeit eines Krieges mit Deutschland und auch davon gesprochen, gegebenenfalls selbst die Initiative zu ergreifen. In diesem Sinne legten der sowjetische Verteidigungsminister, Semjon K. Timoschenko, und der Chef des Generalstabes der Roten Armee, Georgi K. Schukow, wenige Tage später Stalin »Erwägungen für den strategischen Aufmarschplan der Streitkräfte der Sowjetunion für den Fall eines Krieges mit Deutschland und seinen Verbündeten« vor. Danach hielten es die führenden sowjetischen Militärs für »notwendig, dem deutschen Kommando unter keinen Umständen die Initiative zu überlassen, dem Gegner beim

Aufmarsch *zuvorzukommen* und das deutsche Heer dann anzugreifen, wenn es sich im Aufmarschstadium befindet«.[11]

Dass sich Stalin auf den Krieg gegen Deutschland vorbereitet, dass er dabei an einen Präventivschlag – womöglich schon für den Spätsommer 1941 – gedacht hat, ist sicher. Das heißt allerdings nicht, dass es sich bei dem deutschen Angriff auf die Sowjetunion um eine vorbeugende Maßnahme gehandelt hat, wenn auch der alte Präventivkriegsgedanke noch in den Köpfen einiger deutscher Militärs gespukt haben mag. Nein, mit dem deutschen Überfall auf die Sowjetunion begann ein Vernichtungs- und Vertreibungs-, ein Eroberungs- und Beutefeldzug, wie ihn die Geschichte, jedenfalls die Geschichte der sich für zivilisiert haltenden Welt, bis dahin nicht gesehen hatte. Und er war als solcher geplant. Von Anfang an.

Am 30. März 1941 stellte Hitler vor 200 höheren Offizieren der Wehrmacht klar, dass es sich beim Feldzug gegen die Sowjetunion um einen »Vernichtungskampf« handeln werde;[12] am 28. April vereinbarten das Oberkommando der Wehrmacht und das für die Vernichtungsaktionen zuständige Reichssicherheitshauptamt, dass dieses zwar seine Aufgaben »in eigener Verantwortlichkeit« erfüllen solle, aber hinsichtlich »Marsch, Versorgung und Unterbringung« den Armeen unterstellt sei.[13] Am 13. Mai legitimierte ein sogenannter Führererlass faktisch Vergehen von Wehrmachtsangehörigen an der sowjetischen Zivilbevölkerung. Und am 6. Juni legten die »Richtlinien für die Behandlung politischer Kommissare« der Roten Armee fest, dass diese, »wenn im Kampf oder Widerstand ergriffen, grundsätzlich sofort mit der Waffe zu erledigen« seien.[14]

Nach alldem kann es keinen Zweifel geben, dass die Wehrmachtsführung von Anfang an in die verbrecherischen Dimensionen des Unternehmens »Barbarossa« eingeweiht war, dass sie sich dem Verfolgungs- und Vernichtungsprogramm nicht in den Weg stellte, sondern es unter anderem mit der gewaltigen Logistik des Militärapparats unterstützte. Das Programm selbst lag allerdings in der Verantwortung des Ende September 1939 gegründeten Reichssicherheitshauptamtes unter seinem Leiter Reinhard Heydrich und der SS unter dem Reichsführer Heinrich Himmler. Dieser gab schon zwei

Tage nach Beginn des Feldzugs den sogenannten Generalplan Ost in Auftrag. In seiner ein Jahr später akzeptierten Fassung ist unter anderem von »31 Mill. auszusiedelnder Fremdvölkischer« und auch davon die Rede, dass die »Besiedlung des Raums mit Deutschen etwa 30 Jahre nach dem Kriege erreicht sein« solle.[15] Zu diesem Zeitpunkt stand fest, dass die meisten von ihnen – »zig Millionen Menschen« – vorher verhungert sein würden.[16] Alleine während der zweieinhalbjährigen Belagerung von Leningrad verhungerten mehr als 700 000 Einwohner der Stadt. Von den 5,7 Millionen sowjetischen Kriegsgefangenen starben 3,3 Millionen zumeist an Hunger. Zeitweilig waren es 6000 am Tag.

Im Zentrum aller Überlegungen und Planungen stand die Frage, wie man es mit dem europäischen Judentum halten wolle. Eine im Auswärtigen Amt angefertigte Aufzeichnung vom 3. Juli 1940 über die »Judenfrage im Friedensvertrage« markiert den Beginn der administrativen Beschäftigung mit dem Thema. Jetzt nahm der Plan einer Deportation »aller Juden aus Europa«, der als sogenannter Madagaskarplan in die Geschichtsbücher Eingang gefunden hat, Konturen an.[17] Er wurde im Reichssicherheitshauptamt aufgegriffen und galt als Grundlage der Planungen, bis mit Beginn des Russlandfeldzugs die physische Ausrottung der Juden Europas in den Vordergrund rückte.

Im Juni 1941 beauftragte Himmler – unter Berufung auf Hitler – den Kommandanten des Konzentrationslagers von Auschwitz, Rudolf Höß, mit der Bereitstellung von Vergasungsanlagen. Am 31. Juli forderte Göring, ebenfalls im Namen Hitlers und in diesem Falle schriftlich, Heydrich auf, »alle erforderlichen Vorbereitungen in organisatorischer, sachlicher und materieller Hinsicht zu treffen für eine Gesamtlösung der Judenfrage im deutschen Einflußgebiet in Europa«.[18] Am 12. Dezember gab Hitler gemäß einer Tagebuchnotiz seines Propagandaministers Joseph Goebbels den versammelten Gauleitern bekannt, dass er bezüglich »der Judenfrage … entschlossen« sei, »reinen Tisch zu machen«: »… er hat den Juden prophezeit, dass, wenn sie noch einmal einen Weltkrieg herbeiführen würden, sie dabei ihre Vernichtung erleben würden. Das ist keine Phrase gewesen.

Der Weltkrieg ist da, die Vernichtung des Judentums muss die notwendige Folge sein.«[19]

An diesem Vernichtungsprogramm waren sämtliche Reichsbehörden mittelbar oder unmittelbar beteiligt, auch das Auswärtige Amt. Am 21. August 1942 dokumentierte der zuständige Unterstaatssekretär Martin Luther detailliert den Anteil des Amtes an dem monströsen Projekt, Europa »judenfrei« zu machen.[20] Das war auch eine Vollzugsmeldung. Denn sieben Monate zuvor, am 20. Januar 1942, hatte Heydrich in einer Villa am Berliner Wannsee führende Vertreter der Ministerien, darunter für das Auswärtige Amt besagten Unterstaatssekretär, in die Modalitäten der »praktischen Durchführung« der »Endlösung der Judenfrage« eingewiesen und klargestellt, dass die bislang verfolgte Praxis der »Auswanderung von Juden verboten« und an ihre Stelle »nunmehr … die Evakuierung der Juden nach dem Osten getreten« sei. »Im Zuge dieser Endlösung der europäischen Judenfrage« kämen »rund 11 Millionen Juden in Betracht«. Diese sollten »im Zuge der Endlösung … in geeigneter Weise im Osten zum Arbeitseinsatz kommen«: »Der allfällig endlich verbleibende Restbestand wird, da es sich bei diesen zweifellos um den widerstandsfähigsten Teil handelt, entsprechend behandelt werden müssen.«[21]

Bis zu sechs Millionen Juden, davon drei Prozent deutscher Abstammung, sind dem Morden zum Opfer gefallen, vor allem in den sechs großen, speziell dafür eingerichteten deutschen Vernichtungslagern auf polnischem Territorium. Allein in Auschwitz wurde fast eine Million Juden aus zwölf Ländern umgebracht, die meisten in Gaskammern.[22] Das Verfahren für diesen industriell durchgeführten Massenmord war inzwischen technisch erprobt: Bis August 1941 waren im Zuge des dann weitgehend eingestellten sogenannten Euthanasieprogramms in Deutschland mehr als 70 000 Menschen getötet worden – »ein in der Geschichte außerhalb von Bürgerkriegen bis dahin einzigartiger Vorgang«. Jetzt boten die Erfahrungen mit dieser Massentötung durch Giftgas die »technische Grundlage für die Errichtung der Gaskammern« in den Vernichtungslagern.[23]

Der deutsche Ausrottungsfeldzug gegen das europäische Judentum und der Krieg gegen die Sowjetunion fielen nicht zufällig zusammen. Das Unternehmen »Barbarossa« mit seinen großräumigen Eroberungen schuf in den Augen seiner Initiatoren die Voraussetzung für den Vernichtungsfeldzug. So war es kein Zufall, dass dieser erst eingestellt wurde, als aus dem Angriffskrieg gegen die Sowjetunion längst eine Abwehrschlacht gegen die alliierte Koalition geworden war. Anfänglich hatte es nicht nach einer solchen Wendung ausgesehen, ganz im Gegenteil: Der deutsche Überfall traf Stalin zu diesem Zeitpunkt unvorbereitet. Drei Wochen nach Beginn des Feldzugs zeigte sich Hitler überzeugt, damit in sechs Wochen »so ziemlich fertig« zu sein.[24] Tatsächlich war die Bilanz aus deutscher Sicht spektakulär: »Die Zahl der Gefangenen ist nunmehr auf rund 2,5 Millionen Sowjetrussen gewachsen. Die Zahl der erbeuteten oder vernichteten … Geschütze beträgt rund 22 000. Die Zahl der vernichteten oder erbeuteten … Panzer beträgt über 18 000. Die Zahl der vernichteten … Flugzeuge über 14½tausend.«[25] Das sagte Hitler zur Eröffnung des Kriegswinterhilfswerkes am 3. Oktober 1941.

Einen Tag zuvor hatte die Heeresgruppe Mitte zum Angriff auf Moskau angesetzt. Mitte November gelangte Hitler dann zu der Erkenntnis, »dass die beiden Feindgruppen sich gegenseitig nicht vernichten« konnten.[26] Am 5. Dezember begann vor Moskau die sowjetische Großoffensive gegen die erschöpften, auf den Winterkrieg nicht eingestellten deutschen Verbände. Denn Stalin war jetzt vorbereitet. Von einem Spion informiert, dass die Japaner die Sowjets nicht angreifen, sondern sich auf den Pazifik konzentrieren würden, zog Stalin den Großteil der für den Winterkrieg gerüsteten sibirischen Divisionen aus dem Osten ab und warf sie in die Schlacht um Moskau.

Die Entscheidung war richtig. Denn tatsächlich griffen die Japaner am 7. Dezember 1941 nicht die Sowjetunion, sondern den pazifischen Marinestützpunkt der Amerikaner Pearl Harbor auf Hawaii an. Damit erreichte eine Entwicklung ihren Scheitelpunkt, die – wie im zweiten Kapitel berichtet – mit der Washingtoner Konferenz des Jahres 1922 ihren Anfang genommen hatte. Vier Tage später erklärte das mit Japan verbundene Deutsche Reich den USA den Krieg. Damit war offiziell, was im Atlantik inzwischen Realität war: Die Amerikaner traten gegen Deutschland an.

Diese Schlacht war nicht zu gewinnen, schon gar nicht bevor die Sowjetunion in die Knie gezwungen war. Dort aber mobilisierten sie im Angesicht der drohenden Vernichtung alle Reserven. Spätestens seit die 6. deutsche Armee Ende Januar 1943 in Stalingrad kapituliert hatte, war die Wehrmacht auf dem Rückzug. 60 000 deutsche Soldaten waren in dieser Schlacht gefallen, 110 000 in sowjetische Gefangenschaft geraten. Insgesamt kehrten 1955 gerade einmal 10 000 nach Deutschland zurück. In dieser Hinsicht hatte sich der Vernichtungskrieg jetzt gegen seine Urheber gekehrt.

Obgleich die Westmächte am 6. Juni 1944 in der Normandie landeten und damit die von Stalin seit langem geforderte zweite Front errichteten, blieb der oberste Sowjet bis zuletzt misstrauisch und lehnte einen Sonderfrieden mit Deutschland – selbstredend zu seinen Bedingungen – nicht grundsätzlich ab. Allerdings wies Hitler alle Initiativen dieser Art, von welcher und nach welcher Seite auch immer, kompromisslos zurück. So musste Stalin alles auf die Karte eines vollständigen Sieges setzen. Mit Sinn für Symbolik ließ er am 22. Juni 1944, am dritten Jahrestag des deutschen Überfalls, die große Sommeroffensive gegen die deutsche Heeresgruppe Mitte eröffnen. Als diese gut zwei Wochen später den Widerstand gegen die bis zu zwanzigfach überlegenen Verbände der Roten Armee einstellte, war die größte Schlacht der Weltgeschichte beendet und die schwerste Niederlage in der deutschen Geschichte besiegelt. 28 Divisionen der Wehrmacht waren vernichtet, 400 000 Soldaten getötet, verwundet oder in Gefangenschaft geraten. Und die Verluste blieben weiterhin so hoch. Zwischen Juli 1944 und Mai 1945 kamen ebenso viele deutsche Soldaten ums Leben wie in den gesamten vorausgegangenen viereinhalb Kriegsjahren. Im Herbst waren es 5000 täglich.

Die Verluste auf sowjetischer Seite waren zeitweilig noch viel höher. Bis zu 800 000 Getötete, Verwundete und Vermisste kostete allein die Sommeroffensive 1944. Immerhin rückte die Rote Armee jetzt unaufhaltsam auf Berlin vor. Lediglich vom 1. August bis zum

2. Oktober 1944 ließ Stalin in Polen, östlich der Weichsel, die Front anhalten. Dort wartete er ab, bis die SS in Warschau den Aufstand der nationalpolnischen Heimatarmee blutig niedergeschlagen hatte. Indem die Deutschen die Elite des bürgerlichen Widerstandes vernichteten und damit einen potentiellen Gegner der sowjetischen Expansion ausschalteten, erledigten sie das Geschäft Stalins. Dann setzte dieser auch hier den Vorstoß fort. Am 25. April 1945 trafen sowjetische und amerikanische Verbände, die am 7. März erstmals den Rhein überquert hatten, bei Torgau an der Elbe zusammen.

Zu diesem Zeitpunkt hatte sich Adolf Hitler, über Nacht gealtert und in sich zusammengefallen, längst in seinen Bunker unter der Reichskanzlei zurückgezogen. Dort arbeitete er bis zuletzt an seinem Vermächtnis. Dazu gehörte sein Politisches Testament, in dem er am 29. April seine Nachfolger »zur peinlichen Einhaltung der Rassegesetze und zum unbarmherzigen Widerstand gegen den Weltvergifter aller Völker, das internationale Judentum«, verpflichtete.[27] Bevor die Gegner seiner habhaft werden konnten, nahm sich Hitler am 30. April 1945 das Leben.

Welche Trümmerlandschaft die Deutschen unter seiner Führung in Europa hinterließen, geht über jede Vorstellungskraft. Alleine in der Sowjetunion fielen dem Vernichtungsfeldzug der Deutschen 70 000 Dörfer und 1700 Städte aller Größen zum Opfer, wodurch bis zu 25 Millionen Menschen obdachlos wurden. Fast 100 000 größere und große landwirtschaftliche Betriebe – Kolchosen und Sowchosen –, 2900 Maschinen- und Traktorenstationen und 65 000 Kilometer Eisenbahnverbindungen waren zerstört. Vor allem aber zählte man bis zu 30 Millionen Tote. Auch wenn nicht alle auf das Konto des deutschen Eroberungs-, Beute- und Vernichtungsfeldzugs gingen, bleibt das deutsche Wüten präzedenzlos.

Präzedenzlos war auch die Wiedergutmachung, die Deutschland für den Eroberungs-, Beute- und Vernichtungsfeldzug zu zahlen hatte. Noch jenseits der Jahrtausendwende wurden und werden Ansprüche gegen Deutschland geltend gemacht: Bis Ende 2015 leistete die öffentliche Hand auf dem Gebiet der Wiedergutmachung insgesamt 73,4 Milliarden Euro.[28] Das klingt viel, ist aber gemessen an den

Verbrechen Deutschlands bis 1945 und an seiner Wirtschaftsleistung seither überschaubar. Andererseits sind in der Gesamtsumme die kaum bezifferbaren Werte, die durch die Gebietsabtretungen einschließlich aller beweglichen und unbeweglichen Habe namentlich an Polen transferiert wurden, oder auch die Arbeiten deutscher Kriegsgefangener nicht enthalten.

Die Komplexität dieser Ansprüche erschließt sich erst, wenn man in Rechnung stellt, dass sie nicht nur von Staaten, sondern auch von vormals staatenlosen Völkern wie dem jüdischen oder zum Beispiel auch – sehr spät, wovon im dreizehnten Kapitel berichtet wird – von dem Riesenheer der Zwangsarbeiter aus aller Herren Länder erhoben wurden. Im Falle der Sowjetunion kam erschwerend hinzu, dass sie ihre Reparationsforderungen nur an die von ihr besetzte Zone beziehungsweise den von ihr gegründeten Teilstaat, die DDR, richten konnte. Diese wiederum weigerte sich zum Beispiel bis zuletzt, von Moskau darin bestärkt, Wiedergutmachungsleistungen an Israel zu zahlen.

Hintergrund dieser komplizierten Situation war eine Entscheidung der alliierten Sieger des Zweiten Weltkriegs, deren Tragweite für die Entschädigungsfrage sie damals wohl nicht abschätzen konnten: Als die USA, Großbritannien, Frankreich und die Sowjetunion am 5. Juni 1945 die oberste Regierungsgewalt in Deutschland übernahmen, beendeten sie faktisch die Existenz des Deutschen Reiches und damit jenes Staates, der den Vernichtungsfeldzug geführt hatte.

Für diesen folgenreichen Schritt wiederum, der die Funktion einer politischen Gesamtkapitulation Deutschlands hatte, gab es eine simple Erklärung. Die Gegensätze zwischen den vier Siegermächten waren nämlich in der Endphase des Krieges schon so groß, dass sie sich nicht auf den Text einer politischen Kapitulationsurkunde einigen konnten. Also unterzeichnete Deutschland – am 7. Mai im französischen Reims und in der Nacht vom 8. auf den 9. Mai noch einmal in Berlin-Karlshorst – lediglich die militärische Gesamtkapitulation. Damit war immerhin das wichtigste gemeinsame Ziel erreicht. Die Waffen schwiegen. Jedenfalls in Europa. Und vor allem: Deutschland war besiegt und als handlungsfähiger Akteur ausgeschaltet.

Dieses Ziel jedenfalls hatte Adolf Hitler erreicht. Denn genau genommen hatte er zwei Vernichtungsfeldzüge geführt. Den einen gegen die Nachbarn in Ostmittel- und Osteuropa sowie gegen das europäische Judentum, den anderen gegen sein Volk – sofern das deutsche Volk für den gebürtigen Österreicher je das seine war. Der Vernichtungswille richtete sich wie im sogenannten Euthanasieprogramm zunächst gegen bestimmte Gruppen der Bevölkerung, dann gegen das gesamte Volk, sollte sich dieses nicht, wie von ihm erwartet, als anderen Völkern überlegen erweisen. »Wenn der Krieg verloren geht«, erklärte Hitler Mitte März 1945 Albert Speer, seinem favorisierten Architekten und Reichsminister für Rüstung und Munition, »wird auch das Volk verloren sein. Es ist nicht notwendig, auf die Grundlagen, die das deutsche Volk zu seinem primitivsten Weiterleben braucht, Rücksicht zu nehmen. Im Gegenteil ist es besser, selbst diese Dinge zu zerstören. Denn das Volk hat sich als das schwächere erwiesen.«[29] So gesehen war der Untergang Deutschlands eingeplant, von Anfang an und mit aller Konsequenz. Und es bleibt unfassbar, dass die Deutschen ihm bis in diesen Untergang folgten.

Dass ihnen der Untergang dann doch erspart blieb, lag an der Hilfe von außen. Die Deutschen wurden ausgerechnet durch diejenigen von Hitlers Herrschaft befreit, die sie zuvor mit Krieg und Vernichtung überzogen hatten, allen voran durch die Sowjets. Dass die meisten Menschen zumindest in Ost- und Mitteldeutschland das anders, jedenfalls nicht als Befreiung wahrnahmen, lag an der »verheerenden Vergeltungswut der sowjetischen Truppen«,[30] an der Tötung von bis zu 90 000 Zivilisten, an den massenhaften Vergewaltigungen, deren Zahl auf bis zu zwei Millionen geschätzt wurde,[31] und an den Zwangsrekrutierungen für mitunter unmenschliche Arbeitseinsätze. Das mochte angesichts des deutschen Wütens der voraufgegangenen Jahre im Einzelfall subjektiv nachvollziehbar sein. Zu rechtfertigen war es nicht.

Das Vorgehen gegen die Zivilbevölkerung und die Vergehen der sowjetischen Armee in Deutschland waren brutal. Aber Stalins Feldzug gegen die Deutschen war kein Vernichtungsfeldzug, vergleichbar dem, den er – Mitte der zwanziger Jahre beginnend – gegen die Völker seines Imperiums geführt hatte. Auch diese Vernichtungskriege von Massenmördern wie Stalin, Mao oder Pol Pot, in gewisser Weise auch Hitler gegen ihre eigenen Völker gehören zur Geschichte des 20. Jahrhunderts.

Zwischen 1926 und 1939 dürfte die Bevölkerung der Sowjetunion um beinahe 19 Millionen Menschen zurückgegangen sein. Insbesondere die große Hungersnot, die der Zwangskollektivierung der Landwirtschaft seit den ausgehenden zwanziger Jahren und der Missernte von 1931 folgte, kostete Millionen das Leben. Sie war nächst der chinesischen die größte Hungerkatastrophe des 20. Jahrhunderts. Wie später in der Volksrepublik China wurden auch in der Union der Sozialistischen Sowjetrepubliken, genauer gesagt in der Ukraine, Fälle von Kannibalismus registriert. Und wie während der fünfziger Jahre in China war es schon während der dreißiger Jahre in der Sowjetunion eine durch industrielle Ambitionen hervorgerufene Katastrophe.

Millionen von Ukrainern verhungerten, weil das Getreide ihres Landes, der Kornkammer der Sowjetunion, fast ausnahmslos ins westliche Ausland ging. Dort beschafften sich die Sowjets im Gegenzug Maschinen und andere für die Modernisierung der Roten Armee wichtige Ausrüstung: »… wenn wir jetzt nicht unverzüglich Getreide beschaffen«, gab Molotow, damals noch Vorsitzender des Rates der Volkskommissare, Anfang Januar 1932 auf der Konferenz über Getreide zu Protokoll, »dann zerstören wir unsere Armee.«[32]

Zudem forderte Stalins – wie später Maos –Vernichtungsfeldzug gegen tatsächliche und vor allem gegen vermeintliche Gegner aller Art ein Millionenheer von Opfern: Schätzungsweise eine Million Menschen wurde in der zweiten Hälfte der dreißiger Jahre erschossen, weitere drei Millionen wurden deportiert, verbannt oder in die berüchtigten GULags mit ihren geringen Überlebenschancen gesteckt. Der Terror machte vor nichts und niemandem halt, auch nicht vor der Partei: Von den 139 Mitgliedern des Zentralkomitees der KPdSU wurden 110 verhaftet, deportiert oder erschossen. Gleichermaßen radikal wie folgenreich waren die Säuberungen in den Reihen der Roten

Armee. Zwischen 1929 und 1939 erlebte sie drei Säuberungswellen, von denen die letzte, die im Frühjahr 1937 begann, die radikalste war. Dabei galt: je höher der Dienstgrad, umso geringer die Überlebenschance. Bis 1939 dürfte fast die Hälfte der insgesamt 1651 Generäle ums Leben gekommen sein.

Infolge dieses Aderlasses waren die Streitkräfte des Landes praktisch ohne Führung und damit kaum einsatzbereit, jedenfalls nicht in einem großen Krieg. Welche verheerenden Konsequenzen das hatte, offenbarte sich nach dem deutschen Überfall vom 22. Juni 1941. Auch zeigten sich jetzt die mittelbaren Folgen vom Wüten Stalins in Weißrussland und vor allem in der Ukraine: Dass ausgerechnet Hitlers Armeen dort zunächst auf relativ wenig Widerstand trafen, ja mitunter als Befreier von Stalins Joch begrüßt wurden, gehört zu den schwer fassbaren Aspekten dieser unfassbaren Geschichte.

Zu ihnen zählt auch, dass Stalin Nachahmer fand. Jedenfalls erinnern die Art und Weise, wie Pol Pot, von dem im achten Kapitel zu berichten ist, in den siebziger und Mao Tse-tung in den fünfziger Jahren gegen tatsächliche oder vermeintliche Gegner im Innern und gegen ihre eigenen Völker vorgingen, frappant an Stalins Feldzüge während der dreißiger Jahre. Mao Tse-tung – Jahrgang 1893, Hilfsbibliothekar und Revolutionär, Mitbegründer der Kommunistischen Partei Chinas und profilierter Kriegstheoretiker – war eine der führenden und dann die entscheidende Figur des chinesischen Bürgerkriegs. Mit einer Dauer von mehr als zwei Jahrzehnten und einer immensen Zahl an Teilnehmern und Opfern gehört dieser zu den monumentalsten Kriegen des 20. Jahrhunderts. Er begann 1927 mit der Erosion des Zweckbündnisses zwischen den chinesischen Kommunisten und der nationalchinesischen Volkspartei Kuomintang. Diese wurde seit 1925 von Chiang Kai-shek – Jahrgang 1887, Absolvent einer chinesischen und einer japanischen Militärakademie – geführt.

Der Bürgerkrieg endete 1949 mit dem Rückzug Chiang Kaisheks, seiner Getreuen, dem Parlament und der Staatskasse nach Taiwan auf der einen und der Ausrufung der Volksrepublik China durch Mao Tse-tung auf der anderen Seite. Auch wenn zweimal ein gemeinsamer Feind – von 1924 bis 1927 die chinesischen Warlords, von 1937 bis 1945 die japanischen Invasoren – die beiden Parteien zu Zweckbündnissen zwang, blieben sie Gegner. Jahrzehntelang. Erst 70 Jahre nach dem letzten Treffen Mao Tse-tungs und Chiang Kai-sheks kam es im November 2015 wieder zu einer Begegnung der Präsidenten beider Staaten – in Singapur, also auf neutralem Boden.

Maos Sieg im Bürgerkrieg hatte viele Ursachen und Gründe, darunter seine Entschlossenheit, den Krieg als totalen »Guerilla-« und kompromisslosen »Vernichtungskrieg« zu führen.[33] Dabei blieb er bis zu seinem Tod 1976. So »einte« Mao China, aber mit Methoden und zu einem Preis, »der die Zivilgesellschaft des Landes beinahe zerstört hätte«.[34] Wie andere seines Schlages sah sich Mao zeitlebens von Gegnern und Saboteuren umstellt. Alleine bis Ende 1952 dürften in China mehr als zwei Millionen Menschen hingerichtet und eine deutlich größere Zahl in Gefängnissen und Straflagern interniert worden sein.[35]

Danach zog er in den eigentlichen, den großen Krieg. Es sollte eine Schlacht für die Modernisierung des Landes werden, es wurde ein Feldzug gegen das eigene Volk. Hinter dem »Großen Sprung nach vorn«, zu dem Mao Tse-tung im Frühjahr 1958 ansetzte, stand die irrwitzige Ambition, die Volksrepublik, ein Land der Bauern, innerhalb kürzester Zeit in die Rolle einer industriellen Weltmacht zu katapultieren, die es mit den führenden Industrienationen der Erde, die USA und die Sowjetunion eingeschlossen, aufnehmen konnte. Das Experiment scheiterte, mündete in die drei »bitteren Jahre« der großen Hungersnot und hinterließ bis Ende 1963 eine in der Geschichte beispiellos verheerende Bilanz: Mindestens 40 Millionen Chinesen überlebten die Zeit der Vernichtung nicht, einige Regionen des Landes sahen die Rückkehr zum Kannibalismus, und die durchschnittliche Lebenserwartung lag bei 9,7 Jahren.[36]

Maos Position war zu dieser Zeit gefährlich geschwächt. Wie andere Diktatoren in vergleichbaren Situationen trat auch er die Flucht nach vorn an. Mitte Mai 1966 bliesen er und seine radikalen Weggefährten, darunter seine Frau Jiang Qing, zum Angriff auf die

»Monster und Dämonen«. Diese Große Proletarische Kulturrevolution richtete sich vor allem gegen Schulen und Universitäten, Wissenschaftler und Publizisten, tatsächlich oder vermeintlich abtrünnige Parteikader, die, wie der Generalsekretär der Kommunistischen Partei Deng Xiaoping, als Urheber der Verschwörung identifiziert wurden. Die Mao ergebene Jugendorganisation der Roten Garden überzog die Volksrepublik mit einer Welle von Demütigungen und Denunziationen, Misshandlungen und Morden. Verlässliche Zahlen gibt es nicht, aber dieser Bürgerkrieg hat wohl mehr als zwei Millionen Menschen das Leben gekostet.

Zunächst richtete sich die Kulturrevolution vor allem – nicht zum ersten Mal in der jüngeren Geschichte des Landes – auch gegen die Fremden. Die diplomatischen Beziehungen, so es sie überhaupt gab, wurden eingefroren, das Land international weitgehend isoliert.[37] Sicher ist, dass China im Chaos zu versinken drohte und sich regionale Militärbefehlshaber gegen die bürgerkriegsähnlichen Zustände wehrten.[38] Offiziell wurde die Kampagne daher im April 1969 eingestellt. Tatsächlich endete die Kulturrevolution erst mit Maos Tod am 9. September 1976.

Zu den vorrangigen Zielen der chinesischen Kommunisten während der beiden verheerenden Jahrzehnte zählte, was häufig übersehen wird, der Status als Atommacht. Auf diesem Feld ließ sich sichtbar die angestrebte Gleichrangigkeit mit der UdSSR und den USA demonstrieren. Aus eigener Kraft war das nicht zu schaffen. Die Chinesen brauchten die Sowjets. Als der Kreml daher vor dem Hintergrund wachsender Spannungen am 20. Juni 1959 den sowjetisch-chinesischen Atomhilfevertrag von 1957 kündigte, war das ein schwerer Schlag. Bevor die beiden sowjetischen Experten das Land verließen, zerrissen sie alle Dokumente. Dass die Chinesen sie in mühevoller Kleinarbeit wieder zusammensetzten und so Aufschlüsse über den Bau der Bombe erhielten,[39] zeigte auch, wie sehr die neue Waffe die Weltpolitik beherrschte. Der Geist, den die Amerikaner 1945 aus der Flasche gelassen hatten, war nie mehr in diese zurückzuzwingen.

Angestrahlt. Amerikanische Militärs verfolgen 1951 einen Atomtest im Pazifik. Bald wurden die oberirdischen Explosionen auch live im Fernsehen übertragen. 1962 erreichte der Wahnsinn seinen Höhepunkt, als weltweit insgesamt 143 Tests durchgeführt wurden. Heute lagern in den Depots der Atommächte rund 15 000 Sprengköpfe.

KAPITEL 5

BLITZ

Es war ein Inferno. Und es kam ohne jede Vorwarnung. Selbst wer am Morgen dieses 6. August 1945, kurz nach 8 Uhr, in den strahlend blauen Himmel über dem japanischen Hiroshima schaute und das Flugzeug sah, ahnte nicht, was auf die Stadt und ihre Bewohner zukommen sollte. Grund zur Panik gab es nicht, denn die B-29 flog ungewöhnlich hoch und kam allein. Die strategischen Bomber der amerikanischen Luftwaffe, die unter anderem Tokio schwer zugesetzt hatten, griffen hingegen in Formation an und waren in Begleitung von Jägern.

Die Bewohner von Hiroshima konnten nicht wissen, dass die *Enola Gay* – so, nämlich nach seiner Mutter, hatte der Pilot Paul Tibbets seine B-29 benannt – nur eine einzige Bombe mitführte. Die freilich hatte es in sich. Es war eine Uranbombe – drei Meter lang und vier Tonnen schwer. Später sprach man nur von der »Atombombe«, wobei die meisten nicht wussten, dass die Bezeichnung eigentlich aus dem Roman *The World Set Free. A Story of Mankind* stammte. 1914 hatte Herbert George Wells unter dem Eindruck erster Nachrichten über die Entdeckung von Atomkernen den Einsatz einer solchen beschrieben.

Was tatsächlich geschah, als *Little Boy* – so hatten die Amerikaner ihre erste Bombe getauft – über Hiroshima detonierte, haben sich selbst ihre Erfinder nicht ausgemalt. Gegen 8.15 Uhr explodierte sie 600 Meter über dem Stadtzentrum. Es war ein greller Blitz. Der Feuerball, der folgte, hatte eine Innentemperatur von über eine Million Grad Celsius. Die Druckwelle ließ buchstäblich keinen Stein auf dem anderen. Von den 350 000 Einwohnern Hiroshimas kamen mehr als 100 000 unmittelbar oder wenig später ums Leben, außerdem Tausende koreanischer Zwangsarbeiter und ein Dutzend amerikanischer Kriegsgefangener. Bis zu 60 000 starben in den folgenden Jahren. Kaum einer der Überlebenden kam ohne

Folgeschäden davon. 70 000 Häuser waren zerstört oder beschädigt. Ähnlich verheerend war die Wirkung der zweiten Atombombe, einer Plutoniumbombe, die drei Tage später – es war der 9. August 1945, gegen 11.02 Uhr – über Nagasaki explodierte.

Wenig hat die Weltgeschichte dauerhaft so verändert wie dieses Geschehen – politisch und militärisch, lang- und kurzfristig. Weil es auch in diesem Fall nicht mehr gelang, die Büchse der Pandora zu schließen, weil der nukleare Sündenfall vielmehr einen Wettlauf in Gang setzte, der heute als nicht mehr beherrschbar gelten muss, wird die Menschheit auf nicht absehbare Zeit in der Furcht vor dem Blitz leben.

Es dauerte mehr als 70 Jahre, bis am 27. Mai 2016 mit Barack Obama erstmals ein amtierender amerikanischer Präsident Hiroshima besuchte. Eine Entschuldigung brachte auch er nicht mit. Bis heute hält die Mehrheit der Amerikaner den Einsatz der Bombe für gerechtfertigt. Richtig ist, dass es die Japaner waren, die mit dem Überfall auf Pearl Harbor ihren Krieg im asiatisch-pazifischen Raum auf die USA ausgedehnt und dann auch die amerikanischen Besitzungen im Pazifik, wie die Philippinen, Guam und Wake, erobert hatten. Richtig ist auch, dass der Feldzug der Japaner, bei dem es nicht zuletzt um die Sicherung kriegswichtiger Rohstoffe ging, mit ungeheurer Brutalität geführt wurde.

Richtig ist schließlich, dass die japanischen Streitkräfte gut eine Woche nach den beiden Atombombenabwürfen einen Waffenstillstand unterzeichneten. So gesehen haben diese den Kriegsverlauf verkürzt, nicht aber entschieden. Denn schon seit den verheerenden konventionellen Bombardierungen Tokios, bei denen die Stadt, zuletzt am 23. und 26. Mai 1945, weitgehend zerstört wurde, war es eine Frage der Zeit, bis die Japaner die Waffen strecken würden. Dass sie sich lange weigerten, lag an der Bedingung der Alliierten. Wie im Falle Deutschlands sollte die Kapitulation auch im Falle Japans »bedingungslos« sein. Für eine möglichst rasche Beendigung des Krieges mit allen Mitteln, auch der Bombe, sprachen aus amerikanischer Sicht die eigenen hohen Verluste. Alleine bei der Eroberung Okinawas waren Zehntausende amerikanische Soldaten gefallen. Im Zuge der Eroberung der japanischen Hauptinseln rechnete man mit bis zu einer Viertelmillion Gefallener. Jedenfalls wurde nach Kriegsende unter anderem mit dieser Zahl der Einsatz der Atomwaffe legitimiert.

Am 2. September 1945 unterzeichneten die Japaner die Gesamtkapitulation, sieben Tage später kapitulierte auch die japanische Chinaarmee. Zu denen, die auf dem amerikanischen Schlachtschiff *Missouri* die Kapitulation der Japaner entgegennahmen, gehörte auch ein sowjetischer General. Nicht einmal vier Wochen zuvor – am 8. August, also unmittelbar nach dem Abwurf der ersten Atombombe – hatten die Sowjets nämlich Japan den Krieg erklärt, waren in die Mandschurei und Korea eingerückt und hatten damit begonnen, alles zu demontieren, was nicht niet- und nagelfest war.

Mit dem sowjetischen Kriegseintritt löste Josef Stalin ein Versprechen ein, das er Franklin D. Roosevelt und Winston Churchill Anfang 1945 auf der Konferenz von Jalta gegeben hatte. »Zwei oder drei Monate nach der Kapitulation Deutschlands« wollte die Sowjetunion in den Krieg gegen Japan eintreten – unter anderem »unter der Bedingung, dass … die früheren Rechte Russlands, welche durch den hinterlistigen Angriff Japans im Jahre 1904 verletzt wurden, wiederhergestellt werden sollen«, wozu auch die Rückgabe von Port Arthur zählte.[1] Mit anderen Worten: Die Japaner hatten das in den Kriegen gegen China und Russland 1894/95 beziehungsweise 1904/05 Erbeutete wieder herauszurücken, aber nicht an den ursprünglichen Besitzer China, sondern an die Sowjetunion. So wurden die Weichen in der Endphase des Zweiten Weltkriegs nicht in Richtung Zukunft gestellt, sondern zurück in eine vergangene Epoche, das Zeitalter des Revisionismus.

Dass die Sowjets gerade einmal 48 Stunden nach Hiroshima in den Krieg gegen Japan eintraten, hatte auch damit zu tun, dass sie von dieser Entwicklung überrascht und überrollt worden waren. Mit unbewegter Miene hatte Stalin nicht einmal drei Wochen zuvor auf der Potsdamer Konferenz die Mitteilung Harry S. Trumans, Roosevelts Nachfolger, vom ersten erfolgreichen Test der Bombe entgegengenommen. Seit dem 6. August wusste er, dass sie die Waffe des nächsten, des soeben begonnenen, des Kalten Krieges sein würde.

Stalin hatte das Thema zunächst unterschätzt. Wie die Amerikaner wussten auch die Sowjets, dass die Deutschen unter Hochdruck am Bau einer Atombombe arbeiteten. Aber während man in Moskau, wohl auch mangels anderer Möglichkeiten, darauf setzte, durch Spionage an das Wissen um die Spaltung des Atoms zu kommen, schritten sie in Washington zur Tat: Zwei Milliarden Dollar wurden aufgewandt und rund 1000 Wissenschaftler unter Aufsicht und Leitung des Militärs kaserniert, bis das »Projekt Manhattan« so weit gediehen war, dass am 16. Juli 1945 in der Wüste von New Mexico der erste erfolgreiche Test durchgeführt werden konnte.

Da es für einen Ersteinsatz gegen Deutschland, an den man ursprünglich gedacht hatte, zu spät war, musste Japan dran glauben. Erst mit dieser Demonstration, davon war Truman überzeugt, würde die Bombe ihren Zweck erfüllen, und dieser Zweck war von vornherein nicht nur ein militärischer, sondern auch ein eminent politischer: Wer über sie verfügte, musste nach Hiroshima gar nicht mehr zur Tat schreiten. Die ausgesprochene oder stillschweigende Drohung, die Bombe einzusetzen, reichte für die Disziplinierung des Gegners. Die ausgesprochene oder stillschweigende Drohung, das nicht zu tun, reichte für die Disziplinierung der Verbündeten.

Allerdings war es ein streng gehütetes Geheimnis, dass die Vereinigten Staaten zwar über das atomare Monopol, nicht aber über einsatzbereite nukleare Streitkräfte verfügten. So hatten die im Sommer 1948 während der Berlin-Krise in Großbritannien stationierten B-29 nicht einmal die Bombe an Bord. Und das war schon der zweite »Bluff«.[2] Den ersten hatten die Sowjets versucht, als Molotow, der immer noch Außenminister war, im November 1947 verkündete, man habe das »Geheimnis der Atomwaffe« entdeckt.[3] Im Westen glaubte das zwar keiner, aber wirklich wissen konnte man es auch nicht. Solche Täuschungsmanöver wurden zu einem Merkmal vor allem während der fünfziger und sechziger Jahre, und sie waren nicht ungefährlich.

Tatsächlich setzte Stalin nach dem 6. August alles daran, die Amerikaner einzuholen. Vier Jahre später war es so weit: Am 29. August 1949 testete die Sowjetunion erstmals erfolgreich die Bombe. Es blieb beim Wettlauf, vorerst zwischen den beiden Supermächten. So nannte man die USA und die Sowjetunion, weil sie nicht nur über die Sprengköpfe, sondern später dann auch über die Trägerkapazitäten verfügten, um diese in einer zur totalen Vernichtung fähigen Menge über strategische Entfernungen zu transportieren.

Am 1. November 1952 zündeten die Amerikaner erfolgreich ihre erste Wasserstoffbombe mit der tausendfachen Sprengkraft der Hiroshima-Bombe; nur neun Monate später, am 8. August 1953, kündigten die Sowjets an, dass die Rivalen nicht länger »Monopolisten in der Produktion der Wasserstoffbombe« seien;[4] vier Tage danach wurde eine starke nukleare Explosion in Zentralasien registriert. Keine Frage: Das Tempo des Wettlaufs erhöhte sich, die Abstände wurden kürzer, der Druck auf beide Seiten nahm zu – und die Bombe verhärtete und stabilisierte die Frontstellung im sogenannten Kalten Krieg.

Der Kalte Krieg war eine beinahe zwangsläufige Konsequenz aus dem Zerfall der »Anti-Hitler-Koalition«, die von Anfang an eine unnatürliche Allianz gewesen ist: Was verband schon die totalitär schaltenden und waltenden Sowjets auf der einen Seite mit den für eine freie Wirtschaft und Gesellschaft kämpfenden Amerikanern und Briten auf der anderen – außer dem Willen, Hitler und seinesgleichen in die Knie zu zwingen? Selbst in dieser Zeit war das gegenseitige Misstrauen mit Händen zu greifen, und als das einzige Ziel, das sie verband, erreicht und Hitler besiegt war, gewann es die Oberhand.

Wohin man in Washington auch schaute, schienen die Sowjets vorrücken und dabei zunächst auch die Grenzen jenes Machtbereichs überschreiten zu wollen, den der Westen ihnen während des Krieges zugestanden hatte. Alarmiert verfolgte die amerikanische Administration vor allem die offenkundigen oder doch vermuteten Machenschaften Stalins in der Türkei und in Griechenland. Darauf reagierte Truman schon Mitte März 1947, als er grundsätzlich allen freien Völkern Unterstützung gegen bewaffnete Minderheiten im Innern oder Druck von außen zusagte und zu diesem Zweck ein umfassendes wirtschaftliches und finanzielles Hilfsprogramm auflegen ließ. Dass sich die Sowjets danach vor allem auf ihren eigenen Machtbereich konzentrierten, machte die Sache nicht wirklich besser, weil entweder die dabei angewandten Methoden zum Himmel schrien oder weil sich Stalin und seine Handlanger nicht an gegebene Zusagen hielten.

Das betraf vor allem Polen. Immerhin hatte Stalin – im Gegenzug zu den beträchtlichen Konzessionen Churchills und Roosevelts bei der Westverschiebung Polens – in Jalta das Zugeständnis gemacht, dort »so bald wie möglich freie und unbehinderte Wahlen« durchführen zu lassen.[5] Die aber wurden bis zum 19. Januar 1947 hinausgeschoben, und das Ergebnis sprach für sich: 80 Prozent für den kommunistisch beherrschten Block. Ohne mit der Wimper zu zucken, hatte Stalin also in Polen das Prinzip durchsetzen lassen, das er im April 1945 Milovan Djilas, dem Stellvertreter des jugoslawischen Partisanenführers und späteren Ministerpräsidenten Josip Broz Tito, so erläutert hatte: »Dieser Krieg ist nicht wie in der Vergangenheit; wer immer ein Gebiet besetzt, erlegt ihm auch sein eigenes gesellschaftliches System auf. Jeder führt sein eigenes System ein, so weit seine Armee vordringen kann.«[6]

Den letzten Anstoß für eine grundlegende Kurskorrektur der amerikanischen Europapolitik brachten die Vorgänge in der Tschechoslowakei, die zum Jahresende 1945 von amerikanischen und sowjetischen Truppen geräumt worden war. Nachdem die Kommunisten in ersten freien Wahlen Ende Mai 1946 zwar landesweit knapp 37 Prozent, aber eben nicht die Mehrheit der Stimmen auf sich hatten vereinigen können, setzten sie auf andere Mittel und Methoden, um ihre Machtbasis zu erweitern. Am 25. Februar 1948 warf Staatspräsident Edvard Beneš das Handtuch und stimmte unter dem Druck eines Generalstreiks, von Massendemonstrationen und anderen Aktionen einer Regierung der Erneuerten Nationalen Front zu, die praktisch nur noch aus Kommunisten bestand.

Diese Ereignisse vor Augen, fällten die Verantwortlichen in Washington eine Serie folgenreicher Entscheidungen. So wurden auf mehreren Konferenzen bis Mai 1949 die Weichen zur Gründung eines westdeutschen Teilstaates, der Bundesrepublik Deutschland, gestellt. Ihr ließen die Sowjets bis Oktober 1949 die Gründung eines Gegenstaates, der Deutschen Demokratischen Republik, folgen. Und dann nahm der amerikanische Senat am 11. Juni 1948 mit großer Mehrheit eine Resolution an, in der die Regierung aufgefordert wurde, an »regionale und andere« Abkommen Anschluss zu suchen, »die auf fortgesetzter und wirksamer Selbsthilfe und gegenseitiger Hilfe beruhen und die die nationale Sicherheit der Vereinigten Staaten betreffen«.[7]

Die Ankündigung kam einer Revolution gleich. Zum ersten Mal in Friedenszeiten zeigte sich Amerika entschlossen, auf einem anderen Erdteil für längere Zeit Flagge zu zeigen: Am 4. April 1949 wurde der Vertrag über die NATO, die North Atlantic Treaty Organization, von zwölf Staaten unterzeichnet. Nachdem im Mai 1955 auch die Bundesrepublik aufgenommen worden war, hoben die Sowjets mit dem Warschauer Pakt auch förmlich ihr eigenes Militärbündnis aus der Taufe. Damit gab es zwei hochgerüstete Militärpakte, die sich vor allem entlang der deutsch-deutschen Grenze unmittelbar gegenüberstanden – und deren Vormächte über die Bombe verfügten.

Die Gefahr, dass ein lokaler Zwischenfall zum nuklearen Inferno mutieren könnte, wuchs von Tag zu Tag, weil die Arsenale größer wurden, weil die Erinnerung an Hiroshima verblasste und weil die detonierende Bombe mit ihrem Blitz und der pilzförmigen Wolke die Menschen auf eigentümliche Art faszinierte: In den Vereinigten Staaten wurden die oberirdischen Tests nicht nur live im Fernsehen übertragen, sondern das »Bomb-watching« aus vermeintlich sicherer Distanz wurde zu einem regelrechten Volkssport.

Tatsächlich war der Preis, den man auch ohne einen Einsatz im Krieg zahlte, im wörtlichen wie im übertragenen Sinne immens. Zwischen 1951 und 1958 wurden allein auf dem Testgelände in Nevada 121 oberirdische Nuklearwaffentests durchgeführt, bei mindestens 87 kam es zu radioaktivem »Fallout« außerhalb des Versuchsgebiets. Den rund 42 000 Menschen, die von den Tests in Nevada, Utah und Arizona betroffen waren, zahlte die amerikanische Regierung bis

2014 beinahe zwei Milliarden Dollar Entschädigung.[8] Fast 50 Prozent des Eniwetok-Atolls, das zu den Marshallinseln gehört, sind als Folge der 43 amerikanischen Atomtests verseucht, acht Prozent wurden ganz weggesprengt.

Ähnlich verheerend waren die Folgen der Tests, welche die Briten und die Franzosen unter anderem im Pazifik und die Sowjets vor allem auf der im Nordpolarmeer gelegenen Doppelinsel Nowaja Semlja durchführten. Zwischen 1955 und 1990 waren es allein dort 130. Von der maßgeblich dadurch verursachten radioaktiven Verseuchung der Arktis waren und sind neben der Sowjetunion beziehungsweise Russland auch Kanada, Norwegen und – in Alaska – die USA betroffen. In der Sowjetunion hatten am 14. September 1954 sogar 45 000 Soldaten den Einsatz einer Atombombe unter Kampfbedingungen, also aus nächster Nähe, zu beobachten. Die sowjetische Führung wusste, was sie tat, denn die Teilnehmer der Übung mussten sich schriftlich verpflichten, 25 Jahre lang Stillschweigen zu bewahren.

Mitte der fünfziger Jahre wussten auch die Deutschen, was im Falle eines Atomkrieges auf sie zukommen würde. Denn im Juni 1955 wurde in Frankreich, den Beneluxstaaten und eben auch in der Bundesrepublik das NATO-Manöver »Carte blanche« durchgeführt. Daran nahmen mehr als 3000 Kampfflugzeuge aus elf Nationen teil, die 12 000 Einsätze flogen und dabei unter anderem den Abwurf von 335 Atombomben simulierten. Im Krieg hätte dieser Einsatz hochgerechnet über fünf Millionen Tote und Verwundete gefordert. Das war im Übrigen einer der Gründe, warum der Deutsche Bundestag Ende März 1958 beschloss, die noch in der Aufbauphase befindliche Bundeswehr mit Trägersystemen für taktische Atombomben auszurüsten. Man wollte nicht nur Schlachtfeld und Opfer eines Atomkrieges sein, sondern in einem wenn auch sehr engen Rahmen über eigene nukleare Handlungsoptionen verfügen.

In den Jahren 1961 und 1962 erreichte der Wahnsinn der Tests seinen Höhepunkt. Ende Oktober 1961 brachten die Sowjets eine 50-Megatonnen-Bombe zur Detonation. Der Blitz war noch in einer Entfernung von 1000 Kilometern zu sehen. Militärisch war die

Bombe ohne Bedeutung. Es war eine reine Machtdemonstration. 1962 wurden weltweit insgesamt 143 Tests durchgeführt, und das hieß: Alle zweieinhalb Tage wurde irgendwo ein nuklearer Sprengsatz gezündet.[9]

Weil inzwischen allen klar war, dass es so nicht weitergehen konnte, weil überdies die Berlin- und vor allem die Kubakrise zeigten, wie rasch die Nuklearmächte an den nuklearen Abgrund geraten konnten, setzten sie sich zusammen und schafften einen ersten Durchbruch: Das Atomteststoppabkommen, am 5. August 1963 unterzeichnet, verbot fortan Kernwaffenversuche in der Atmosphäre, im Weltraum und unter Wasser. Dass neben den USA und der Sowjetunion auch Großbritannien zu den Erstunterzeichnern zählte, zeugte von der Dynamik der Entwicklung. Denn die Briten hatten 1952 ihre erste Bombe getestet. Frankreich und China folgten 1960 beziehungsweise 1964, traten dem Teststoppabkommen aber nie bei.

Das Abkommen war ein erster Schritt auf dem Weg, dem Wahnsinn Einhalt zu gebieten und einer Katastrophe apokalyptischen Ausmaßes vorzubeugen. Nicht weniger, aber eben auch nicht mehr. Vor allem zeichnete sich schon damals ein zweites, deutlich größeres Problem ab: Wie konnte man verhindern, dass über kurz oder lang weitere Staaten in den Besitz der Bombe kamen, weil sie selbst technisch dazu in der Lage waren oder weil ihnen Dritte Bestandteile, wenn nicht gar die Bombe selbst zur Verfügung stellten? Da der Weg der Gewalt aus vielerlei Gründen ausschied, blieb nur der Weg einer vertraglichen Verzichtserklärung.

Dafür sprachen zum einen die tatsächliche Sorge vor einer unkontrollierten Proliferation spaltbaren Materials, zum anderen aber der Entschluss der fünf Ständigen Mitglieder des Sicherheitsrates der Vereinten Nationen, ihren Klub auch in dieser Hinsicht exklusiv zu halten. Die Vereinten Nationen (UNO), im Frühjahr 1945 in San Francisco aus der Taufe gehoben, waren ein Kind des Zweiten Weltkriegs. Vollends seit dem Ende des Kalten Krieges reflektieren ihre Strukturen und ihre Organisation eine andere Zeit. Sie sind längst anachronistisch.

Von den ursprünglich fünf Ständigen Mitgliedern des Sicherheitsrates – den USA, der Sowjetunion, China, Großbritannien und Frankreich – existieren heute zwei nicht mehr: Den Sitz der untergegangenen Sowjetunion nimmt Russland ein. Und die »Republik China«, die ein Gründungsmitglied der UNO war, gibt es seit dem Ende des Bürgerkrieges im Dezember 1949 in dieser Verfassung auch nicht mehr. Zunächst sah die Mehrheit der Mitgliedsstaaten die nach Taiwan ausgewichenen Nationalchinesen als rechtmäßige Vertreter des gesamten chinesischen Volkes an; aber im Oktober 1971 hievte dann eine Resolution der Generalversammlung die Volksrepublik China auf den Ständigen Sitz des Sicherheitsrates. Zwei andere Ständige Mitglieder, Frankreich und Großbritannien, haben längst sämtliche Insignien einer Weltmacht verloren – von diesem Sitz und dem legalen Status als Atommacht abgesehen.

Obgleich sich also die UNO spätestens mit dem Zusammenbruch der alten Weltordnung als Relikt einer vergangenen Zeit erwies, sind bislang alle Reformversuche gescheitert. Die Vereinten Nationen waren nie ein Ort der Prävention. Sie blieben eine Truppe der Reaktion, die größte Freiwillige Feuerwehr aller Zeiten, die anrückt, wenn es lichterloh brennt. Das galt nicht nur für militärische und politische Konflikte, sondern auch für die größten Herausforderungen wie die Lösung der Flüchtlings- und Migrations-, der Umwelt- und Klimafrage. So verdienstvoll und zwingend nötig die großen Anstrengungen insbesondere des 1950 gegründeten Flüchtlingshilfswerks UNCHR auch sind: Sie zeigen erst Wirkung, wenn die Katastrophen nicht mehr zu verhindern, sondern nur noch zu begrenzen sind.

Auch der Ende 2015 in Paris ausgehandelte und dann von knapp 170 Staaten bei den Vereinten Nationen unterzeichnete Klimavertrag ist so ein Fall. Inzwischen gilt schon die Verlangsamung der Erderwärmungskurve als Erfolg. Offensichtlich ist die Riesenorganisation zu schwerfällig, um rasch und angemessen auf neue Situationen beziehungsweise Erkenntnisse reagieren zu können. Nicht zufällig ging die Initiative zur Bekämpfung des »Ozonlochs« über der Antarktis nicht von den Vereinten Nationen, sondern von 24 zum Handeln entschlossenen Staaten aus. Im September 1987 verpflichteten sie sich mit dem sogenannten Montrealer Protokoll, bis 1999 den Verbrauch von Fluorchlorkohlenwasserstoffen (FCKW) zu halbieren; 1990 wurden weitere Substanzen in die Liste aufgenommen;[10] um die Jahrtausendwende hatten 165 Länder das Protokoll ratifiziert; seit 2000 lässt sich eine fortschreitende »Heilung« des antarktischen Ozonlochs beobachten.[11] Und im Oktober 2016 gelang es mehr als 150 Staaten im ruandischen Kigali, sich in einem ergänzenden Abkommen auch auf eine Verbannung der Fluorwasserstoffe (FKW), eines Ersatzmittels von FCKW, zu verständigen und damit einen substantiellen Beitrag zur Verlangsamung der Erderwärmung zu leisten.

Da der Anachronismus der Vereinten Nationen nirgends augenfälliger ist als in der Konstruktion des Sicherheitsrates, hätte ihre Reform dort zu beginnen. Bis heute sind sämtliche Versuche an seinen Ständigen Mitgliedern gescheitert. Die Bombe zeigt, warum das so war. Obgleich es nie einen förmlichen Beschluss gegeben hat, legitimierten und legitimieren die Fünf ihren Status als Atommächte mit ihrem Ständigen Sitz im Sicherheitsrat der Vereinten Nationen. Um diesen Klub exklusiv zu halten, griffen sie zu einem einfachen Trick und verzichteten auf etwas, was sie ohnehin nicht vorhatten, nämlich die Weitergabe von Atomwaffen an Dritte. Weil sie aber nicht wissen konnten, ob und gegebenenfalls wie schnell andere in der Lage sein würden, ihrerseits Atomwaffen zu entwickeln oder zu beschaffen, verlangten sie auch vom Rest der Welt eine entsprechende Verzichtserklärung.

Das geschah mit dem Vertrag über die Nichtverbreitung von Kernwaffen, dem sogenannten Atomwaffensperrvertrag, der am 1. Juli 1968 wiederum zunächst von den USA, der Sowjetunion und Großbritannien unterzeichnet wurde und bemerkenswerte Zugeständnisse an die Nichtnuklearmächte enthält. Sein Artikel IV sieht nämlich vor, dass der Vertrag »nicht so auszulegen« ist, »als werde dadurch das unveräußerliche Recht aller Vertragsparteien beeinträchtigt, … die Erforschung, Erzeugung und Verwendung der Kernenergie für friedliche Zwecke zu entwickeln«.[12] In den fünfziger und sechziger Jahren galt die zivile Nutzung der Kernenergie als eine Voraussetzung für die Zukunftsfähigkeit einer Industrienation. Daher waren die Nichtnuklearmächte, allen voran die Bundesrepublik, »nicht bereit, irgendetwas zu akzeptieren, was die friedliche Nutzung hindert«. Darauf bestand Willy Brandt – Jahrgang 1913, damals Außenminister, später Bundeskanzler und Friedensnobelpreisträger – 1968 ausgerechnet in einem Buch mit dem Titel *Friedenspolitik in Europa*.[13]

Allerdings konnte weder Brandt noch sonst jemand voraussehen, was passieren würde, wenn der theoretische Katastrophenfall einer Kernschmelze oder einer Reaktorexplosion tatsächlich eintrat. Seit es im März 1979 im amerikanischen Harrisburg zu einer Kernschmelze und im April 1986 im ukrainischen Tschernobyl zu einer Reaktorexplosion gekommen war, wusste man es. Und man wusste auch, dass eine nationale Katastrophe dieser Dimension zwangsläufig internationale Ausmaße annahm. Menschen, Tiere, Nahrungsmittel wurden noch in Tausenden Kilometern Entfernung mehr oder weniger stark kontaminiert. Und es offenbarte sich, dass weder Katastrophen wie in Harrisburg, Tschernobyl und seit dem März 2011 auch im japanischen Fukushima noch das Fehlen einer Lösung für den Umgang mit dem auf eine Million Jahre strahlenden Atommüll zu einer globalen Abkehr von der zivilen Nutzung der Kernenergie führten.

So gesehen überrascht das beinahe bedingungslose Beharren des Nichtverbreitungsvertrages auf dem »unveräußerlichen Recht« zur zivilen Nutzung der Kernenergie nicht mehr. Das hatte Folgen. Denn mit dem Artikel IV war im Nichtverbreitungsvertrag nicht nur die problematische Trennung von ziviler und militärischer Nutzung der Atomenergie festgeschrieben. Vielmehr mussten diejenigen, die eine militärische Nutzung von anderweitig deklarierten Anlagen unterstellten, auch den Beweis liefern. Das aber konnten sie nur, wenn die dafür zuständigen Inspekteure der Internationalen Atomenergie-Organisation (IAEO) sämtliche Anlagen jederzeit unangekündigt kontrollieren durften.

Beinahe drei Jahrzehnte gingen ins Land, bis sich die Staatengemeinschaft 1997 in einem Zusatzprotokoll auf eine Korrektur dieser

Bestimmungen, nämlich auf weitgehend unangekündigte und umfassende Inspektionen verständigte. Durchführbar sind sie allerdings nur, wenn der Staat, dem der Bau der Bombe unterstellt wird, dieses Protokoll nicht nur unterzeichnet, sondern auch ratifiziert hat. Um diesen Punkt ging es unter anderem im Atomstreit mit dem Iran. Der hatte zwar 2003 das Protokoll unterzeichnet, sagte aber erst 2015 zu, sein Atomprogramm Kontrollen nach den Regeln dieses Dokuments zu unterwerfen. Im Übrigen war Iran 1968 als eines der ersten Länder dem Nichtverbreitungsvertrag beigetreten. Heute gehören ihm außer Indien, Israel, Pakistan, dem Südsudan und Nordkorea, das ihn 2003 verlassen hat, sämtliche Staaten der Erde an.

In den fünfziger und sechziger Jahren, als die internationale Politik um die nukleare Dimension erweitert und dynamisiert wurde, waren diese Probleme nicht relevant, ja nicht einmal absehbar. Damals standen andere Fragen im Vordergrund, allen voran die nach den Trägern, mit denen sich die Bombe über möglichst große Distanzen in ihr Ziel bringen ließ. Nach dem Zweiten Weltkrieg kamen zunächst Langstreckenbomber zum Einsatz, und da besaßen die Amerikaner einen einstweilen nicht einholbaren Vorsprung.

Zeitgleich wurde in den USA und in der Sowjetunion intensiv an der Entwicklung von Raketen gearbeitet. Mit ihnen ließen sich nukleare Sprengköpfe nicht nur viel schneller befördern als mit Flugzeugen, sie waren auch von der Luftabwehr des Gegners schwerer, wenn überhaupt, vom Himmel zu holen. Hier wie dort waren übrigens deutsche Techniker, die bei Kriegsende mehr oder weniger freiwillig in die USA beziehungsweise die Sowjetunion gegangen waren, entscheidend an der Entwicklung der Raketen beteiligt. Kein Wunder, dass in beiden Fällen die deutsche »V-2«, die während des Krieges in Peenemünde entwickelt worden war, als Vorbild diente.

Auch hier glaubten die Amerikaner die Nase vorn zu haben, bis sie und der Rest der Welt am 4. Oktober 1957 eines Besseren belehrt wurden. Als die Sternwarte in Bochum ein piepsendes Signal aus dem Weltraum auffing, war klar, dass es den Sowjets gelungen war, einen Satelliten in eine Erdumlaufbahn zu befördern. Der Schock über den Start des *Sputnik*, wie dieser erste Satellit hieß, saß tief. Wie stets in solchen Situationen setzte er bei den Amerikanern enorme Energien frei. Und zwar auf allen Gebieten, auch auf dem der zivilen Raumfahrt, obgleich oder eben weil die Sowjets hier für ein Jahrzehnt in Führung lagen: Im April 1961 umkreiste der Kosmonaut Juri Gagarin als erster Mensch in einer Kapsel die Erde, und im Februar 1966 gelang den Sowjets die erste unbemannte Mondlandung.

Dann aber trugen die Weltraumprogramme der 1958 gegründeten NASA, der National Aeronautics and Space Administration, Früchte: Als Neil Armstrong am 21. Juli 1969 als erster Mensch den Mond betrat, hatten die USA definitiv die Führung übernommen. Kaum jemand hat sich damals vorstellen können, dass nach Ende des Kalten Krieges Amerikaner und Russen gemeinsam eine Raumstation, die International Space Station (ISS), betreiben könnten. Und schon gar nicht war es vorstellbar, dass nach dem Ende des amerikanischen Spaceshuttle-Programms im Jahr 2011 Amerikaner Plätze in russischen Sojus-Raumfähren buchen würden, um zur ISS zu gelangen. Denn für beide Seiten hatte die zivile Raumfahrt immer auch eine militärische Komponente. Die Raketentechnik war ja universell einsetzbar, eben auch im strategischen Bereich, und dort lagen wiederum die Amerikaner zunächst klar in Führung. Das galt für die Qualität der Systeme von der Indienststellung des ersten mit Nuklearsprengköpfen ausgerüsteten, zudem atomgetriebenen U-Bootes im Jahre 1960 bis hin zur Einsatzfähigkeit einer ersten Rakete mit Mehrfachsprengköpfen zehn Jahre später. Und es galt für die Quantität und das Tempo, mit dem diese Systeme bereitgestellt wurden.

Bis weit in die sechziger Jahre hinein hatten die Sowjets keine Chance, mit- und gegenzuhalten. Und weil diese Schwäche gefährlich war, suchten sie nach Mitteln und Wegen, die Raketenlücke zu kaschieren und zu kompensieren. So stationierte der Kreml in Serie Attrappen, die mit den damaligen Instrumenten der gegnerischen Aufklärung nicht ohne Weiteres als solche zu identifizieren waren. Das war ein bewährtes Mittel der modernen Kriegführung. Ähnlich hatten wenige Jahre zuvor Briten und Amerikaner operiert, als sie 1944 in Südengland eine zweite, unter anderem mit aufblasbaren

Plastikpanzern ausgestattete Invasionsarmee aufstellen ließen, um die Deutschen über das eigentliche Invasionsziel zu täuschen.

Wesentlich gefährlicher als die in der Sowjetunion stationierten Attrappen waren allerdings die einsatzfähigen Raketen, die Nikita Chruschtschow, sowjetischer Partei- und Regierungschef, seit dem Frühjahr 1962 auf der Karibikinsel Kuba in Stellung bringen lassen wollte. Das Kalkül war einfach und plausibel. Der amerikanische Vorsprung an modernen B-52-Bombern, vor allem aber an land- und seegestützten Interkontinentalraketen war auf absehbare Zeit nicht einzuholen. Bei den Sprengköpfen lag das Verhältnis bei 17 : 1. Nach Auskunft ihres stellvertretenden Verteidigungsministers besaßen die USA ein »Zweitschlagspotential, das mindestens ebenso groß ist wie das Potential, das der Feind bei einem Erstschlag einsetzen kann«.[14] Mit anderen Worten: Selbst wenn die Sowjets als Erste zuschlugen, blieb den Amerikanern mindestens das von Moskau eingesetzte Potential für einen Gegenschlag. Damit Washington nicht in Versuchung kam, diese Überlegenheit auszuspielen, sollten die auf Kuba, also vor der Haustür der USA, stationierten sowjetischen Mittel- und Langstreckenraketen eine glaubwürdige Bedrohung amerikanischer Metropolen darstellen. Geplant waren 40 Abschussrampen nebst den Raketen, außerdem Iljuschin-Bomber sowie atomar bestückte Marschflugkörper.

Das war brandgefährlich. Die Krise auf Kuba eskalierte auf allen Ebenen. Am 22. Oktober 1962 befanden sich die Streitkräfte beider Seiten in voller Kampfbereitschaft, also auf der Stufe unmittelbar vor Eröffnung des Atomkriegs. Am 27. Oktober wurde er buchstäblich in letzter Sekunde nur deshalb vermieden, weil der Kommandant eines von der amerikanischen Marine aufgebrachten sowjetischen U-Bootes nicht den abschussbereiten, mit einem Nuklearsprengkopf bestückten Torpedo zünden ließ. Die Welt schaute in den Abgrund. Und es war wohl diese Aussicht, die Moskau und Washington vom nächsten und letzten Schritt abhielt. Oder anders formuliert: Die Spielregeln der geteilten Welt, von denen das folgende Kapitel berichtet, wurden in letzter Minute doch eingehalten. Die Frage, ob die demonstrative Entschlossenheit des amerikanischen Präsidenten John

F. Kennedy, aufs Ganze zu gehen, den Ausschlag gegeben hat, wird sich wohl nie abschließend beantworten lassen.

Die Kubakrise, die vermutlich gefährlichste Krise in der Geschichte des Kalten Krieges, hat die Weltpolitik nachhaltig beeinflusst. Zunächst versah sie, der nuklearen Logik folgend, die Hochrüstung in diesem Bereich mit einem neuen Schub. Vor allem in der Sowjetunion. Dort begann man unter ihrem Eindruck mit der Entwicklung einer neuen, mobilen, mit Mehrfachsprengköpfen ausgestatteten Rakete. Bei der NATO firmierte diese seit ihrer Stationierung Mitte der siebziger Jahre als »SS 20«. Sie stellte aus Sicht der Mitglieder des Nordatlantikpaktes das nukleare Gleichgewicht in Europa infrage und führte in Verbindung mit der Reaktion des westlichen Bündnisses, dem »NATO-Doppelbeschluss«, zu einer neuen Runde nuklearer Hochrüstung.

Allerdings kollidierte dieser Rüstungswettlauf mit einer anderen Konsequenz, welche die beiden Supermächte aus der Kubakrise gezogen hatten: Wollte man den nuklearen Holocaust vermeiden, von dem jetzt mancher sprach und den keiner wollte, musste man über eine Abrüstung, zumindest aber über eine Begrenzung der nuklearen Hochrüstung nachdenken. Und zwar gemeinsam. Das Atomteststoppabkommen war ein erster Schritt, und die Gespräche über einen Atomwaffensperrvertrag begannen vielversprechend. Vor diesem Hintergrund ergriff Washington 1967 eine erste Initiative, die dann in die Strategic Arms Limitation Talks (SALT) mündete.

Die weltpolitischen Rahmenbedingungen waren günstig. Denn inzwischen war das Verhältnis zwischen den beiden kommunistischen Vormächten Sowjetunion und Volksrepublik China derart zerrüttet, dass sie im März 1969 am gemeinsamen Grenzfluss Ussuri militärisch aneinandergerieten. Damit bot sich der amerikanischen Diplomatie die Chance, auf beide zuzugehen, sie gegeneinander auszuspielen und das jeweils Beste im Interesse der USA herauszuholen. Henry Kissinger – Jahrgang 1923, Historiker und Diplomat – bereitete als Nationaler Sicherheitsberater des seit 1969 amtierenden Republikaners Richard Nixon das Terrain. Der besuchte im Februar 1972 als erster amerikanischer Präsident die Volksrepublik und traf sich mit Mao Tse-tung. Um das Sensationelle dieses Besuches zu verstehen, muss man in Rechnung stellen, dass sich China im Zuge der immer noch nicht überwundenen Kulturrevolution vollständig nach außen abgeschottet und in ein »xenophobisches« Land verwandelt hatte.[15] Im Rest der Welt schlug der kurzfristig angekündigte Besuch, um im Bild zu bleiben, ein wie eine Bombe.

Tatsächlich gab das Treffen auch den amerikanisch-sowjetischen Verhandlungen über die strategischen Nuklearwaffen einen letzten Schub. Der sorgfältigen Orchestrierung Kissingers folgend, reiste Nixon drei Monate später nach Moskau. Er war auch hier der erste amerikanische Präsident, der das Land offiziell besuchte.[16] Beide Seiten gingen mit einer Wunschliste in die Verhandlungen. Auf der amerikanischen stand ein Abschluss der SALT-Verhandlungen ganz oben, den Sowjets ging es um Fortschritte in der deutschen Frage, vor allem aber um die schriftlich fixierte »Gleichberechtigung«.[17] Diese prestigeträchtige Aufwertung durch die westliche Führungsmacht war von Gewicht, wenn es darum ging, aufmüpfige Verbündete wie zuletzt 1968 die Tschechoslowakei zur Rückkehr auf den von Moskau vorgegebenen Kurs zu zwingen, und natürlich zählte die Statusaufwertung auch in der Dritten Welt.

Am 26. Mai 1972 unterzeichneten Leonid Breschnew, der Nachfolger des gestürzten Chruschtschow in der Parteiführung, und sein amerikanischer Gast das erste amerikanisch-sowjetische Abkommen über eine Begrenzung der strategischen Atomwaffen, SALT I. Es sah zwar noch keinen Abbau der monströsen Raketen mit einer Reichweite von mindestens 5500 Kilometern und ihrer nuklearen Lasten vor, wohl aber innerhalb der kommenden fünf Jahre den kontrollierten, verlangsamten Aufbau bis zu einer bestimmten Obergrenze. Das zweite SALT-Abkommen vom 18. Juni 1979 schrieb die Linie des ersten fort und markierte zugleich den zaghaften Einstieg in einen Abbau der Systeme. Wenn auch die quantitative Begrenzung der Raketen durch eine qualitative Weiterentwicklung zum Beispiel im Bereich der Mehrfachsprengköpfe unterlaufen wurde, trug SALT II doch zur weiteren Vertrauensbildung bei. Und es war durchaus bemerkenswert, dass sich sowohl Moskau als auch Washington an den zweiten Vertrag gehalten haben, obgleich er nicht ratifiziert wurde, also auch nie in Kraft getreten ist.

Nach dem Kalten Krieg waren es dann die Amerikaner, die diese tragfähige Vertrauensbasis infrage stellten. Parallel zum ersten SALT-Abkommen war nämlich 1972 in Moskau ein zweiter Vertrag über Anti-Ballistic Missiles (ABM), also über die Abwehr der besagten Raketen, geschlossen worden. Er stellte sicher, dass die Zweitschlagsfähigkeit nicht beeinträchtigt wurde, dass also weder die eine noch die andere Seite in Versuchung kommen konnte, als Erste nuklear loszuschlagen, um den Gegner auszuschalten. Mutual Assured Destruction (MAD), die Fähigkeit zur mehrfach gesicherten gegenseitigen Vernichtung, nannte man diese perverse, aber äußert wirkungsvolle Logik des Kalten Krieges. Dass die Vereinigten Staaten Mitte Dezember 2001 vom ABM-Vertrag zurücktraten, war von außerordentlicher Tragweite. Denn damit wurde nicht nur die nukleare Logik außer Kraft gesetzt, sondern ohne Not auch ein bewährtes vertrauensbildendes Instrument aus der Hand gegeben. Die Folgen, von denen im letzten Kapitel berichtet wird, waren gravierend.

Mit dem historischen Langzeitgedächtnis des Westens war es eben nie weit her. Dabei hätte ein Blick in die Geschichte genügt, um zu erkennen, wie vertrauensstabilisierend die SALT- und ABM-Vereinbarungen der siebziger Jahre gewesen sind. Sie erwiesen sich nämlich auch von erheblichem Nutzen, als es seit Mitte der achtziger Jahre darum ging, den in Europa stationierten Mittelstreckenarsenalen beider Seiten, darunter die sowjetischen SS 20, zu Leibe zu rücken. Inzwischen verschlangen die Kosten für die Hochrüstung immense Summen, die sich in den klammen Kassen des Kreml schlicht nicht mehr auftreiben ließen. In Verbindung mit dem Debakel der Afghanistanintervention, das im achten Kapitel beleuchtet wird, führte das zu einer bemerkenswerten Kurskorrektur der sowjetischen Führung.

Kaum hatte Michail Gorbatschow im März 1985 den Kreml bezogen, gab es unüberhörbare Signale, darunter, heute fast vergessen, auch die Botschaft des Parteichefs, die weltrevolutionäre Mission der Bolschewiki doch noch mit Erfolg zu krönen, und das hieß, die

Sowjetunion zunächst einmal als in jeder Hinsicht gleichrangigen Akteur neben den USA zu platzieren. Um das leisten zu können, mussten der Haushalt saniert und insbesondere die irrsinnigen Rüstungsausgaben reduziert werden.

Der Zufall wollte es, dass Gorbatschow ausgerechnet in Ronald Reagan den Partner fand, mit dem sich über den Abbau der Mittelstreckenraketen reden ließ. Zwar hatte Reagan gerade erst die Sowjetunion als das »Reich des Bösen« identifiziert, doch brauchte auch der amerikanische Präsident, ein Republikaner, vor dem Hintergrund diverser Skandale dringend einen vorzeigbaren Erfolg. Zudem setzten nationale Katastrophen beide Seiten unter Druck. Bei den Sowjets war es die Explosion des Reaktors von Tschernobyl im April 1986. Bei den Amerikanern war drei Monate zuvor die Raumfähre *Challenger* nach dem Start mit sieben Astronauten an Bord explodiert. Konnte man so etwas im Fall der Atomraketen grundsätzlich ausschließen?

Und so unterzeichneten Reagan und Gorbatschow am 8. Dezember 1987 in Washington den INF-Vertrag über die Intermediate-Range Nuclear Forces. Demnach sollten alle landgestützten Mittelstreckenraketen mit einer Reichweite zwischen 1000 und 5500 Kilometern innerhalb von drei Jahren und alle landgestützten Mittelstreckenraketen mit einer Reichweite zwischen 500 und 1000 Kilometern innerhalb von anderthalb Jahren nach Inkrafttreten des Vertrages beseitigt sein. Außerdem wurden Inspektionen und andere Maßnahmen festgelegt. Daran haben sich beide Seiten gehalten. Wenige Monate bevor die Sowjetunion ihren Geist aushauchte, wurde im Mai 1991 die letzte SS 20 verschrottet. Erstmals in der Geschichte der Abrüstung und der Rüstungskontrolle hatte ein Staat, die Sowjetunion, in einem zentralen strategischen Bereich auf seine Überlegenheit verzichtet; erstmals wurde ein hochmodernes Waffensystem vollständig zur Vernichtung freigegeben.

Ein spektakulärer Erfolg. Und für einen Moment sah es so aus, als könne die Welt in dieser Hinsicht zur Vernunft kommen: Wie erst zwei Jahre später bekannt wurde, zerstörte Südafrika zwischen November 1989 und 1991 nicht nur seine sechs Atombomben, sondern auch sämtliche Fertigungsanlagen und Pläne und trat überdies dem Atomwaffensperrvertrag bei. Aber auch dieser sensationelle Schritt schaffte die Bombe nicht aus der Welt. Denn zum einen folgte keine der übrigen Atommächte dem Beispiel Südafrikas, und zum anderen erfasste der INF-Vertrag nur die amerikanischen und sowjetischen, nicht aber zum Beispiel die französischen oder britischen landgestützten Mittelstreckenwaffen, und Paris und London dachten nicht daran, ihre prestigeträchtigen Systeme zu verschrotten.

Die Verhandlungen über die Interkontinentalraketen brachten schließlich zwar auch nach SALT messbare Fortschritte und führten im Rahmen der sogenannten START-Verträge (Strategic Arms Reduction Treaty) vom 31. Juli 1991 und vom 3. Januar 1993 zu einem substantiellen Abbau der strategischen Systeme. Doch reichte, was übrig blieb, immer noch zur mehrfachen Vernichtung des Planeten, zumal auch hier nur die amerikanischen und russischen, nicht aber die Raketen und Sprengköpfe der übrigen Nuklearmächte betroffen waren. Und deren Kreis wiederum hat sich seit den frühen sechziger Jahren erheblich erweitert. Wie auch die Zahl der Atomreaktoren weltweit drastisch zugenommen hat.

Es war Amerikas Präsident Barack Obama, der Anfang April 2009 in einer Rede die alten und neuen Dimensionen der atomaren Bedrohung ins Bewusstsein hob und anschließend in einer Serie von vier Nukleargipfeln – zuletzt Ende März 2016 mit Vertretern aus rund 50 Staaten – versuchte, dem Problem zu Leibe zu rücken: »Die Existenz Tausender von Atomwaffen ist das gefährlichste Vermächtnis des Kalten Krieges«, sagte er in Prag: »Generationen lebten mit dem Wissen, dass ihre Welt durch einen einzigen Blitz ausradiert werden könnte … Heute gibt es den Kalten Krieg nicht mehr, aber Tausende dieser Waffen gibt es noch immer. Durch eine merkwürdige Wendung der Geschichte hat die Bedrohung eines Nuklearkrieges ab-, aber die Gefahr eines Angriffs mit Atomwaffen zugenommen. Mehr Länder sind nun im Besitz dieser Waffen. Es werden weiterhin Tests durchgeführt. Auf den Schwarzmärkten wird mit nuklearen Geheimnissen und Materialien gehandelt … Terroristen sind entschlossen, eine Bombe zu kaufen, herzustellen oder zu stehlen.«[18]

Ein beängstigendes Szenario, zu dem eben auch gehört, dass die Nuklearmächte der Erde, darunter die USA, nach wie vor nicht bereit sind, ihre nuklearen Bestände zu zerstören oder auch nur radikal abzubauen, im Gegenteil: 2016 hat zum Beispiel das britische Unterhaus bekräftigt, dass die Marine bis 2030 vier neue Atom-U-Boote in Dienst stellen wird, deren aus den USA stammende Raketen vom Typ »Trident II D5« bis zu zwölf Sprengköpfe tragen können, von denen wiederum jeder einzelne das achtfache Zerstörungspotential der Hiroshima-Bombe besitzt. Gleichfalls 2016 sprach sich nicht nur der russische Präsident Wladimir Putin für eine Modernisierung des Atomwaffenarsenals aus, sondern auch – und das trotz seiner Prager Rede – sein Amtskollege in Washington, Barack Obama.

Noch einen Schritt weiter ging dessen Nachfolger Donald Trump. Denn er war der erste Präsident der Vereinigten Staaten, der nach dem Ende des Kalten Krieges öffentlich über einen Einsatz amerikanischer Nuklearwaffen nachdachte. Seine Warnung vom 9. August 2017, einem von Nordkorea angedrohten nuklearen Präventivschlag gegen die Pazifikinsel Guam mit »Feuer, Wut und … Macht« begegnen zu wollen, war ein Spiel mit diesem Feuer, weil sie dem irrationalen Umgang mit dem brisanten Thema ohne Not Vorschub leistete.

Man ahnt, was auf dem Spiel steht. Immerhin lagern – nach dem Stand von 2016 – in russischen Arsenalen rund 7300, in amerikanischen 7000, in französischen 300 und in britischen 215 Sprengköpfe. Ein Sonderfall ist Israel, das sich bis heute nicht offiziell als Atommacht bekannt hat, aber seit Ende der sechziger Jahre faktisch eine ist und nach jüngsten Erkenntnissen über rund 200 Sprengköpfe verfügen dürfte.[19]

Den übrigen Nuklearmächten – Pakistan und Indien, der Volksrepublik China und Nordkorea – ist gemein, dass sie auch noch ein Vierteljahrhundert nach dem Ende des Kalten Krieges dessen wichtigstes Ordnungsprinzip widerspiegeln: die Teilung der Welt. Nur sind die Spielregeln dieser Welt außer Kraft gesetzt, weil sich einer der beiden Hauptakteure 1991 aus der Weltgeschichte verabschiedet hat. Das gibt zu denken.

Geteilte Welt. Die Demarkationslinie verläuft nicht nur zwischen Ost und West,
sondern – wie hier – auch zwischen Nord
und Süd. Ein französischer Offizier hält
sich 1951 über die Teilung Indochinas auf
dem Laufenden. Das Funkgerät trägt ein
Bewohner der südlichen Halbkugel, für
die sich damals die Bezeichnung »Dritte
Welt« einbürgert.

KAPITEL 6

TEILUNG

Im Frühjahr 1955 war es geschafft. Die Welt war geteilt. Mit der fast vollständigen äußeren Souveränität der beiden deutschen Teilstaaten und ihrer Einbindung in die jeweiligen Militärpakte von Ost und West konnte – wie zuvor in Korea oder Vietnam – auch hier Entwarnung gegeben werden. Fortan konnte man weitgehend ausschließen, dass die beiden Vormächte USA und Sowjetunion und mit ihnen womöglich NATO und Warschauer Pakt irgendwo auf der Welt unmittelbar aneinandergerieten. Zehn Jahre, nachdem Josef Stalin, Franklin D. Roosevelt und Winston Churchill in Jalta die Teilung zum Ordnungsprinzip des Kalten Krieges erhoben hatten, war es fest etabliert.

Und damit es dabei blieb, hielten sich beide Seiten an Spielregeln, die nicht formuliert werden mussten: Die Intervention – auch die massive militärische – des jeweils anderen in seinem eigenen Machtbereich wurde akzeptiert. Und wenn es ohne unmittelbares Zutun eines der beiden Blöcke irgendwo auf der Welt zu einer Spaltung kam, arrangierte man sich. Das zeigte sich erstmals während des chinesischen Bürgerkriegs und der Proklamation der Volksrepublik China Ende 1949.

Und es zeigte sich vor allem in der sogenannten Dritten Welt. Sie entstand, als die Kolonialherren nach dem Ende des Zweiten Weltkriegs ihre Besitzungen räumen mussten. Dieser Abnabelungsprozess hatte zur Folge, dass die Welt fortan nicht nur in Ost und West, sondern auch in Nord und Süd geteilt war. Während der Norden mit der gegenseitig garantierten Teilung ein funktionierendes Ordnungsprinzip zur Hand hatte, versanken große Teile des Südens in Bürger- und Guerilla-, Grenz- und Rohstoff-, Staaten- und Stellvertreterkriegen.

Dem Norden spielte das zu. Die Dritte Welt war Rohstoff- und Arbeitskräftelieferant, Deponie für vieles, was man im Norden nicht entsorgen konnte oder wollte, Testgelände neuer Waffen, Kampf-stoffe oder Gifte und nicht zuletzt das Schlachtfeld, auf das sich anstehende Konflikte verlagern und auf dem sie sich austragen ließen, ohne dass man selbst unmittelbar aneinandergeriet. Das funktionierte, weil man auch dort den Spielregeln folgte. Seit 1950 wusste man, was andernfalls denkbar war.

Am 25. Juni 1950 überfielen Truppen Nordkoreas den Süden des geteilten Landes. Damit rückte die Halbinsel wieder einmal in den Fokus der internationalen Politik. 1894 beginnend, hatte Japan das zuletzt zu China gehörende Land, wie berichtet, besetzt und annektiert. Am Ende des Zweiten Weltkriegs war Korea von den Alliierten allerdings nicht an China zurückgegeben worden, vielmehr hatten Amerikaner und Sowjets das Land südlich beziehungsweise nördlich des 38. Breitengrades besetzt. Wie später im besetzten Deutschland mündete die Entwicklung im August 1948 in die Gründung zweier Teilstaaten entlang der Demarkationslinie. Auch in Korea kamen die Amerikaner mit ihrer Republikgründung den Sowjets zuvor. Damit reagierten sie, auch hier dem deutschen Fall vergleichbar, auf die Etablierung eines kommunistischen Regiments im sowjetischen Machtbereich. Als der Norden militärisch gegen den Süden losschlug, hatten die amerikanischen wie die sowjetischen Besatzungstruppen das Land schon wieder geräumt.

Mit dem Überfall sahen sich beide Vormächte vor die Frage gestellt, wie sie reagieren sollten. In einer besonders unangenehmen Situation befanden sich die Amerikaner, hatten sie doch mehr oder weniger teilnahmslos zugesehen, wie die von Mao Tse-tung geführten chinesischen Kommunisten den Bürgerkrieg für sich entschieden. Das sollte sich nicht wiederholen. Deshalb hatte Außenminister Dean Acheson am 30. Juli 1949 anlässlich der Übergabe des »China-Weißbuchs« an Präsident Truman geschrieben, dass ein aggressives Vorgehen des »kommunistischen Regimes« gegen Chinas Nachbarn die USA mit einer Situation konfrontieren werde, die eine Bedrohung des »internationalen Friedens und der Sicherheit« bedeute.[1] Eben diese Situation war mit dem nordkoreanischen Überfall auf Südkorea gegeben.

Ausbruch und Verlauf des Krieges trafen die westliche Welt unvorbereitet. Nur drei Tage nach Eröffnung der Kampfhandlungen drangen nordkoreanische Einheiten in die Hauptstadt des Südens, Seoul, ein. Die USA reagierten umgehend. Militärische Initiativen, die nun hastig anliefen, wurden von diplomatischen flankiert: Am 7. Juli 1950 genehmigte der Sicherheitsrat der Vereinten Nationen zum wiederholten Male Sanktionsmaßnahmen gegen Nordkorea und richtete zudem ein Gemeinsames Oberkommando unter Führung der Vereinigten Staaten ein, die ausdrücklich auch zur Ernennung eines Oberbefehlshabers aufgefordert wurden.[2] Das Ergebnis war der erste und bis zum Krieg gegen den Irak im Januar 1991 zugleich letzte Krieg, der mit Ermächtigung der Vereinten Nationen geführt worden ist. Neben den USA und Südkorea beteiligten sich Äthiopien, Australien, Belgien, Frankreich, Griechenland, Großbritannien, Kanada, Kolumbien, Luxemburg, Neuseeland, die Niederlande, die Philippinen, Südafrika, Thailand und die Türkei an den Kampfhandlungen. Angesichts der gegebenen Machtverhältnisse war klar, dass sie im Wesentlichen durch amerikanische Einheiten geführt werden würden.

Westlichen Beobachtern galt es als ausgemacht, dass die Sowjetunion und China hinter dem Überfall Nordkoreas standen, wenn man auch in Washington geraume Zeit nicht ernsthaft mit einem militärischen Eingreifen der Volksrepublik rechnete. Im Herbst 1950 änderte sich das. Nachdem amerikanische und verbündete Truppen am 7. Oktober den 38. Breitengrad, also die Demarkationslinie, überschritten, am 19. Oktober die nordkoreanische Hauptstadt Pjöngjang eingenommen und schließlich sogar an einer Stelle den koreanisch-chinesischen Grenzfluss erreicht hatten, ging am 26. November fast eine Viertelmillion Chinesen zum Gegenangriff über. Ihnen war nahezu unbemerkt die Überquerung des Jalu gelungen. Schließlich kämpften auf dem Höhepunkt des Einsatzes etwa 1 350 000 Soldaten der Volksrepublik, offiziell als »Freiwillige«, auf Seiten Nordkoreas. Bereits am 5. Dezember war Pjöngjang zurückerobert, und am 4. Januar 1951 nahmen chinesische und nordkoreanische Einheiten ein weiteres Mal Seoul ein.

Die chinesische Führung musste für den Kriegseintritt gute Gründe gehabt haben. Immerhin war das Land nach fast 30 Jahren Krieg und Bürgerkrieg völlig erschöpft. Aber das amerikanische Eingreifen ließ bei den geschichtsbewussten chinesischen Kommunisten die Alarmglocken läuten. Als am 24. Oktober 1950 in Peking der Entschluss zum Krieg gegen die Vereinigten Staaten fiel, brachte Chou En Lai, Ministerpräsident und Außenminister der Volksrepublik China, vor dem Ständigen Ausschuss der Politischen Konsultativkonferenz des Chinesischen Volkes das Problem auf den Punkt: »China und Korea sind füreinander wie Lippen und Zähne: Wenn man der Lippen beraubt ist, frieren die Zähne … Die Hälfte von Chinas Schwerindustrie befindet sich in der Mandschurei … Um China zu schlucken, muss man zuerst die Mandschurei erobern, und um die Mandschurei zu erobern, muss man zuerst Korea erobern.«[3] Das war zwar ein Missverständnis der amerikanischen Absichten, aber es bestimmte die chinesische Koreapolitik.

Bis zum Ende des Kalten Krieges konnte nicht mit letzter Sicherheit gesagt werden, ob der Angriff des Nordens mit Wissen oder gar auf Initiative Stalins erfolgte. Tatsächlich ging der Krieg auf das Drängen des nordkoreanischen Diktators Kim Il-sung zurück, dem Stalin schließlich nachgab. Ohne das sowjetische Einverständnis wäre er jedenfalls kaum begonnen worden. Allerdings hat Stalin seine Zustimmung zur Kriegführung und seine Zusage, diese mit Waffenlieferungen zu unterstützen, nur zögernd erteilt. Dabei ging er davon aus, dass die Vereinigten Staaten nicht intervenieren und die Kampfhandlungen in kürzester Zeit abgeschlossen sein würden.[4]

Ein direktes Eingreifen der Sowjetunion stand angesichts der unabsehbaren Folgen nicht zur Debatte. Hingegen betrachtete Stalin offenbar eine chinesische Intervention als notwendig, wenn eine Niederlage Nordkoreas abgewendet werden sollte. Doch das war ein zweischneidiges Schwert. Zwar hatte die pragmatische Annäherung, die Mao schon während des Bürgerkrieges an den großen Nachbarn gesucht hatte, am 14. Februar 1950 im sowjetisch-chinesischen Bündnisvertrag, dem sogenannten Stalin-Mao-Vertrag, einen vorläufigen, konsequenten Abschluss gefunden. Doch unter dieser scheinbar harmonischen Oberfläche war das Verhältnis zwischen den chinesischen und den sowjetischen Kommunisten schon seit den zwanziger Jahren von tiefem Misstrauen geprägt.

Öffentlich war von diesen Belastungen natürlich keine Rede. Moskau hatte gar keine andere Wahl, als Peking zu unterstützen. So kam es, dass der sowjetische Vertreter nicht anwesend war, als der Sicherheitsrat der Vereinten Nationen über die Reaktion auf den nordkoreanischen Überfall abstimmte. Der Kreml boykottierte dieses Gremium seit Januar 1950, weil nach dem Sieg im chinesischen Bürgerkrieg nicht die Volksrepublik, sondern Taiwan den Sitz Chinas im Sicherheitsrat einnahm. Diesen Fehler haben die Sowjets nicht noch einmal gemacht, im Gegenteil: Das Veto wurde danach zu einem favorisierten Instrument der sowjetischen UN-Diplomatie. In den kommenden 20 Jahren sollte Moskau mehr als hundertmal die Entscheidungen des Sicherheitsrates durch sein Veto blockieren.

Der Waffenstillstand, der am 27. Juli 1953 unterzeichnet wurde, blieb über das Ende des Kalten Krieges hinaus die Basis der Beziehungen zwischen Nord- und Südkorea und schrieb praktisch den alten Grenzverlauf fest. Die Verluste des Krieges waren außerordentlich hoch. Insgesamt dürften weit über zwei Millionen koreanische Zivilisten ums Leben gekommen sein. Die Zahl der gefallenen, verwundeten und vermissten südkoreanischen Soldaten belief sich auf 257 000, die der Amerikaner auf 157 530 und die der übrigen auf Seiten der UN kämpfenden Einheiten auf 14 000 Mann. Noch höher waren die Verluste bei den nordkoreanischen und chinesischen Streitkräften. Sie werden auf etwa anderthalb Millionen Soldaten geschätzt. Überdies warf die amerikanische Luftwaffe über nordkoreanischen Städten mehr Bomben ab als während des Pazifikkrieges der Jahre 1941 bis 1945, darunter 32 557 Tonnen Napalm, eine tückische Brandwaffe.[5] Damit begann der Giftkrieg, der Jahre später in der amerikanischen Kriegführung in Vietnam einen verheerenden Höhepunkt erreichen sollte.

Das Eingreifen der Volksrepublik China, die Absicht des Oberkommandierenden, General Douglas MacArthur, die Kampfhandlungen auf die Mandschurei auszudehnen,[6] und vor allem die

Diskussion über den Einsatz der Atomwaffe[7] waren Alarmzeichen. Immerhin stand der Präsident kurz davor, MacArthurs Forderungen nachzugeben, schloss sich dann aber doch der Auffassung von Generalstabschef Omar Bradley an, wonach ein Krieg gegen China »der falsche Krieg am falschen Ort zur falschen Zeit gegen den falschen Feind« sei,[8] und entließ MacArthur.

Diese beunruhigenden Vorgänge führten bereits in der ersten und dann auch einzigen militärisch ausgetragenen Ost-West-Konfrontation des Kalten Krieges allen Beteiligten drastisch vor Augen, wie schnell Konflikte eskalieren und welche Dimensionen und Formen sie annehmen konnten. Die Auswirkungen dieses Krieges waren dann auch beträchtlich. Denn der Koreakrieg zementierte nicht nur die Blockbildung in Europa, sondern er bewirkte und beschleunigte auch die Aufrüstung der jungen Bundesrepublik.

In der westlichen Welt nämlich hatte kaum jemand einen Zweifel, dass sich das, was im geteilten Korea passiert war, im geteilten Deutschland wiederholen könnte. Vor diesem Hintergrund und angesichts der Tatsache, dass es inzwischen in der DDR eine Kasernierte Volkspolizei mit etwa 60 000 Mann, also – zusammen mit den sogenannten Betriebskampfgruppen – paramilitärische Streitkräfte gab, nahmen die Diskussionen über einen westdeutschen Verteidigungsbeitrag Fahrt auf.

In diese Richtung gingen auch Überlegungen der Außenminister Großbritanniens, Frankreichs und der USA, die sie am 19. September 1950 in New York veröffentlichten. Dass darin eher vage von einem deutschen Verteidigungsbeitrag die Rede war, hatte seinen Grund in der Haltung Frankreichs.[9] Für Paris war der Gedanke einer deutschen Wiederaufrüstung nur fünf Jahre nach Beendigung des Zweiten Weltkriegs ein Albtraum. Für Konrad Adenauer, den ersten Kanzler der im Mai 1949 gegründeten Bundesrepublik, war er eine Steilvorlage.

Adenauer – Jahrgang 1876, rheinischer Katholik, Jurist, während der Weimarer Republik Oberbürgermeister von Köln – gehörte derselben Generation an wie die Bolschewiki der ersten Stunde: Wladimir Iljitsch Lenin, Leo Trotzki oder auch Josef Stalin. Sie alle waren während der 1870er Jahre geboren worden, und das verband sie auf eine merkwürdige Art und Weise, obgleich der Deutsche keinem von ihnen je begegnet ist. Dass er zeitlebens von »Sowjetrussland« sprach, wenn er die Sowjetunion meinte, war jedenfalls kein Zufall.

Wie die Bolschewiki verfügte auch Adenauer über einen gut entwickelten Machtinstinkt und erkannte sogleich, welche Chancen für die junge Bundesrepublik in dem koreanischen Kriegsszenario steckten. Sie stand ja faktisch noch unter alliierter Besatzung, war mithin außenpolitisch nicht souverän. Wenn man daher den Bonner Vertretern der USA, Großbritanniens und Frankreichs eine deutsche Beteiligung an der Verteidigung der freien Welt anbot, konnte man das mit der Forderung verbinden, dass gleichzeitig »die Beziehungen Deutschlands zu den Besatzungsmächten auf neue Grundlagen gestellt werden« müssten.[10]

Adenauer schwebte also ein Geschäft vor: Deutsche Soldaten gegen sukzessive Aufhebung des Besatzungsstatuts mit dem Ziel einer weitgehenden außenpolitischen Souveränität für die junge Republik. Von diesen Vorstößen des Sommers 1950 erfuhr die deutsche Öffentlichkeit zunächst nichts. Denn die Vorstellung, dass es nur wenige Jahre nach Ende des Zweiten Weltkriegs wieder deutsche Soldaten geben sollte, fanden viele, wenn nicht die meisten abwegig – in der Bundesrepublik, in den Staaten Ostmittel- und Osteuropas sowieso und natürlich auch in Frankreich. Weil man sich aber in Washington und London inzwischen mit dem Plan angefreundet hatte, blieb Paris nur die Flucht nach vorn.

Am 24. Oktober 1950 gab der französische Ministerpräsident René Pleven vor dem französischen Parlament eine Erklärung ab, in der er von der Gefahr eines Wiedererwachens »des deutschen Militarismus« sprach und »für eine gemeinsame Verteidigung die Schaffung einer europäischen Armee« vorschlug, »die mit den politischen Institutionen des geeinten Europas verbunden« sein und »soweit dies irgend möglich ist, eine vollständige Verschmelzung der Mannschaften und der Ausrüstung herbeiführen« sollte.[11] Neben Frankreich und der Bundesrepublik sollten Italien, Belgien, die Niederlande und Luxemburg dieser Armee angehören. Das war plausibel, denn die

Sechs bewegten sich ohnehin aufeinander zu und riefen, wiederum einem französischen Vorschlag folgend, im April 1951 die Europäische Gemeinschaft für Kohle und Stahl, die sogenannte Montanunion, ins Leben. Sinn dieses Unternehmens war nicht zuletzt eine Kontrolle der deutschen Schwerindustrie.

Auch Plevens Vorschlag zielte auf eine Kontrolle des deutschen Nachbarn durch Frankreich, in diesem Falle seiner Wiederaufrüstung. Überdies musste sein Plan die deutsche Wiederbewaffnung erheblich verlangsamen. Die Geschichte dieser »Armee des geeinten Europas« ist die Geschichte ihres vierjährigen Scheiterns. Zu den Gründen für dieses Desaster zählen die bleibenden Bedenken und Vorbehalte in Frankreich selbst, das Abseitsstehen Großbritanniens, das ungeklärte Verhältnis der Europaarmee zur NATO und die Entwicklung auf dem zweiten asiatischen, dem vietnamesischen Kriegsschauplatz.

Erst einmal verhandelten die Sechs Monat um Monat, bis die beiden sich ergänzenden Verträge unterschriftsreif waren. Am 26. Mai 1952 wurde in Bonn der Vertrag über die Beziehungen zwischen der Bundesrepublik Deutschland und den Drei Mächten, der sogenannte Deutschlandvertrag, am folgenden Tag in Paris der Vertrag über die Europäische Verteidigungsgemeinschaft (EVG) unterzeichnet. So weit, so gut. Allerdings konnte der erste Vertrag, der die weitgehende äußere Souveränität der Bundesrepublik festschrieb, nur dann in Kraft treten, wenn und sofern auch der zweite in Kraft gesetzt wurde, und dafür musste der eine wie der andere in den sechs nationalen Parlamenten ratifiziert werden. Dass man deswegen auch international wieder in Verhandlungen trat und dass die nationalen Debatten in einigen Ländern, allen voran Frankreich, auf der Stelle traten, ließ nichts Gutes ahnen. Am 30. August 1954 passierte es dann: In der französischen Nationalversammlung votierte die Mehrheit der Abgeordneten dagegen, dass der EVG-Vertrag dem Parlament überhaupt zur Ratifizierung vorgelegt wurde.

Das war bitter – vor allem für Europa, das sich von diesem Rückschlag nie mehr erholt hat. Sicher, es gab die Montanunion, und auf diesem Fundament wurde auch weiter gebaut. Im März 1957 riefen die Sechs in Rom sowohl eine Europäische Wirtschaftsgemeinschaft (EWG) als auch eine Europäische Atomgemeinschaft (EURATOM) ins Leben. Aber keine dieser Einrichtungen verlangte eine substantielle Delegation nationaler Souveränitätsrechte. Bei einer Verteidigungs- und – auch daran dachte man damals – einer politischen Gemeinschaft hätte man diesen entscheidenden Schritt tun müssen. Er wurde nicht getan, 1954 nicht und später auch nicht.

Ohne Wissen um dieses Debakel ist die schwierige Lage der heutigen Europäischen Union kaum zu verstehen. Der Beinahebankrott, den die EU mit ihren fast 30 Mitgliedern nach der Jahrtausendwende in den Euro- und Flüchtlingskrisen erlebte, hat hier eine Ursache.

Dass die EVG scheiterte, lag an Frankreichs kolonialer Biographie. Man darf ja nicht vergessen, dass die meisten der sechs Gründungsmitglieder der Montanunion wie auch der geplanten Europäischen Verteidigungsgemeinschaft Anfang der fünfziger Jahre noch Kolonialmächte waren beziehungsweise ihre vormaligen Kolonien im Auftrag der UNO als Mandate verwalteten. Nur Luxemburg und die Bundesrepublik gehörten nicht zu diesem Kreis, dem jenseits des integrierten Europa noch Großbritannien, Spanien und Portugal zuzurechnen waren. Soweit deren Kolonien im Pazifik lagen, hatten sie diese während des Zweiten Weltkriegs allesamt an die Japaner verloren.

Das galt auch für die Franzosen. Seit sie 1887 auf dem Gebiet von Vietnam, Kambodscha und Laos die Indochinesische Union etabliert hatten, gehörten sie zu den bedeutenden Kolonialmächten Asiens. Jedenfalls bis 1941 die Japaner kamen. Auch die waren Besatzer. Aber aus Sicht der kolonisierten Völker hatten sie zunächst einmal die alten Kolonialherren vertrieben. Sah man von denen ab, die von der Zusammenarbeit mit den Franzosen profitiert hatten, gab es wenige, die sich deren Rückkehr wünschten. Schon im Mai 1941 war die Liga für die Unabhängigkeit Vietnams, die Viet Minh, ins Leben gerufen worden. Zu ihren führenden Köpfen gehörte Ho Chi Minh – Jahrgang 1890, weitgereister Exilant, Mitbegründer mehrerer kommunistischer Parteien, darunter der französischen. Er war es auch, der am 2. September 1945, dem Tag der japanischen Gesamt-kapitulation, in Hanoi die Unabhängigkeit Vietnams proklamierte.

Davon konnte allerdings zunächst keine Rede sein. Denn wo während des Krieges die Japaner geherrscht hatten, rückten jetzt von Norden her Chiang Kai-cheks nationalchinesische Armeen ein, und der Süden wurde von britischen sowie, ihnen folgend, französischen Truppen besetzt. Während sich die chinesische Besetzung des Nordens in dem Maße von selbst erledigte, in dem die Nationalchinesen und ihre Armee während des Bürgerkrieges ins Hintertreffen gerieten, konnten die Franzosen ihre Herrschaft zunächst stabilisieren, weil sie sich im März 1946 mit den Viet Minh auf einen Kompromiss, ein Stillhalteabkommen verständigten. Zu diesem Zeitpunkt verfügten diese über eine Armee von immerhin 80 000 Mann, irreguläre Einheiten nicht mitgerechnet.

Acht Monate später kündigten die Franzosen die Vereinbarung ohne Vorwarnung. Die Bombardierung Haiphongs, bei der Ende November 1946 Tausende Zivilisten ums Leben kamen, war eine Kriegs-erklärung. So sah man das auch in Washington, wo man Ho Chi Minh damals für die »einflussreichste und vermutlich fähigste Per-sönlichkeit« in Vietnam hielt.[12] Da schwang zum einen die eigen-tümliche Grundsympathie der Amerikaner für diesen Typen des auf-müpfigen, willensstarken, freiheitsliebenden Außenseiters mit, die sie zum Beispiel zunächst auch dem Kubaner Fidel Castro entgegen-brachten. Hinzu kam die ambivalente Einstellung der amerikanischen Administration zur Rückkehr der vormaligen Kolonialherren in ihre verlorenen Besitzungen. Eigentlich waren sie dagegen. Aber je mehr sich die Europäer zu Verbündeten im aufziehenden Kalten Krieg ent-wickelten, umso verhaltener wurde diese Kritik.

Auch im Falle Vietnams. Als die Sowjetunion und die Volks-republik China im Januar 1950 die Viet Minh als legitime Regierung der Republik Vietnam anerkannten, akzeptierten die USA ihrerseits postwendend die inzwischen im Süden Vietnams durch Frankreich geschaffenen Fakten. Im März 1949 hatte Paris nämlich Vietnam die Unabhängigkeit im Rahmen der Französischen Union zugestanden und Bao Dai, den dreizehnten und – wie wir heute wissen – letzten Kaiser der vietnamesischen Nguyen-Dynastie, an der Spitze dieses Marionettenregimes installiert. Der Überfall des kommunistischen Nordens auf den freien Süden Koreas stärke die Kräfte in den USA, die nunmehr auf Frankreich und das südvietnamesische Regime setzten. Washington half der französischen Kolonialverwaltung, wo es ging, und unterstützte deren Krieg gegen die Viet Minh finanziell und materiell. 1954 bezahlten die USA Frankreichs Vietnamkrieg zu 80 Prozent.

Dabei blieb es auch nach dem Regierungswechsel, der im Januar 1953 Dwight D. Eisenhower ins Weiße Haus führte. Der Republikaner, Jahrgang 1890, war gelernter Soldat, hatte während des Zweiten Weltkriegs unter anderem die alliierte Landungsarmee in Europa kommandiert, war später Stabschef der amerikanischen Armee und schließlich erster Oberkommandierender der NATO gewesen. Er kannte den Krieg – und eben deshalb wollte er ihn nicht. Jedenfalls nicht den großen, den nuklearen. Seine martialische Strategie der »massiven Vergeltung«, die jedem Angreifer mit einer massiven nuklearen Antwort drohte, sollte den Gegner gerade von einem Angriff abhalten.

Schon weil er Sowjets und Chinesen jeden Vorwand für eine Intervention in Vietnam nehmen wollte, lehnte Eisenhower ein direktes militärisches Eingreifen der Vereinigten Staaten in Südostasien ab, obgleich den Franzosen dort inzwischen das Wasser bis zum Hals stand. Die Verluste der regulären Einheiten wie auch der Fremdenlegion, in deren Reihen unter anderem 35 000 Deutsche kämpften, waren enorm. Der Krieg drohte zum Debakel zu werden. In der Talebene von Dien Bien Phu war es so,weit. Der Kommandeur der französischen Indochinaarmee, General Henri Navarre, hatte diesen Ort als eine von mehreren Ausgangsbasen für die große Frühjahrsoffensive des Jahres 1954 ausgewählt, durch die der Gegner empfindlich geschwächt und zugleich Laos vor seinem Zugriff geschützt werden sollte. Dabei unterschätzte er die Fähigkeit, vor allem aber den unbedingten Willen der von General Vo Nguyen Giap kommandierten Truppe des Nordens, innerhalb kurzer Zeit und unter Mobilisierung enormer menschlicher Energien große Verbände samt ihrer schweren Ausrüstung zu verlegen.

Der vietnamesischen Guerillataktik hatten die Franzosen nichts entgegenzusetzen. Und so sahen sich ihre Eliteeinheiten in Dien Bien Phu unerwartet von einer dreifachen Übermacht eingekesselt, die am 13. März 1954 zum Angriff überging. Wirkungsvolle militärische Entlastung konnte nur durch die Amerikaner kommen. Die aber lehnte Eisenhower ab. Zwar befürwortete er im Grundsatz den Kampf, den Frankreich stellvertretend für die freie Welt gegen den Kommunismus führte, und er stellte der französischen Indochinaarmee auch zusätzlich Dutzende amerikanische B-29-Bomber zur Verfügung, die allerdings von französischen Piloten geflogen werden mussten. Doch weigerte er sich, die eigene Luftwaffe einzusetzen und den Ring um Dien Bien Phu zu sprengen. Die Gefahr, dass damit Sowjets und Chinesen auf den Plan gerufen würden und sich das koreanische Szenario wiederholen könnte, war zu groß. Und wie hätte er dann entscheiden sollen? Hinter seine Androhung einer massiven nuklearen Vergeltung konnte der Präsident nicht zurück.

Also zogen die Franzosen am 7. Mai auf ihrem Kommandobunker in Dien Bien Phu die weiße Fahne auf und streckten die Waffen. Das war ein Fanal, denn damit signalisierten sie der Welt nicht nur ihre Niederlage in Vietnam, sondern auch das Ende ihrer Kolonialherrschaft. Nur wollten sie das selbst noch nicht wahrhaben. Und so folgte dieser Niederlage wenige Jahre später in Algerien eine zweite. Sie war ungleich schwerer und folgenreicher, zumal Frankreich – wie Großbritannien – 1956 auch noch in Ägypten eine Intervention überstürzt abbrechen musste. Anderen Kolonialmächten ging es ähnlich. Sie brauchten Zeit, um zu begreifen, dass der Zweite Weltkrieg definitiv das Ende des imperialen Zeitalters eingeläutet hatte.

Der Rückzug der vormaligen Kolonialherren aus ihren afrikanischen, asiatischen und pazifischen Domänen war ein vielschichtiger, konflikträchtiger, in manchen Fällen blutiger Prozess. Zunächst wollten die meisten nicht freiwillig gehen. Wenn sie dann aber doch gehen mussten, hinterließen sie ein staatliches Gebilde, das in seiner

Infrastruktur wie in seinen Außengrenzen auf die Möglichkeiten und Bedürfnisse der abziehenden Kolonialherren, nicht aber auf die der kolonisierten und jetzt unabhängigen Länder zugeschnitten war. So räumten die Briten am 15. August 1947 Indien, ihre mit Abstand wichtigste Kolonie, zwar ohne Blutvergießen, aber eben auch Hals über Kopf. Zurück blieben Verwaltungsstrukturen, die man sich in Londoner Ministerien ausgedacht hatte, und vor allem eine Grenzziehung, die unhaltbar war: Die Teilung der geräumten Kolonie in Indien, Ost- und Westpakistan schuf einen Krisenherd, der erst 1971 mit der von Indien militärisch unterstützten Unabhängigkeit Ostpakistans und der Gründung des Staates »Bangladesch« beseitigt wurde.

Dieser Prozess der Dekolonisierung beziehungsweise Befreiung zog sich über Jahrzehnte hin. Sofern man dabei den freiwilligen oder erzwungenen Rückzug der europäischen Kolonialherren vor Augen hat, wurde er erst abgeschlossen, als Portugal 1975 Angola und Mozambique räumte. Wie es in dieser von den Kolonialmächten zurückgelassenen Welt aussah, fasste ein Bericht zusammen, den der vormalige deutsche Außenminister und Bundeskanzler Willy Brandt 1980 im Namen der von ihm geleiteten Unabhängigen Kommission für internationale Entwicklungsfragen vorlegte: »Alles trifft hier zusammen – Unterernährung, Analphabetismus, Krankheit, hohe Geburtenzahlen, Unterbeschäftigung und geringes Einkommen –, alles wirkt zusammen, um mögliche Auswege zu versperren.« Das Leben der »Armen und Unwissenden« sei »derart beschränkt, dass sie, um mit den Worten des Präsidenten der Weltbank zu sprechen, ›unterhalb jeder sinnvollen Definition des Begriffs Menschenwürde‹ bleiben«.[13]

»Dritte Welt« nannte man jene Staaten, die in aller Regel weder dem westlichen noch dem östlichen Lager angehörten, zudem weder – wie die Volkswirtschaften der Ersten Welt – eine frei konvertierbare noch – wie die der Zweiten Welt – eine innerhalb des eigenen Blocks konvertierbare Währung besaßen. Auf sich allein gestellt blieb den zwar unabhängigen, aber in der Regel von inneren und äußeren Konflikten bedrohten jungen Staaten der südlichen

Halbkugel häufig nur die Anlehnung an eine der Industrienationen des Nordens, vorzugsweise der Ersten, aber zur Not auch der Zweiten Welt. Das war ein riskantes Unterfangen, weil der Westen wie der Osten ihre Hilfe mit Forderungen und Bedingungen verbanden. Für sie galten hier lediglich ihre eigenen Spielregeln, und die wiederum orientierten sich am Ordnungsprinzip des Kalten Krieges: *divide et impera*.

Um dabei nicht unter die Räder zu kommen und sich womöglich erneut in einer Abhängigkeitsfalle wiederzufinden, griffen die jungen Staaten der südlichen Halbkugel zur Selbsthilfe. Auf Anregung Indiens und Indonesiens trafen sich im April 1955 Vertreter von 23 asiatischen und sechs afrikanischen Staaten in Bandung. Mit der Volksrepublik China und Indien in ihren Reihen repräsentierten sie mehr als die Hälfte der Erdbevölkerung. In ihrer abschließenden Deklaration über Probleme der abhängigen Völker hieß es klipp und klar, »dass der Kolonialismus in all seinen Formen ein Übel ist, das so schnell wie möglich ausgerottet werden muss«.[14] Das klang selbstbewusst, und für dieses Selbstbewusstsein hatten die Teilnehmer, unter ihnen die Demokratische Republik Vietnam, allen Grund: Der Sieg über die Franzosen hatte gezeigt, dass man die vormaligen Kolonialherren auch zum Rückzug zwingen konnte.

Allerdings war die Kapitulation von Dien Bien Phu nur das Ende einer Schlacht und noch nicht das Ende des Krieges. Da für die Franzosen feststand, dass dieses Ende nicht auf den Schlachtfeldern Vietnams herbeizuführen war, ruhte ihre Hoffnung nunmehr auf der Indochinakonferenz, die seit dem 26. April 1954 in Genf tagte und am 8. Mai, einen Tag nach der Kapitulation, planmäßig die Verhandlungen über Vietnam aufnahm. Zuvor hatte man über Korea gesprochen, ohne dass es den 19 Teilnehmern gelungen wäre, Bewegung in die durch den Waffenstillstand geschaffene Lage zu bringen.

An den Verhandlungen über Vietnam waren neben den Kriegsparteien – also dem südlichen »Staat Vietnam« und der nördlichen »Demokratischen Republik Vietnam« sowie Frankreich – die in die Kämpfe verwickelten Nachbarn Laos und Kambodscha, außerdem Großbritannien, die USA, die Sowjetunion und nicht zuletzt die

Volksrepublik China beteiligt. Das bedeutete eine beachtliche Aufwertung des kommunistischen Regimes und damit einen Erfolg, den die USA eigentlich hatten verhindern wollen. Aber die Sowjets bestanden auf der Teilnahme Chinas, und weil die Franzosen auf die Sowjets angewiesen waren, stimmten auch sie zu. Und die Delegierten aus Peking wussten diese Chance zu nutzen. Mit seiner »geschmeidigen« Diplomatie[15] verschaffte sich der Leiter der Delegation, Chinas Ministerpräsident und Außenminister Chou En-Lai, bleibenden Respekt, und zwar sowohl in den Reihen der übrigen Konferenzteilnehmer als auch in den Reihen der jungen Staaten der sogenannten Dritten Welt, wo man die Genfer Verhandlungen aufmerksam verfolgte. Noch während der Konferenz reiste Chou En-Lai unter anderem zu einem Gespräch mit seinem Amtskollegen Jawaharlal Nehru nach Indien.

Das Ergebnis der Genfer Konfernz war durchwachsen. Dieses Schicksal teilte sie mit den meisten anderen. 1954 gab es kaum einen Tag, an dem nicht irgendwo auf der Welt konferiert wurde. Konferenzen waren seit eh und je ein erprobtes Mittel, wenn es um das Management von Krisen und Konflikten oder um das Ausloten von Kriegsfolgen ging. Langfristig tragfähige Ergebnisse zeitigten sie im 20. Jahrhundert kaum. Denn sie endeten in Kompromissen, mit denen die einen gut, andere hingegen nur schlecht, manche auf Dauer gar nicht leben konnten. So war es auch in Genf.

Zwar erhielten die Franzosen am 20. Juli 1954 den ersehnten Waffenstillstand, und Frankreich einigte sich mit den Viet Minh auf eine zeitweilige militärische Demarkationslinie etwas südlich des 17. Breitengrades. Doch Südvietnam und die USA weigerten sich, die Schlusserklärung zu unterzeichnen; die Amerikaner nahmen sie immerhin »zur Kenntnis«.[16] Die Folgen der Konferenz lassen sich schwerlich überschätzen. Zu ihnen zählte auch der Entschluss des amerikanischen Präsidenten Eisenhower und seines Außenministers John Foster Dulles, der die USA in Genf vertrat, die Stelle des geschlagenen Frankreichs zu übernehmen und fortan für die »Sicherheit von Südvietnam, Laos und Kambodscha einzustehen«.[17]

Der eigentliche Verlierer am Verhandlungstisch waren die Sieger des Schlachtfeldes: Zwar hatte Nordvietnam Wahlen in ganz Vietnam durchgesetzt, doch sollten sie erst nach zwei Jahren stattfinden, und dann kamen sie, wie von Hanoi vermutet, nicht zustande. Auch die Demarkationslinie verlief wesentlich weiter nördlich als gefordert, und von nationaler Unabhängigkeit konnte bei Vietnam, Kambodscha und Laos nicht die Rede sein. Dass Ho Chi Minhs Leute gleichwohl in praktisch allen Punkten nachgaben, lag am Druck, den ihre Verbündeten auf sie ausübten. Die Chinesen wollten unter allen Umständen verhindern, dass sich die USA in Vietnam festsetzten, und die Sowjets sahen auf der Genfer Konferenz eine Chance, ihre politischen Ziele in Deutschland und Europa doch noch zu erreichen.

Natürlich hatte man im Kreml mit großem Misstrauen verfolgt, dass ausgerechnet die Franzosen – wenn auch unter amerikanischem und britischem Druck – die Flucht nach vorn angetreten und den Plan einer Europäischen Verteidigungsgemeinschaft und mit ihm einer Aufrüstung der Bundesrepublik Deutschland auf den Tisch gelegt hatten. Zwar war auch den Sowjets nicht entgangen, dass es in Frankreich erhebliche Widerstände gegen dieses Vorhaben gab, doch sah es so aus, als wolle und werde die Regierung es über die parlamentarischen Hürden bringen.

Aber dann kam es doch anders als gedacht, weil eine der notorischen französischen Regierungskrisen mit Pierre Mendès-France einen Mann an die Spitze brachte, der sowohl ein Gegner der EVG als auch ein Befürworter des Waffenstillstands in Vietnam war. Das war die Chance des Kreml, und er nutzte sie. Heute kann es keinen Zweifel geben, dass das Scheitern der EVG in der französischen Nationalversammlung auch auf das Konto der sowjetisch-französischen Absprachen in Genf ging: Die Sowjets sorgten für den Waffenstillstand in Vietnam, die Franzosen für das Scheitern der ohnehin unpopulären EVG.

Für die Bundesrepublik war das nur kurzfristig ein Rückschlag, und für den Kreml ging der Schuss nach hinten los. Weil das Scheitern des EVG- und damit auch des Deutschlandvertrages nicht auf das deutsche Konto ging, war Bonn jetzt gegenüber den Westmächten in einer noch stärkeren Position als zuvor. Denn eines stand fest: An deutschen Soldaten führte nach dem, was soeben in Korea und Vietnam geschehen war, kein Weg vorbei.

Und so ging der in Genf eröffnete Konferenzreigen weiter, nur dass jetzt Frankreich nicht auf der Verlierer-, sondern auf der Siegerseite saß und nicht mehr Nordvietnam, sondern Westdeutschland auf der Tagesordnung stand. Das war schon eine erstaunliche Parallelgeschichte. Denn die Konferenzserie des Jahres 1954 zeigte, dass die Gründung der Bundesrepublik Deutschland und ihr Weg in die äußere Unabhängigkeit während der Jahre 1949 bis 1955 mit der Entstehung zahlreicher neuer Staaten auf der südlichen Halbkugel wie zum Beispiel Korea und Vietnam zusammenfielen. Das erklärt die bemerkenswerte Grundsympathie, die den jungen westdeutschen Teilstaat mit den meisten neuen Staaten der südlichen Halbkugel verband.

Den Anfang auf dem Weg der Bonner Republik hin zu ihrer äußeren Souveränität machte vom 28. September bis zum 3. Oktober 1954 eine Neunmächtekonferenz in London. An ihr nahmen Belgien, die Bundesrepublik Deutschland, Frankreich, Großbritannien, Italien, Kanada, Luxemburg, die Niederlande und die Vereinigten Staaten teil. Dass Kanada mit von der Partie war, ist heute vergessen, hatte aber seinen Grund. Als neben den USA zweites transatlantisches NATO-Mitglied sorgte Kanada für ein gewisses Gleichgewicht in der »Nordatlantischen« Verteidigungsgemeinschaft. Diese neun einigten sich im Prinzip darauf, das Besatzungsstatut aufzuheben und die Bundesrepublik in eine fast vollständige Souveränität zu entlassen. Im Gegenzug erklärte sich diese bereit, sowohl der NATO als auch dem Brüsseler beziehungsweise Westpakt beizutreten, der am 17. März 1948 von Großbritannien, Frankreich und den Beneluxstaaten gegründet worden war.

Damit war der Rahmen gesetzt. Vom 19. bis 23. Oktober 1954 wurde er in Paris auf einer Serie von fünf Konferenzen mit konkreten Vereinbarungen gefüllt. Im Ergebnis wurden die Neuregelung des Verhältnisses der drei westlichen Siegermächte des Zweiten Weltkriegs zur Bundesrepublik, deren Beitritt zur NATO, die Aufnahme der Bundesrepublik und Italiens in den Westpakt, der damit gleichzeitig in Westeuropäische Union (WEU) umbenannt wurde, sowie ein deutsch-französisches Abkommen über ein Saarstatut vereinbart. Die Franzosen hatten dieses Statut zur Bedingung ihrer Zustimmung zu den Verträgen gemacht und waren überrascht, als ein Jahr später zwei Drittel der Saarländer das Statut ablehnten und damit für die Rückkehr nach Deutschland votierten.[18]

Auf der Basis des neu gefassten Vertrages über die Beziehungen zwischen der Bundesrepublik Deutschland und den Drei Mächten, des sogenannten zweiten Deutschlandvertrages, der gegenüber der ersten Fassung für die Bundesrepublik weitere Vorteile brachte, wurde die Besatzungszeit beendet. Die Hohen Kommissare wurden durch Botschafter der drei Westmächte ersetzt, und die Stationierung ihrer Truppen erfuhr durch jeweils bilaterale Verträge eine Neuregelung.

Auch in der geänderten Fassung des Vertrages, der am 23. Oktober 1954 unterzeichnet wurde, behielten sich Washington, London und Paris »die bisher von ihnen ausgeübten oder innegehabten Rechte und Verantwortlichkeiten in Bezug auf Berlin und auf Deutschland als Ganzes einschließlich der Wiedervereinigung Deutschlands und einer friedensvertraglichen Regelung« vor.[19] So gesehen war die Bundesrepublik auch weiterhin nicht vollständig souverän, und daran hat sich bis zur unerwarteten Vereinigung Deutschlands auf Basis des Zwei-plus-Vier-Vertrages im März 1991 nichts geändert.

Als besonders wichtig erwies sich der häufig unterschätzte Beitritt der Bundesrepublik zur Westeuropäischen Union. Immerhin war der Vorläufer dieser WEU – der Westpakt – ursprünglich auch für den Fall »der Erneuerung einer deutschen Aggression« gegründet worden.[20] Mit dem Bonner Beitritt entfiel der antideutsche Akzent. Gleichwohl oder eben deshalb war der Beitritt der Bundesrepublik zu dieser Union gerade für Frankreich von besonderer Bedeutung. Denn anders als in der von den USA dominierten NATO hatte Paris hier die Möglichkeit, die deutsche Aufrüstung im Blick zu behalten.

Nicht zufällig gab die Bundesrepublik den einseitigen Verzicht auf die Herstellung bestimmter Waffen auf ihrem eigenen Territorium im Rahmen dieses Vertrages zu Protokoll. Dazu zählten neben strategischen Bombern, Raketen oder auch Kriegsschiffen insbesondere atomare, bakteriologische und chemische Waffen. Da sich der Verzicht auf die Herstellung solcher Waffen auf eigenem Territorium bezog, waren der Besitz und die Stationierung beispielsweise von Atomwaffen nicht ausgeschlossen. Das war eine Voraussetzung für den erwähnten Beschluss des Bundestages, die Bundeswehr mit Trägersystemen für taktische Atombomben auszurüsten. Als ihre Mitglieder die WEU 2011 auslaufen ließen, hatte sich ihre Funktion als französisches Instrument zur Kontrolle des deutschen Militärs lange überlebt.

Am 27. Februar 1955 ratifizierte der Bundestag die Pariser Verträge. Am 5. Mai 1955 traten sie in Kraft. Damit war die Bundesrepublik Deutschland – von den zitierten Vorbehalten und Einschränkungen abgesehen – souverän. Als sich am 7. Mai der WEU-Rat konstituierte und zwei Tage später, am 9. Mai 1955, der junge Teilstaat in die NATO aufgenommen wurde, war nicht nur die politische und militärische Westintegration der Bundesrepublik völkerrechtlich vollzogen und besiegelt. Vielmehr war diese auf den Tag genau zehn Jahre nach der bedingungslosen Kapitulation des Deutschen Reiches »nicht mehr isoliert«, wie Adenauer schon nach Unterzeichnung des EVG-Vertrages prognostiziert hatte; ihre Vertreter saßen jetzt im Kreise »dieser ganzen Nationen am gleichen Tisch«.[21]

Es liegt auf der Hand, dass dieser Prozess nicht nur von den westlichen Nachbarn der Bundesrepublik mit Neugier, Interesse und gelegentlich mit Argwohn begleitet wurde, sondern auch von seinen östlichen, allen voran die Sowjetunion. Die Reaktion kam postwendend. Am 7. Mai 1955, dem Tag, an dem sich die WEU mit bundesdeutscher Beteiligung konstituierte, kündigte Moskau die ursprünglich auf 20 Jahre angelegten Bündnisverträge mit Großbritannien und

Frankreich von 1942 beziehungsweise 1944. Und am 14. Mai unterzeichnete die Sowjetunion in der polnischen Hauptstadt mit sieben Staaten ihres Herrschaftsbereichs einen Vertrag über Freundschaft, Zusammenarbeit und gegenseitigen Beistand, der als Warschauer Pakt in die Geschichte eingegangen ist.

Damit war die Blockbildung und mit ihr die Teilung Europas und Deutschlands abgeschlossen. Die physische Zementierung dieses Zustands, die im Sommer 1961 mit dem Bau einer Mauer quer durch Berlin und Deutschland vollzogen wurde, war so gesehen der konsequente Abschluss eines Prozesses, der auf den alliierten Kriegskonferenzen des Jahres 1945 begonnen hatte. Spätestens seit dem Juni 1948, als sie in ihren Zonen die Währungsreform durchzogen, waren die Westmächte die treibenden Kräfte dieses Spaltungsprozesses.

Stalin hatte eine Teilung Deutschlands ursprünglich nicht gewollt, jedenfalls nicht diese radikale Variante. Als die Westmächte sie weiter vorantrieben, als sie die Bundesrepublik ins Leben riefen und diese wenig später auch noch aufrüsten wollten, ergriff er die Flucht nach vorn. Es war eine seiner letzten Initiativen, bevor er am 5. März 1953 verstarb. Am 10. März 1952 schlug er den drei Westmächten die Wiederherstellung eines neutralen, aber zur Selbstverteidigung fähigen deutschen Staates auf den Territorien der DDR und der Bundesrepublik vor. Am 9. April 1952 kam der oberste aller Sowjets den westlichen Vorstellungen noch einen weiteren Schritt entgegen und stimmte sogar dem Primat freier Wahlen in diesem Gesamtdeutschland zu.

Mit dieser erstaunlichen Initiative reagierte Stalin auch auf Ereignisse, die mit Deutschland und Europa nichts oder doch nur wenig zu tun hatten. Am 8. September 1951 war in San Francisco der Friedensvertrag zwischen Japan und den Siegermächten im ostasiatisch-pazifischen Krieg unterzeichnet worden. Nur die Sowjets waren nicht dabei. Sie hatten sich geweigert, ihre Unterschrift unter ein Dokument zu setzen, dessen Artikel 6 ausdrücklich die Möglichkeit der Stationierung fremder Truppen zum Schutze Japans und außerdem die Rückerstattung japanischen Eigentums vorsah. Dabei ist es geblieben. Einen Friedensvertrag zwischen Russland und Japan, der einen Schlussstrich unter den Zweiten Weltkrieg ziehen würde, gibt es bis heute nicht.

Im Kreml wussten – und wissen – sie natürlich, dass mit der Möglichkeit einer Rückerstattung japanischen Eigentums auch Forderungen nach Rückgabe der von der Sowjetunion besetzten Kurilen-Inseln begründet werden konnten. Klar war auch, welche fremden Truppen in Zukunft die Sicherheit und den Schutz Japans gewährleisten würden. Denn als der Friedensvertrag unter Dach und Fach gebracht wurde, kam es am selben Tag und am selben Ort auch noch zur Unterzeichnung eines Sicherheitsvertrages zwischen Japan und den Vereinigten Staaten. Darin war ausdrücklich der Wunsch Japans nach amerikanischem Schutz »vor einem bewaffneten Angriff« festgehalten.[22]

Einen Mann wie Stalin, der stets in historischen und geostrategischen Kategorien dachte, mussten die Verankerung zunächst der Bundesrepublik und jetzt auch noch Japans im strategischen Konzept der USA und die Festsetzung des weltpolitischen Gegners im westlichen und im östlichen Vorfeld der Sowjetunion alarmieren. Es war ja nicht einmal 15 Jahre her, dass Deutschland und Japan die Drohkulisse eines Zweifrontenkrieges aufgebaut hatten. Dass die Gefahr jetzt von einem einzigen Gegner, den Vereinigten Staaten von Amerika, ausging, machte die Sache nicht besser. Im Gegenteil.

Deshalb ging Stalin 1952 mit seinen Noten deutschlandpolitisch in die Offensive. Schwer zu sagen, ob er an einen Erfolg glaubte. Jedenfalls reagierten die Westmächte mit Gegenvorschlägen, die man im Kreml als Ablehnung lesen musste. Tatsächlich hatte man ja in den USA, in Großbritannien, inzwischen auch in Frankreich und in der Bundesrepublik sowieso Gefallen an deren fester Integration gefunden und damit zwangsläufig auch die Kosten, also die Teilung Deutschlands, akzeptiert.

Und dann kannten sie in den westlichen Hauptstädten die wirklichen Motive Stalins nicht: Stand hinter seinen Vorschlägen eine langfristig angelegte Strategie? Sollten die Westmächte vielleicht aus

Deutschland herausgedrängt werden? Wollte die Sowjetunion das dann schutzlose Land ihrem Machtbereich einverleiben? Sicher vermochte das niemand zu sagen. Also schoben die Westmächte Stalin die Verantwortung zu, indem sie unter anderem darauf bestanden, dass die Aufsicht über die von Stalin vorgeschlagenen freien Wahlen in Deutschland von den Vereinten Nationen durchgeführt werden sollte. Das konnte der Kreml nicht akzeptieren, denn die UNO war damals von den Amerikanern und ihren Verbündeten dominiert, und die Vereinten Nationen führten in Korea gerade einen Krieg gegen einen Verbündeten Moskaus – und gegen den Kommunismus.

Man konnte von Josef Stalin denken, was man wollte. Er war ohne Zweifel eine der finstersten Gestalten des 20. Jahrhunderts, ein Massenmörder, der sich vor allem auch an den Völkern seines Imperiums verging. Aber »listenreich und undurchschaubar … weitblickend, manipulativ, umsichtig und grob«,[23] wie er eben auch war, hatte er die Sowjetunion in den frühen vierziger Jahren vor dem Untergang bewahrt. Wenn jemand wusste, was die Einbeziehung der Bundesrepublik und Japans in das amerikanische System bedeutete, dann war es Stalin. Sein Instinkt und seine Analyse sagten ihm, dass Gefahr im Verzug war. Große Gefahr.

Wer weiß, wie sich die Dinge entwickelt hätten, wären die Westmächte auf sein Angebot eingegangen. Sie taten es nicht – und ließen Stalins Nachfolgern keine Wahl: Wenn der verbliebene Einflussbereich in Deutschland oder sonst wo im sowjetischen Herrschaftsbereich des gespaltenen Europa gefährdet war, blieb nur die Intervention. Solange die Sowjets dabei nicht die Grenzen dieses Herrschaftsbereichs überschritten, riskierten sie wenig. So waren die ungeschriebenen Spielregeln.

Ohne Macht. Ostdeutsche, Ungarn oder Tschecho-
slowaken können die Sowjetarmee – hier im August
1968 in Prag – nicht aufhalten. Der Westen schaut
zu. Ähnlich verhält sich der Osten bei den Interventionen der USA in Guatemala, Chile oder Kuba. Die
Sowjets schicken Panzer, die USA die CIA.

KAPITEL 7

INTERVENTION

Anfänglich war es ein dumpfes Grollen. Die Menschenmenge, die sich am Morgen dieses 17. Juni 1953 in Berlins Mitte auf der Leipziger Straße zum Sitz der DDR-Regierung schob, spürte es mehr, als dass sie es hörte. Aber gegen 12 Uhr wurde klar, was es war und woher es kam: Von der Friedrichstraße bogen die ersten sowjetischen T-34 auf die Leipziger Straße ein. Hinter den Panzern, von denen an diesem Tag in Berlin 600 im Einsatz waren, rückten Schützenketten der sowjetischen Infanterie, dann auch Einheiten der Kasernierten Volkspolizei der DDR gegen die Demonstranten vor. Allein in Berlin waren drei sowjetische Divisionen im Einsatz, in der übrigen DDR 13. Im Falle von Widerstand waren die Soldaten angewiesen, zunächst über die Köpfe hinweg und, falls das die Demonstranten nicht zur Räson brachte, gezielt auf diese zu schießen. In Ost-Berlin kamen mindestens 14 Menschen ums Leben.

Was wenige Tage zuvor als ein Streik auf einer Krankenhausbaustelle begonnen hatte, war vollständig außer Kontrolle geraten. Damit war nicht zu rechnen gewesen. Immerhin hatte die DDR wie alle totalitären Regime sofort mit dem Aufbau einer starken Polizeimacht begonnen. Und gewissermaßen im Hintergrund, wenn auch nicht primär zum Zweck der Aufrechterhaltung der inneren Ordnung, war über die ganze DDR hinweg beinahe eine halbe Million Soldaten der Roten Armee stationiert. Diese Gruppe der Sowjetischen Streitkräfte in Deutschland wiederum galt als eine der am besten ausgerüsteten Armeen der Sowjets.

Als sich die Lage dramatisch zuspitzte, übernahm der Kreml das Krisenmanagement, verhängte den Ausnahmezustand und schickte Wassili Sokolowski, Generalstabschef der Roten Armee und erfahrener Heerführer des Zweiten Weltkriegs, nach Berlin.[1] Aus Sicht der sowjetischen Machthaber gab es keine Alternative. Nachdem Stalin mit seinen Versuchen gescheitert war, Deutschland westlich von Oder und Neiße – also die Bundesrepublik, die DDR und Groß-Berlin – als zur Selbstverteidigung fähige, durch freie Wahlen legitimierte Einheit zu erhalten, musste der eigene Machtbereich um jeden Preis gehalten und gesichert werden. Auch dann, wenn der Kreml wie in diesem Frühjahr 1953 manches von dem, was die SED-Funktionäre trieben, nicht für richtig hielt.

Natürlich blieb auch Moskau nicht verborgen, dass die Menschen der DDR scharenweise den Rücken kehrten: Von Januar 1951 bis April 1953 waren es fast 450 000, davon alleine 120 000 in den ersten Monaten des Jahres 1953. Das war auch eine Quittung für die Art und Weise, wie sie von Anfang an bevormundet wurden – politisch, wirtschaftlich, weltanschaulich sowieso.

Am 21. April 1946 waren in der SBZ, der Sowjetischen Besatzungszone in Deutschland, die Kommunistische und die Sozialdemokratische Partei zwangsweise zur SED, der Sozialistischen Einheitspartei Deutschlands, zusammengeschlossen worden. Obgleich die SED bei den Kreis- und Landtagswahlen im Herbst des Jahres unter dem Strich keine Mehrheit zusammenbrachte und in Groß-Berlin, wo die Sozialdemokraten noch antreten konnten, durch diese klar deklassiert wurde, ließ sie an ihrem Führungsanspruch nicht mehr rütteln.

Was sie mit diesem Anspruch anzufangen hatten, erklärte Josef Stalin den führenden Repräsentanten der SED am 18. Dezember 1948 und am 27. September 1949 in Moskau, und die setzten es auf ihre Weise um: Am 7. Oktober 1949 konstituierte sich der auf Basis von Einheitslisten gewählte Deutsche Volksrat zur Provisorischen Volkskammer. Die nahm noch am selben Tag eine Verfassung an und wählte am 11. Oktober Wilhelm Pieck zum Präsidenten, einen Tag darauf Otto Grotewohl zum Ministerpräsidenten der Deutschen Demokratischen Republik. Im Juli 1950 wurde die Aufbauphase der SED abgeschlossen und Walter Ulbricht zu ihrem Generalsekretär gewählt.

Nachdem Stalin mit seinen Noten im Westen abgeblitzt war, hatten diese drei im April 1952 erneut in Moskau anzutreten und zu Protokoll zu nehmen: »Faktisch«, so Stalin, »wird in Westdeutschland ein selbständiger Staat gebildet. Ihr müsst euch euren eigenen Staat organisieren. Die Demarkationslinie zwischen West- und Ostdeutschland muss als eine Grenze betrachtet werden.«[2] Nunmehr waren auch im Innern die Weichen irreversibel in Richtung Sozialismus zu stellen – allerdings taktisch klug und ohne Verwerfungen: »Niemand zwingen« und »ohne Geschrei«, gab Stalin seinen Statthaltern noch mit auf den Weg.[3] Weil sie sich daran nicht halten konnten oder wollten und das Gaspedal durchtraten, wurden sie am 2. Juni 1953 ein weiteres Mal in den Kreml einbestellt. Dort sagte ihnen jetzt Stalins Nachfolger Nikita Chruschtschow, wo es langzugehen hatte: Das Tempo rausnehmen, einen Teil der Maßnahmen einfrieren oder sogar zurücknehmen, lautete der Befehl.

So staunten die Menschen in der DDR nicht schlecht, als sie am 11. Juni die Zeitung aufschlugen und von einer »Reihe von Fehlern« der Partei- und Staatsführung lasen, die nunmehr korrigiert werden sollten.[4] Weil das aber offenbar nicht für die Erhöhung der Arbeitsnormen und die damit einhergehenden Lohneinbußen galt, gingen sie auf die Straße. Und weil aus der Streikbewegung eine Volkserhebung wurde, die den Sturz der Regierenden, freie Wahlen und anderes mehr forderte, griffen die Sowjets ein. Es war eine Bankrotterklärung, zunächst und vor allem des SED-Regimes, dann aber auch der östlichen Vormacht. Und es war ein Fanal. Fortan war jedermann bewusst, dass die Sowjetunion in ihrem Machtbereich kompromisslos durchgreifen würde, sollte dieser infrage gestellt werden – wo und durch wen auch immer. Und in Moskau wusste man, dass die Westmächte sich an die Spielregeln halten und eine Intervention der Sowjets in ihrem eigenen, also dem sowjetischen Machtbereich, hinnehmen würden, ganz gleich, mit welchem Mittel und mit welchem Ziel sie erfolgte.

Wenn es darauf ankam, signalisierte der Westen das sogar vorab. Als sich im Sommer 1961 abzeichnete, dass die Sowjets der Massenflucht von DDR-Bewohnern einen Riegel vorschieben würden, nannte Amerikas Präsident John F. Kennedy am 25. Juli in einer Rundfunk- und Fernsehansprache die Bedingungen, welche die Sowjets bei der bevorstehenden Aktion einzuhalten hatten. Sie bezogen sich auf die Überlebensfähigkeit West-Berlins, das den meisten DDR-Bewohnern als Sprungbrett auf ihrer Flucht in die Bundesrepublik diente.

In der Nacht vom 12. auf den 13. August 1961 begannen Angehörige der Nationalen Volksarmee der DDR mit der Schließung der Ost-West-Sektorengrenze in Berlin und wenige Tage später mit dem Bau einer Mauer rund um West-Berlin, das fortan eine nicht mehr frei zugängliche Enklave inmitten der DDR war. In den folgenden Jahren wurde auch deren Grenze zur Bundesrepublik durch Stacheldraht, Betonmauern, Minenfelder, Selbstschussanlagen und schließlich durch einen Schießbefehl in ein »Konzentrationslager« verwandelt, wie Willy Brandt, der Regierende Bürgermeister von Berlin, schon am 13. August formulierte.[5] Da sich aber schnell herausstellte, dass die Sowjets die amerikanischen Bedingungen akzeptierten, nahm der Westen selbst das hin.

Inzwischen hatten auch andere Völker des sowjetischen Machtbereichs erfahren, dass von dort keine Hilfe zu erwarten war. Am 23. Oktober 1956 hatte in Ungarn eine Erhebung begonnen, die man wohl als Volksaufstand bezeichnen konnte. Er war auch eine zeitverzögerte Reaktion auf den XX. Parteitag der Kommunistischen Partei der Sowjetunion, auf dem Chruschtschow am 25. Februar 1956 in einer Geheimrede mit seinem Vorgänger Stalin, dessen Fehlern und Verbrechen abgerechnet und dessen Mythos »zertrümmert« hatte.[6] Die Erhebung der Ungarn gegen dieses System führte innerhalb weniger Stunden zum Zusammenbruch der alten Staats- und Parteistrukturen und schon am folgenden Tag, man schrieb den 24. Oktober, zur Bildung einer reform-kommunistischen Regierung unter dem Altkommunisten Imre Nagy.

Am 25. und 28. Oktober forderte Nagy öffentlich Verhandlungen mit der Sowjetunion über die »Frage des Abzugs der in Ungarn stationierten sowjetischen Streitkräfte«.[7] Damit rief Budapest dem Kreml ins Gedächtnis, dass er sich nicht an den Friedensvertrag hielt, den die Sowjetunion am 10. Februar 1947 mit Ungarn geschlossen hatte. Ähnlich wie nach dem Ersten hatten die alliierten Sieger auch nach dem Zweiten Weltkrieg auf einer Konferenz in Paris versucht, einen politischen Schlussstrich unter das Geschehen zu ziehen. 21 Staaten waren vom 29. Juli bis 15. Oktober 1946 zusammengekommen, um die Friedensverträge mit den vormaligen Verbündeten Deutschlands – Bulgarien, Finnland, Italien, Rumänien und eben Ungarn – zu beraten. Wenn die Konferenz letztlich auch scheiterte, bereitete sie doch den Weg zu den am 10. Februar des folgenden Jahres geschlossenen Verträgen.

In dem Vertrag zwischen den vormaligen Kriegsgegnern und Ungarn hatte sich die Sowjetunion verpflichtet, ihre Truppen aus Ungarn abzuziehen, sobald eine friedensvertragliche Regelung für Österreich gefunden worden war. Und eben das war seit Mitte Mai 1955 der Fall. Als Ungarn daher, aus seiner Sicht legitim und konsequent, am 1. November 1956 einseitig seine Mitgliedschaft im Warschauer Pakt kündigte und sich für neutral erklärte, blieben der Sowjetunion, aus ihrer Sicht nicht minder konsequent, nur die Niederschlagung des Aufstands und der Sturz der Regierung.

Am 4. November führte die massive Intervention, ebenfalls unter Einsatz von Panzern, zu einer dramatischen Eskalation. Wie schwer die Kämpfe waren, zeigte die hohe Zahl der Opfer – alleine in den Reihen der Sowjetarmee wurden fast 700 gezählt, auf ungarischer Seite waren es bis Jahresende fast viermal so viele. Am 11. November brach der Aufstand endgültig zusammen. Nagy wurde auf Betreiben seines Nachfolgers János Kádár verhaftet, 1958 nach einem Geheimprozess hingerichtet und erst mit dem Zusammenbruch des kommunistischen Systems in der Endphase des Kalten Krieges in Ungarn rehabilitiert.

Sollten die freiheitsliebenden Ungarn auf Hilfe aus dem Westen, namentlich aus den Vereinigten Staaten gehofft haben, wurden sie – wie alle unter sowjetischer Herrschaft lebenden Völker vor und nach ihnen – enttäuscht. Dabei hatte Amerikas Präsident Dwight D. Eisenhower schon 1952 seinen Wahlkampf offensiv mit der Ankündigung geführt, den Kommunismus zurückdrängen zu wollen: »Roll Back« hieß diese nach wie vor gültige Parole. Wäre die amerikanische Administration ihr gefolgt, hätte die blutige Niederschlagung des ungarischen Aufstands geradezu zwingend ein militärisches Eingreifen geboten. Tatsächlich kam es in Washington niemandem in den Sinn, durch eine Intervention in Ungarn eine militärische und damit womöglich auch eine nukleare Eskalation zu riskieren. Ganz im Gegenteil: Außenminister John Foster Dulles stellte am Ende des Jahres 1956 auf einer Pressekonferenz klar, dass man nicht die Absicht habe, »die Sowjetunion mit einem Gürtel aus feindlichen Staaten zu umgeben« und jenen Cordon sanitaire der Zwischenkriegszeit wieder aufleben zu lassen, »der nach dem Ersten Weltkrieg maßgeblich von den Franzosen in der Absicht entwickelt worden war, die Sowjetunion mit feindlichen Kräften einzukreisen«.[8] Dulles wusste, wovon er sprach. Er war als junger Anwalt Mitglied jener amerikanischen Delegation gewesen, die 1919 in Paris eine neue, auch gegen die junge Sowjetmacht gerichtete Ordnung für Europa gezimmert hatte. Davon wurde im zweiten Kapitel berichtet.

Die Sowjets wussten also, dass sie auf die amerikanische Zurückhaltung zählen konnten, wenn es um ihre Sicherheitsinteressen ging. Genau die hatten für den Kreml in Ungarn auf dem Spiel gestanden. Denn an der Lage der Sowjetunion hatte sich seit den Tagen ihrer Gründung nichts geändert. Ihre Geschichte war und blieb die Geschichte ihrer inneren Schwäche und des Versuchs, sie zu kaschieren. Nie mehr durfte sich wiederholen, was vor 1945 geschehen war. Für den Westen mochte der Warschauer Pakt der verlängerte Arm des sowjetischen Imperialismus sein. Für den Kreml war er ein defensives Instrument, gewissermaßen der umgekehrte Cordon sanitaire der Zwischenkriegszeit, von dem Dulles gesprochen hatte.

Dass die Lage bis zum Ende des Kalten Krieges an dieser Europa teilenden Demarkationslinie stabil geblieben ist, obgleich sich hier wie nirgends sonst auf der Welt zwei bis an die Zähne gerüstete, zur nuklearen Kriegführung fähige Armeen gegenüberstanden, hatte vor allem einen Grund: In Washington und London, in Paris und Bonn verstanden und akzeptierten sie dieses Grundgesetz der sowjetischen Außen- und Sicherheitspolitik. Sonst hätten sie nie und nimmer hinnehmen können, was zwölf Jahre nach Ungarn in der Tschechoslowakei vor sich ging. Denn dieses Mal intervenierte nicht nur die Sowjetunion, sondern mehr oder weniger der komplette Warschauer Pakt.

Am 5. Januar 1968 war der slowakische Parteisekretär Alexander Dubček zum Ersten Sekretär der Kommunistischen Partei der ČSSR ernannt worden. Damit begann, was man bald den »Prager Frühling« nannte. Es war der Versuch, das kommunistische System der Tschechoslowakei umfassend zu liberalisieren und damit auf die künftigen Herausforderungen einzustellen. An einen Umsturz war also nicht gedacht, und schon gar nicht wollten Tschechen und Slowaken den Fehler der Ungarn von 1956 wiederholen und die Mitgliedschaft des Landes im Warschauer Pakt infrage stellen. Moskau indessen musste schon deshalb gereizt auf diesen behutsamen Reformkurs reagieren, weil der »Prager Frühling« auch die sowjetische Jugend nicht unbeeindruckt ließ, wie der Chef des Geheimdienstes KGB, Juri W. Andropow, Ende 1968 dem ZK der KPdSU zu berichten wusste.[9]

Vor allem aber waren die Vorgänge in der Tschechoslowakei aus der Sicht des Kreml ein weiterer Schritt auf dem gefährlichen Weg zu einer Auflösung des sozialistischen Lagers. Diese Entwicklung hatte 1964 einen vorläufigen Höhepunkt erreicht. Der Bruch mit China musste jetzt als unwiderruflich gelten, Albanien bewegte sich im Kielwasser von Maos Volksrepublik, und auch Rumänien machte sich die chinesische Kritik zu eigen und begann eigene Wege zu gehen. Vor diesem Hintergrund waren für den Kreml weitere Erosionserscheinungen im unmittelbaren Machtbereich der Sowjetunion nicht akzeptabel.

Leonid I. Breschnew, der nach dem Sturz Chruschtschows im Oktober 1964 das Amt des Ersten Sekretärs beziehungsweise, wie es seit 1966 hieß, des Generalsekretärs der KPdSU angetreten hatte, entschloss sich deshalb zu einer restriktiven Bündnispolitik. Nach seiner Interpretation war die Zugehörigkeit zum Warschauer Pakt gleichbedeutend mit einer Einschränkung der nationalen Souveränität seiner Mitglieder. Sollte das Abweichen eines Landes vom sozialistischen Weg eine Gefährdung der »gemeinsamen Lebensinteressen« bedeuten, musste diese durch eine militärische Intervention beseitigt werden. So stand es im »Warschauer Brief« zu lesen, mit dem am 15. Juli 1968 der bevorstehende Einmarsch in die Tschechoslowakei indirekt angekündigt wurde.[10] Dafür kam damals im Westen der Begriff »Breschnew-Doktrin« auf.

Seit März 1968 nahm die Nervosität zu. Es kam zu mehreren Gipfelkonferenzen der Partei- und Regierungsspitzen des östlichen Bündnisses, an denen aber in der Regel weder Vertreter Rumäniens noch der Tschechoslowakei teilnahmen. Im Mai wurden auch erste Truppenbewegungen der in Südpolen stationierten Einheiten der Sowjetarmee in Richtung ČSSR beobachtet, und am 18. Juni begann dort die Kommandostabsübung »Sumava«. Nach Beendigung der Operationen blieben die Manövertruppen im Land. Und in der Nacht vom 20. auf den 21. August begannen Truppen der UdSSR, Polens, Ungarns und Bulgariens mit der Besetzung der Tschechoslowakei. Die DDR nahm nicht unmittelbar an der Aktion teil, gehörte aber im Vorfeld zu den entschiedenen Befürwortern, hielt für den Fall des Falles Einheiten der Nationalen Volksarmee einsatzbereit in Reserve und war auch im strategischen Einsatzkommando vertreten.

Die Hauptstadt wurde von Luftlandetruppen eingenommen. Wie in solchen Fällen schon seit der Zwischenkriegszeit üblich, ging dem Eingreifen der Verbände ein »Hilferuf« von »Persönlichkeiten der Partei und des Staates« der ČSSR voraus. Am 26. August erklärte sich Dubčeks Regierung in Moskau zur Annahme von »Maßnahmen« bereit, mit denen die Reformen wieder rückgängig gemacht und gefordert wurde, dass die »sogenannte Frage der Lage in der Tschechoslowakei« von der Tagesordnung des Sicherheitsrates der UNO abzusetzen sei.[11] Ein Stationierungsvertrag über die dauernde Anwesenheit der sowjetischen Truppen vom 16. Oktober 1968 und die Ablösung Dubčeks durch Gustáv Husák am 17. April 1969 machten dem »Prager Frühling« unwiderruflich den Garaus. Bis Jahresende 1968 wurden mehr als 100 Tote und über 500 Verletzte gezählt.

Bis 1991 blieben knapp 80 000 sowjetische Soldaten in der ČSSR stationiert, und offensichtlich haben militärische Überlegungen bei der Invasion eine beträchtliche Rolle gespielt. Insbesondere für die nuklearen Planungen der UdSSR kam der Tschechoslowakei gerade deshalb eine besondere Bedeutung zu, weil die Rote Armee 1945 das Land verlassen hatte. Folglich waren dort auch keine atomaren Sprengköpfe gelagert. Im Falle einer eskalierenden, schließlich nuklear geführten Auseinandersetzung hätte die Region zu einem Schwachpunkt der sowjetischen Kriegführung werden können. Um dem entgegenzuwirken, hatte Moskau in den sechziger Jahren mit Prag mehrere Abkommen geschlossen, die in einem solchen Fall den raschen Einsatz entsprechender sowjetischer Streitkräfte ermöglicht hätten. Der »Prager Frühling« schien dieses Konzept grundlegend infrage zu stellen. Auch hier dienten also Invasion und dauerhafte Stationierung von Einheiten der Sowjetarmee einer Stabilisierung der Lage. Für Moskau waren das fraglos defensive Maßnahmen.

Und der Westen? Der blieb schon deshalb bei seiner Linie, weil namentlich die amerikanische Führungsmacht darauf angewiesen war, dass die Sowjets in einer anderen Weltgegend stillhielten: In Vietnam marschierten nämlich die USA in eines der größten Debakel ihrer Geschichte. Außerdem arbeitete Washington ja seit 1967 daran, sich mit Moskau über eine Begrenzung im Bereich der strategischen Atomwaffen zu einigen. Und in der Bundesrepublik machten sich die von Willy Brandt geführten Sozialdemokraten auf den Weg zur Macht, um von dort das Verhältnis zu den östlichen Nachbarn zu entspannen – in der Hoffnung, dereinst die Teilung Europas und damit Deutschlands zu überwinden. Für das Erreichen all dieser Ziele brauchte man die Sowjets. Und weil man sie brauchte, akzeptierte man Breschnews Doktrin. Und weil man diese akzeptierte, betrachtete man – in den Worten des französischen Außenministers Michel Debré – die sowjetische Intervention in Prag als »geschichtlichen Verkehrsunfall«.[12]

Interventionen wie die in Ost-Berlin, Budapest und Prag banden Kräfte, Ressourcen und Energien, die anderweitig und andernorts nicht zur Verfügung standen. Und davon wiederum profitierten andere Mitgliedsstaaten des Warschauer Paktes, in denen sich gleichfalls der Liberalisierungswille regte. So vor allem Polen, das zweimal knapp dem Schicksal der DDR, Ungarns und der Tschechoslowakei entging.

Auch in Polen hatte die Unzufriedenheit mit den gegebenen Verhältnissen durch Chruschtschows Rede Nahrung erhalten. Sie entlud sich am 28. Juni 1956 in einem Aufstand der Posener Arbeiter, der durch das polnische Militär niedergeschlagen wurde. Immerhin konnten sich in der Polnischen Vereinigten Arbeiterpartei reformerische Kräfte durchsetzen und mit Władysław Gomułka einen Mann an die Spitze der Politik zurückbringen, der bis zu seiner Absetzung im September 1948 schon einmal Generalsekretär der Partei gewesen war. Im August 1956 rehabilitiert und am 19. Oktober nach Massendemonstrationen unter anderem in Warschau wieder in seine alte Funktion eingesetzt, ließ es Gomułka auf eine Kraftprobe mit der sowjetischen Führung ankommen.

Die war immerhin geschlossen nach Warschau gereist – mit Nikita Chruschtschow an der Spitze, der damit klarstellte, dass man seine Rede auch falsch lesen konnte. Immerhin beorderte er nach heftigen Auseinandersetzungen die bereits in Marsch gesetzten sowjetischen Panzer in ihre polnischen Kasernen zurück und akzeptierte zähneknirschend den neuen Mann und seinen politischen Kurs. Für diesen erstaunlichen Kompromiss gab es mehrere Gründe. Vor allem vermochte es Gomułka, die Sowjets von der polnischen Bündnistreue zum Warschauer Pakt zu überzeugen. Der polnische Weg war also keine Kopie des ungarischen. Und dann eskalierte in eben diesen Tagen die Lage in Budapest. So gesehen haben die Ungarn 1956 die Polen gerettet. 25 Jahre später waren es die Afghanen.

Denn zur Ruhe kam Polen nur für einige Jahre. Seit 1970 wurde das Land wiederholt von Streik- und Protestwellen überrollt, die sich vor allem gegen Preiserhöhungen für Grundnahrungsmittel, zusehends aber auch gegen die politischen Zustände richteten und den Sturz zweier Parteichefs nach sich zogen. Im Dezember 1970 ließ Władysław Gomułka, der sich längst zu einem zuverlässigen Statthalter Moskaus entwickelt hatte, Armee und Miliz gegen die Streikenden in Marsch setzen. Der »Danziger Dezember« forderte

Dutzende von Toten und Hunderte von Verletzten und brachte das politische Ende Gomułkas.

Sein Nachfolger im Amt des Ersten Sekretärs der Polnischen Vereinigten Arbeiterpartei, Edward Gierek, reagierte zwar auf neuerliche Streiks flexibler, nahm zum Beispiel heftig attackierte Preiserhöhungen wieder zurück, schloss im Sommer 1980 auch mit den Streikenden auf der Danziger Werft eine Art Stillhalteabkommen, konnte aber weder damit noch mit Druck in Form der massenhaften Inhaftierung streikender Arbeiter verhindern, dass sich in Polen eine Bürgerrechtsbewegung formierte. Am 31. August 1980 wurde die »Solidarność« gegründet. Sie war die erste unabhängige Gewerkschaft in einem Staat des Ostblocks. Diese sich überschlagenden Entwicklungen, die am 5. September zum Sturz Giereks durch die Genossen führten, kamen einer Revolution gleich. Das wusste man in der kommunistischen Parteizentrale in Warschau, und das wusste man natürlich auch im Kreml.

Am 13. Dezember 1981 verhängte General Wojciech Jaruzelski, seit 1968 Verteidigungsminister und seit Februar 1981 Premierminister Polens, das Kriegsrecht über das Land. Tausende Anhänger der Solidarność wurden interniert, und bei der Erstürmung einer Grube gab es Tote. Jaruzelskis Vorgehen war so heftig umstritten wie kaum ein anderes während des Kalten Krieges. Vieles spricht dafür, dass der General mit dieser Maßnahme einer Intervention der Warschauer-Pakt-Staaten zuvorgekommen ist. Polen war für die Sowjets schon deshalb von herausragender Bedeutung, weil über dieses zentraleuropäische Land die Versorgung der Gruppe der Sowjetischen Streitkräfte in Deutschland, ihrer mit Abstand wichtigsten Armee, lief. Außerdem waren hier bedeutende Bestände ihres Arsenals an taktischen Nuklearwaffen gelagert.

Der sowjetische Außenminister Andrei Gromyko brachte die übereinstimmende Auffassung sämtlicher Mitglieder des Moskauer Politbüros auf den Punkt, als er im Oktober 1980 zu Protokoll gab, dass man Polen »schlicht und einfach nicht verlieren könne und dürfe« – unter keinen Umständen.[13] Daher liefen die militärischen Vorbereitungen seit Dezember 1980 auf Hochtouren, auch in der

DDR, die auf eine rasche Intervention drängte. Am 6. Dezember 1980 erging der Befehl Nr. 118/80 des Ministers für Nationale Verteidigung der DDR zur »Vorbereitung und Durchführung einer gemeinsamen Ausbildungsmaßnahme der Vereinten Streitkräfte der Teilnehmerstaaten des Warschauer Vertrages auf dem Territorium der Volksrepublik Polen«.[14]

Dass die Mitglieder des Moskauer Politbüros dann aber in ihrer entscheidenden Sitzung vom 10. Dezember 1981 einer direkten militärischen Intervention einstimmig eine Absage erteilten, hatte einen guten Grund: Die Polen widersetzten sich dem Einmarsch der fremden Truppen, so dass eine Intervention nach Einschätzung Michail A. Suslows, des sowjetischen Chefideologen, zu einer »Katastrophe« geführt hätte.[15] Auch wenn der Bezug zu den Ereignissen des Jahres 1956 im Sitzungsprotokoll des Politbüros nicht auftaucht, waren sie natürlich nicht vergessen. Und ein zweites, ein europäisches Afghanistan konnte der Kreml nun wirklich nicht gebrauchen. An den Hängen des Hindukusch waren nämlich beträchtliche Kräfte der Sowjetarmee gebunden, seit diese zur Überraschung des Westens am Heiligen Abend des Jahres 1979 in Afghanistan einmarschiert war. Was damals nicht absehbar war, wissen wir heute: Die Sowjetunion erlebte in Afghanistan ein ähnliches Debakel wie zuvor die Vereinigten Staaten in Vietnam. Und in beiden Fällen war dafür die Guerilla verantwortlich, der das folgende Kapitel gewidmet ist.

Auch die westliche Vormacht intervenierte nämlich während des Kalten Krieges, was das Zeug hielt. Einen Unterschied gab es aber doch. Während die Sowjetunion, wie schon das russische Zarenreich, ihre militärischen Vorstöße immer unmittelbar jenseits ihrer kontinentalen Grenzen unternahm und diese Strategie erst Mitte der siebziger Jahre aufgab, waren die USA stets überseeisch aktiv. Das schließt auch ihre Interventionen in Mittel- und Südamerika ein, weil Mexiko einen geostrategischen Riegel gegen direkte Maßnahmen bildete.

Nichts und niemand – jenseits der weltpolitischen Gegner Sowjetunion und China sowie ihrer Satelliten – war vor amerikanischen Interventionen sicher, sofern man darunter auch politische und wirtschaftliche Maßnahmen begreift. Selbst die eigenen Verbündeten nicht. Ein direktes militärisches Eingreifen erübrigte sich hier schon deshalb, weil amerikanische Truppen ohnehin in den meisten alliierten Staaten stationiert waren. Vor allem in der Bundesrepublik. Da niemand zu sagen vermag, ob die Sowjets im Falle eines amerikanischen Abzugs aus Europa nicht doch versucht gewesen wären, ihre Hand auf West-Berlin und die Bundesrepublik zu legen, ist unter dem Strich festzuhalten: Die Vereinigten Staaten von Amerika haben während des Kalten Krieges dank ihrer militärischen Präsenz die Freiheit Westeuropas, allen voran der Bundesrepublik Deutschland, garantiert.

Dafür konnten sie fast jeden Preis einfordern. In der Regel reichte der diskrete Hinweis auf einen möglichen Abzug amerikanischer Streitkräfte, um die Bundesregierungen zur Zahlung zu bewegen. Und sie zahlte. Einmal in einem ganz unmittelbaren Sinne in Form hoher sogenannter Devisenausgleichszahlungen für die Stationierung der amerikanischen Truppen oder auch umfangreicher Käufe amerikanischer Waffensysteme. Und dann zwang Washington Bonn immer wieder auf seine politische und militärische Linie. Auch das waren Interventionen.

Als besonders schwierig empfand man den amerikanischen Druck, wenn es um das Verhältnis der Bundesrepublik zu ihrem wichtigsten europäischen Partner ging. Seit Charles de Gaulle – Jahrgang 1890, Offizier in beiden Weltkriegen, führender Kopf des Freien Frankreich – am 1. Juni 1958 zum letzten Ministerpräsidenten der Vierten und ein halbes Jahr später, am 21. Dezember 1958, zum ersten Präsidenten der Fünften Französischen Republik gewählt worden war, ging das Land auf Distanz, wenn nicht auf Konfrontation zu den USA.

Das lag auch an den kaum zu vereinbarenden Einstellungen gegenüber der Dritten Welt. Während die Amerikaner im südlichen Amerika, in der Karibik und dann vor allem in Vietnam eine neue Runde des informellen Kolonialismus eröffneten, schlug de Gaulle den entgegengesetzten Weg ein, nahm schwerste innere Verwerfungen, selbst Attentate auf seine Person in Kauf, und beendete im März 1962 Frankreichs blutigen Krieg in Algerien und damit Frankreichs Kolonialherrschaft in der Welt: 1975 kam mit Valéry Giscard d'Estaing erstmals seit der Unabhängigkeit ein französischer Staatspräsident nach Algerien, und mehr als ein halbes Jahrhundert ging ins Land, bis es im März 2016 mit François Hollande ein Staatspräsident wagte, in Frankreich an den Waffenstillstand zu erinnern.

Flankiert wurde Frankreichs Rückzug aus den Kolonien von seinem Rückzug aus der Atlantischen Allianz. Schon kurz nach Amtsantritt hatte de Gaulle damit begonnen und 1959 zunächst die Mittelmeerflotte, 1964 dann die Atlantikflotte dem NATO-Oberbefehl entzogen. Am 7. März 1966 kündigte der General den Rückzug Frankreichs aus der integrierten Kommandostruktur der Atlantischen Vertragsgemeinschaft an und gab dafür drei Wochen später den 1. Juli als Stichtag bekannt. Frankreich konnte sich das leisten, weil es Atommacht war, weil es als Ständiges Mitglied im Sicherheitsrat der Vereinten Nationen unmittelbar Einfluss auf das Weltgeschehen nehmen konnte – und weil der amerikanische nukleare Schutzschirm über Europa automatisch auch Frankreich mit abdeckte.

Die Bundesrepublik war von diesen Extratouren des großen Franzosen ganz unmittelbar betroffen. Denn Frankreich war der wichtigste europäische Partner und de Gaulle einer der wenigen westlichen Staatsmänner, die auch nach der Zementierung der deutschen Teilung im Sommer 1961 Bonns Forderung nach einer Wiedervereinigung Deutschlands teilten. Jedenfalls rhetorisch. Auch bot der Präsident dem deutschen Nachbarn das Ende der jahrzehntelangen sogenannten Erbfeindschaft an und vollzog es Anfang 1963 mit seinem Partner Konrad Adenauer im Élysée-Vertrag. Natürlich verband de Gaulle die Partnerschaft und die Rückendeckung der Bundesrepublik mit Forderungen und Erwartungen. Und zu diesen zählte die Unterstützung der französischen Großmachtpläne einschließlich der Abgrenzung von, gelegentlich auch der Konfrontation mit den Vereinigten Staaten und dem von Washington dominierten NATO-Bündnis. Für Bonn war dieser Spagat zwischen den beiden wichtigsten Verbündeten nur schwer, manchmal gar nicht durchzuhalten. Denn an den Franzosen führte kaum ein Weg, an den Amerikanern gar kein Weg vorbei. Und das ließen die ihren deutschen Juniorpartner spüren. Nicht wenige hatten damals das Gefühl, als habe die Besatzungszeit nie geendet. Die meisten wussten nicht, dass die Bundesrepublik – auf amerikanischen Druck hin bis in die achtziger Jahre hinein – das einzige NATO-Mitglied war, auf dessen Territorium chemische Waffen stationiert gewesen sind.[16]

Anfang der sechziger Jahre war die Bundesregierung nicht einmal darüber informiert, ob sich atomare Sprengköpfe bei ihren eigenen Streitkräften, also bei der Bundeswehr, befanden. Die Amerikaner verschoben diese nämlich nach einem Plan, von dem die deutschen Truppenführer nichts wussten, so dass die Kommandeure nicht zu sagen vermochten, ob sich in ihrem Frontabschnitt gerade solche Waffen befanden oder nicht. Die Aufforderung an Washington, der Bundesregierung zumindest mitzuteilen, wo die Atomsprengköpfe gelagert waren, blieb bis zum Ende des Kalten Krieges unbeantwortet. Und bis heute hat es keine Bundesregierung geschafft, Washington zu einer Auskunft über den Umfang der in Deutschland verbliebenen nuklearen Kurzstreckenraketen zu bewegen.

Wenn die USA irgendwo auf der Welt Krieg führten oder einen kriegführenden Staat unterstützten, benutzten sie dafür auch ihre Basen in Deutschland, wann und wie immer sie es für richtig hielten. Zum Beispiel während der Nahostkriege. Als Willy Brandt, der vierte Kanzler der Republik, im Zuge des sogenannten Jom-Kippur-Krieges seiner Irritation Ausdruck verlieh, bekam er im Herbst 1973 zu hören: Aus Sicht der Vereinigten Staaten »verfüge die Bundesrepublik nur über beschränkte Souveränität«. Washington behalte »sich das Recht vor, Maßnahmen zu ergreifen, die im Interesse der internationalen Sicherheit als angemessen und notwendig erschienen«.[17]

Mindestens zwei deutsche Bundeskanzler haben ihr Amt jedenfalls mittelbar auch wegen dieses Drucks verloren. Als Ludwig Erhard, der zweite Kanzler, Amerikas Präsidenten Lyndon B. Johnson bat, bei den Devisenausgleichszahlungen ein wenig kürzer treten zu dürfen, fuhr der Ende September 1966 das schwerste Geschütz auf und ließ den Gast aus Bonn wissen, es sei »ihm aber niemals in den Sinn gekommen, dass der Herr Bundeskanzler etwa nicht tun könnte, was zu tun er versprochen habe«.[18] Das galt als Todsünde. Dass der Bundeskanzler wegen einer heimischen Rezession Entlastung brauchte, interessierte den Präsidenten nicht, denn der steckte im vietnamesischen Sumpf fest.

Ähnlich schlecht erging es Helmut Schmidt, dem fünften Kanzler. Der kam einer Aufforderung von Präsident Jimmy Carter nach und legte sich gegen erhebliche innenpolitische Widerstände für eine Stationierung der sogenannten Neutronenbombe in der Bundesrepublik ins Zeug, um dann im Frühjahr 1978 von Carter ohne Vorankündigung zu hören, dass er sich gegen die Produktion dieser Waffe entschieden habe. Das war übel, musste der Bundeskanzler doch einer hochsensibilisierten Öffentlichkeit erklären, warum er auf der nächsten Etappe – nämlich bei der Stationierung neuer Mittelstreckenraketen im Rahmen des sogenannten NATO-Doppelbeschlusses – an der Seite Amerikas blieb. Das hat er nicht geschafft.

Alle Bundeskanzler haben gewusst, dass die Sicherheit des Landes ohne Amerika nicht zu gewährleisten war. Keinem von ihnen sind mehr oder weniger heftige Zumutungen durch die Amerikaner erspart geblieben. Keiner von ihnen hat es gewagt, einem amerikanischen Präsidenten während seiner Amtszeit öffentlich zu widersprechen oder ihm gar in einer für die USA entscheidenden Frage die Gefolgschaft zu verweigern. Erst Gerhard Schröder, der siebte Kanzler, hat das 2003 im Falle des Irakkrieges getan. Aber da waren die Sowjetunion und die von ihr tatsächlich oder vermeintlich ausgehenden Gefahren Geschichte.

Immerhin beruhte das gespaltene Verhältnis auf Gegenseitigkeit. Auch die Europäer, allen voran die Westdeutschen, wurden nämlich gebraucht. Ihr Territorium war das unentbehrliche Stationierungs- und Aufmarschgebiet der amerikanischen Streitkräfte, sollte es zu einem konventionell geführten Krieg zwischen NATO und Warschauer Pakt kommen. Dieser Krieg konnte aus geostrategischen Gründen nur in Europa geführt werden. Und aus amerikanischer – wie sowjetischer – Sicht musste er auch dort, also in Mitteleuropa, geführt, begrenzt und – wenn nötig unter Einsatz von taktischen Nuklearwaffen – entschieden werden, denn das war die einzige verbliebene Möglichkeit, einen Krieg zwischen den USA und der Sowjetunion zu führen, ohne dass sich die beiden Supermächte mit ihren strategischen Atomarsenalen gegenseitig pulverisierten.

Die bedingte Abhängigkeit Amerikas namentlich von der Bundesrepublik unterschied deren Lage fundamental von derjenigen des Libanon und des Iran, Vietnams und Indonesiens, der Dominikanischen Republik und Grenadas, Kubas oder auch Guatemalas, wo es Anfang der fünfziger Jahre während der Amtszeit von Jacobo Árbenz Guzmán zu einer Teilenteignung der United Fruit Company gekommen war. Die Furcht vor einem endgültigen Verlust der Besitzungen dieser Gesellschaft, an der auch Allen Welsh Dulles, der Bruder von Außenminister John Foster Dulles, beteiligt war, und der vermeintlich zunehmende Einfluss der Kommunisten in Guatemala führten dazu, dass der amerikanische Geheimdienst CIA beim Sturz des Präsidenten kräftig nachhalf.

Die CIA blieb in Iberoamerika aktiv. Zum Beispiel in Chile, wo sie seit 1962 konsequent die Gegner des marxistischen Präsidentschaftskandidaten Salvador Allende unterstützte. Der Erfolg hielt sich in Grenzen, denn im Herbst 1970 entschied Allendes Unidad Popular die Wahlen für sich. Drei Jahre konnte Allende sich im Präsidentenamt behaupten, dann fielen er und seine Politik einem blutigen Militärputsch zum Opfer. Inwieweit die Generäle dabei direkt oder indirekt durch Washington unterstützt wurden, sei dahingestellt. In jedem Falle aber hatte die CIA durch massiven Druck auf den Präsidenten das Feld für seine Gegner planiert. »Es ist bestätigte und fortdauernde Politik«, hieß es dort noch vor seinem Amtsantritt, »dass Allende durch einen Putsch beseitigt wird.«[19]

Die Infrastruktur für derartige Operationen besaßen die Amerikaner, seit sie 1946 in Panama die Militärakademie School of the Americas gegründet hatten, die 1984 in die USA verlegt wurde und dort auch das Ende des Kalten Krieges überdauerte. Hier wurden Zehntausende Offiziere aus beinahe zwei Dutzend lateinamerikanischen Ländern ausgebildet, darunter etliche nachmalige Putschisten,

Diktatoren und Massenmörder. Für diese Kreise war die Gefahr durch den linken »Terrorismus« in Lateinamerika auch nach der Beseitigung Allendes nicht gebannt, im Gegenteil. Wiederholt trafen sich 1975 und 1976 ranghohe Militärs aus Argentinien, Bolivien, Brasilien, Paraguay, Uruguay und natürlich Chile, dem Gastgeber der ersten Zusammenkunft, um über entsprechende Gegenmaßnahmen, die »Operación Cóndor«, zu beraten. Als Henry Kissinger im Juni 1976 von seinem argentinischen Amtskollegen darüber ins Bild gesetzt wurde, kommentierte er: »Wenn es Dinge gibt, die getan werden müssen, dann macht es rasch. Aber danach solltet ihr so schnell wie möglich zu normalen Verfahren zurückkehren. Wir wollen, dass ihr Erfolg habt. Wir wollen euch nicht behindern. Ich werde tun, was ich kann.« Sie machten es rasch und ermordeten unter anderem im September 1976 Orlando Letelier, der unter Allende verschiedene Ministerämter innegehabt hatte.[20]

Solche Machenschaften waren seit den fünfziger Jahren an der Tagesordnung. Sie waren typisch für die insgesamt zweifelhafte Mittel- und Südamerikastrategie der USA. Als Eisenhowers Vizepräsident Richard M. Nixon 1958 bei einem Besuch Venezuelas und Perus von einer aufgebrachten Menge beschimpft wurde, war das die Quittung für eine Politik, die einerseits die Diktatoren dieser beiden und anderer Länder unterstützte und andererseits Reformversuche wie später auch die Fidel Castros auf Kuba immer stärker boykottierte und so das Ihre dazu beitrug, dass dieser zusehends mit der Sowjetunion ins Geschäft kam.

Ihren Ursprung hatten die amerikanisch-kubanischen Beziehungen im Spanisch-Amerikanischen Krieg des Jahres 1898. Ausgelöst durch die Vorgänge in der damaligen spanischen Kolonie Kuba, machte er die Vereinigten Staaten zum Erben großer Teile des verbliebenen spanischen Kolonialreiches und trug ihnen unter anderem den Besitz Puerto Ricos und der Philippinen sowie die Kontrolle über Kuba ein. Zwar waren die amerikanischen Truppen 1902 von der Karibikinsel abgezogen worden, doch hatten sich die USA ein militärisches Interventionsrecht vorbehalten, von dem sie seit 1906 wiederholt Gebrauch machten. Darüber hinaus hatte sich Washington zwei Stützpunkte gesichert, von denen es einen, Guantánamo, auch noch über das Ende des Kalten Krieges hinaus behalten sollte.

Im Sommer 1953 erhob sich auf Kuba eine Guerillatruppe unter Führung des Rechtsanwalts Fidel Castro Ruz gegen das Regime des Diktators Fulgencio Batista y Zaldívar. Batista – Offizier, Politiker und Putschist – war im März 1952 durch einen Staatsstreich erneut an die Macht gelangt. Nachdem er sich dann Ende 1958 den Guerilleros geschlagen gegeben und in die Dominikanische Republik abgesetzt hatte, übernahm Fidel Castro am 16. Februar 1959 das Amt des kubanischen Ministerpräsidenten.

Zu Castros engsten Gefolgsleuten zählte der argentinische Arzt Ernesto »Che« Guevara de la Serna, der die revolutionäre Umgestaltung Iberoamerikas zu seinem Anliegen gemacht hatte. Nach einem ersten Einsatz für die Regierung Guzmán in Guatemala diente er Castros Kuba von 1959 bis 1965, zunächst als Nationalbankpräsident, später als Industrieminister. Danach lud er sich bei den Revolutionären im Kongo ein und baute schließlich in Bolivien eine Guerillaorganisation auf. Dort wurde er gefangengenommen, am 9. Oktober 1967 erschossen und unter dem Rollfeld eines Flughafens vergraben.[21] Auch in diesem Fall hatte das kompromisslose Vorgehen seiner Gegner einen beträchtlichen Anteil an dem Mythos, der sich um Che Guevara weit über den amerikanischen Halbkontinent hinaus in der Dritten Welt und bei der europäischen Linken gebildet hat.

Anfänglich waren die Beziehungen der Vereinigten Staaten zu den jungen kubanischen Revolutionären gar nicht schlecht: Fidel Castro war damals noch kein Kommunist, und in einer Zeit, die unter dem Eindruck der durch den Republikaner Joseph McCarthy zwischen 1950 und 1954 veranlassten Jagd auf tatsächliche oder vermeintliche amerikanische Kommunisten stand, war das ein wichtiges Kriterium. Washington erkannte die neue Regierung diplomatisch an, und Castro unternahm eine Reise durch die USA, die sich mitunter wie ein Triumphzug ausnahm und zeigte, dass der neue Mann auf Kuba in der amerikanischen Öffentlichkeit durchaus populär zu werden versprach. Dabei spielte die Grundsympathie der Amerikaner für die aufmüpfigen, freiheitsliebenden Führungsfiguren der Dritten Welt eine Rolle, die man anfänglich auch im Falle des Vietnamesen Ho Chi Minh hatte beobachten können.

Das sollte sich ändern, als Castro seine Reformen in Angriff nahm, mit denen er unter anderem auf die Drosselung des Zuckerimports durch die USA reagierte. Sie begannen am 4. Juni 1959 mit einem ersten Agrarreformgesetz und der Beseitigung des privaten Großgrundbesitzes und gipfelten schließlich in der Verstaatlichung von über 30 großen amerikanischen Unternehmen, darunter Zuckermühlen, Banken, Telefon- und Elektrizitätsgesellschaften. Seit Anfang Juli 1960 reagierte Washington mit einer drastischen Reduktion der kubanischen Zuckerimporte, es folgte ein partielles Handelsembargo gegen die Insel und schließlich am 3. Januar 1961, also noch während der Präsidentschaft Eisenhowers, der Abbruch der diplomatischen Beziehungen. Viele Jahrzehnte mit schweren Verwerfungen gingen ins Land, bis beide Seiten wieder ins Gespräch kamen. Erst als im März 2016 mit Barack Obama ein amtierender amerikanischer Präsident – der erste seit 88 Jahren – kubanischen Boden betrat, war der Bann gebrochen.

Mit dem Abbruch der diplomatischen Beziehungen zu Kuba wollten die USA Anfang 1961 nicht zuletzt den Weg für eine militärische Intervention auf der Insel freimachen. Inzwischen hatte die CIA mit der militärischen Ausbildung von Exilkubanern begonnen. Eisenhowers Nachfolger John F. Kennedy hatte zwar ursprünglich die Pläne gebilligt, aber schließlich verweigerten die USA den Invasoren die in Aussicht gestellte aktive Unterstützung insbesondere durch die Luftwaffe. Und so scheiterte am 20. April 1961 der Versuch einer Gruppe von Exilkubanern, in der Schweinebucht der Insel an Land zu gehen. Es war ein Fiasko mit Folgen. Denn mit ihren Manövern trieben die Vereinigten Staaten Kuba, ähnlich wie zuvor Ägypten und andere Länder der Dritten Welt, geradezu in die Arme Moskaus und damit des Kommunismus. Schon im Februar 1960 war ein erstes kubanisch-sowjetisches Handels- und Kapitalhilfeabkommen unterzeichnet worden. Jetzt gab es die Chance, die Insel militärisch zu nutzen. Als der Kreml sie ergriff und vor der amerikanischen Haustür in Serie Atomraketen stationierte, stand die Welt, wie im fünften Kapitel berichtet, für einen Augenblick am Abgrund.

An sich waren die Sowjets an Kuba nicht interessiert. Sicher fanden sie es hochwillkommen, dass sich der Kommunismus einmal ohne Zwang von außen in Theorie und Praxis mit Erfolg exportieren ließ. Aber ohne die geostrategisch exponierte Lage der Insel hätte der Kreml dort nie und nimmer ein veritables nukleares Arsenal eingerichtet. Denn die Sowjets respektierten den amerikanischen Anspruch auf Iberoamerika und die Karibik schon deshalb stillschweigend, weil sie keinerlei Möglichkeiten hatten, ihn militärisch unmittelbar infrage zu stellen. Wenn sie eine Chance sahen, und es gab sie reichlich, linke Bewegungen zu unterstützen und damit den amerikanischen Einfluss zu untergraben, nutzen sie diese. Weiter gingen sie nie.

Dafür sprach auch eine im weitesten Sinne historisch bewährte Erwägung, eine über Jahrhunderte gewachsene Erfahrung. In realistischer Einschätzung der diesbezüglich begrenzten Möglichkeiten des Riesenreiches hatten schon die Zaren von überseeischen Abenteuern abgesehen und sich auf Ziele jenseits der Landesgrenzen verlegt. Selbst im Zeitalter des Imperialismus waren sie dabei geblieben und hatten sich seit den sechziger Jahren des 19. Jahrhunderts auf die Eroberung Turkestans oder auch die Abtretung der Amur- und der Küstenprovinz durch China konzentriert. Eine Erfolgsgarantie war das natürlich nicht. Auch bei der grenzüberschreitenden Expansion konnte man scheitern. Das hatten die Russen um die Jahrhundertwende in China erlebt, und das erfuhren die Sowjets während der achtziger Jahre in Afghanistan. Für ihre schwere Niederlage gab es neben anderen vor allem einen Grund: Gegen den Guerillakrieg der Mudschaheddin richtete ihre moderne Armee so wenig aus wie die amerikanischen Streitkräfte gegen den Guerillakrieg des Vietcong.

Nicht zu fassen. Gegen die »bewegliche Kampfführung« der Guerilla haben reguläre Armeen kaum
eine Chance. Das erleben die Japaner in China, die
Sowjets in Afghanistan und die Amerikaner in Vietnam. Selbst der massive Einsatz amerikanischer
B-52-Bomber zwingt den Vietcong nicht in die Knie.

KAPITEL 8

GUERILLA

Was ist das Wesen der Guerilla? Die »bewegliche Kampfführung«, schrieb Mao Tse-tung gegen Ende des Jahres 1936.[1] Das war eine Zeit, in der die chinesischen Kommunisten gerade eine der schwersten Krisen ihrer kurzen Geschichte hinter sich hatten und auf ein Zweckbündnis mit dem nationalchinesischen Gegner, Chiang Kaisheks Kuomintang, einschwenkten, um gemeinsam die japanischen Invasoren zu bekämpfen.

Grundsätzlich unterscheidet sich die »bewegliche Kampfführung« der Guerilla nicht von der »regulären Kriegführung« konventioneller Armeen. Allerdings tritt die Guerilla immer aus einer unterlegenen Position heraus an. Denn der Gegner besitzt bei der Mannschaftsstärke, der Bewaffnung, den Ressourcen, den Transportkapazitäten einen uneinholbaren Vorsprung. Aus dieser Not muss die Guerilla eine Tugend machen, und das heißt: Sie muss den Vorteil der kleinen, leicht gerüsteten, schnell verlegbaren, nicht auf feste Basen angewiesenen Einheiten nutzen, muss überraschend und unerwartet, entschlossen und schnell, beweglich und flexibel zuschlagen.

Eine kräftezehrende Strategie, bei der im Falle der chinesischen Roten Armee von Anfang an hohe eigene Verluste einkalkuliert wurden. Aber sie führte zum Erfolg und wurde zum Vorbild. Auch für Ho Chi Minh und die nordvietnamesischen Kommunisten. Sie waren von Anfang an entschlossen, die 1954 auf der Genfer Waffenstillstandskonferenz oktroyierte Lage zu ihren Gunsten zu korrigieren. Seit 1960 wurde aus dem Kampf einzelner Guerillagruppen gegen das südvietnamesische Regime ein offener Krieg. Im Dezember hoben sie die Front National de Libération du Vietnam-Sud (FNL) aus der Taufe, für die sich der Name »Vietcong« einbürgerte. Nicht von ungefähr stand bei der Namensgebung der »Nationalen Befreiungsfront« Südvietnams die algerische »Nationale Befreiungsarmee« Pate. Dort wurden die Franzosen bekämpft, hier waren es die Amerikaner – zunächst mittelbar, seit dem Frühjahr 1965 dann direkt und kompromisslos.

Auch der starke Mann Südvietnams sabotierte das in Genf Vereinbarte, freilich aus anderen Gründen als sein Gegenspieler Ho Chi Minh. Ngo Dinh Diem lehnte, durch Washington gedeckt, die in Genf vorgesehenen Wahlen für ganz Vietnam ab, ließ sich im Juni 1954 durch Kaiser Bao Dai zum Ministerpräsidenten ernennen und, nachdem er diesen durch einen Staatsstreich entmachtet hatte, im Oktober 1955 durch die Südvietnamesen zum Präsidenten der Republik Vietnam wählen. Die lokalen Wahlergebnisse von bis zu 150 Prozent ließen erkennen, was der Mann von Demokratie hielt.

Es waren solche Defizite und Probleme, vor allem aber die Unterdrückung der buddhistischen Bevölkerungsmehrheit durch die herrschende korrupte, reformunwillige Clique um den »militanten«[2] Katholiken Diem, die Amerikas Geheimdienst auf den Plan riefen. Durch die CIA ermutigt und von Präsident John F. Kennedy ausdrücklich gebilligt, putschte am 2. November 1963 eine Gruppe südvietnamesischer Offiziere gegen Ngo Dinh Diem. Der Präsident und sein Bruder wurden von den Putschisten gefesselt, erschossen und verstümmelt.

Der Putsch war ein Paradebeispiel für den Dilettantismus, die Ignoranz und die Überheblichkeit, mit denen die Vereinigten Staaten während des Kalten Krieges gegenüber der Dritten Welt operierten. Ein erstaunlicher Befund, wenn man bedenkt, dass die Karriere der USA mit einer Rebellion gegen die britischen Kolonialherren begonnen hatte. Ein bedenklicher Befund, wenn man weiß, dass die Amerikaner ihre Verbündeten gedrängt, wenn nicht gezwungen haben, ihnen in diese Sackgassen zu folgen und sie bei ihren mitunter haarsträubenden Aktionen politisch, wirtschaftlich, auch militärisch zu unterstützen oder doch zumindest zu entlasten.

Im Falle Vietnams kamen die USA 1963 vom Regen in die Traufe. Vor Ort inzwischen mit mehr als 16 000 Beratern engagiert, blieb Washington nach dem geduldeten Sturz des alten Regimes kaum eine Option, als das neue zu unterstützen. Dabei hätte es durchaus einen Anlass für einen Kurswechsel gegeben. Denn drei Wochen nach der

Ermordung Diems fiel auch Kennedy einem Anschlag zum Opfer. Seinem Nachfolger, dem Vizepräsidenten Lyndon B. Johnson, fehlte es aber am Willen und wohl auch am Mut, das vietnamesische Abenteuer zu beenden. Hinzu kam, dass sich Nordvietnam und der Vietcong die Verwerfungen des Südens zunutze machten und dort – vor allem in den Reihen der Landbevölkerung und mit einer Mischung aus Abschreckung und Angebot – zusehends Fuß fassen konnten. Das war Wasser auf die Mühlen der amerikanischen Verfechter der Dominotheorie: Wenn man nicht aufpasste und den ersten Stein in der Reihe umfallen ließ, dann musste es unweigerlich zu einer Kettenreaktion kommen. Um dem vorzubeugen, schritten die Vereinigten Staaten zur Tat und entschieden sich für ein unverhülltes, direktes militärisches Engagement. Vietnam war der erste Dominostein. Er musste stabilisiert werden. Koste es, was es wolle.

Den Anlass für ein direktes Eingreifen lieferten Anfang August 1964 Meldungen von Angriffen nordvietnamesischer Torpedoboote auf einen amerikanischen Zerstörer im Golf von Tonkin. Der Geschichte haftete zwar von Anfang an etwas Mysteriöses an, doch verschaffte sie Johnson die Legitimation für ungewöhnlich weitreichende Maßnahmen. Am 7. August verabschiedeten sowohl der amerikanische Senat als auch das Repräsentantenhaus – dieses sogar ohne Gegenstimme – eine Resolution. Durch diese wurde der Präsident ermächtigt, »alle notwendigen Maßnahmen zu treffen, um jedweden bewaffneten Angriff gegen die Streitkräfte der USA zurückzuschlagen und weitere Aggressionen zu verhindern«.[3] Das kam einer Kriegserklärung gleich, wenn die USA eine solche auch nie förmlich aussprachen.

Johnson wollte zwar die Eskalation, hatte den Text der Resolution auch schon Wochen vor dem Zwischenfall im Golf von Tonkin vorbereiten lassen, scheute dann aber vor den Konsequenzen zurück, die ihm die Militärs präsentierten. Das Debakel der französischen Indochinaarmee vor Augen, waren nämlich führende Vertreter der amerikanischen Generalität zu der Erkenntnis gelangt, dass Nordvietnam und der Vietcong nur durch einen entschieden geführten Krieg mit vollem Einsatz von bis zu einer Million Mann militärisch zu besiegen seien. Das lehnte der Präsident ab, weil er sich nicht sicher war, wie die amerikanische Öffentlichkeit reagieren würde.

Und so ließ er zu, dass die Vereinigten Staaten Schritt für Schritt und unter immer größeren Verlusten in einen nicht zu gewinnenden Guerillakrieg hineingezogen wurden. Am 8. März 1965 gingen in Da Nang die ersten Marineinfanteristen an Land. 1966 standen schon fast 400 000 amerikanische Soldaten in Südostasien, 1969 waren es 543 000, ohne dass eine Entscheidung in Sicht gewesen wäre. Dabei hatte Johnson bereits Ende März 1968 eingelenkt, einseitig die Einstellung des massiven Bombardements nördlich des 20. Breitengrades für den Fall substantieller Verhandlungen angekündigt – und bei diesem Anlass den Verzicht auf eine erneute Kandidatur erklärt.

Das war auch eine Reaktion auf die sogenannte Tet-Offensive des Vietcong, von der Amerikaner und Südvietnamesen acht Wochen zuvor völlig überrascht worden waren. In ihrem Verlauf stieß der Gegner bis ins Zentrum Saigons vor. Zwar endete die Offensive mit einer militärischen Niederlage für den Vietcong, doch mit einem psychologischen Sieg Nordvietnams. Denn Amerikas Präsident und seine Leute brachten angesichts der rasant anschwellenden Protestbewegung im eigenen Land nicht mehr die Kraft auf, das militärische Potential drastisch aufzustocken, so den Druck auf die Hauptstreitmacht des Gegners zu erhöhen und ihn bei den in Paris anlaufenden Sondierungen zu Konzessionen zu bewegen. Das musste dem Nachfolger gelingen. Wie auch immer.

Der Republikaner Richard Nixon, der Anfang November 1968 als Sieger aus dem Präsidentschaftswahlkampf hervorging, hatte diesen mit dem Versprechen eines »ehrenvollen« Abzugs der USA von den Schlachtfeldern Vietnams geführt. Wie er das anstellen wollte, wurde allerdings erst im März 1969 deutlich, als sein Verteidigungsminister die »Vietnamisierung« des Krieges ankündigte, und das hieß: Südvietnam sollte parallel zum Rückzug der amerikanischen Streitkräfte instand gesetzt werden, sich aus eigener Kraft militärisch, aber auch politisch und wirtschaftlich gegen Nordvietnam und den Vietcong zu behaupten. Es ist schwer vorstellbar, dass man in Washington je an einen Erfolg dieser Strategie geglaubt hat.

Und es ist unfassbar, dass man dort aus der fast zwangsläufig folgenden Katastrophe nichts gelernt hat, sondern Jahrzehnte später im Irak und in Afghanistan genauso verfuhr.

In allen Fällen spielte letztlich der Druck der amerikanischen, dann auch der Weltöffentlichkeit die ausschlaggebende Rolle. Am 15. November 1969 demonstrierten in Washington bis zu 500 000 Menschen gegen den Krieg in Vietnam – ein in der amerikanischen Geschichte unerhörtes Ereignis. Als am folgenden Tag bekannt wurde, dass amerikanische Soldaten 1968 in My Lai Hunderte vietnamesische Zivilisten getötet hatten, dämmerte es auch den Letzten, dass es in Vietnam nicht um ein klassisches militärisches Kräftemessen wie zuletzt in Korea ging. Vielmehr führten die Amerikaner unter anderem mit flächendeckendem Einsatz von Napalm und von Chemikalien einen brutalen Krieg gegen die Zivilbevölkerung – und gegen die Natur. Zwischen 1961 und 1971 versprühte die Luftwaffe über gut zweieinhalb Millionen Hektar Land Herbizide der Typen »Purple«, »Pink«, »Orange«, »White« und »Blue«, so genannt nach den Farbcodes der Fässer, in denen das Gift angeliefert wurde. Alleine 1967 wurden fast 20 Millionen Liter über Vietnam abgelassen, die meisten vom dioxinhaltigen Typ »Orange«. Ziel waren die konsequente Entlaubung der Wälder und die Zerstörung der Nahrungsgrundlagen der Guerilla.[4]

Am Ende des Krieges galten 1,65 Millionen Hektar Wald als vollständig zerstört.[5] In Verbindung mit den von B-52 gelegten Bombenteppichen und dem Abwurf einzelner Fliegerbomben von der Dimension eines VW-Käfers, wie der berüchtigten Daisy Cutter, war der Vietnamkrieg auch der erste systematische Krieg gegen die Umwelt, ein »Ökozid«. Und er war ein »Genozid«. Bis heute – inzwischen in der vierten Generation – fordert Agent Orange Opfer: Viele der Kinder, die in einer Spezialklinik versorgt werden, »sind verkrüppelt, laufen auf Oberschenkelstümpfen, haben aufgetriebene Knubbel statt einer Hand. Einigen Kindern fehlen Augen und Ohren, andere liegen mit einem Wasserkopf im Bett.« Insgesamt wird die Zahl der Agent-Orange-Opfer auf mehr als drei Millionen geschätzt.[6]

Gleichwohl konnten die Amerikaner dem Vietcong weder mit dieser chemischen Kriegführung noch mit jenen massiven Bombenangriffen beikommen, die sie seit Mitte Dezember 1972 auch wieder gegen Hanoi und andere Städte Nordvietnams flogen. Der Gegner beherrschte die »bewegliche Kampfführung« der Guerilla so perfekt, dass die Vereinigten Staaten fast zwangsläufig weitere Grenzen überschritten: Ende April 1970 gab Nixon den vorübergehenden Einmarsch amerikanischer Verbände in das Gebiet von Vietnams neutralem Nachbarn Kambodscha bekannt, das wie Laos schon seit Jahren systematisch bombardiert wurde. Zweck der Operationen war die Zerstörung von Nachschubwegen und Militärbasen Nordvietnams und des Vietcong. Schon im Frühjahr 1961 hatte der deutsche Botschafter in Saigon festgestellt, eine »Vernichtung« des Vietcong sei »ausgeschlossen, solange nicht die Infiltration aus den benachbarten Staaten ausgeschaltet« sei.[7]

Mit dieser brutalen, völkerrechtswidrigen Aktion wollte Washington den Gegner im wahrsten Sinne an den Verhandlungstisch und dort zu einem Waffenstillstand bomben. Schon seit Anfang 1969 verhandelten Amerikaner und Nordvietnamesen in Paris – offiziell und ohne jeden Erfolg. Geheim und im Ergebnis erfolgreich sondierten parallel Henry Kissinger, auf amerikanischer Seite der politische Stratege des Krieges und der Verhandlungen, und für Nordvietnam Le Duc Tho. Am 27. Januar 1973 wurde der Waffenstillstand unterzeichnet.

58 000 Amerikaner haben in diesem Krieg ihr Leben verloren. Die Verluste Vietnams waren ungleich höher. Zwei Millionen Tote, ungezählte Witwen und Waisen, ein Heer körperlich und seelisch versehrter und verkrüppelter Menschen und ein Land, das nach fast zehnjährigem Bombardement in eine Kraterlandschaft verwandelt worden war. Mehr als 14 Millionen Tonnen Kampfstoffe aller Art waren allein bis 1971 über Vietnam abgeworfen worden – siebenmal mehr als während des Zweiten Weltkriegs an allen Fronten.[8] Vergleichbar war die Bilanz für Vietnams Nachbarn Kambodscha und Laos, auf das relativ zu seiner Fläche sogar noch mehr Bomben abgeworfen wurden als auf Vietnam.

Den USA bescherte der Dschungelkrieg die erste Niederlage ihrer Geschichte, sieht man einmal vom Krieg gegen die vormaligen britischen Kolonialherren zu Beginn des 19. Jahrhunderts ab. Darüber hinaus sorgte er für ein kollektives Trauma, von dem sich die Amerikaner lange nicht erholt haben, und einen beispiellosen Verlust an Vertrauen sowie Ansehen in der Welt, auch in den Reihen der Verbündeten. Dass die vormaligen Kriegsgegner nach dieser Bilanz wieder zu einer Normalisierung ihres Verhältnisses gefunden haben, erstaunt zunächst. Aber vielleicht liegt gerade im absoluten Tiefpunkt, im Nullpunkt der Beziehungen auch eine Chance für den Neuanfang. So war es im Verhältnis Deutschlands zu seinen vormaligen Gegnern und Opfern. Und so war es im Verhältnis der USA zu Vietnam, wenn sich diese auch bis heute weigern, die Opfer des Krieges zu entschädigen: Zuletzt wies der Supreme Court 2009 eine Klage Vietnams auf Entschädigung der Opfer von Agent Orange ab.

Aber es gab bescheidene Signale, so eine Finanzhilfe für Familien mit schwerstbehinderten Angehörigen, die der Kongress 2014 beschloss, oder auch Unterstützung bei der Beseitigung der Dioxinrückstände, die sich durch die Lagerung von Agent Orange gebildet hatten. Es gab auch Gesten von hohem symbolischen Wert, wie vor allem – im November 2000 mit Bill Clinton beginnend – Besuche amerikanischer Präsidenten in Vietnam, und im Mai 2016 sogar die Aufhebung des amerikanischen Waffenembargos. Geburtshelferin dieser zuletzt rasanten Annäherung der vormaligen Kriegsgegner war die Volksrepublik China. Denn deren Offensive im Ost- und im Südchinesischen Meer, von der im letzten Kapitel berichtet wird, wurde in Hanoi wie in Washington mit wachsender Sorge verfolgt.

Nach dem Sinn des Vietnamkrieges zu fragen erübrigte sich für die Amerikaner nicht erst, als klar wurde, dass sich Nordvietnam nicht an die Pariser Vereinbarungen halten würde. Am 29. April 1975 wurden die letzten Amerikaner – vor den Augen der Weltöffentlichkeit und auf demütigende Art und Weise – vom Dach eines von der CIA genutzten Gebäudes aus Saigon evakuiert. Am folgenden Tag rollten kommunistische Panzer in die Hauptstadt des Südens ein, die fortan Ho-Chi-Minh-Stadt hieß.

Für die Vietnamesen war der Krieg, den sie seit 1945 mehr oder weniger ohne Unterbrechung führten, damit noch nicht zu Ende. Nach Franzosen und Amerikanern waren es jetzt Kambodschaner und Chinesen, gegen die man zu Felde ziehen musste. Am 25. Dezember 1978 begann die vietnamesische Armee in Kambodscha eine Großoffensive, an der schließlich bis zu 250 000 Mann teilnahmen. Am 8. Januar 1979 wurde dort eine provietnamesische Regierung installiert und am 11. Januar die »Volksrepublik Kampuchea« proklamiert. Ohne den Hintergrund des Vietnamkrieges ist das nicht zu verstehen. Denn schon früh hatten die Amerikaner auch Kambodscha in diesen Konflikt hineingezogen.

Zwar steckten die USA – anders als beim gescheiterten Versuch von 1959 – nicht unmittelbar hinter dem Staatsstreich, der Kambodschas König Norodom Sihanouk am 18. März 1970 vom Thron holte. Doch nutzten die Amerikaner die Situation und ließen sich auf eine Zusammenarbeit mit den Putschisten um Regierungschef General Lon Nol ein. Was folgte, erinnerte an die zeitgleiche Entwicklung im benachbarten Südvietnam. Das Regime Lon Nols war schwach und hing am amerikanischen Tropf.

Sihanouk wiederum, der 1941 den Thron bestiegen hatte und danach mal König, mal Premier- oder Außenminister, mal schlicht »Prinz« gewesen war, setzte sich nach Peking ab. Das war konsequent, hatte Kambodscha doch schon 1958 diplomatische Beziehungen zur international weitgehend isolierten Volksrepublik China aufgenommen. Jetzt suchte und erhielt Sihanouk chinesische Rückendeckung – unter der Bedingung, sich seinerseits mit den kambodschanischen Kommunisten zu arrangieren.

Auch dieses Zweckbündnis des gestürzten Königs mit den Kommunisten seines Landes, den Roten Khmer, war ein Teufelspakt. Seit 1960 wurden diese von Pol Pot geführt. Und der nutzte jetzt die immer noch hohe Popularität des im chinesischen Exil lebenden Königs für die Arbeit an der bescheidenen Reputation seiner Truppe. Sihanouk wiederum hoffte, die Roten Khmer als Steigbügelhalter einer künftigen Rückkehr in seine Heimat einsetzen zu können. Und die Stifter des Pakts, die Chinesen, sahen eine Chance,

den dynamisch expandierenden Nordvietnamesen etwas entgegenzusetzen.

Inzwischen hatten sich diese nämlich von ihren chinesischen
Förderern und Lehrmeistern abgesetzt. Der Krieg gegen den Süden
und gegen die Amerikaner hatte Nordvietnam die Chance eröffnet,
sich in Südostasien als ernstzunehmender, nicht mehr zu übergehen-
der Machtfaktor zu behaupten und zu etablieren. Je konsequenter
Hanoi diese Chance nutzte, umso wichtiger wurden Pol Pot und die
Roten Khmer für Peking. Und so war es kein Zufall, dass zeitgleich
mit der Evakuierung der letzten Amerikaner aus Saigon im benachbarten Kambodscha das amerikahörige Regime Lon Nols die Waffen streckte und Pol Pots Rote Khmer in Phnom Penh die Macht
übernahmen.

Was dort vor sich ging, erinnerte an die Zeiten des Großen
Sprungs nach vorne und der Großen Proletarischen Kulturrevolution in China, von denen im vierten Kapitel berichtet wurde. Nur
dass Pol Pot noch radikaler vorging als sein Lehrer Mao Tse-tung:
Die Bevölkerung der Städte wurde gewaltsam evakuiert und in
Agrarkommunen gesteckt. Schulen wurden geschlossen, Bibliotheken zerstört, Bücher verbrannt. »Menschen, die lesen und schreiben
konnten, die Träger des alten, infektiös gefährlichen Wissens, wurden massenhaft hingerichtet.« Von 28 000 buddhistischen Priestern
überlebten nur 800. Gut ein Viertel der kambodschanischen Bevölkerung des Jahres 1975 wurde ermordet. Um Munition zu sparen,
wurden die meisten erschlagen.[9] Die »Schädelberge« zeugen bis
heute von diesem Wüten.

Zu diesem Feldzug der Roten Khmer gehörte auch die konsequente Ausrottung der vietnamesischen Minderheit, und das wiederum war ein Anlass für den Einmarsch Vietnams in Kambodscha, Grenzkonflikte waren ein zweiter. Und dann gab es noch den
Faktor China, das nach dem Tod Maos im September 1976 außenpolitisch neue Wege einschlug, sich dabei konsequent Kambodscha
annäherte und damit zwangsläufig auf Distanz zu seinem vormaligen Zögling Vietnam ging. Jetzt zeigte sich auch, welcher Sprengstoff
in den vietnamesisch-chinesischen Beziehungen steckte. Vietnam

hatte ja auch einmal zu China gehört, war danach zeitweilig tribut-
pflichtig gewesen und stritt sich jetzt mit Peking unter anderem
über die Spratly- und Paracel-Inseln. Davon wird im letzten Kapitel
berichtet. Im Lichte der Geschichte wenig überraschend kam es –
parallel zur Vernichtung der vietnamesischen Minderheit in Kambodscha – zur Verfolgung und Vertreibung der chinesischen Minderheit in Vietnam.

Als Vietnam dann auch noch sein Verhältnis zur Sowjetunion
intensivierte, Moskau sogar die ehemaligen amerikanischen Militärbasen überließ, im November 1978 einen Freundschaftsvertrag mit
der Sowjetunion schloss und schließlich Chinas neuen Verbündeten
Kambodscha angriff, musste Peking handeln. Deng Xiaoping –
Jahrgang 1904, in Frankreich und der Sowjetunion geschult, trotz
tiefer Demütigungen während der Kulturrevolution ungebrochen –
war der Mann der Stunde. In gewisser Weise Nachfolger und Erbe
Chou En-Lais, führte er das durch Mao bis in die Grundfesten er-
schütterte Land auf einen Weg, der China binnen dreier Jahrzehnte
zu einem der in jeder Hinsicht führenden Akteure der Weltpolitik
machte.

Der Preis, den Deng Xiaoping China und den Chinesen dafür
kurz- und mittelfristig abverlangte, war hoch. Dazu gehörte die brutale Niederschlagung der inneren Opposition: Als sich Anfang Juni
1989 auf dem Platz des Himmlischen Friedens in Peking Zehntausende vorwiegend junge Demonstranten einfanden und eine demokratische Öffnung des Systems forderten, setzte die chinesische
Führung die Armee ein, und die richtete in der Nacht vom 3. zum
4. Juni ein Blutbad an. Die Zahl der Toten und Verwundeten ging
wohl in die Tausende.

Mit einem Debakel hatte auch die erste außenpolitische Offensive Deng Xiaopings geendet. Jedenfalls auf den ersten Blick. Am
17. Februar 1979 rückte die chinesische Volksbefreiungsarmee mit
erheblichen Kräften nach Vietnam ein. Deng Xiaoping, zu diesem
Zeitpunkt stellvertretender chinesischer Ministerpräsident, wagte
den Feldzug gegen den langjährigen Zögling, weil China einen neuen
Partner hatte: Sechs Wochen zuvor, am 1. Januar 1979, hatten die USA

volle diplomatische Beziehungen zur Volksrepublik China aufgenommen und im selben Atemzug diejenigen zu Taiwan, ihrem langjährigen Schützling, abgebrochen.

Vier Wochen später war dann Deng Xiaoping zu einem Staatsbesuch nach Washington gereist und hatte sich rückversichert, dass Amerika beim geplanten Einfall nach Vietnam ruhig bleiben werde. Tatsächlich erklärten die Vereinigten Staaten unmittelbar nach Beginn des chinesischen Vietnamfeldzugs öffentlich, der Vorgang betreffe nicht ihr »besonderes Nationalinteresse«.[10] Ganz anders, nämlich mit scharfem Protest, hatten sie hingegen auf den wenig zuvor begonnenen Einmarsch Vietnams in Kambodscha und den Sturz des Terrorregimes von Pol Pot reagiert. Dabei hatte das amerikanische Repräsentantenhaus dessen Verbrechen noch im April 1978 klar verurteilt.

Dieses Stück zählt fraglos zu den spektakulärsten aus dem Repertoire der in dieser Hinsicht nicht gerade armen Bühne der Weltpolitik. Dargeboten wurde alles, was ein großes Drama ausmacht. Vertrauen und Verrat, Macht und Ohnmacht, diplomatisches Geschick und politischer Zynismus – und nicht zuletzt: Guerilla gegen Guerilla. Alle drei Armeen – die vietnamesische, die kambodschanische, die chinesische sowieso – waren ja mittelbar oder unmittelbar durch Maos Schule gegangen. Was konnte am Ende herauskommen, wenn jetzt zuerst die vietnamesische die kambodschanische, dann die chinesische die vietnamesische Volksarmee angriff?

Es war ein klarer Sieg Vietnams, sowohl über das angegriffene Kambodscha als auch über den Angreifer China, das seine sogenannte Strafexpedition schon nach vier Wochen kleinlaut wieder einstellte. Der Grund für diesen prestigeträchtigen Erfolg Vietnams ist heute eindeutig identifizierbar. Während die chinesischen und kambodschanischen Streitkräfte immer noch an »Mao Tse-tungs Konzeptionen des Volks- und Partisanenkrieges« festhielten, hatte die vietnamesische Armee dessen leitende Ideen zwar nicht aufgegeben, sie aber gewissermaßen modernisiert. Außerdem hatte sie zuvor gegen zwei hochgerüstete westliche Armeen – erst die französische, dann die amerikanische – gekämpft und diese besiegt. Vor allem aber war sie mit modernsten sowjetischen sowie erbeuteten amerikanischen Waffensystemen ausgerüstet.[11]

Aber der Sieger einer Schlacht ist nicht zwangsläufig auch der Gewinner eines Krieges. Der Preis, den Vietnam zahlte, war hoch. Zunächst in einem ganz unmittelbaren Sinne, denn die zehnjährige Besetzung Kambodschas trug mit dazu bei, dass man ein stehendes Heer von einer Million Mann unterhalten musste, und die wiederum fehlten beim Wiederaufbau der völlig zerstörten Heimat. Deng Xiaoping ging im Sommer 1979 davon aus, dass Hanoi auf tägliche Zahlungen von mindestens zwei Millionen US-Dollar angewiesen sei. Isoliert wie das Land war, konnten diese Gelder nur aus Moskau kommen, und damit von einem Partner, der sich in einer wenig stabilen Verfassung befand.

Henry Kissinger, dessen Verbindungen nach China auch nach seinem Ausscheiden aus den Ämtern des Nationalen Sicherheitsberaters und Außenministers exzellent blieben, hat später gesagt, Chinas Krieg gegen Vietnam habe eigentlich der Sowjetunion gegolten. Deng Xiaoping wollte testen, ob die Sowjets die Kraft und den Willen hatten, ihrem angegriffenen Schützling Vietnam zur Hilfe zu eilen. Sie taten es nicht, sondern beschränkten sich auf Proteste und eher symbolische Hilfsmaßnahmen. Damit ließ die sowjetische Weltmacht aber nicht nur Vietnam hängen, sondern kapitulierte auch vor der neuen Liaison Chinas mit den USA, ihren beiden großen weltpolitischen Gegnern. Das konnte man als ein »erstes Symptom« für ihren Niedergang deuten: »Womöglich unternahmen die Sowjets mit dem Einmarsch nach Afghanistan knapp ein Jahr später den Versuch, die eigene Schwäche angesichts des chinesischen Angriffs auf Vietnam zu kompensieren.«[12]

Sollte das der Fall gewesen sein, ging der Schuss nach hinten los. Denn das Scheitern in Afghanistan ließ diese innere und äußere Schwäche nicht nur offenkundig werden, sondern verschärfte sie in einem gefährlichen Maße. Am Ende wurde der Afghanistanfeldzug für die Sowjetunion zu einem ähnlichen Debakel, wie es ein Jahrzehnt zuvor der Vietnamfeldzug der USA gewesen war. Allerdings zehrte der Krieg im Falle der Vereinigten Staaten nicht nennenswert an deren materieller Substanz, im Falle der Sowjetunion ging er an den verbliebenen Rest ihrer von Anfang an brüchigen Struktur.

Am 24. Dezember 1979 rückte die Sowjetarmee in Afghanistan ein. Ohne die Vorgänge im benachbarten Iran ist die Operation »Storm 333« – so der interne Code– nicht zu verstehen. Am 16. Januar 1979 verließ der Schah von Persien, Resa Pahlewi, den Iran, wie das Land seit 1935 offiziell heißt. Damit endete ein Kapitel iranischer Geschichte, das ein gutes Vierteljahrhundert zuvor aufgeschlagen worden war, als die USA und Großbritannien im August 1953 Premierminister Mohammed Mossadegh mit Hilfe der CIA aus dem Amt geputscht und damit unter anderem einer drohenden Verstaatlichung der Ölindustrie vorgebeugt hatten. Der kurzzeitig ins Ausland geflohene Schah wurde von Briten und Amerikanern wieder installiert und garantierte fortan nicht nur eine sichere Ölnachfuhr, sondern auch politische Linientreue. Namentlich Washington hatte diese Loyalität stets zu honorieren gewusst, bevorzugt durch Waffenlieferungen: In den ausgehenden siebziger Jahren war Persien der größte Waffenimporteur der Dritten Welt, bezeichnenderweise gefolgt von Saudi-Arabien, Jordanien, Syrien und dem Irak.

Mit der Flucht Anfang 1979 kapitulierte der Schah erneut vor den politischen Verhältnissen, in diesem Fall vor der »Iranisch-Islamischen Nationalbewegung«. Sie hatte sich teils im Untergrund etabliert. Ihr religiöses Oberhaupt und zugleich führender politischer Kopf Ayatollah Khomeini steuerte die im Januar 1978 einsetzenden blutigen Unruhen zunächst vom irakischen, dann vom französischen Exil aus. Nach seiner Rückkehr in den Iran Anfang Februar und einer Volksabstimmung proklamierte der Ayatollah am 1. April 1979 die Islamische Republik Iran. Das war mehr als ein lokales Ereignis, denn die erfolgreiche iranische »Revolution« gab weltweit den Startschuss für eine Renaissance des islamischen »Fundamentalismus«. In diesem Zusammenhang setzte sich der Begriff, der eigentlich der amerikanischen protestantischen Theologie des 19. Jahrhunderts entstammt, auch in der westlichen Welt als Bezeichnung für die hinter der Islamisierung steckenden Kräfte fest.

Sie ließ auch den Kreml nicht unbeeindruckt. Immerhin lebten in der Sowjetunion 50 Millionen Muslime, die meisten von ihnen in der unmittelbaren Nachbarschaft zum Iran, und in immerhin sechs von 15 Republiken der UdSSR stellten die Muslime die Mehrheit der Bevölkerung. Unmittelbar ausgelöst wurde die sowjetische Intervention im benachbarten Afghanistan allerdings durch die dortigen revolutionären Umbrüche, die dem Kreml zunächst zuspielten. Am 27. April 1978 hatte die kommunistische Demokratische Volkspartei Afghanistans (DVPA) Mohammad Daud aus dem Amt gejagt. Daud war im Juli 1973 durch einen Putsch an die Macht gekommen und hatte die afghanische Monarchie beseitigt. Mit der Aprilrevolution der DVPA wurde Mohammed Taraki Präsident der nunmehr Demokratischen Republik Afghanistan und Hafizullah Amin, der eigentliche Strippenzieher, zunächst einer von drei Vizepräsidenten. Seit Sommer 1978 war er dann alleiniger Vizepräsident und zudem Oberbefehlshaber der Streitkräfte.

Die Sowjets konnten dieser Entwicklung begreiflicherweise einiges abgewinnen. Anfang Dezember 1978 schlossen sie mit Afghanistan einen Vertrag über Freundschaft, gute Nachbarschaft und Zusammenarbeit, beobachteten aber mit Sorge den zusehends radikalen Kurs Amins. Als der am 16. September 1979 gegen den entschiedenen Protest unter anderem des sowjetischen Botschafters vor Ort, aber auch des KGB Taraki aus dem Amt putschte und mit radikalen Islamisten Kontakt aufnahm, schrillten im Kreml die Alarmglocken.

Schon seit dem März hatte man dort über eine mögliche Intervention nachgedacht. Anlass war die spontane Aufstandsbewegung in und um Herat gegen die örtliche Garnison, in der sich der Unmut gegen den Kurs der afghanischen Regierung – und damit gegen ihre wichtigste Stütze, die Sowjets – entlud. Die Militärs in Moskau rieten von einer Intervention ab. Ebenso die Mitglieder des Politbüros, das sich am 17. und 18. März 1979 intensiv mit dem Thema befasste, darunter Verteidigungsminister Dmitri F. Ustinow, der Chef des KGB Juri Andropow, auch der gerade ins Amt gekommene Landwirtschaftssekretär Michail Gorbatschow, der sich allerdings nicht zu Wort meldete, und nicht zuletzt Andrei Gromyko, der immerhin schon fast drei Jahrzehnte lang sowjetischer Außenminister war. Gromyko gab zwar einerseits zu Protokoll, dass man Afghanistan »unter keinen Umständen verlieren dürfe«, warnte aber andererseits vor einer sowjetischen Intervention, da man dort als »Aggressor« empfangen werde. Außerdem gefährde man mit einer Intervention die Entspannungspolitik der letzten Jahre – und mache obendrein auch noch den Chinesen ein »schönes Geschenk«.[13] In allen Punkten sollte er recht behalten.

Mit dem Putsch Amins schwenkten dann allerdings auch Gromyko und die übrigen Skeptiker in der sowjetischen Führung vorsichtig auf einen Interventionskurs ein, für den jetzt vor allem Ustinow plädierte. Mit einem handschriftlichen Brief zog schließlich Andropow Anfang Dezember 1979 auch den zögernden, von Krankheit gezeichneten Generalsekretär der KPdSU Leonid Breschnew auf die Seite der Invasionsbefürworter.[14] Einwände kamen nach wie vor von den Militärs, allen voran von Generalstabschef Nikolai Ogarkow, der im Übrigen 1984, als den Sowjets in Afghanistan das Wasser bis zum Hals stand, wegen seiner öffentlichen Kritik an zu geringen Verteidigungsausgaben aus dem Amt entlassen wurde.

Ausschlaggebend für den Entschluss zur Intervention war zum einen die Sorge, Amin, der in den USA studiert hatte, könnte Afghanistan für die Vereinigten Staaten öffnen und den Amerikanern damit eine Alternative für die verlorene Position im Iran bieten. Zum anderen sah die sowjetische Führung vor dem Hintergrund der iranischen Revolution im »militanten Islam« eine zunehmende »regionale Herausforderung« für die angrenzenden südlichen Sowjetrepubliken mit ihrem starken muslimischen Bevölkerungsanteil.[15] In diesem Zusammenhang war schließlich zu bedenken, dass der Westen im islamischen Fundamentalismus ein nützliches Instrument als »Pufferfunktion« gegen die Sowjets entdecken könnte. Tatsächlich dachte man einige Jahre später, als die Sowjetarmee in Afghanistan vor dem Scheitern stand, nicht nur im Planungsstab des deutschen Auswärtigen Amtes darüber nach.[16] Das war, wie wir heute wissen, ein Spiel mit dem Feuer.

Am 26. Dezember 1979 nahmen sowjetische Fallschirmjäger den Flughafen von Kabul ein, am folgenden Tag die Innenstadt. Am 27. Dezember wurden die Invasion offiziell bekannt gegeben, Hafizullah Amin erschossen und Babrak Karmal, der zur Führungsgruppe der Aprilputschisten gehört hatte, aber dann als Botschafter nach Prag abgeschoben worden war, zum dritten Präsidenten der Demokratischen Republik Afghanistan ernannt. In den folgenden Tagen und Wochen überquerten gut 80 000 sowjetische Soldaten mit 1800 Panzern die Grenze zu Afghanistan. Legitimiert wurde diese massive Intervention mit dem erwähnten Vertrag über Freundschaft, gute Nachbarschaft und Zusammenarbeit. Nach wenigen Monaten, so die Planung, sollten die wichtigsten Ziele erreicht und nach spätestens einem Jahr die Befreiung des Landes abgeschlossen sein. Es wurden zehn Jahre, und der Afghanistankrieg wurde damit zum längsten – und wie wir heute wissen: letzten – Krieg, den die Sowjetunion in ihrer rund fünfundsiebzigjährigen Geschichte führte.

Die Reaktionen des Westens kamen umgehend und ließen an Deutlichkeit nicht zu wünschen übrig. Am 23. Januar 1980 nannte der amerikanische Präsident Jimmy Carter, insgesamt eine eher schwache Figur, die sowjetische Invasion Afghanistans die möglicherweise »ernsteste Bedrohung seit dem Zweiten Weltkrieg« und erklärte öffentlich: »Ein Versuch irgendeiner auswärtigen Macht, die Kontrolle über die Region des Persischen Golfes zu erlangen, wird als ein Angriff auf die lebenswichtigen Interessen der Vereinigten Staaten betrachtet werden. Und solch ein Angriff wird unter Einsatz aller notwendigen Mittel, einschließlich militärischer Macht, zurückgewiesen werden.«[17]

Bereits am 4. Januar 1980 hatten die USA ein Weizenembargo gegen die Sowjetunion verhängt und damit auf ein inzwischen bewährtes Sanktionsmittel zurückgegriffen. Die Zeiten, in denen Stalin das ukrainische Getreide zur Devisenbeschaffung einsetzen konnte, gehörten längst der Vergangenheit an. Seit dem Zweiten Weltkrieg war die Sowjetunion immer wieder auf Getreidelieferungen, vor allem aus den USA und Kanada, angewiesen. Flankiert wurde das

Weizenembargo 1980 von einer Exportbeschränkung hochtechnologischer Produkte, der Abberufung des amerikanischen Botschafters aus Moskau und dem Boykott der Olympischen Sommerspiele in der sowjetischen Hauptstadt, dem sich unter Druck der Vereinigten Staaten mehr als 40 Länder anschlossen, darunter allerdings nur eine Handvoll NATO-Verbündeter.

Schließlich forderte Präsident Carter den Senat auf, das erst im Juni 1979 unterzeichnete zweite amerikanisch-sowjetische SALT-Abkommen über die strategischen Atomwaffen nicht zu ratifizieren. Dass sich beide Seiten, wie im fünften Kapitel berichtet, gleichwohl an die Absprachen gehalten haben, zeigt, dass sie auch in äußerst angespannten Zeiten wie diesen wussten, was hinter den vordergründigen Spektakeln im Iran oder in Afghanistan eigentlich auf dem Spiel stand.

Ob die Sowjets ahnten, worauf sie sich in Afghanistan einließen? Sicher ist, dass die Armeeführung ziemlich bald wusste, dass sie es mit einem Guerilla- beziehungsweise, wie man ihn in der Sowjetunion nannte, einem Partisanenkrieg zu tun hatte. Und den umgab eine legendäre Aura, war er doch eines der wirkungsvollsten Mittel der Sowjets im Überlebenskampf gegen die deutschen Invasoren während der Jahre 1941 bis 1944 gewesen.

Da die afghanische Armee wegen Ineffizienz, aber auch wegen massenhafter Desertion praktisch ausfiel, war die Sowjetarmee auf sich gestellt, als sie den Kampf gegen die afghanische Guerilla aufnahm. Dafür war sie aber weder ausgebildet noch ausgerüstet. Und so folgten die Sowjets in Afghanistan der gleichen Strategie, mit der schon die Amerikaner in Vietnam gescheitert waren. Da ihre großräumigen Operationen in dem unübersichtlichen Gelände erfolglos blieben, zogen sie sich auf einige zentrale Stellungen zurück und bombardierten systematisch Dörfer, landwirtschaftliche Nutzflächen und nicht zuletzt die wichtigen Bewässerungssysteme des Landes, und das hieß: Die Zivilbevölkerung wurde auch hier zum Hauptleidtragenden des Krieges. Das rigorose sowjetische Vorgehen löste »den weltweit größten Massenexodus seit dem Zweiten Weltkrieg aus«. Mitte der achtziger Jahre war etwa jeder zweite der 15 Millionen

Afghanen innerhalb des Landes oder jenseits seiner Grenzen auf der Flucht.[18]

Die mittel- und langfristigen Folgen waren verheerend. Die brutale Kriegführung der Sowjets trieb den Aufständischen zuverlässig neue Kämpfer zu und sorgte für deren Radikalisierung. Davon wiederum waren nicht nur die Invasoren, sondern auch die eigenen Reihen betroffen. Denn je länger die Kämpfe dauerten, umso stärker brachen alte Gegensätze der afghanischen Gesellschaft wieder auf, sofern es eine solche mehr oder weniger homogene Gesellschaft in Afghanistan überhaupt je gegeben hat. So gesehen spiegelte sich im heterogenen Widerstand der Afghanen nicht zuletzt die komplexe Stammesstruktur eines Landes wider, das erst im Verlauf des 19. Jahrhunderts und dann auf fremden Druck zu definierten Grenzen gekommen war.

Die insgesamt sieben sehr unterschiedlich, auch gegensätzlich orientierten und operierenden Gruppen des Widerstands firmierten als »Mudschaheddin«, womit der Kampf gegen die Ungläubigen, also gegen die kommunistischen Invasoren, von Anfang an eine religiöse Dimension hatte. Einig waren sich die Mudschaheddin nur über ein Ziel, nämlich die Vertreibung der Sowjets. Über die Antwort auf die Frage, wohin die Reise nach dem Ende des Djihad, des Heiligen Krieges, gehen sollte, wurde umso heftiger gestritten, je länger dieser Krieg dauerte.

Unterstützt wurde der afghanische Widerstand vor allem von Saudi-Arabien, den USA und Pakistan. Die Saudis finanzierten ihn. Die Amerikaner ebenfalls, lieferten aber seit Mitte der achtziger Jahre auch Waffen. Und die Pakistaner stellten ihr Land für die Aufnahme des Gros der Flüchtlinge und ihren Geheimdienst Inter-Services Intelligence (ISI) für die Organisation des antisowjetischen Widerstands zur Verfügung.

Die fatalen Folgen dieser Weichenstellungen sind bis heute sichtbar. Die an die Mudschaheddin gelieferten amerikanischen Waffen, darunter Stinger-Luftabwehrraketen, kamen, soweit die CIA sie nicht zurückkaufen konnte, Jahre später unter anderem gegen die amerikanische Luftwaffe zum Einsatz. Die Taliban, die sich zu einem der gefährlichsten Gegner des Westens entwickelten, wurden in den pakistanischen Flüchtlingslagern mit massiver Unterstützung Pakistans, Saudi-Arabiens und indirekt auch der USA zu einer schlagkräftigen Terrorgruppe hochgepäppelt. Und der pakistanische Geheimdienst nimmt dank der damals aufgebauten vielfältigen Kontakte eine Schlüsselstellung in einem der geographischen Zentren des islamischen Terrors ein.

Am Ende gab es nur Verlierer. Allen voran Afghanistan, das sich bis heute nicht von der sowjetischen Intervention und dem, was in Wellen auf sie folgte, erholt hat. Und dann natürlich die Sowjetunion, die es auch deshalb nicht mehr gibt, weil der kräfte- und ressourcenzehrende Krieg erheblich dazu beitrug, das ohnehin zerbröselnde Gebäude zum Einsturz zu bringen. Am 25. Februar 1986 kündigte Michail Gorbatschow, der letzte Generalsekretär der Kommunistischen Partei der Sowjetunion, für die nahe Zukunft deren Rückzug aus Afghanistan an. Neun Monate später gab er im Politbüro zu Protokoll, dass, wenn man nicht umgehend handle, die Sowjetarmee noch weitere 20 bis 30 Jahre dort kämpfen werde.[19] Am 15. Mai 1988 begann der Rückzug der sowjetischen Truppen aus Afghanistan. Am 15. Februar 1989 verließ der letzte sowjetische Soldat das Land der Mudschaheddin. Es war das erste Mal seit dem Abzug aus Österreich im Jahr 1955, dass die Sowjetarmee ein besetztes Land räumte. Nach offiziellen Angaben wurden beinahe 14 500 sowjetische Soldaten getötet, tatsächlich dürften es bis zu 40 000 gewesen sein. Alleine 1987 wurden – nicht zuletzt mit amerikanischen Stinger-Raketen – 270 sowjetische Flugzeuge in einem Gesamtwert von zwei Milliarden US-Dollar abgeschossen.[20]

Zu den Verlierern des Krieges gehörte auch der Westen, namentlich die Vereinigten Staaten. Natürlich gilt auch hier, dass man hinterher immer klüger ist. Aber dass der Iran durch Fehler in der Afghanistanpolitik gestärkt werden würde, wusste der sowjetische Geheimdienst KGB schon 1979. Und wie man auf die Idee kommen konnte, den Aufbau einer radikalsunnitischen Terrororganisation wie der Taliban jedenfalls zu tolerieren, während man den radikalschiitischen Iran politisch und wirtschaftlich bekämpfte, bleibt schleierhaft.

Und so kam es, wie es kommen musste. Nachdem sicher war, dass die Drahtzieher der Terroranschläge vom 11. September 2001 Zuflucht bei den Taliban gefunden hatten, zog jetzt der Westen in Afghanistan zu Felde. Erst rangen rund 70 Nationen im Rahmen der Großoperation »Enduring Freedom« den internationalen Terrorismus nicht zuletzt am Hindukusch nieder. Dann versuchten 50 Nationen mit Hilfe einer International Security Assistance Force (ISAF) wieder aufzubauen, was Sowjets und Mudschaheddin, Terror und Antiterror dort in gut zwei Jahrzehnten zerstört oder vernichtet hatten – soziale und wirtschaftliche, politische und militärische, polizeiliche und administrative Strukturen eingeschlossen. Als das Unternehmen Ende 2014 beendet wurde, gehörte es zu den erfolglosesten seiner Art.

Wie hatte Mao Tse-tung 1938 geschrieben, als er über »Strategische Fragen im Guerillakrieg« reflektierte? »Da die Guerillaeinheiten im Widerstandskrieg … gewöhnlich aus dem Nichts entstehen und sich aus einer kleinen zu einer großen Macht entwickeln, müssen sie bestrebt sein, sich selber zu erhalten und vor allem sich zu vergrößern. Die Frage ist, welche Methoden oder Prinzipien wir anwenden müssen, um unser Ziel zu erreichen: das Ziel, uns zu erhalten und zu vergrößern und den Gegner zu vernichten.«[21]

Gegen diese kompromisslose Kriegführung gibt es wenige Mittel. Die Guerilla lässt dem Gegner praktisch keine Chance der Prävention. Anders stellt sich die Lage bei einem staatlichen Akteur dar, der von einem definierten Territorium aus und mit einer Armee operiert, deren Größe, Bewaffnung und in der Regel auch strategisches Kalkül bekannt sind. Das macht ihn als Angreifer berechenbar. Und weil er berechenbar ist, hat der Gegner eine Chance. Wenn er dem Angriff zuvorkommt. Das ist das Wesen der Prävention.

Der Angriff als Verteidigung. Nirgends sonst auf der Welt ist diese Maxime seit 1945 so konsequent angewandt worden wie im Nahen und Mittleren Osten. Allen voran von Israel. Im Mai 1967 üben dessen Soldaten den Ernstfall. Wenig später eröffnen sie den sechs Tage dauernden Krieg gegen Ägypten, Syrien und Jordanien.

KAPITEL 9
PRÄVENTION

Im Frühjahr 1948 ging es um alles oder nichts. Jedenfalls für Israel. Der Versuch der Juden Europas, sich eine sichere Heimstatt zu schaffen, war die Konsequenz aus einer jahrhundertelangen Leidensgeschichte, die während des Zweiten Weltkriegs ihren verheerenden Kulminationspunkt gefunden hatte: Sechs Millionen europäische Juden hatten den deutschen Vernichtungsfeldzug nicht überlebt. Von denen, die überlebten, versuchten viele in Palästina einen Neuanfang. Sie beriefen sich dabei auf eine Erklärung Arthur James Balfours vom 2. November 1917. Balfour war damals britischer Außenminister und bestätigte der English Zionist Federation, dass Großbritannien »die Schaffung einer nationalen Heimstätte in Palästina für das jüdische Volk mit Wohlwollen« betrachte. Allerdings betonte die britische Regierung schon bei dieser Gelegenheit, dass »nichts getan« werden solle, »was die bürgerlichen und religiösen Rechte bestehender nichtjüdischer Gemeinschaften in Palästina … beeinträchtigen könnte«.[1]

Die Briten waren der Ansprechpartner der Zionisten, weil sie, wie im dritten Kapitel berichtet, Anspruch auf das bislang vom Osmanischen Reich kontrollierte Palästina erhoben und dort nach dem Ersten Weltkrieg im Auftrag des Völkerbunds auch das Mandat ausübten. Als dieses Mandat am 14. Mai 1948 erlosch, rief David Ben Gurion, einer der Pioniere der jüdischen Besiedlung Palästinas, in Tel Aviv den Staat Israel aus. Das wollten die Nachbarn nicht hinnehmen. Um die von den Vereinten Nationen vorgesehene Teilung des Landes zu verhindern, rückten Einheiten aus Ägypten, Syrien, Transjordanien, dem Libanon und dem Irak am folgenden Tag in Palästina ein. Das war der Beginn des ersten Nahostkrieges, in dem Israel – verglichen mit dem ursprünglichen Teilungsplan der UNO – deutliche Geländegewinne verbuchen und sich unter anderem Galiläa und West-Jerusalem sichern konnte.

Schon in diesem frühen Konflikt war alles angelegt, was den Nahen Osten bis heute zu einer Krisenregion macht, vor allem der Grundkonflikt zwischen Israel und seinen näheren und ferneren arabischen Nachbarn, die Teilung Palästinas und das seither virulente Flüchtlingsproblem: Bis zu eine Million Araber war während dieses ersten Krieges aus Palästina geflohen oder vertrieben worden. Und dann bestärkte der Einmarsch der arabischen Streitkräfte die Israelis in ihrer Überzeugung, dass man jederzeit wieder mit einer solchen Situation rechnen müsse: »Israel sei wie eine belagerte Festung von Feinden umgeben«, erklärte sein Ministerpräsident und Verteidigungsminister Ben Gurion im März 1960 dem deutschen Bundeskanzler Konrad Adenauer.[2] Dem trug man Rechnung – mit allen Mitteln inklusive der Bereitschaft zum Erstschlag, später dann auch der Fähigkeit zu einem nuklearen Zweitschlag.

Wegen der beschränkten eigenen Mittel und Möglichkeiten war Israel vom ersten Tag an auf Hilfe von außen angewiesen. Anfänglich kam diese vor allem von zwei Staaten: Frankreich und der Bundesrepublik Deutschland. Frankreich war für fast zwei Jahrzehnte die Schutzmacht Israels und half ihm auch, eine Atommacht zu werden. Zum Bruch kam es, als Staatspräsident Charles de Gaulle am 27. November 1967 öffentlich von den Israelis als einem »selbstgewissen und herrischen« Elitevolk sprach, dessen Ehrgeiz »kriegerisch« sei und darauf ziele, »sich zu vergrößern«.[3] Hintergrund dieser kalkulierten Kritik waren der Sechstagekrieg und die ihm folgenden territorialen Besetzungen. De Gaulle sah die Gefahr, dass Israel aus einem überzogenen Sicherheitsinteresse heraus zu einer Kolonialmacht werden und damit in eine Rolle geraten könnte, die Frankreich nach blutigen Kriegen in Vietnam und Algerien gerade aufgegeben hatte.

Die Bundesrepublik Deutschland hingegen blieb eine der zuverlässigsten Stützen Israels. Jahre bevor es 1965 zur Aufnahme diplomatischer Beziehungen kam, hatte die Bundesregierung nach einem geheimen Treffen zwischen Verteidigungsminister Franz Josef Strauß und dem Generalsekretär im israelischen Verteidigungsministerium, Shimon Peres, mit umfangreichen Waffenlieferungen begonnen.[4] Im

Juli 1962 enthielt die Wunschliste Tel Avivs unter anderem: sechs Schnellboote, drei U-Boote, 24 Hubschrauber, 54 Flakgeschütze, 12 Transportflugzeuge und 15 Panzer.[5] Zwar mussten die inzwischen sehr umfangreichen Panzerlieferungen 1965 nach einer turbulenten internationalen Krise eingestellt werden, doch profitierte Israel in der Konsequenz von diesem Rückschlag. Zum einen sprangen die USA ein, die damit anstelle Frankreichs in die Rolle des wichtigsten Partners schlüpften.

Und zum anderen band die Krise die Bundesrepublik noch enger an Israel als je zuvor, jetzt auch durch diplomatische Beziehungen. Hinzu kamen umfangreiche Finanzleistungen, vor allem im Rahmen der schon 1952 vereinbarten sogenannten Wiedergutmachungszahlungen, mehr oder weniger geheimen Waffenlieferungen, darunter später jene U-Boote aus deutscher Produktion, die sich für einen nuklearen Zweitschlag einsetzen lassen – und dann auch noch ein Blankoscheck: Am 18. März 2008 gab die deutsche Bundeskanzlerin Angela Merkel vor der Knesset zu Protokoll, dass die »besondere historische Verantwortung Deutschlands für die Sicherheit Israels … Teil der Staatsräson meines Landes [ist]. Das heißt, die Sicherheit Israels ist für mich als deutsche Bundeskanzlerin niemals verhandelbar. Und wenn das so ist, dann dürfen das in der Stunde der Bewährung keine leeren Wort bleiben.«[6] Im Klartext meinte das: Wie Israel sein existentielles Sicherheitsinteresse definiert, wird von Deutschland nicht hinterfragt. Konsequent zu Ende gedacht, schloss das die Akzeptanz der israelischen Präventivstrategie ein. Eine riskante Zusage, wie der Blick in die Geschichte lehrt.

Am 29. Oktober 1956 begannen israelische Einheiten ohne Kriegserklärung mit dem Einmarsch im Gazastreifen und der Sinai-Halbinsel und eröffneten damit den zweiten Nahostkrieg. Das war ein Angriff auf Ägypten, denn der Gazastreifen, der vormals Teil des britischen Protektorats Palästina gewesen war, wurde seit 1948 von Kairo aus verwaltet, und der Sinai gehörte zu Ägypten. Israel kam nicht allein. In einem abgekarteten Spiel griffen 48 Stunden später Großbritannien und Frankreich in das Geschehen ein. Sie stellten Ultimaten an die beiden kriegführenden Parteien. Erwartungsgemäß lehnte Kairo ab. Daraufhin begannen britische und französische Einheiten mit der Bombardierung ägyptischer Flugplätze und der Landung in Port Said.

Ebenso schnell wie die Krise eskaliert war, wurde sie beigelegt. Unmittelbar nachdem Briten und Franzosen Ägypten angegriffen hatten, drohten die USA mit massiven wirtschaftlichen Sanktionen, verhängten ein Ölembargo und sprachen sich für eine Intervention der Vereinten Nationen aus; am 2. November forderte die Vollversammlung alle Kriegsparteien zur Einstellung der Kämpfe auf; drei Tage später kündigten die Sowjets an, die »Aggressoren« durch »Einsatz von Gewalt«, also gegebenenfalls auch von Atomraketen gegen London und Paris, »zurückzuschlagen«;[7] am 6. November brachen Briten und Franzosen das Unternehmen ab; wenig später begann der israelische Rückzug aus dem Gazastreifen und vom Sinai.

In kaum einem anderen Ereignis spiegelte und verdichtete sich das komplexe Weltgeschehen der Epoche so markant wie in dieser Krise – von den fast zeitgleichen dramatischen Ereignissen in Südostasien oder auch Ungarn einmal abgesehen. Dort war es der Freiheitsdrang des vietnamesischen beziehungsweise des ungarischen Volkes, der die Welt in Atem hielt. Hier waren es die Völker des Nahen und Mittleren Ostens, die auf ihre Unabhängigkeit von den Kolonialmächten drängten, und zwar von den alten wie den neuen, zu denen sie auch Israel zählten. Denn für die arabischen Staaten waren die Gründung des Staates Israel und der Angriff auf Ägypten nichts anderes als eine moderne Form imperialistischer Landnahme.

Vor allem Gamal Abd el-Nasser lehnte sich auf. Der Ägypter – Jahrgang 1918, Offizier und Putschist – war im Juli 1952 maßgeblich am Staatsstreich gegen König Faruk I. und am Ende der Monarchie beteiligt gewesen, hatte sich im Februar 1954 an die Spitze des Revolutionären Kommandorates gesetzt und war fortan, seit 1956 auch als gewählter Präsident, der starke Mann des Landes. Wie mehr oder weniger alle führenden Revolutionäre der Region bezog auch Nasser nicht von vornherein gegen den Westen Position, mochte sich aber auch nicht wieder in jene einseitige Abhängigkeit begeben, in der sich sein Land zuletzt während der britischen Kolonialherrschaft befunden hatte.

Also schlug Ägypten außenpolitisch einen neutralen Kurs ein, suchte die Zusammenarbeit mit Jugoslawien, das unter dem vormaligen Partisanenführer Josip Broz Tito zunehmend eine führende Rolle in der Bewegung der Blockfreien spielte, kaufte Waffen in der Tschechoslowakei und kündigte im Mai den Abbruch der diplomatische Beziehungen zu Taiwan und die Aufnahme solcher zur Volksrepublik China an. Als Mao Tse-tung das Land in die Kulturrevolution stürzte und weitgehend vom Rest der Welt abschottete, war Kairo der einzige Ort im nichtsozialistischen Ausland, an dem es noch eine diplomatische Vertretung der Volksrepublik gab.

Die Reaktion des Westens kam postwendend und ließ für Interpretationen keinen Raum: Mitte Juli 1956 zogen die USA, Großbritannien und die Weltbank ihre Finanzhilfe für den Bau des Assuanstaudamms zurück. Das Stauwerk war für die Energiegewinnung, die Trinkwasserversorgung und die Landwirtschaft entlang des Nils von erheblicher Bedeutung, und es war für einen jungen Staat der Dritten Welt wie Ägypten auch ausgesprochen prestigeträchtig. Offenbar nahmen Amerikaner und Briten an, Nasser mit ihrer in klassischer imperialer Manier aufgebauten Drohkulisse zum politischen Rückzug zwingen zu können, erreichten aber das genaue Gegenteil: Sieben Tage später ließ der Ägypter unter Bruch internationalen Rechts und mit dem Argument, die Einnahmen für den Bau des Staudamms zu benötigen, die Suezkanalgesellschaft verstaatlichen, blockierte am Golf von Akaba die Zufahrt zum Kanal – und punktete mit dieser kühnen Aktion in den Reihen der Dritten Welt. Fortan zählte Gamal Abd el-Nasser dort zu den Lichtgestalten.

Und Israel musste handeln. Die Verstaatlichung des Kanals und die Blockade des Golfs gefährdeten den Nachschub, die Vorstöße der Fedajin gefährdeten die Bevölkerung. Die Fedajin – zu allem, auch zum Einsatz ihres Lebens entschlossene Kämpfer – wurden von Ägypten ausgebildet und bewaffnet. Sie rekrutierten sich aus dem Riesenheer der Flüchtlinge, die aus den von Israel eroberten Gebieten Palästinas stammten. Seit dem ersten Krieg lebten sie in Lagern, die vor allem in Jordanien, Syrien und dem Libanon errichtet worden waren.

Als Israel Ende Oktober 1956 Ägypten angriff, war das aus seiner Sicht ein Präventivschlag. Es ging um die Existenz. So wie es für Nasser um die Zukunft Ägyptens gegangen war, als er den Suezkanal verstaatlichen ließ. Alle anderen, Briten und Franzosen, Sowjets und Amerikaner, waren auf die eine oder andere Art und Weise Trittbrettfahrer. Großbritannien hatte das 1882 besetzte Ägypten zwar schon 1922 in eine bedingte Unabhängigkeit entlassen, aber den Vorstoß von Italienern und Deutschen während des Zweiten Weltkriegs genutzt, um das Land faktisch wieder in ein Protektorat zu verwandeln. Nassers Auftritt war der Anlass für den nächsten Schritt – den Versuch einer Rekolonisierung Ägyptens. Diese Chance wollten sich auch die Franzosen nicht entgehen lassen, obgleich oder eben weil sie inzwischen als Kolonialmacht in Vietnam gescheitert und seit einiger Zeit auch in Algerien unter erheblichen Druck geraten waren. Nur ihre Lektion hatten sie offenbar nicht gelernt. Dafür sorgten jetzt die USA, ihrerseits vormalige britische Kolonie. Die Amerikaner führten den beiden europäischen Partnern während des zweiten Nahostkrieges vor Augen, dass sie ihre Zeit hinter sich hatten, und zwar als Kolonial- wie als Großmächte.

In den jungen Staaten der Region und durchaus auch darüber hinaus verschaffte das entschlossene Auftreten den USA einigen Respekt. Und womöglich hätte sich darauf aufbauen lassen, wäre Washington nicht wieder in alte Verhaltensmuster zurückgefallen. Denn die Regierung Eisenhower erklärte ausgerechnet mit Blick auf Ägyptens Präsidenten Nasser, dass die USA alle Staaten, die das wünschten, gegen einen Angriff eines vom »internationalen Kommunismus kontrollierten Landes« schützen wollten.[8] Und dann schritten die Vereinigten Staaten, ohne dass es ausdrücklich gewünscht worden wäre, zur Tat und intervenierten seit Mitte Juli 1958 mit 5000 Marineinfanteristen im libanesischen Bürgerkrieg. Die Operation war auch eine demonstrative Warnung an die Adresse Syriens und des Irak. Dass Syrien sowjetische Waffen und Entwicklungshilfe bezog, war für Washington Grund genug, seinerseits laufende Kredit- und Handelsabsprachen zu kündigen, vorsorglich die Sechste US-Flotte in levantinische Gewässer zu beordern und mit Hilfe einer demonstrativen Aufwertung des NATO-Partners Türkei ordentlich Druck auf das Damaszener Regime auszuüben.

Wie kaum anders zu erwarten, ging auch dieser Schuss nach hinten los. Syrien knickte nicht ein, vereinbarte vielmehr mit Ägypten eine enge militärische und politische Zusammenarbeit: Die am 1. Februar 1958 in Kairo und Damaskus proklamierte Vereinigte Arabische Republik (VAR) führte zwar nie zum ursprünglich vereinbarten Zusammenschluss. Der Fall zeigte aber, was denkbar war, wenn Amerika Druck machte und damit ungewollt regionale Kräfte wie den maßgeblich von Nasser propagierten panarabischen Nationalismus stärkte.

So war es auch im Irak. Hier suchte seit Mitte Juli 1958 eine Gruppe putschender Offiziere um den General Abd al-Karim Qasim nach der Ermordung König Feisals II. und der Proklamation der Republik Unterstützung von außen. Auch in diesem Fall war die Annäherung an Moskau nicht Ausdruck einer prosowjetischen, sondern einer antiwestlichen beziehungsweise antiimperialistischen Weltsicht – und damit ein großes Missverständnis. Denn die Sowjetunion war ja ihrerseits ein Kolonialreich. Nicht nur lebten Dutzende von Völkern unter der unmittelbaren Herrschaft des Kreml; wie viele es waren, realisierte die Welt erst drei Jahrzehnte später, als diese Völker mit Macht aus dem sowjetischen Herrschaftsbereich drängten. Vielmehr kontrollierte die Sowjetunion in ihrem ost- und ostmitteleuropäischen strategischen Vorfeld ein zweites Imperium. Und was der Kreml von Unabhängigkeitsbestrebungen in diesem Raum hielt, wurde im Herbst 1956 deutlich: Während die britische und die französische Luftwaffe über Ägypten Bomben abwarfen und Fallschirmjäger absetzten, walzten sowjetische Panzer, wie im siebten Kapitel gesehen, in Ungarn den Volksaufstand nieder.

Diese imperiale Grundstruktur der Sowjetunion war für die jungen Staaten der Dritten Welt nicht relevant. Daher konnten die Sowjets sofort und entschlossen durch jene Tür gehen, die ihnen der

Westen – wie zuvor schon in Vietnam und auf Kuba – jetzt auch in Ägypten und Syrien geöffnet hatte. Sowjetische Waffen und Militärberater waren in der Region besonders geschätzte Exportgüter. Das wiederum konnte Israel nicht ignorieren, das seinerseits mit einer Reihe von Maßnahmen zu einer neuerlichen Eskalation der Lage beitrug.

Ende des Jahres 1963 wurde bekannt, dass Tel Aviv sich anschickte, das Wasser aus dem Oberlauf des Jordan umzuleiten. Die arabischen Staaten hatten mehrfach erklärt, dass sie das als Kriegsgrund betrachten würden. Von der Maßnahme besonders betroffen war Syrien. Dort setzte sich am 23. Februar 1966 nach einer Serie von Machtkämpfen und Putschen innerhalb der Baath-Partei eine Gruppe von Offizieren um den Luftwaffenkommandeur Hafiz al-Assad durch, die von Anfang an die Nähe zur Sowjetunion suchte. Bereits im April sagte Moskau technische und finanzielle Hilfe beim Bau des Euphrat-Staudamms, dem Pendant des ägyptischen Assuan-Stauwerks, zu. Offenkundig wollte die neue Führung in Damaskus ihre Legitimation auch dadurch unter Beweis stellen, dass sie Israel die Stirn bot. Am 7. April 1967 eskalierte das syrische Bombardement israelischer Siedlungen zu Artillerie-, Panzer- und Luftschlachten zwischen den beiden verfeindeten Nachbarn.

Eine vergleichbare Situation zeichnete sich an Israels zweiter Front ab. Ägypten hatte nämlich die zwischenzeitlich gelockerten Bindungen zu Syrien wiederentdeckt und am 4. November 1966 durch ein Verteidigungsabkommen neu gestaltet. Darüber hinaus ergriff Nasser Maßnahmen, die einen militärischen Konflikt mit Israel immer wahrscheinlicher werden ließen. Am 16. Mai 1967 forderte Ägypten die Vereinten Nationen zum Abzug ihrer gut 3300 Soldaten auf, womit das 1956 eingeführte Prinzip der Friedenssicherung als gescheitert gelten musste. Am 22. Mai gab Nasser die erneute Sperrung des Golfs von Akaba für israelische Schiffe bekannt und griff damit zu einer Maßnahme, die Israel 1956 zum Kriegsgrund deklariert hatte.

Am 5. Juni 1967 griff die israelische Luftwaffe ohne Vorwarnung Ägypten, Syrien und Jordanien, das sich aus taktischen Gründen auf die arabische Seite geschlagen hatte, an und vernichtete die gegnerischen Luftstreitkräfte fast vollständig am Boden. In diesem dritten Nahostkrieg, der nach sechs Tagen entschieden war, bereitete Israel seinen arabischen Gegnern eine schwere militärische Niederlage. Zudem kam es durch den überzeugenden Sieg der israelischen Armee zu einem nachhaltigen Einbruch des Selbstwertgefühls der arabischen Staaten. Auf arabischer Seite fielen mehr als dreißigmal so viele Soldaten wie auf israelischer, nämlich weit über 20 000 Mann. Und die Bilder der Soldaten, die sich auf dem Sinai ihrer Waffen und Schuhe entledigten und vor den israelischen Panzern davonliefen, brannten sich tief ins Bewusstsein der Ägypter ein. Nasser hat sich von diesem Schlag nie mehr erholt.

Vor allem aber besetzte Israel von Ägypten den gesamten Sinai und den Gazastreifen, von Jordanien die sogenannte Jordan-Westbank einschließlich Ost-Jerusalems und von Syrien die Golanhöhen. Damit gerieten zum einen fast alle Quellen des Jordan unter israelische Kontrolle, eine gravierende Konsequenz dieses Krieges, von der im dreizehnten Kapitel berichtet wird. Zum anderen aber stand fortan mehr als eine Million Araber zusätzlich unter israelischer Verwaltung. Im Gazastreifen und im Westjordanland handelte es sich zumeist um Palästinenser.

Das Hilfswerk der Vereinten Nationen für Palästina-Flüchtlinge im Nahen Osten (UNRWA) führt diese Araber ebenso als Flüchtlinge wie die Palästinenser, die in den fast 60 von UNRWA versorgten Lagern in Jordanien, Syrien und dem Libanon leben. Die von Palästinensern bewohnten Gebiete und die Lager wurden auch deshalb zu Brutstätten des Widerstands und des Terrors, weil die Gegner Israels in den Bewohnern ein Potential erkannten, das sich mobilisieren ließ. Der Westen beschränkte sich auf karitative Maßnahmen, schaute im Übrigen weg und erkannte anfänglich wohl auch nicht, dass die Lager zu Keimzellen des Terrorismus wurden. Was Ende der vierziger Jahre im Nahen Osten begann, setzte sich unter anderem in den Flüchtlingslagern in Pakistan, den Brutstätten der Taliban, fort und ist heute ein weltweites, nicht beherrschbares Phänomen.

Beim Verhältnis von Flüchtlingen zur einheimischen Bevölkerung rangierten Gaza und die Westbank weltweit an der Spitze.[9] Die Forderungen nach Anerkennung der Rechte des palästinensischen Volkes und nach Räumung der besetzten Gebiete durch Israel ist bis heute eine Ursache schwerer regionaler Konflikte. Grundlage letztgenannter Forderungen war und ist die Resolution 242 des Sicherheitsrates der Vereinten Nationen vom 22. November 1967, die wegen ihrer vagen Formulierungen und ihrer differierenden sprachlichen Versionen sehr unterschiedliche Interpretationen zulässt.

Mindestens einmal führte diese ungeklärte Lage bis an den Rand einer direkten Konfrontation zwischen den Supermächten; und mindestens einmal machte Israel seine Atomwaffen scharf, um seinen inzwischen wichtigsten Verbündeten, die Vereinigten Staaten von Amerika, zur Unterstützung zu zwingen. Beides trug sich im Herbst 1973 zu. Als am 6. Oktober, dem Jahrestag des jüdischen Versöhnungsfestes Jom Kippur, ägyptische und syrische Verbände Israel am Suezkanal und auf den Golanhöhen angriffen, eröffneten sie den vierten Nahostkrieg innerhalb eines Vierteljahrhunderts.

Obgleich die Israelis völlig überrascht wurden, kam der Angriff nicht unerwartet. Zum einen hatte Ägypten schon 1970 mit militärischen Provokationen einen Zermürbungskrieg gegen Israel begonnen. Als dieses mit Luftschlägen antwortete, verlegten die Sowjets ein umfassendes Luftabwehrsystem einschließlich Techniker und Soldaten an den Nil. Zum anderen hatten sich die Palästinenser, wenn auch in konkurrierenden Organisationen, paramilitärisch formiert. Die 1967 gegründete radikalere, leninistische Volksfront für die Befreiung Palästinas (PFLP) war für eine Reihe von Flugzeugentführungen verantwortlich, auf das Konto des Schwarzen September, einem Ableger der Palästinensischen Befreiungsorganisation (PLO), ging im September 1972 der Anschlag auf die israelische Olympiamannschaft in München.

Die PLO war 1964 auf Initiative des ägyptischen Präsidenten Nasser ins Leben gerufen worden und wurde seit 1969 von Jassir Arafat geführt. Arafat – Jahrgang 1929, Ingenieur, Terrorist, Friedensnobelpreisträger – formte die PLO trotz mannigfacher Rückschläge von einer Guerillatruppe, die sich die Vernichtung Israels zum Ziel gesetzt hatte, zu einem zeitweilig für Tel Aviv akzeptablen Verhandlungspartner. Danach hatte es freilich lange nicht ausgesehen. Von Syrien unterstützt, hatte die PLO in Jordanien eine Art Staat im Staate gebildet. Im September 1970 wurde sie in einem verlustreichen Krieg von dort vertrieben und zog sich in den Libanon zurück. Das wiederum nahm Israel zum Anlass, Ende Februar 1972 in den südlichen Libanon einzudringen und sich dort festzusetzen.

Das kompromisslose Vorgehen Tel Avivs sorgte in Washington für zunehmende Nervosität. Dort war man mit dem Rückzug aus Vietnam beschäftigt und konnte eine Eskalation an der nahöstlichen Front, womöglich mit einem sowjetischen Eingreifen, nicht gebrauchen. Außerdem taten sich in Ägypten Dinge, die der amerikanische Präsident Nixon und vor allem sein Sicherheitsberater Kissinger mit wachsendem Interesse verfolgten. Ende September 1970 war Gamal Abd el-Nasser unerwartet gestorben. Sein Nachfolger, Vizepräsident Anwar as-Sadat, suchte zunächst seine Stellung sowohl im eigenen Land als auch in der arabischen Welt insgesamt zu festigen: Im Mai 1971 entledigte er sich in einer »Korrektur-Revolution« seiner innenpolitischen Gegner, und im Juli 1972 gab Sadat für die meisten Beobachter überraschend die Ausweisung der inzwischen 17 000 sowjetischen Militärberater und Techniker aus Ägypten bekannt.

Das war die Lage, als ägyptische und syrische Truppen am 6. Oktober 1973 mit großer Wucht den Krieg gegen Israel eröffneten. Dort war man nach dem durchschlagenden Erfolg des Sechstagekrieges sowie der Besetzung syrischer, ägyptischer und jordanischer Territorien überzeugt, praktisch unschlagbar zu sein. So wurden selbst die unverhohlenen Warnungen Sadats überhört, der immerhin im April 1973 öffentlich erklärt hatte, dass jetzt die »Zeit für einen Schock« gekommen sei.[10] Dem Überraschungseffekt – Ergebnis der israelischen Selbsttäuschung – war es in erster Linie zuzuschreiben, dass ägyptische Einheiten über den Suezkanal setzen und tief in den seit 1967 von Israel besetzten Sinai vorstoßen konnten.

Der Schock saß tief. Wie im Jahr zuvor beim Münchener Attentat auf die Olympiamannschaft fühlten die Israelis sich unvermittelt verwundbar und damit in einer Situation, in die sie nach den Erfahrungen der dreißiger und vierziger Jahre nie mehr hatten geraten wollen. Erst als es Eliteeinheiten im Juli 1976 gelang, mit einem spektakulären Einsatz im ugandischen Entebbe mehr als 100 Geiseln aus der Gewalt eines Terrorkommandos zu befreien, war das Vertrauen in die eigenen Fähigkeiten wieder weitgehend hergestellt.

Während des Jom-Kippur-Krieges dauerte es einige Tage, bis israelische Verbände sowohl auf dem Golan als auch auf dem Sinai zu Gegenangriffen übergehen konnten. Dass Israel dann nicht, wie geplant, auf Kairo vorstieß, dass vielmehr am 27. Oktober die Waffen schwiegen, ging auf amerikanischen Druck zurück. So blieb den Ägyptern eine militärische Demütigung wie 1967 erspart. Der Anfangserfolg rehabilitierte ihre Armee und war eine unverzichtbare Voraussetzung für eine weitreichende politische Initiative ihres Präsidenten: Weil der Konflikt mit Israel militärisch nicht zu entscheiden war, musste man auf den Frieden setzen. Sadat bezahlte diese Weichenstellung mit dem Leben: Am 6. Oktober 1981 wurde er von Islamisten der Gruppe al-Dschihad ermordet, die später in der Terrororganisation al-Qaida aufging.

Unter energischem Einsatz der amerikanischen Diplomatie und namentlich Henry Kissingers, der von Oktober 1973 bis August 1975 elfmal den Nahen Osten bereiste, konnte einer der gefährlichsten Krisenherde der Welt ruhiggestellt werden. Am 18. Januar 1974 unterzeichneten Israel und Ägypten ein Abkommen über eine Truppenentflechtung. Es war der erste Schritt auf dem Weg zum Frieden zwischen beiden Staaten, der fünf Jahre später, am 26. März 1979, unterzeichnet werden konnte und unter anderem die Basis für die Räumung des 1967 durch israelische Truppen besetzten Sinai bildete. Diese Erfolge gingen eindeutig auf das Konto der amerikanischen Diplomatie.

Hingegen war das multilaterale Konfliktmanagement, auf das die Sowjets gesetzt hatten, mit der Genfer Nahost-Friedenskonferenz im Dezember 1973 gescheitert. Der Kreml, der seine Position im Nahen Osten gerade dem Dauerkonflikt verdankte, musste umso weiter ins Abseits geraten, je entschlossener sich die jahrzehntelangen Gegner in der Region aufeinander zubewegten. Politisch spielten die Sowjets beziehungsweise seit 1991 die Russen im Nahen Osten praktisch keine Rolle mehr. Militärisch wurde ihre Präsenz auf die allerdings sehr wichtige Marinebasis im syrischen Tartus reduziert.

Die Lage änderte sich erst, als Russlands Präsident Wladimir Putin 2015 in Latakia binnen kurzem einen voll einsatzbereiten Luftwaffenstützpunkt einrichten ließ, von dort aus massiv in den syrischen Bürgerkrieg eingriff und so mit einem Schlag auch die politische Position im östlichen Mittelmeer und im Nahen Osten rekonstruierte, welche die Sowjets Anfang der siebziger Jahre des vergangenen Jahrhunderts verloren hatten. Damit nicht genug, nutzte Putin auch die eklatanten Fehler und Dilettantismen des Westens und empfahl sich den Schiiten der Region, allen voran dem Iran, als Partner und Schutzmacht. Davon wird im letzten Kapitel berichtet.

Für Israel brachte der Friedensprozess an der ägyptischen Front eine merkliche Erleichterung. An zwei anderen Fronten verschärfte sich die Lage allerdings mitunter dramatisch. Zweimal führte Tel Aviv im Libanon Krieg, dreimal im Gazastreifen. Die Gegner waren keine staatlichen Armeen, jedenfalls nicht in erster Linie beziehungsweise an vorderster Front, sondern Guerilla- respektive Terrororganisationen. Im Fall des Libanon zunächst die PLO, dann die Hisbollah, beim Gazastreifen die Hamas. Das machte ihre Bekämpfung für eine konventionell planende und operierende Armee schwierig.

Am 6. Juni 1982 marschierten israelische Verbände in den Libanon ein, eine Woche später, am 14. Juni, standen sie vor Beirut. Mit dem Krieg verfolgte Israel mehrere Ziele, darunter eine nachhaltige Schwächung Syriens, das im Libanon die Rolle eines selbsternannten Ordnungshüters spielte. Diese Operation war erfolgreich. Während der Schlacht mit den syrischen Streitkräften wurden unter anderem deren Raketen vom Typ SAM 6 und SAM 9 sowie ein nicht unbeträchtlicher Teil der syrischen Luftwaffe ausgeschaltet. Diese Schwächung Syriens war kein offizielles Kriegsziel. Offiziell ging es wie 1972 oder zuletzt 1978 darum, die Palästinenser aus dem Libanon zu

verjagen und damit eine Quelle der Terrorangriffe auf Israel trocken-
zulegen. Die »Schlacht um Beirut«, die vom 14. Juni bis zum 21. August 1982 tobte und zu den ersten Antikriegsdemonstrationen in der
Geschichte Israels führte, forderte nahezu 30 000 Tote und Verwundete, in der Mehrheit Frauen und Kinder.

Am Ende gab es nur Verlierer, darunter die Multinationale Streitmacht (MNF), die unter anderem für die Evakuierung der PLO sorgen
sollte. Als die MNF im März 1984 aus dem Libanon abgezogen wurde,
hatten sowohl die Amerikaner als auch die Franzosen, die neben den
Italienern das größte Kontingent stellten, durch islamistische Selbst-
mordkommandos erhebliche Verluste erlitten. Alleine bei den Bombenanschlägen vom 23. Oktober 1983 kamen fast 300 Soldaten ums
Leben.

Zu den Verlierern des Krieges gehörte mittelfristig aber auch
Israel. Zwar waren Syriens Position im Libanon geschwächt, die
PLO aus dem Libanon vertrieben und ihr Vorsitzender Jassir Arafat
intern heftig angefeindet und damit geschwächt, doch fielen damit
auch mehr oder weniger stabile und berechenbare Faktoren nicht
nur im Libanon aus. Die Folge war das Erstarken deutlich radikale-
rer Kräfte wie der mit der PLO rivalisierenden Hisbollah. Vom Iran
unterstützt, besetzte sie sukzessive die Räume des Libanon, die zunächst von der PLO, bis Juni 1985 dann auch von der israelischen
Armee geräumt worden waren, und begann mit dem systematischen
Raketenbeschuss Israels.

Vor diesem Hintergrund war es kein Zufall, dass sowohl Syriens
Staatschef Hafiz al-Assad als vor allem auch PLO-Chef Jassir Arafat
für den Westen zu Ansprechpartnern wurden, wenn es um eine
Lösung der Palästinafrage ging. Dass Anfang der neunziger Jahre
Bewegung in die Sache kam, lag am amerikanischen Präsidenten Bill
Clinton, der sie sich zu eigen machte. Außerdem hatte sich Arafat
1991 während des Zweiten Golfkriegs auf die falsche, nämlich auf die
Seite Saddam Husseins geschlagen und brauchte einen Erfolg. Als
wenig später der israelische Premier Yitzhak Rabin einen Teil der
umstrittenen Siedlungspläne in der 1967 eroberten Westbank zu-
rückstellte, war der Weg frei. Schon im Oktober 1991 hatten, erst-

mals seit Gründung des Staates Israel, Vertreter beider Seiten in Madrid an einem Tisch gesessen, 1993 trafen sie sich geheim in Oslo, und am 13. September desselben Jahres unterschrieben Rabin und Arafat in Washington eine Prinzipienerklärung. Im folgenden Jahr wurden beide gemeinsam mit Israels Außenminister Shimon Peres mit dem Friedensnobelpreis ausgezeichnet.

Dass der Prozess dann doch scheiterte, dass Clinton am Ende seiner Amtszeit in dieser Frage nach eigenem Bekunden als »Versager« dastand,[11] hatte vielfältige Ursachen. Der zuletzt schwerkranke Assad, mit dem sich Clinton immerhin viermal traf, und der um Statusfragen feilschende Arafat verweigerten den letzten kleinen Schritt. Dass Yitzhak Rabin im November 1995 einem Attentat zum Opfer fiel, war ein herber Rückschlag für die moderaten Kräfte; dass Ende September 2000 der Vorsitzende der oppositionellen Likud-Partei, Ariel Scharon, begleitet von mehr als 1000 Polizisten demonstrativ den Jerusalemer Tempelberg besuchte, war eine Provokation. Die neuerliche Welle der Gewalt, von der Israel und Palästina überrollt wurden, war umso schwerer einzudämmen, je stärker die Hisbollah und dann auch die Hamas auf das Geschehen einwirkten.

Während die Hisbollah nach wie vor vom südlichen Libanon aus operierte, hatte die radikalislamische Palästinenserorganisation Hamas, ein Abkömmling der ägyptischen Muslimbrüder, ihre Operationsbasis im Gazastreifen eingerichtet. Das war für Israel auch deswegen eine äußerst gefährliche Entwicklung, weil Ariel Scharon – inzwischen als Premierminister um einen Ausgleich mit den Palästinensern ringend – 2005 den Rückzug der israelischen Armee und der israelischen Siedler aus Gaza durchgesetzt hatte. Jetzt nutzte die Hamas die neue Lage und nahm Israel mit Raketen, die sie zum Teil durch Tunnel aus Ägypten heranschaffte, unter Dauerbeschuss.

Dreimal, um die Jahreswende 2008/09, im November 2012 und im Sommer 2014, intervenierte Israels Armee massiv. Weil die Verluste unkalkulierbar und das Risiko, die ohnehin verhaltene internationale Unterstützung zu verlieren, zu hoch waren, sah man aber in allen Fällen von einer Eroberung und neuerlichen Besetzung des Gazastreifens ab. So konnten bei der dritten Intervention 80 000 Soldaten nicht verhindern, dass die Hamas und ihre Verbündeten selbst während dieses Krieges 5000 Raketen auf Israel abfeuerten. Am Ende gelang es der stärksten Armee des Nahen und Mittleren Ostens nicht, »eine Islamistengruppe zu besiegen, deren Kern aus 3000 Kämpfern« bestand.[12]

Ähnlich ernüchternd war die Bilanz des Zweiten Libanonkriegs, mit dem Israel im Sommer 2006 unter anderem auf die Entführung zweier Soldaten durch die schiitische Hisbollah reagiert hatte. Aus den gleichen Gründen wie acht Jahre später im Gazastreifen kam schon hier ein Großangriff nicht in Betracht, so dass sich die israelische Militärführung zu einem massiven Einsatz der Luftwaffe bei zurückhaltendem Einsatz des Heeres entschloss. Mehr als 1300 Menschen starben in dem fast fünfwöchigen Krieg auf beiden Seiten. Es war das erste Mal, dass die stärkste Armee der Region einen in klassischen militärischen Kategorien deutlich unterlegenen Gegner nicht in den Griff bekam. Das eigentliche Ziel, die beweglichen Raketen der Hisbollah vollständig zu vernichten, erreichte man nicht, im Gegenteil: Besaß die Terrormiliz 2006 gut 15 000 Raketen, waren es zehn Jahre später schätzungsweise 120 000, darunter auch solche, die Tel Aviv erreichen können.[13]

Womit sich eine Reihe von Fragen stellte: Gab es den überkommenen zwischenstaatlichen Krieg überhaupt noch? Oder waren an seine Stelle nationen- und grenzüberschreitende Kriege getreten? Und wenn dem so war, was bedeutete das dann für eine konventionell aufgestellte Armee wie die israelische? Tatsächlich wurden auch nach dem letzten, dem vierten Nahost-, also dem Jom-Kippur-Krieg im Nahen und Mittleren Osten noch klassische Kriege geführt, darunter auch die beiden Afghanistankriege, vor allem aber die drei Golfkriege. Weil an allen dreien der Irak beteiligt war, stellte sich für Israel jedes Mal von neuem die Frage einer mittelbaren oder unmittelbaren Intervention. Dass sie verhindert werden konnte, zählt zu den vorzeigbaren Leistungen der internationalen Diplomatie. Dass namentlich der Dritte Golf- wie auch der zweite Afghanistankrieg die Entstehung des Terrorismus massiv gefördert haben, gehört auf die lange Liste ihres Scheiterns.

Am 22. September 1980 griff der Irak seinen Nachbarn Iran an. Die treibende Kraft hinter dem Angriff war Saddam Hussein – Jahrgang 1937, seit dem Staatsstreich im Juli 1958 direkt oder indirekt an sämtlichen folgenden Putschversuchen innerhalb und außerhalb der Baath-Partei beteiligt. Als sein politischer Ziehvater Ahmad Hassan al-Bakr am 16. Juli 1979 vom Präsidentenamt zurücktrat, war Saddam Hussein am Ziel. Bei dem Krieg, den er 14 Monate später gegen den Iran eröffnen ließ, ging es vordergründig um den Grenzverlauf im und sich daraus ergebende Rechte am Schatt al-Arab, tatsächlich aber um die Errichtung einer hegemonialen Position am Persischen Golf.

Die Situation schien günstig, war der Iran doch durch die Revolution des Jahres 1979 innerlich geschwächt und der Irak für einen Krieg gut gerüstet. Die Liste der Waffensysteme, die das Land in den siebziger, dann auch in den achtziger Jahren bezog, las sich ebenso eindrucksvoll wie die der Lieferländer: Argentinien, Brasilien, China, die Tschechoslowakei, Ägypten, Frankreich, die DDR, die Bundesrepublik Deutschland, Ungarn, Italien, Jordanien, Kuwait, Libyen, Polen, Spanien, der Sudan, die Schweiz, Großbritannien, die USA, die Sowjetunion und Jugoslawien.[14]

Aber aus dem Überfall wurde kein kurzer, sondern ein beinahe achtjähriger Zermürbungskrieg. Er forderte mehr Opfer als sämtliche Nahostkriege zusammen und jeder andere Konflikt seit Ende des Zweiten Weltkriegs.[15] Einmal mehr bestätigte sich, was man schon nach der bolschewistischen Revolution vom Herbst 1917 hatte beobachten können: Der Angriff von außen fördert die Widerstandskraft und den Durchhaltewillen revolutionärer Bewegungen. Und da die iranischen Mullahs nicht siegen durften, sondern von der Bildfläche verschwinden sollten, unterstützte der Westen, allen voran die USA, den Irak und damit seinen Diktator massiv mit Geld, Nahrungsmitteln und nicht zuletzt mit Waffen, darunter Kampfjets der Typen F-15 und F-16.

Am Ende gab es – auch hier – ein böses Erwachen. Die iranischen Mullahs waren nicht gestürzt, sondern in ihrer Herrschaft noch gefestigt, und der über Wasser gehaltene irakische Diktator scherte sich nicht um die Interessen seiner langjährigen Förderer, sondern ging seiner Wege: Wohl auch um die kriegsbedingt gähnend leere Staatskasse zu füllen, ließ Saddam Hussein am 2. August 1990 Kuwait gewaltsam besetzen und sechs Tage darauf annektieren. Schon Abd al-Karim Qasim hatte Anspruch auf das Emirat erhoben, nachdem Kuwait im Juni 1961 von den Briten in die Unabhängigkeit entlassen worden war.

Die Staatengemeinschaft war sich weitgehend einig: Das durch den Irak geschaffene Fait accompli durfte nicht hingenommen, ein Präzedenzfall musste vermieden werden. In der Nacht vom 16. auf den 17. Januar 1991 eröffnete eine alliierte Koalition aus 33 Staaten mit einer Luftoffensive die Kampfhandlungen gegen den Irak. Sie folgte damit einer ohne Gegenstimme gefassten Resolution des Weltsicherheitsrates der Vereinten Nationen, in welcher der Irak ultimativ zur Räumung Kuwaits aufgefordert worden war. In den frühen Morgenstunden des 24. Februar begann die Bodenoffensive, die vier Tage später mit einer Feuerpause abgeschlossen werden konnte, nachdem die alliierte Streitmacht Kuwait befreit und der Irak seine Bereitschaft zur Annahme einer Serie von UNO-Resolutionen erklärt hatte.

So durchschlagend der militärische Erfolg – vom Ergebnis her gesehen – gewesen ist, so unwägbar waren die Risiken im Vorfeld und während des Krieges. Offenkundig war der irakische Diktator zum Äußersten entschlossen. So ließ er seit dem 18. Januar Israel mit Raketen angreifen. Die amerikanische Diplomatie hatte alle Hände voll zu tun, Tel Aviv von einem Eingreifen in den Krieg oder auch von einer Aktion wie während des Ersten Golfkriegs abzuhalten. Am 7. Juni 1981 hatte die israelische Luftwaffe den im Bau befindlichen irakischen Atomreaktor Osirak dem Erdboden gleichgemacht.

Auch war nicht auszuschließen, dass Saddam Hussein chemische Kampfstoffe einsetzte, wie er das zuvor in den Kriegen gegen den Iran und gegen die kurdische Bevölkerung seines eigenen Landes getan hatte. Für diesen Fall drohte der amerikanische Außenminister James Baker seinem irakischen Amtskollegen Tarek Aziz bei ihrem letzten Zusammentreffen vor Kriegsbeginn unverhohlen mit einer nuklearen Antwort. Dieser Wink mit dem atomaren Zaunpfahl – nicht der erste in der Geschichte des Kalten Krieges, aber wohl der letzte – verfehlte seine Wirkung nicht.[16]

Der Sieg der alliierten Koalition auf dem Schlachtfeld war überwältigend, allerdings nicht nachhaltig. Denn der amerikanische Präsident George H. W. Bush sah davon ab, auf Bagdad vorzustoßen, Saddam Hussein aus dem Amt, vielleicht auch aus dem Land zu jagen und damit den Fehler zu korrigieren, den die Amerikaner während des Ersten Golfkriegs gemacht hatten, als sie den Diktator im Krieg gegen den Nachbarn Iran massiv unterstützten. Entscheidend war nicht zuletzt die Sorge, der Irak könne in eine Phase territorialer Instabilität eintreten. Das aber war für den nördlichen Nachbarn des Irak, den NATO-Partner Türkei, schon mit Blick auf die Kurdengebiete nicht hinnehmbar und hätte zudem die iranische Position gestärkt. Genau so kam es Jahre später.

George H. W. Bush wusste, was er tat. Er war Diplomat. Sein Sohn George W. Bush, der seinem Vater nach dem achtjährigen Intermezzo des Demokraten Clinton im Präsidentenamt folgte, war es nicht. Er holte nach, was der Vater in seinen Augen versäumt hatte. Zwischen den amerikanischen Irakfeldzügen von Bush Senior und Bush Junior gab es allerdings einen gravierenden Unterschied: Der erste amerikanische Irak- und zugleich seit 1980 Zweite Golfkrieg war mit ausdrücklicher Ermächtigung durch die UNO geführt worden. Der zweite amerikanische Irak- und damit Dritte Golfkrieg wurde nicht nur ohne eine solche Ermächtigung, sondern ausdrücklich gegen den Willen der Vereinten Nationen geführt.

Am 17. März 2003 erklärte der amerikanische Präsident, der Sicherheitsrat der Vereinten Nationen sei »seiner Verantwortung nicht gerecht geworden«, so dass »wir der unseren gerecht« werden müssen, und stellte Saddam Hussein ein auf 48 Stunden befristetes Ultimatum, das Land zu verlassen,[17] das dieser wie erwartet verstreichen ließ. Am 20. März eröffnete eine sogenannte Koalition der Willigen aus mehr als 40 Staaten unter amerikanischer Führung den Angriff auf den Irak. Ein beispielloser Vorgang.

Der Angriff führte militärisch rasch zum Ziel. Als amerikanische Panzerverbände am 9. April ins Zentrum Bagdads einrückten, war das Regime praktisch zusammengebrochen. Saddam Hussein wurde Mitte Dezember in einem Erdloch aufgespürt, zwei seiner Söhne waren schon Ende Juli bei einem Feuergefecht liquidiert worden. Massenvernichtungswaffen, mit deren Existenz der Krieg legitimiert worden war, wurden nicht gefunden, vielmehr war offensichtlich, dass der Irak schon seit 1994 über keine nennenswerten Bestände mehr verfügte. Auch eine Verbindung Saddam Husseins zum Terrornetzwerk al-Qaida konnte nicht nachgewiesen werden. Große Teile des Landes, insbesondere seiner Infrastruktur, lagen Anfang Mai 2003 in Schutt und Asche, und in weiten Teilen herrschte das Chaos, das unter amerikanischer Besatzung weiter wucherte.

Als die amerikanische Flagge im Irak am 15. Dezember 2011 eingeholt wurde und damit der Feldzug der Vereinigten Staaten endgültig abgeschlossen war, hatten beinahe 4500 amerikanische Soldaten ihr Leben verloren, Zehntausende waren verwundet, verkrüppelt oder traumatisiert. Die Zahl der getöteten irakischen Zivilisten ließ sich nur schätzen, lag womöglich bei einer halben Million, zudem wurden rund 1,9 Millionen Flüchtlinge gezählt. Als 2004 bekannt wurde, dass irakische Gefangene spätestens seit Oktober 2003 durch Angehörige der Besatzungstruppen gefoltert und gedemütigt worden waren, und das nicht zuletzt in Saddam Husseins gefürchteter Folterfabrik Abu Ghraib, fühlten sich viele in ihrer Skepsis gegen diesen Feldzug Amerikas bestätigt.

Ließ sich das rechtfertigen? Gewiss, die USA hatten einen brutalen Diktator, den sie zuvor ein Jahrzehnt lang gepflegt und gepäppelt hatten, aus dem Verkehr gezogen. Aber zu welchem Preis? Der Iran war aus den Schlachten gestärkt hervorgegangen und auf dem Weg zu einer regionalen Vormacht mit stabilen Außenposten im Libanon und in Palästina, im Jemen und im Irak. Solchermaßen wurde er zwangsläufig zur Gegenmacht Saudi-Arabiens, eines anderen fragwürdigen Zöglings der USA. Die Folge ist ein klassischer Hegemonialkrieg zwischen den beiden Führungsmächten der schiitischen und der sunnitischen Welt, der einstweilen in Form von Stellvertreterkriegen, nicht zuletzt im Irak, ausgetragen wird.

Darin wiederum spiegelt sich eine besonders fatale Konsequenz dieses vorerst letzten Golfkrieges. Denn tatsächlich trat nicht nur, wie von Bush Senior befürchtet, der Irak, sondern die gesamte Region in eine Phase territorialer Instabilität ein. Die amerikanische Invasion vom Frühjahr 2003 war die Initialzündung für die Auflösung der Nationalstaaten in der arabischen Welt. Ihre Konturen waren in der ausgehenden Ära des Imperialismus von den Kolonialbeziehungsweise jenen Mandatarmächten gezeichnet worden, die nach dem Ersten Weltkrieg im Auftrag des Völkerbundes die entsprechenden Gebiete verwalteten. Der äußere wie innere Zuschnitt dieser vormaligen Kolonien beziehungsweise Mandatsgebiete, die nach dem Zweiten Weltkrieg als Nationalstaaten einer ungewissen Zukunft entgegensahen, hatte sich nirgends an den Bedürfnissen, Erwartungen oder Rechten der indigenen Bevölkerungen, sondern ausschließlich an den Interessen der Besatzer und Verwalter orientiert.

Als die Europäer und im asiatisch-pazifischen Raum auch die Japaner und die Amerikaner – in der Regel überstürzt – abzogen, hinterließen sie staatliche Gebilde, deren Bewohner in keiner Weise auf ein Leben in Nationalstaaten westlicher Façon vorbereitet waren. Was das bedeuten konnte, ahnte man spätestens, als die Belgier Anfang der sechziger Jahre des 20. Jahrhunderts ihre zentralafrikanischen Kolonien Kongo, Ruanda und Burundi räumten. Aber dass der Rückzug der Kolonialherren ein jahrzehntelanges Morden auslösen würde, hielten selbst die skeptischsten Beobachter nicht für möglich.

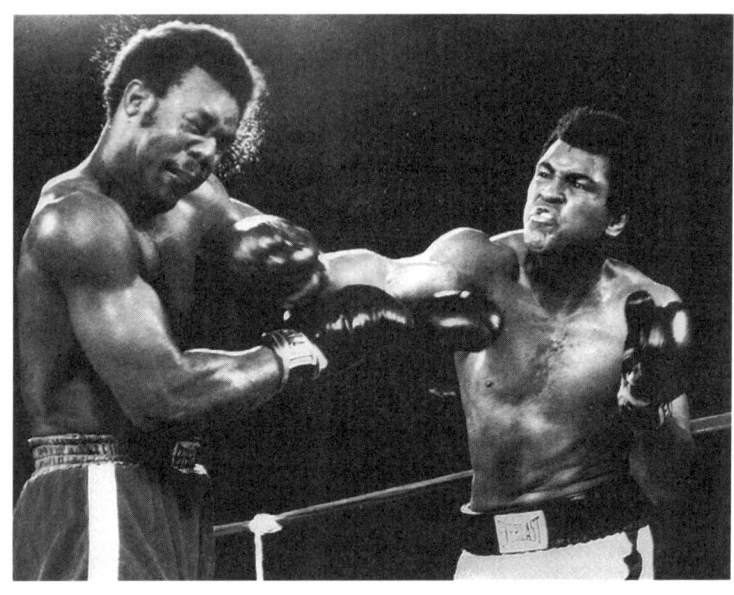

Rumble in the Jungle: Kinshasa, Zaire, 30. Oktober 1974, Muhammad Ali gegen George Foreman. Die Welt schaut zu, als ein Afroamerikaner seinen Landsmann vor 100 000 fanatisierten Stadionbesuchern k.o. schlägt. Als 1994 beginnend, erst Ruanda, dann Zaire 15 Jahre lang von einem beispiellosen Völkermord überzogen werden, schaut sie weg.

MORD

Am Beginn des Mordens stand ein Mord. Am Abend des 6. April 1994 befand sich die Regierungsmaschine mit Präsident Juvénal Habyarimana im Landeanflug auf Ruandas Hauptstadt Kigali, als dort die Flughafenbeleuchtung abgeschaltet wurde. Wenig später nahm man die Maschine unter Beschuss. Wer es war, blieb ungeklärt. Der Präsident, der sich 1973 an die Macht geputscht hatte, kam ums Leben. Mit an Bord waren praktisch die gesamte ruandische Militärführung sowie Burundis Präsident Cyprien Ntaryamira, der gerade zwei Monate amtierte. Auch sie fielen dem Anschlag zum Opfer. Beide Präsidenten gehörten den Hutu an, die in Ruanda wie Burundi gut 80 Prozent der Bevölkerung stellten.

Die Königreiche Ruanda und Urundi waren im ausgehenden 19. Jahrhundert in das Blickfeld der Kolonialmächte gerückt und bis zum Ersten Weltkrieg Teile von Deutsch-Ostafrika. Danach wurden sie gemeinsam zunächst als Mandat des Völkerbundes, seit 1946 als Treuhandgebiet der Vereinten Nationen unter dem Namen »Ruanda-Urundi« von Belgien verwaltet. Erst als die Vereinten Nationen am 1. Juli 1962 Ruanda und Burundi in die Unabhängigkeit entließen, waren sie Staaten mit definierten Außengrenzen. Mit dem Rückzug der belgischen Verwalter eskalierte hier wie dort das spannungsgeladene Verhältnis zwischen Hutu und Tutsi.

Zwischen 1959 und 1962 wurden Zehntausende Tutsi aus Ruanda vertrieben und suchten Zuflucht im ugandischen Exil. Dort gründeten sie die Ruandische Patriotische Front (RPF), aufgebaut und seit Herbst 1990 geführt von Paul Kagame. Auch Kagame, Jahrgang 1957, hatte Anfang der sechziger Jahre mit seiner Familie aus Ruanda fliehen müssen, dann in Uganda eine militärische Karriere, unter anderem als Chef des militärischen Geheimdienstes, gemacht und in den USA eine Generalstabsausbildung absolviert. Während des Bürgerkrieges in Ruanda und der drei Kongokriege sollte er eine herausragende, nicht selten die entscheidende und immer wieder auch eine zwielichtige Rolle spielen.

Am 1. Oktober 1990 marschierte die RPF in Ruanda ein, handelte sich eine vernichtende Niederlage ein und verlegte sich – jetzt von Kagame geführt und von Ugandas Präsident Yoweri Museveni unterstützt – auf den Guerillakrieg. Die ruandische Regierung reagierte mit der Aufrüstung der Armee, gründete Hutu-Milizen, die berüchtigte Interahamwe, und rief Truppen unter anderem aus Belgien und Frankreich zur Hilfe. Der Bürgerkrieg dauerte fast drei Jahre, bis sich beide Parteien im August 1993 auf einen Waffenstillstand und eine Allparteienregierung verständigten. Kurzzeitig sah es so aus, als könne das Land befriedet werden. Jedenfalls verlief die Rückkehr von Exil-Tutsi nach Ruanda, dann auch die Integration dieser Minderheit zum Beispiel in staatliche Institutionen und selbst in die Armee in einigermaßen geordneten Bahnen.

Der Mord an Präsident Habyarimana änderte das am Abend des 6. April 1994 mit einem Schlag. Eine halbe Stunde nach dem Flugzeugabsturz begann die ruandische Armee in Kigali mit der Errichtung von Straßensperren und mit der Jagd auf oppositionelle Hutu und vor allem auf die Tutsi. »Es war kein Kampf von Soldaten mit Feuerwaffen, sondern von Zivilisten mit Macheten.«[1] Das Abschlachten oder Verstümmeln mit der Machete sollte zu einem Symbol des mehr als zwanzigjährigen zentralafrikanischen Krieges werden, in dem Ruanda vom ersten Tag an eine entscheidende Rolle spielte.

Ideen zu einer planmäßigen Vernichtung der ruandischen Tutsi-Minderheit kursierten in Ruanda öffentlich seit 1991,[2] spätestens 1993 traf der Kreis um Präsident Habyarimana »logistische und organisatorische Vorbereitungen«.[3] Im Januar 1994 hatte die CIA in einer Lagebeurteilung prognostiziert, dass bei einem neuerlichen Ausbruch der Feindseligkeiten in Ruanda eine halbe Million Menschen ums Leben kommen würde. Die Prognose traf zu. Zwischen April und Juli 1994 wurden in 13 Wochen mindestens 500000, mithin etwa drei Viertel der seinerzeit in Ruanda lebenden Tutsi, ermordet.[4] Es war der »rascheste Massenmord der Neuzeit«.[5]

Die Staatengemeinschaft schaute weg. Sofern sie nicht Ruandas Hutu-Regierung und damit mittelbar auch das Massaker an den Tutsi unterstützte. Am 21. April, also auf dem Höhepunkt des Mordens, beschloss der Sicherheitsrat der Vereinten Nationen, die 2200 in Ruanda stationierten Blauhelme auf eine symbolische Stärke von 270 zu reduzieren. Das geschah auf Druck der USA, die soeben, wie zu zeigen ist, in Somalia ein Debakel erlebt hatten und keinesfalls mehr in eine vergleichbare Lage geraten wollten.

Heute weiß man, dass eine entschlossene Demonstration militärischer Handlungsfähigkeit den marodierenden, mit Macheten und Spaten bewaffneten Milizen wohl Einhalt geboten hätte. Denn inzwischen haben einige entschlossene Missionen westlicher Staaten beziehungsweise Gemeinschaften am Horn von Afrika oder in Mali gezeigt, dass sich – frühzeitig eingeleitet – Fehlentwicklungen mit vergleichsweise bescheidenen Mitteln zumindest aufhalten lassen.

Natürlich gilt grundsätzlich auch hier, dass man nachher immer klüger ist. Aber musste man wirklich 20 Jahre lang einem beispiellosen Morden zusehen, bis man in Washington und London, in Paris oder Berlin zu der Einsicht kam, dass es im Herzen Afrikas so nicht weitergehen konnte? Dass die Staatengemeinschaft schließlich nicht mehr wegsehen konnte, lag nicht an den Zuständen vor Ort, sondern in Europa: Spätestens seit die Zahl afrikanischer Flüchtlinge hier dramatisch zunahm, dämmerte es auch auf der nördlichen Halbkugel, dass die Ursachen nur vor Ort zu bekämpfen sind. Davon ist im zwölften Kapitel zu berichten.

Die Geschichte des Umgangs mit der Flüchtlingsfrage war und ist nun einmal auch die Geschichte eines kollektiven Verdrängens. Dabei hatte die Zahl der Asylanträge 1992 alleine in der Bundesrepublik rund 438 000 erreicht und 1993 sogar zu einer Änderung des Grundgesetzes geführt. Auch weil damals die allermeisten Flüchtlinge aus Afghanistan, dem Irak und vor allem vom Balkan kamen, blendete man den immerhin angekündigten Völkermord in Zentralafrika einfach aus. Die einen, allen voran die USA, winkten von vornherein ab, andere, so die meisten Staaten Europas, duckten sich schlicht weg, und Frankreich unterstützte das untergehende Regime in Ruanda sogar unmittelbar, schickte Marineinfanteristen und Fremdenlegionäre (»Opération Turquoise«), lieferte Waffen und richtete später auch eine Schutzzone für die flüchtenden Völkermörder ein.

Denn inzwischen hatte Kagames RPF zum Gegenschlag ausgeholt, war in einem strategisch durchdachten Zug Anfang Juli 1994 in Ruandas Hauptstadt Kigali einmarschiert und ging mit aller Härte gegen das Hutu-Regime vor. War das von Anfang an geplant? Es gibt Indizien, dass Kagame für den Absturz der Präsidentenmaschine verantwortlich war, dass er also den dadurch ausgelösten »Massenmord« an seinen eigenen Leuten, den ruandischen Inland-Tutsi, »kaltblütig« in Kauf genommen und die Voraussetzung für seinen Feldzug gegen die Hutu »bewusst herbeigeführt« hat.[6] Außer Frage steht, dass nunmehr »die Hutu-Bevölkerung innerhalb und außerhalb Ruandas«, mit der Einnahme Kigalis durch Kagames RPF beginnend, »gnadenlos dezimiert« wurde.[7] Verlässliche Zahlen für die Monate April bis Juli 1994 gibt es nicht. Der danach ins Amt gekommene Innenminister Seth Sendashonga, ein gemäßigter Hutu und Mitglied der RPF, schätzte die Zahl der ermordeten Hutu auf 30 000.[8]

Wer diese Runde des Mordens überlebte, machte sich auf die Flucht: Im August 1994 zählte das Flüchtlingshilfswerk der Vereinten Nationen alleine in Zaire, wie die Demokratische Republik Kongo damals hieß, 1,25 Millionen Flüchtlinge, zumeist Hutu.[9] Unter ihnen befanden sich allerdings auch nennenswerte Teile der ruandischen Hutu-Armee sowie der Interahamwe, also der Hutu-Miliz, die sich mit ihren Waffen über die Grenze hatten retten können. Insgesamt waren es wohl 50 000 Mann, und die gingen sogleich auf die im Osten Zaires »lebende Minderheit der Banyamulenge los – Tutsi, die vor mehr als hundert Jahren … eingewandert waren«.[10]

Der Genozid in Ruanda war nach einigen Wochen beendet, weil den Tätern die Opfer ausgingen. Doch jetzt dehnten sich das Morden und mit ihm der Krieg geographisch aus. Sie nahmen Formen an, die sich der Vorstellungskraft entziehen. Zeitweilig waren bis zu einem Dutzend Staaten unmittelbar oder mittelbar involviert. Zaire wurde bis 2009 in drei Kriege und damit in die größte Katastrophe seiner in dieser Hinsicht nicht gerade armen Geschichte gestürzt. Vor allem seine östlichen Provinzen haben sich bis heute nicht davon erholt.

Zaire war wie viele afrikanische Staaten vergleichsweise jung, gerade einmal 110 Jahre alt, als es von dieser Katastrophe heimgesucht wurde. Bei seiner Gründung hieß der Staat auch nicht »Zaire«, sondern »Freistaat Kongo«. Als vom 15. November 1884 bis 26. Februar 1885 Vertreter aus 14 Staaten, darunter den USA, in Berlin über das Kongogebiet verhandelten, wussten sie nicht einmal genau, worüber sie eigentlich sprachen. Das Gebiet von der Größe Westeuropas war so gut wie unerschlossen, und erst seit wenigen Jahren wusste man, dass es sich bei Kongo und Nil, dessen Quellen gerade erst entdeckt worden waren, um zwei verschiedene Flüsse handelte. Diese Entdeckung verdankte man dem amerikanischen Journalisten britischer Herkunft Henry Morton Stanley, der das Kongogebiet in vier ausgedehnten Expeditionen erkundet hatte.

Die dritte Reise trat Stanley 1879 im Auftrag des belgischen Königs Leopold II. an. Der amtierte dann auch als Souverän jenes Freistaats Kongo, den die Berliner Konferenz unter Leitung des deutschen Reichskanzlers Otto von Bismarck am 23. Februar 1885 ins Leben gerufen hatte. Erst jetzt wurden die Außengrenzen dieses Staates festgelegt, der – das war der eigentliche Zweck der Konferenz und der Staatsgründung – dem Handel aller Nationen offenstehen sollte. Dieses Schicksal willkürlicher Grenzziehung teilte der belgische Kongo mit den allermeisten Staaten Afrikas, die – wie zum Beispiel auch der angrenzende französische Kongo – im Zeitalter des Imperialismus aus der Taufe gehoben wurden. So wurden Völker und Stämme, Kulturen und Religionen oder auch – wie der belgische Kongo – zum Teil jahrhundertealte Königreiche in ein Haus gezwängt, in das sie in aller Regel weder wollten noch gehörten.

Der Freistaat war eine private Kolonie des Königs der Belgier. Der installierte dort, von den Berliner Vertragsstaaten lange Zeit unbehelligt, ein Regiment, das in seiner Brutalität so ziemlich alles in den Schatten stellte, was der in dieser Hinsicht nicht gerade zimperliche Imperialismus der Europäer aufzubieten hatte: Bis der Kongo 1908 auf internationalen Druck hin in den Besitz des belgischen Staates überging, hatte sich seine Bevölkerung fast halbiert. Viele Opfer gingen auf das Konto großer Infrastrukturvorhaben wie den Bau eines Tiefseehafens an der Grenze zu Angola, einer portugiesischen Kolonie, oder einer Eisenbahnlinie von Leopoldville, dem heutigen Kinshasa, gen Westen: Ein Toter pro Eisenbahnschwelle lautete das Kosten-Nutzen-Kalkül der Belgier.

Mit Übernahme durch den belgischen Staat änderte sich das. Nicht zuletzt wegen seiner vergleichsweise gut entwickelten Infrastruktur, aber auch wegen einer effektiven Verwaltung galt der belgische Kongo als Musterkolonie, als er am 30. Juni 1960 unabhängig wurde. Zu diesem Zeitpunkt waren die Belgier kaum darauf vorbereitet, ihren Besitz aufzugeben, jedenfalls nicht sogleich. Dabei war die Entwicklung, auch in Afrika, absehbar. Ägypten hatte sich gerade erst endgültig von britischer Vorherrschaft verabschiedet, und die Algerier waren seit einigen Jahren dabei, sich in einem blutigen Guerillakrieg von Frankreich zu lösen, als auch in Schwarzafrika die Unabhängigkeit eingeläutet wurde.

Allein im Jahr 1960 erhielten fast 20 afrikanische Staaten ihre Unabhängigkeit, darunter der belgische sowie der französische Kongo beziehungsweise Kongo-Brazzaville. Als dieser nicht mehr zu halten war, wechselten die Kolonialherren von einem Extrem ins andere und räumten ihr riesiges Reich fluchtartig. Das hatte Konsequenzen für das Selbstverständnis der »Kongolesen«, soweit man in einem Land, das lediglich von den Außengrenzen, der zentralen Verwaltung und den sich jetzt aus dem Staub machenden Kolonialherren zusammengehalten wurde, überhaupt von solchen sprechen konnte. Weil sie ihre Unabhängigkeit nicht erkämpfen mussten, machten die Stämme und Völker des Kongo auch nicht die Erfahrung der Solidarität und des Schulterschlusses, der bei der Überwindung der sich nun auftuenden Gräben hätte helfen können.

Der Abzug der Belgier stürzte das unvorbereitete Land für fünf Jahre in ein Chaos blutiger Stammes- und Separationskämpfe, die als »Kongo-Wirren« in die Geschichte eingegangen sind. Sie forderten zahllose Opfer, darunter den ersten frei gewählten, charismatischen Ministerpräsidenten des Kongo, Patrice Lumumba. Im Januar 1961 wurde er erschossen, nachdem ihm während eines Verhörs durch Truppen des Oberst Joseph-Désiré Mobutu, einem zeitweiligen Kollaborateur der Belgier, schwere Misshandlungen zugefügt worden waren. Zu den Opfern des kongolesischen Chaos gehörte wohl auch der Generalsekretär der Vereinten Nationen, Dag Hammarskjöld, der im September 1961 bei einem nie geklärten Flugzeugabsturz ums Leben kam. Der Schwede hatte versucht, durch den Einsatz von UN-Truppen unter anderem die Abtrennung der rohstoffreichen Provinz Katanga zu verhindern. Später intervenierten weiße Söldner und reguläre belgische Fallschirmeinheiten, ohne die Lage im Kongo wirklich unter Kontrolle bringen zu können.

Die Wiederherstellung eines mehr oder weniger zentral verwalteten Staates Kongo gelang erst dem Armeechef Mobutu, der sich 1965 – im zweiten Anlauf nach 1960 und mit westlicher Hilfe – an die Macht putschte, seit dem 25. November als Präsident der »Zweiten Republik« fungierte und sich Mobutu Sese Seko (»der von Sieg zu Sieg eilt«) nannte. Fortan und bis weit über das Ende des Kalten Krieges hinaus behandelte der Diktator das Land, dem er 1971 den Namen »Zaire« gab, wie seine Latifundie.

Der Westen wartete ab, und das hieß auch in diesem Fall: Er schaute nicht hin. Weil nämlich während der siebziger und achtziger Jahre eine Reihe afrikanischer Staaten wie Äthiopien, Angola, Mozambique oder Zimbabwe – das vormalige Rhodesien – unter sowjetischen Einfluss zu geraten drohte, galt Zaire als zuverlässiger Fels in der Brandung. Der Westen müsse doch »närrisch« sein, wenn er Mobutu »bei allen seinen großen Anstrengungen … nicht … unterstützen« würde, versicherte der französische Staatspräsident François Mitterrand 1984 dem Präsidenten, und für Amerikas Präsidenten Ronald Reagan war Zaire »nicht nur ein Freund, sondern ein Alliierter«. Das wusste Mobutu dem deutschen Bundeskanzler Helmut Kohl zu berichten, als der ihn im September 1984 wieder einmal besuchte.[11]

So hatte Mobutu freie Hand. Unter rücksichtsloser Ausbeutung seiner Landsleute und der üppigen Ressourcen des Landes, also mit

Methoden, die denen der alten Kolonialherren in nichts nachstanden, avancierte Mobutu zu einem der reichsten Staatsmänner der Erde. Die Spitzenpositionen der räuberischen Diktatoren musste er lediglich den Staatspräsidenten Indonesiens und der Philippinen, Mohamed Suharto und Ferdinand Marcos, überlassen. Irrwitzige Prestigeprojekte wie das nie fertiggestellte gigantische Stahlwerk Maluku, die beiden monströsen Inga-Staudämme oder auch die längste Hochspannungsstraße der Welt trugen dazu bei, dass sein Land und seine Leute unter die Räder kamen. Korruption und Vetternwirtschaft – 1974 hielt Zaire in Afrika die Spitzenstellung bei Mercedes-Importen – beförderten die Entwicklung hin zu einem parasitären, repressiven, unwirklichen Staat.[12]

Das war die Lage, als 1994 Nord- und Südkivu, die beiden östlichen Provinzen des Kongo, von der aus Ruanda geflohenen Hutu-Armee und der Interahamwe-Miliz heimgesucht wurden. Dort taten sie sich mit den Hutu zusammen, die aus Burundi, also jenem anderen vom Gegensatz zwischen den beiden Völkern gezeichneten Staat, geflohen waren. Im Osten des Kongo machten die ruandischen und burundischen Hutu nunmehr gemeinsam Jagd auf Tutsi. Deren Hoffnung ruhte vor allem auf den Stammesbrüdern in Ruanda, die den Völkermord von 1994 überlebt hatten, namentlich auf dem starken Mann Paul Kagame. Die Tutsi seien »gute Kämpfer«, hatte Che Guevara, der sich 1965 selbst als Bundesgenosse der kongolesischen Revolution eingeladen hatte, an Fidel Castro geschrieben: »Sie sind von einer Art von Hass gegen die anderen Ethnien angetrieben.«[13]

Am 30. August 1996 kam es zu einem Feuergefecht zwischen Angehörigen der alten zairischen und der neuen ruandischen, also der von Kagame geführten Tutsi-Armee. Es gilt als erste Schlacht des Kongokrieges. Treibende Kraft in diesem Krieg war die Allianz der Demokratischen Kräfte zur Befreiung des Kongo (AFDL), im Kern eine Truppe von Tutsi-Rebellen. Sie war »einzigartig in Kongos Geschichte: eher schlecht und recht zusammengewürfelt aus unterschiedlichen Interessen und Fraktionen«, angeleitet von den

Armeen der Nachbarländer Ruanda und Uganda, unterstützt durch Burundi, Tansania, dann auch Angola und im Hintergrund durch die USA. Die AFDL-Allianz war eine Truppe »ohne klare innere Struktur, aber militärisch erfolgreicher als jede andere bewaffnete Gruppierung in Zentralafrika vorher und nachher«.[14]

Wortführer dieser AFDL war Laurent-Désiré Kabila, »der einzige noch übrig gebliebene revolutionäre Widerstandskämpfer der sechziger Jahre gegen das Mobutu-Regime«.[15] Als strategischer Kopf hinter der Kabila-Revolution galt der ruandische General James Kabarebe, bei dem auch Kabilas Sohn Joseph in die Lehre ging. Die treibende Kraft der Aktion aber war Paul Kagame, inzwischen Vizepräsident Ruandas, und das hieß auch: Kabilas AFDL-Rebellen waren lediglich der verlängerte Arm Kagames, und der Erste Kongokrieg entstand aus einer Invasion Ruandas im Kongo.

Hauptgegner Kabilas, Kabarebes, Kagames und ihrer AFDL waren Mobutus Armee und vor allem die Hutu, die im Kongo Zuflucht gesucht hatten. Ein 14 Jahre später durch den Menschenrechtsrat der Vereinten Nationen vorgelegter Bericht spricht von »systematischem« Mord mit Macheten und Bajonetten, dem vermutlich weit über 100 000 Menschen zum Opfer fielen.[16] Hunderttausende Hutu versuchten über die Grenze in ihre alte Heimat Ruanda zu entkommen, von wo die meisten erst einige Jahre zuvor hatten fliehen müssen. Dort wurde ein neues Verkehrsschild eingeführt: »Langsam fahren: Flüchtlinge«.[17]

Einen Tag bevor die AFDL am 17. Mai 1997 in Kongos Hauptstadt Kinshasa einmarschierte, hatte Mobutu das Land in Richtung Marokko verlassen, wo er wenige Monate später starb. Ende Mai 1997 wurde Laurent-Désiré Kabila nach neunmonatigem Krieg im Stadion von Kinshasa als nie gewählter Präsident der »Demokratischen Republik Kongo« vereidigt. Damit begann nur scheinbar eine neue Zeit. Tatsächlich etablierte Kabila umgehend ein Willkürregime, das demjenigen Mobutus in nichts nachstand, engagierte sogar dessen ehemaligen Propagandachef. Wie alle Despoten wusste er, dass die Kontrolle der Medien und damit der öffentlichen Meinungsbildung die Grundvoraussetzung für die Herrschaftssicherung ist. Aber eine Garantie ist sie nicht, schon gar nicht in einem Land mit zahllosen Ethnien und – nicht zu vergessen – zahllosen Sprachen und Dialekten.

Die Unfähigkeit und der mangelnde Wille Kabilas, ein funktionierendes Staatswesen zu etablieren, waren ein – wenn auch sicher nicht der entscheidende – Grund für den Ausbruch des Zweiten Kongokrieges im August 1998. Die vielfältigen Ursachen und der komplexe Verlauf des Krieges lassen sich kaum überschauen. Er sah wieder einmal die seit Jahren bekannten Grausamkeiten aller Art, aber auch eine neue Dimension der Gewalt: Kinder und Jugendliche wurden systematisch rekrutiert und – mit oder ohne Alkohol und Drogen – zu unfassbaren Verbrechen angehalten. Der Zweite Kongokrieg war ein Kampf zwischen Hutu und Tutsi, zwischen den beiden vormaligen Kampfgefährten Kagame und Kabila, zwischen alten und neuen Eliten, zwischen rund 30 Milizen und zeitweilig neun afrikanischen Staaten.

Es war wohl Susan Rice, damals Afrikabeauftragte im amerikanischen Außenministerium, die erstmals davon sprach, der Kongokrieg könne zum »ersten afrikanischen Weltkrieg« werden.[18] Hintergrund war unter anderem ein Gipfeltreffen vorwiegend südlicher Nachbarn des Kongo: Mitte August 1998 sagten Angola, Namibia, Sambia, Zimbabwe und Tansania, die damit allesamt auch ihre eigenen Interessen verfolgten, Kongos Präsidenten Kabila Unterstützung zu. Zimbabwe, Namibia, später Angola setzten auch Streitkräfte im Kongo ein. Hilfe kam zudem von den Westmächten. Frankreich war maßgeblich daran beteiligt, dass der Tschad und die Zentralafrikanische Republik zumindest kurzzeitig zugunsten Kabilas intervenierten. Die Franzosen wussten, wen sie da unterstützten, die Amerikaner eher nicht. Jedenfalls konnte Kabila während seines Feldzugs auf amerikanische Satellitenbilder zurückgreifen.

Mit Kriegsbeginn rückten Ruanda und Uganda in den krisengeschüttelten Osten des Kongo ein. Dabei verfolgten sie nur vordergründig ein gemeinsames Ziel. Tatsächlich ging es Ugandas Präsident Museveni bei diesem Kongofeldzug in erster Linie um den Zugriff auf die Rohstoffe des Kongo, aber auch darum, seinen vormaligen ruandischen Zögling Paul Kagame nicht zu stark werden zu lassen. Auch der wollte an die Rohstoffe, mit deren Verkauf zeitweilig bis zu 80 Prozent der Gesamtkosten der ruandischen Armee finanziert wurden.[19] Mindestens so entscheidend für seine zweite Invasion Ruandas im Kongo innerhalb von 24 Monaten war aber die Verfolgung der Hutu, also der ruandischen Völkermörder von 1994, die jetzt zum Teil in Kongos Armee dienten oder in Gestalt der Interahamwe-Milizionäre in Kongos Osten ihr Unwesen trieben. Die UNO schätzte die Zahl dieser Milizen auf 15 000.

Im Kern war dieser Zweite Kongokrieg auch ein Machtkampf zwischen zwei Männern, deren Ambitionen und Ziele nicht beziehungsweise nicht mehr miteinander vereinbar waren. Entscheidend war der Seitenwechsel von Kongos Präsident Kabila. Hatte er während des Ersten Kongokrieges, der ihn an die Macht brachte, die Hutu bekämpft, so paktierte er jetzt mit diesen, erklärte die Tutsi zum Feind und ließ im August 1998 über den Staatsrundfunk dazu aufrufen, sich mit Macheten, Speeren und Spaten zu bewaffnen und auf die Tutsi loszugehen.[20] Damit machte sich Laurent-Désiré Kabila seinen Weggefährten während des Ersten Kongokrieges, Paul Kagame, zum erbitterten Feind. Im Ersten Kongokrieg war Kagame mit Kabilas AFDL-Rebellen gegen Mobutu marschiert; im jetzt beginnenden Zweiten marschierte er mit einer bunt zusammengewürfelten, von Ruanda ausgebildeten und finanzierten Rebellenarmee gegen Kabila. Diese Armee nannte sich Kongolesische Bewegung für Demokratie (RCD) und kämpfte für die »zweite« Befreiung des Kongo: erst von Mobutu, jetzt von Kabila.

Eine neue Frontstellung dieses Krieges wurde sichtbar, als sich im November 1998 neben Kagames RCD eine zweite Rebellenarmee namens Bewegung für die Befreiung des Kongo (MLC) zu Wort meldete. Das Gros der MLC, kommandiert von Jean-Pierre Bemba, bestand aus Veteranen von Mobutus gefürchteter Privatarmee und wurde von Uganda aus geleitet. Mit dem Konflikt zwischen den beiden Rebellenarmeen RCD und MLC eskalierte auch der Konflikt zwischen Ruanda und Uganda. Jetzt wurde vollends deutlich, worum es im Zweiten Kongokrieg tatsächlich auch ging: um die Sicherung und Ausbeutung der Rohstoffe des in dieser Hinsicht reichsten afrikanischen Landes.

Kriege kosten Geld, und weil Rohstoffe – Coltan und Titan, Kupfer und Kobalt, Gold und Diamanten, Kaffee und Öl – Geld einbringen, gingen die Geschäfte auch in Zeiten weiter, in denen der Kongo von Kriegen überzogen wurde. Das galt für die Raubzüge Ruandas, Ugandas oder auch Zimbabwes, die mit dem Verkauf der erbeuteten Rohstoffe ihre Kriege finanzierten. Und es galt für die Geschäfte, die Firmen aus aller Herren Länder oder die Nachbarstaaten mit der kongolesischen Regierung sowie mit den führenden Figuren der Rebellenarmeen, den Warlords, schlossen. So bezog Bemba, Chef der zweiten Rebellenarmee MLC, aus der Zentralafrikanischen Republik Waffen, Munition und Treibstoff im Tausch gegen kongolesische Diamanten und Edelhölzer. Die Quelle war für Bemba so unverzichtbar, dass er 2002 und noch einmal 2003 Ange-Félix Patassé, dem von seiner eigenen Armee bedrängten Präsidenten der Zentralafrikanischen Republik, zur Hilfe eilte und bei diesen Gelegenheiten Teile der Bevölkerung massakrieren ließ. Keine Frage: In diesen Kreisen gab es ein Interesse an der Fortdauer der Kämpfe im Kongo.

Unter solchen Umständen hatte weder der Waffenstillstand eine Chance, der am 7. Juli 1999 von den Außen- und Verteidigungsministern der beteiligten Staaten sowie den Kriegsparteien des Kongo in Lusaka unterzeichnet wurde, noch die Ende Februar 2000 durch den Sicherheitsrat der Vereinten Nationen mandatierte Friedensmission MONUC (Mission der Vereinten Nationen für die Stabilisierung in der Demokratischen Republik Kongo). Ihrem Auftrag, »Zivilisten unter unmittelbarer Androhung von Gewalt zu schützen«,[21] kam sie während des Krieges zu keinem Zeitpunkt nach.

Dass Geschichte sich nicht wiederholt, ist eine Binsenweisheit. Richtig ist aber auch, dass einzelne Ereignisse wie Attentate der Geschichte eine unerwartete Wendung geben können. So war es auch in dieser unübersichtlichen Situation. Wie sieben Jahre zuvor der Mord an Ruandas Präsident Juvénal Habyarimana den Völkermord in Ruanda und damit mittelbar die Kriegsserie im Kongo ausgelöst hatte, so trug jetzt ein Mord dazu bei, dass der Zweite Kongokrieg ein Ende fand.

Am 16. Januar 2001 wurde Kongos Präsident Laurent-Désiré Kabila in seinem Büro erschossen. Die Frage, wer der Attentäter war, blieb ebenso unbeantwortet wie zunächst auch die Frage nach den Kräften, die hinter dem neunundzwanzigjährigen Sohn des Ermordeten standen und ihn ins Rampenlicht schoben.

Joseph Kabila hatte sein Handwerk, wie gesehen, bei dem ruandischen General James Kabarebe gelernt, war in China zum Generalmajor ausgebildet worden, amtierte seit 2000 als Generalstabschef des kongolesischen Heeres und kam jetzt »wie in einer Erbmonarchie zur Macht«.[22] Dass er zunächst bei seinen öffentlichen Auftritten eine schwache Figur machte, war offenkundig; dass er eine Marionette war, von wem auch immer, galt im Westen als ausgemacht.

Es kam anders. Kabila junior trat als »sanierte Version seines Vaters« auf, »ohne dessen Unberechenbarkeit und Kriegslüsternheit, als braver reformbestrebter Junge«.[23] Der Westen, nicht zuletzt Belgien, fand sehr bald Gefallen an dem jungen Mann, der nicht der Garde finsterer Warlords und Kriegsverbrecher angehörte und der vormaligen Kolonialmacht neue Perspektiven eröffnete. Der belgische Botschafter war der Erste, der Joseph Kabila seine Aufwartung machte. Der wusste den Vertrauensvorschuss zu nutzen, ging auf Reisen, traf sich mit Frankreichs Staatspräsident Jacques Chirac und dem gerade ins Amt gekommenen amerikanischen Präsidenten George W. Bush, ließ UN-Beobachter ins Land und erfüllte die Vorgaben des Internationalen Währungsfonds und der Weltbank.

Und er traf sich in New York mit Paul Kagame, der einmal der wichtigste Verbündete, zuletzt aber ein erbitterter Gegner seines Vaters gewesen war und der es inzwischen zum Präsidenten Ruandas gebracht hatte. Kagame wie auch sein vormaliger Partner und jetziger Rivale im Kongokrieg, Ugandas Präsident Yoweri Museveni, hatten kaum eine Alternative, als mit Joseph Kabila zu sprechen. Denn zum Erstaunen der Beobachter hatten die beiden entscheidenden Rebellenarmeen das Machtvakuum nach dem Attentat auf Kabila Senior militärisch nicht genutzt, sondern vielmehr zum sofortigen innerkongolesischen Dialog aufgerufen. Sie wussten, dass ihre Mentoren Ruanda beziehungsweise Uganda im Kongo längst für ihre eigenen Interessen kämpften. Damit war der Friedensschluss in Sicht, nicht aber ein Abkommen, das ihn besiegelte. Joseph Kabilas dann doch undurchsichtige Manöver, das Scheitern alter und die Bildung neuer Allianzen, vor allem aber die Rückschläge des innerkongolesischen Dialogs, der Mitte Oktober 2001 in Addis Abeba begonnen hatte, schienen den Frieden immer wieder in weite Ferne zu rücken.

Und dann kam es in der windungsreichen Geschichte des gebeutelten Landes wieder einmal ganz anders. Es war vor allem dem Geschick des Sondergesandten der UNO, Moustapha Niasse, und dem massiven Druck des südafrikanischen Präsidenten Thabo Mbeki zu verdanken, dass die Kriegsparteien in der Nacht vom 16. auf den 17. Dezember 2002 völlig überraschend in Pretoria den Friedensvertrag unterschrieben. Die Truppen Ruandas und Ugandas wurden abgezogen, die Milizen hielten still, und wo das überhaupt möglich war, wurde Bilanz gezogen.

Mindestens drei, womöglich bis zu fünf Millionen Menschen sind an den direkten oder indirekten Folgen des Zweiten Kongokrieges gestorben, mehr als in Bosnien, dem Irak und in Afghanistan zusammengenommen. Anders als diese Kriege war allerdings Afrikas Erster Weltkrieg, den man auch den Großen Afrikanischen Krieg genannt hat, in den Medien kaum präsent. Die Welt blendete ihn aus und fand in der Konzentration auf Bosnien, den Irak und Afghanistan eine Legitimation, das zu tun. Viele Dramen dieses vierjährigen Krieges waren auch deshalb nicht sichtbar, weil sie sich in dem riesigen Land zeitgleich und vor allem jenseits medialer Erreichbarkeit abspielten: Zur Jahresmitte 2000 gingen die Vereinten Nationen davon aus, dass rund fünf Millionen Menschen im Kongo vollständig von der Außenwelt abgeschnitten waren.[24]

Auch in diesem Krieg waren die Opfer vor allem Zivilisten. Von ihnen wiederum kamen die meisten nicht in Kämpfen oder Massakern ums Leben, sondern sie starben an Krankheiten, Seuchen und vor allem: am Hunger. Das Gesundheitssystem und die Verkehrsinfrastruktur des Kongo waren zusammengebrochen, und was es an

Nahrungsmitteln gab, ging an die Armeen und Milizen. Verschärft wurde die ohnehin desaströse Lage durch die hohe Zahl der Binnenvertriebenen, die am Ende des Jahres 2002 auf beinahe zweieinhalb Millionen geschätzt wurde.

Auch deshalb kehrte der Frieden im Kongo mit dem Vertrag von Pretoria nicht dauerhaft ein. Zum einen brachen die Kämpfe im Osten des Landes wieder aus. Zum anderen war der Vertrag ein großer Kompromiss, der in der Formel »1+4« gipfelte. Neben Präsident Kabila gab es vier Vizepräsidenten, darunter je einen der beiden Rebellenarmeen RCD und der MLC. Deren Kommandeur Jean-Pierre Bemba wiederum nutzte die Position des Vizepräsidenten sogleich für den Aufbau einer neuen schlagkräftigen Privatarmee. Die Stärke des Kabinetts mit seinen 36 Ministern und 25 Vizeministern deutete darauf hin, wie viele Interessen bedient werden mussten. Die Vizepräsidenten verfügten über je 108 Leibwächter, die Minister über 13, die Vizeminister immerhin noch über acht.

Es ging um Macht, um Einfluss und vor allem: um Geld. In der Politik und im Militär. Der Vertrag von Pretoria sah eine aus allen vormaligen Kriegsgegnern zusammengesetzte Armee – die Streitkräfte der Demokratischen Republik Kongo – mit einem gemeinsamen Generalstab vor. Das konnte nicht gutgehen. So waren unter anderem die Hutu-Soldaten, die für den Völkermord in Ruanda von 1994 verantwortlich waren, dann im Kongo Schutz vor der Rache der Tutsi gesucht und im Zweiten Kongokrieg für Kabila Senior gekämpft hatten, von vornherein vom Friedensprozess ausgeschlossen. Gemeinsam mit den gefürchteten Interahamwe-Milizen organisierten sie im Ostkongo die Demokratischen Kräfte zur Befreiung Ruandas (FDLR), bekämpften die neue Armee des Kongo, bedrohten das angrenzende Ruanda und machten hier wie dort Jagd auf die Tutsi.

Dass es selbst unter derart ungünstigen Umständen zur Etablierung demokratischer und parlamentarischer Strukturen kommen konnte, gehört zu den erstaunlichen Kapiteln in der erstaunlichen Geschichte dieses Landes. Am 18. und 19. Dezember 2005 wurde die Verfassung der Demokratischen Republik Kongo in einem Referendum mit überwältigender Mehrheit angenommen. Und am 30. Juli 2006 wählten die Kongolesen in einem überwiegend friedlichen Verfahren ein neues Parlament und einen neuen Präsidenten. 33 Kandidaten bewarben sich um das Präsidentenamt, 9707 Kandidaten aus 282 Parteien um die 500 Parlamentssitze. Das alles kostete 500 Millionen Dollar. Von einer symbolischen kongolesischen Beteiligung abgesehen, wurden die Gelder von der Staatengemeinschaft aufgebracht.

Die Staatengemeinschaft und namentlich die Europäer hatten nämlich damit begonnen, ernsthaft von den Vorgängen im Kongo Notiz zu nehmen und sich zu engagieren. Schon im Sommer 2003 hatten – ausgestattet mit einem Mandat des Sicherheitsrates der Vereinten Nationen und von Frankreich geführt – im Osten des Kongo 2000 Mann im Rahmen der »Operation Artemis« an der Eindämmung eines Völkermordes zweier Ethnien und der Bewältigung der Folgen mitgewirkt. Jetzt entsandte man, gleichfalls von den Vereinten Nationen mandatiert und militärisch von Deutschland geführt, eine Eingreiftruppe von 2400 Mann, die »Eufor RD Congo«, um die UNO-Soldaten bei der Überwachung der Wahlen zu unterstützen.

Kritisch wurde die Lage noch einmal, als sich die beiden Spitzenkandidaten für das Präsidentenamt einer Stichwahl stellen mussten. Joseph Kabila, amtierender Präsident, und Jean-Pierre Bemba, vormaliger Anführer der Rebellenarmee MLC und einer der vier amtierenden Vizepräsidenten, bildeten seit Kriegsende die beiden Machtpole. Mitte November 2006 ging Joseph Kabila nach einem Wahlkampf, der von brutalen Ausschreitungen seiner Präsidentengarde und Bembas Privatarmee begleitet worden war, als Sieger hervor. Er war der erste frei gewählte Präsident des Kongo und zu diesem Zeitpunkt das jüngste Staatsoberhaupt Afrikas. Spätestens jetzt wurde deutlich, dass der Mann anfänglich wohl unterschätzt worden war.

Den endgültigen Beweis seiner Stärke lieferte er im März des folgenden Jahres. Als Bemba sich weigerte, seine Privatarmee in die kongolesischen Streitkräfte einzugliedern, holte Kabila zum entscheidenden Schlag aus. Der Angriff der kongolesischen Armee auf Bembas Privatarmee und deren Rückzug aus Kinshasa führten zu den schwersten Kämpfen in der Geschichte der Hauptstadt, brachten das politische Ende Bembas, der ins portugiesische Exil ging. Mit internationalem Haftbefehl gesucht und in Brüssel festgenommen, wurde er im Juli 2008 an den Internationalen Strafgerichtshof in Den Haag überstellt und im März 2016 der Kriegsverbrechen und Verbrechen gegen die Menschlichkeit schuldig gesprochen.

Der Strafgerichtshof hatte seine Arbeit im Sommer 2002 aufgenommen. Zwar blieben ihm mit China, Russland oder den USA wichtige Mitglieder der Staatengemeinschaft fern, doch haben die Richter inzwischen mit ersten Urteilen deutlich gemacht, dass Völkermörder und andere Verbrecher nicht mehr davon ausgehen können, dass sie unbehelligt bleiben werden. Bezeichnenderweise lagen acht von neun Ländern, in denen das Gericht 2016 ermittelte, in Afrika, und den beiden bis dahin rechtskräftig verurteilten Tätern – Thomas Lubanga und Germain Katanga – wurden ihre Verbrechen während des Zweiten Kongokrieges zur Last gelegt. Hingegen bezog sich das Urteil gegen Bemba nicht auf seine Rolle im Kongo, sondern auf die erwähnten Massaker, die seine Rebellenarmee 2002 und 2003 in der Zentralafrikanischen Republik angerichtet hatte.

Keinen Haftbefehl hatte hingegen Laurent Nkunda zu fürchten, weil man ihm die Serie von Vergewaltigungen, Morden und Plünderungen oder auch die Rekrutierung Hunderter von Kindersoldaten nicht nachweisen konnte. Nkunda war von Anfang an ein Mitstreiter Paul Kagames. Im Frühsommer 2004 hatte der studierte Psychologe Nkunda – unter den Augen der UN-Truppe MONUC mit brutalen Mitteln und Begleiterscheinungen – die Stadt Bukavu in Südkivu eingenommen, sich dann aber zurückgezogen und war Lehrer oder Pfarrer bei einer Pfingstgemeinde geworden. Da herrscht keine Einigkeit bei den Quellen.

Kurz vor den kongolesischen Wahlen gründete Nkunda den Nationalkongress zur Verteidigung des Volkes (CNDP), eine Miliz, die sich die Verteidigung vor allem der ostkongolesischen Tutsi, der Banyamulenge, auf die Fahnen geschrieben hatte. Auch Nkunda gehörte den Banyamulenge an. Hinter seiner Miliz stand als Verbündeter Kagames Ruanda. Der eigentliche Gegner von Nkundas CNDP und im Hintergrund auch Kagames waren die 1994 aus Ruanda – und Burundi – geflohenen Hutu einschließlich der berüchtigten Interahamwe-Milizen, deren politischer Führer im Übrigen bis zu seiner Verurteilung im September 2015 unbehelligt in Deutschland lebte. Deren Streitmacht zur Befreiung Ruandas, die FDLR, stellte für Nkunda, die Tutsi und Kagame auch deshalb eine ernstzunehmende Bedrohung dar, weil Kongos Präsident Kabila Junior jedenfalls zeitweilig mit ihr zusammenarbeitete.

So war der Konflikt zwischen Hutu und Tutsi, mit dem 1994 der Völkermord in Ruanda begonnen hatte, auch der Auslöser des Dritten Kongokrieges mit neuerlicher Brutalität und Verbrechen an der Zivilbevölkerung. Im November 2006 war er offen ausgebrochen. Immer wieder kam es zu Waffenstillständen, die allerdings nie lange hielten. Der Krieg endete erst, als sich Joseph Kabila und Paul Kagame auf massiven amerikanischen Druck hin zusammentaten und die Streitkräfte des Kongo und Ruandas gemeinsam gegen Nkundas CNDP vorgehen ließen. Dieses Kapitel der Kongokriege zeigt, was ein Hebel – von außen richtig angesetzt – bewirken kann. Es zeigt auch, dass in solchen Konstellationen aus scheinbar unversöhnlichen Gegnern über Nacht Bundesgenossen werden können, wenn gemeinsame Interessen, die es immer gibt, auf dem Spiel stehen. Und so wurde Nkunda, von kongolesischen und ruandischen Stellen eingefädelt, im Januar 2009 in Ruanda festgenommen, wo er sich bis heute aufhält.

Das war das Ende dreier verheerender Kongokriege. Aber es war nicht das Ende des Mordens. Als im Mai 2012 eine Gruppe von kongolesischen Armeeoffizieren ihre Kameraden zur Gefolgschaft aufrief, wurde deutlich, dass die Hydra lebte. Denn die Bewegung des 23. März (M 23), wie sie sich nannte, war eine Wiedergeburt von Nkundas Miliz. Wieder musste es erst zu einem schweren Verbrechen kommen, damit die Staatengemeinschaft hinschaute. Mit der von UN-Soldaten teilnahmslos verfolgten Einnahme der Stadt Goma durch die M-23-Rebellen war die rote Linie überschritten. Dass eine

Reihe von Nachbarstaaten, die Vereinten Nationen und jetzt auch die USA für ihre Verhältnisse geradezu entschieden intervenierten, hatte einen einfachen Grund: Sie alle hatten begriffen, dass die unmittelbaren und mittelbaren Folgen des Mordens sie andernfalls wieder einholen würden.

Die im März 2013 von den Vereinten Nationen mit einem offensiven Mandat versehene MONUSCO war mit alleine fast 20 000 Soldaten personell und finanziell deutlich besser ausgestattet als ihre Vorgängerin MONUC und zu diesem Zeitpunkt die größte Friedensmission weltweit. Ihre professionell aufgestellte und geführte Eingreifbrigade mit Einheiten aus Tansania und Südafrika unterstützte die kongolesische Armee. Mit dem Sieg über die M-23-Miliz gelang den Streitkräften des Landes nicht nur erstmals nach zwei Jahrzehnten ein Sieg über eine Rebellengruppe, sondern mittelbar auch über Ruanda und dessen Präsidenten Kagame. Andere Gruppen und Milizen, darunter die Interahamwe beziehungsweise FDLR, konnten nie ausgeschaltet werden, und in anderen Gebieten des Kongo blieb der Einfluss der UN-Truppe ohnehin verschwindend gering.

So hatte sich die Lage des Landes auch 20 Jahre nach Beginn des Ersten Kongokrieges nicht grundlegend gewandelt. Die Hutu-Milizen im Ostkongo waren noch immer aktiv, und Ruanda drohte auch deshalb weiter mit einer Intervention. Paul Kagame war nach wie vor Staatschef Ruandas, das sich nicht zuletzt dank der Raubzüge im Kongo zu einem der stabilsten Staaten der Region entwickelt hatte. Die Demokratische Republik Kongo wurde von einer neuen Welle der Gewalt heimgesucht und von den Vereinten Nationen nach wie vor als eines der am wenigsten, zeitweilig auch als »das am wenigsten entwickelte Land der Welt« eingestuft.[25] Und Joseph Kabila, der inzwischen reicher war als Mobutu, machte nicht nur keine Anstalten, das Amt nach Ablauf seiner Amtszeit zu räumen, sondern arbeitete daran, Präsident auf Lebenszeit zu werden.

Dass es während dieser Kriege wie überhaupt in der Geschichte des Kongo seit seiner Unabhängigkeit im Jahr 1960 nicht zu Abspaltungen einzelner Landesteile oder gar zur Auflösung des riesigen Staates gekommen ist, dass es vielmehr bei einigen Sezessionsbestrebungen in der frühen Phase blieb, überrascht zunächst. Tatsächlich bestätigt aber der Fall des Kongo die Regel. Denn im Grunde ist es keinem der Völker Afrikas gelungen, das von Fremden gezimmerte koloniale Gebäude in einem geordneten Verfahren zu verlassen. Wenn Länder wie Eritrea oder der Südsudan es dennoch schafften, waren die Kollateral- und Folgeschäden immens.

Schoben zunächst die Kolonialherren einen Riegel vor derartige Bestrebungen, waren es später die anderen Mitbewohner der Zwangsgemeinschaft, die ein Ausscheren boykottierten. Und zwar mit allen Mitteln. Zu viel stand auf dem Spiel. Denn die Ausziehenden nahmen ja vieles mit: Land und Leute, Infrastruktur und Rohstoffe aller Art, vor allem aber das wertvolle Wasser. Wer ein Quellgebiet in die Hand bekam, verfügte immer auch über ein mächtiges Druckmittel. Davon wird im dreizehnten Kapitel berichtet.

Um natürliche Ressourcen ging es auch Ende der sechziger Jahre, als Teile Nigerias die Abspaltung wollten. Das bevölkerungsreichste Land Afrikas gibt es in dieser Form erst, seit die Briten in den sechziger Jahren des 19. Jahrhunderts mit seiner Kolonisierung begannen. Als sie sich 100 Jahre später zurückzogen, wollten die christlich geprägten südöstlichen Regionen den von außen verordneten Zwangsverband verlassen und erklärten Ende Mai 1967 als »Biafra« ihre Unabhängigkeit.

Das Schicksal des neuen Staates war im Grunde vom ersten Tag an besiegelt, denn er kontrollierte das wirtschaftlich, politisch und strategisch wichtige Nigerdelta, außerdem die substantiellen Ölvorkommen Nigerias, und das konnte der Norden nicht zulassen. Von lediglich einer Handvoll Staaten anerkannt, hatten die Streitkräfte Biafras der nigerianischen Bundesarmee schon deshalb kaum etwas entgegenzusetzen, weil diese von etlichen Staaten, vor allem von Großbritannien, aber auch von der Sowjetunion, unterstützt wurde. Als Biafra Mitte Januar 1970 kapitulierte, war die Bilanz verheerend: Bis zu zwei Millionen Menschen, die meisten von ihnen Kinder, waren in diesem Krieg und an seinen Folgen gestorben, vor allem an Hunger.

Der Krieg war einer der ersten Bürgerkriege nach der weitgehenden Dekolonisierung Afrikas, und er war die erste Katastrophe dieser Art, die weltweit live verfolgt wurde, weil das Fernsehen sie dicht dokumentierte. Tag für Tag waren die schockierenden Bilder vor allem der vom Hunger gezeichneten Kinder zu sehen. Das hatte Folgen. So wie die zeitgleiche tägliche Berichterstattung aus Vietnam einerseits den Druck auf die amerikanische Regierung erhöhte und entscheidend zum Abzug der Truppen beitrug, setzte sie andererseits einen Gewöhnungseffekt in Gang. Bald kannte man die allabendlich ausgestrahlten Bilder. Aus Vietnam und aus Biafra. Sie glichen sich. Und weil die Zahl solcher Krisen, Kriege und Katastrophen im Laufe der Jahre zunahm und die Bildfolge immer dichter wurde, stumpften die Adressaten der Bilderflut und der Botschaft ab.

Die Öffentlichkeit auf der nördlichen Halbkugel nahm von den Vorgängen in der Dritten Welt kaum noch Notiz – es sei denn, das eigene Land, seine Verbündeten oder bis 1991 auch der weltpolitische Gegner waren unmittelbar betroffen oder involviert. Wie in Somalia. Am exponierten Horn von Afrika gelegen, war das Land – ein Zusammenschluss der vormaligen Kolonien Italienisch- und Britisch-Somaliland – strategisch von herausragender Bedeutung. Vor dem Hintergrund des Konflikts mit Äthiopien um das Ogadengebiet geriet Somalia 1977 vom sowjetischen in den amerikanischen Einflussbereich. Präsident Mohamed Siad Barre, der sich im Herbst 1969 an die Macht geputscht hatte, galt als zuverlässiger Vasall.

Barres Sturz durch Rebellen im Januar 1991 führte zur Rückkehr überwunden geglaubter Stammes- und Clanherrschaften. Wieder wurde die Zivilbevölkerung zur Geisel und zum Opfer eines Bürgerkriegs, und wieder – beziehungsweise noch einmal – waren es die Bilder hungernder und sterbender Menschen, welche die Staatengemeinschaft zur Intervention zwangen. Die erstmals im April 1992 durch die Vereinten Nationen mandatierten Friedensmissionen UNOSOM I und II sollten den Bürgerkrieg beenden und die Versorgung der Bevölkerung sicherstellen. Sie standen faktisch unter amerikanischer Führung und hatten von vornherein eine mediale Dimension. Um die amerikanische Öffentlichkeit bei der Stange zu halten, wurde der Einsatz, mit der Landung beginnend, umfassend und live dokumentiert.

Nichts blieb den Kameras verborgen, auch nicht die Demütigung amerikanischer Soldaten durch einen gewalttätigen Mob. Insgesamt 18 amerikanische Soldaten wurden Anfang Oktober 1993 bei dem Versuch, einen Warlord dingfest zu machen, ermordet, mehr als 80 verwundet. Als dann auch noch der geschändete Leichnam eines Marineinfanteristen von triumphierenden Somalis vor den Kameras eines amerikanischen Nachrichtensenders durch den Staub gezogen wurde, war das Scheitern der Mission nicht mehr abzuwenden. Die Folgen dieses Debakels lassen sich schwerlich überschätzen. Vor allem wurde Somalia für viele Jahre seinem Schicksal – und das hieß auch: seiner staatlichen Auflösung – überlassen: »Ihrer Bundeskanzlerin, dem amerikanischen Präsidenten, dem britischen Premierminister – ihnen allen ist Somalia egal«, gab Lakhdar Brahimi, algerischer Diplomat mit vielfältiger Verwendung bei den Vereinten Nationen, 2006 in Deutschland zu Protokoll.[26]

Und dann waren die USA und mit ihnen der Rest der handlungsfähigen Welt nach dem Somaliadesaster nicht mehr bereit, in vergleichbare Krisen, Kriege und Konflikte einzugreifen. Die lethargische Hinnahme erst des ruandischen Völkermordes, dann der Kongokriege fand hier eine Erklärung. Zumal mit den Bildern aus Somalia der Scheitelpunkt der medialen Aufnahmefähigkeit und -bereitschaft überschritten war. Bilder von hungernden Menschen, marodierenden Warlords und zerfallenden Staaten mochte niemand mehr sehen – es sei denn, das eigene Land war, wie im Kosovo, im Irak oder in Afghanistan, mittelbar oder gar unmittelbar tangiert. Das ist entscheidend für die Antwort auf die Frage, warum die Staatengemeinschaft konsequent wegschaute, als wenig später im Kongo das große Morden begann und der Südsudan nach seiner Unabhängigkeit im Jahr 2011 von kaum vorstellbaren Wellen der Gewalt überzogen wurde.

Schon in den Jahrzehnten zuvor wurde der Sudan von Krisen erschüttert. Das im 19. Jahrhundert zunächst durch Türken und Ägypter errichtete, dann durch Ägypter und Briten verwaltete Haus

Sudan hatte seit seiner Unabhängigkeit 1956 immer wieder bürgerkriegsartige Zustände insbesondere zwischen dem arabisch-islamisch geprägten Norden und dem im weitesten Sinne christlichen Süden erlebt. Sie hatten ihre Ursachen in Konflikten mit ebenfalls krisengeschüttelten Nachbarstaaten wie dem Kongo, in Kämpfen um natürliche Ressourcen und in mitunter erbitterten Kämpfen zwischen den Völkern und Stämmen namentlich im Süden des Landes. Diese setzten sich nicht nur fort, sondern eskalierten nach der Unabhängigkeit der Republik Südsudan im Juli 2011 in kaum vorstellbarem Maße.

Die Hauptkonfliktlinie im Südsudan verläuft zwischen den beiden größten Bevölkerungsgruppen, den Dinka und den Nuer. Schon die europäischen Forschungsreisenden des 19. Jahrhunderts haben davon berichtet. Wenn es zutraf, was die für den Südsudan zuständige UN-Mission im Sommer 2015 feststellte, dann war die Barbarei beispiellos. Mord und Totschlag, Vergewaltigung und Verbrennung bei lebendigem Leib waren an der Tagesordnung; ein Drittel der Bevölkerung war vom Hunger bedroht, und die Ölproduktion, ein wesentlicher Grund für die Unabhängigkeit, lag darnieder.[27]

Der Sudan, Nigeria oder der Kongo sind nicht Afrika, aber im Kongo, in Nigeria und im Sudan spiegeln sich Afrikas Geschichte und Gegenwart. Nicht alles ist sicher, nicht alles ist gesichert. Nicht einmal die Zahl der Menschen oder der Staaten. Wahrscheinlich hat die Bevölkerung des Kontinents im August 2009 die Eine-Milliarde-Grenze überschritten und wächst jährlich um rund 24 Millionen Menschen, was in etwa der Einwohnerzahl Australiens entspricht. Legt man die Mitgliedschaft in den Vereinten Nationen zugrunde, lebt diese Bevölkerung in 54 Staaten. Einige, wie die Westsahara, Somaliland oder Puntland, erheben den Anspruch auf Eigenstaatlichkeit, sind aber nicht umfassend oder gar nicht anerkannt.

Politisch ist der Kontinent so vielgesichtig wie kein Zweiter. Es gibt in Swasiland mit Mswati III. einen Monarchen, und es gibt etliche Diktatoren, darunter mit Zimbabwes Präsidenten Robert G. Mugabe den dienstältesten der Welt. 1980 gewählt, hat er das einmal reiche Agrarland in seiner mehr als fünfunddreißigjährigen Amtszeit in eines der Armenhäuser der Erde verwandelt – mit der zeitweilig höchsten Inflationsrate und der niedrigsten Lebenserwartung: »Zimbabwe gehört mir«, erklärte Mugabe zum Jahresende 2008.[28]

Gewiss, es gibt auch Staaten wie Benin, Botswana, Ghana, Sambia oder den Senegal, in denen die Demokratie jedenfalls zeitweilig funktioniert. Insgesamt aber ist demokratische Mehrheitsfindung »in weiten Teilen Afrikas nichts anderes als ein Ritual der Selbstbestätigung mit vorab verabredetem Ausgang. Die Geberländer verlangen Wahlen, bezahlen meistens für das Spektakel, und die afrikanischen Eliten beugen sich dieser Forderung nur deshalb, weil sonst der stete Strom an Entwicklungshilfe, billigen Krediten und Schuldenerlassen zu versiegen droht.«[29] So gesehen hat sich in den vergangenen Jahrzehnten wenig verändert. Die wohlhabenden Staaten der nördlichen Halbkugel haben offenbar nicht viel gelernt. Es gelten ihre Spielregeln, es gilt ihr Verständnis von Rechtsstaatlichkeit, Demokratie und freier Marktwirtschaft, ganz gleich ob das alles in anderen Kulturkreisen eins zu eins umsetzbar ist oder nicht. Aber das ist nur die halbe Wahrheit. Nicht minder schwer wiegt das Versagen vor allem der Eliten vieler Staaten Afrikas, denen es an Disziplin, Verantwortungsbewusstsein und Kompromissbereitschaft fehlt.

Die Elfenbeinküste, bis 1960 französische Kolonie, war einmal nach Südafrika und Nigeria die drittgrößte Wirtschaftsnation Schwarzafrikas mit einer vorbildlichen Infrastruktur, allerdings auch mit dem höchsten Ausländeranteil der Welt und extremen sozialen Unterschieden. Diese wurden instrumentalisiert, als das Land 2002 in einen Bürgerkrieg taumelte. Nicht zum ersten Mal in der postkolonialen Geschichte des Kontinents mussten die Europäer für hausgemachte Defizite herhalten. In der Elfenbeinküste wurden sie jetzt im übertragenen und eigentlichen Sinne des Wortes in die Schusslinie gerückt. Ein »wütender Mob jagt Europäer durch die Straßen, er plündert deren Häuser, Geschäfte und Schulen und zündet sie an«, hielt ein Beobachter fest.[30]

In solchen Biotopen der Gewalt und der Unberechenbarkeit, der Korruption und des krassen Gegensatzes von Arm und Reich, des

Mangels und des Analphabetentums kann alles gedeihen. Wenig Gutes, viel Verheerendes. Seuchen wie HIV oder Cholera, Hunger und Durst, Naturkatastrophen wie die Heuschreckenplagen der Jahre 1989 und 2004 – und nicht zuletzt: der militante Fundamentalismus und ein global operierender Terrorismus. Längst hat er in etlichen Ländern Afrikas Fuß gefasst: in Mauretanien und Algerien, in Mali und im Tschad, in Ägypten und Somalia, mit kaum vorstellbarer Brutalität in Nigeria und schon lange im Sudan. Hier fand auch Osama bin Laden während der neunziger Jahre für einige Zeit Unterschlupf. Von hier aus organisierte er die ersten Anschläge, auch gegen die USA.

New York, 11. September 2001: Der Anschlag auf das World Trade Center ist die Initialzündung für den internationalen Terrorismus. Al-Qaida, Taliban, Islamischer Staat, Boko Haram und all die anderen halten die Welt immer wieder in Atem.

KAPITEL II

TERROR

Die Trümmer brannten 100 Tage. Und sie wurden zum Symbol. Fortan standen die eingestürzten Türme des World Trade Center in New York für eine neue Zeitrechnung. Mit dem 11. September 2001 hielt der moderne Terror Einzug in die Welt. Allein an diesem Tag kamen beinahe 3000 Menschen aus mehr als 60 Ländern ums Leben. Die meisten in den beiden Türmen von New York, die um 9.59 Uhr und um 10.28 Uhr vor den Augen der Welt in sich zusammenstürzten. Andere wurden in etwa zeitgleich bei einem Anschlag auf das Pentagon in Washington und bei einem Flugzeugabsturz außerhalb der Hauptstadt getötet. Die Maschine war durch einige Passagiere und die Piloten zum Absturz gebracht worden, bevor sie durch Terroristen ins Kapitol gesteuert werden konnte. Genau so, nämlich als Waffen, hatten Mitglieder der Terrorgruppe drei gekaperte Flugzeuge in New York und Washington eingesetzt.

Vergleichbares hatte Amerika gelegentlich anderen zugefügt, beispielsweise bei der Bombardierung Hanois im Dezember 1972, aber selbst nur einmal erfahren. Beim Angriff der Japaner auf die amerikanische Pazifikflotte in Pearl Harbor waren am 7. Dezember 1941 mehr als 2400 Menschen ums Leben gekommen. Aber zwischen den beiden Anschlägen gab es einen Unterschied: Der Angriff auf Pearl Harbor erfolgte ohne Kriegserklärung, den Angriffen auf New York und Washington war eine Kriegserklärung vorausgegangen. Jahre zuvor hatte sie der Drahtzieher öffentlich abgegeben. Osama bin Laden, wohl im Januar 1958 in Riad geboren, begann seine Karriere als Guerillero beziehungsweise Partisan und kämpfte in den Augen vieler Menschen in der arabischen Welt zunächst für eine gerechte Sache. Er endete, vom Rest der Welt isoliert, gebrandmarkt und verfolgt, aber immer noch gefürchtet, als Terrorist. Wie bei vielen seines Schlages erfolgte der Einstieg in diese Laufbahn zufällig.

Aus einer wohlhabenden, dem Königshaus nahestehenden saudischen Unternehmerfamilie stammend, kam bin Laden 1984 erstmals nach Pakistan und Afghanistan, wurde dort Zeuge eines sowjetischen Luftangriffs auf afghanische und arabische Mudschaheddin, beschloss, sich um die Araber unter ihnen zu kümmern, wurde zum »Hauptsponsor des Dschihad«[1] und zum Konstrukteur des ersten global operierenden Terrornetzwerks. Dass dieses Netzwerk zeitgleich mit dem Aufkommen des islamischen Fundamentalismus geknüpft wurde, war natürlich kein Zufall. Der Islam ist eine weltumspannende Religion, und mit dem Koran verfügt er über ein zwar interpretationsfähiges, aber im Kern für alle Muslime verbindliches Grundgesetz. Keine nichtislamische Terrororganisation konnte auf ein vergleichbares Manifest zurückgreifen. Daher blieben sie alle, zum Beispiel auch die mittel- und südamerikanischen wie die Revolutionären Streitkräfte Kolumbiens (FARC), auf einzelne Länder oder Regionen beschränkt.

In der Aufbauphase der späteren al-Qaida war Osama bin Laden vor allem als Organisator tätig, sammelte bei seinem nächsten Besuch in Saudi-Arabien Millionen Dollar für die in Afghanistan kämpfenden arabischen Mudschaheddin und eröffnete nach der Rückkehr gemeinsam mit seinem Mentor Scheich Abdallah Azzam, einem palästinensischen Geistlichen, im pakistanischen Peschawar ein sogenanntes Dienstleistungsbüro. Dort wurde ein großer Teil der Mittel verwaltet, die der saudische Unternehmer dank seiner exzellenten Kontakte zu den Geldgebern am Persischen Golf herbeischaffte.

Azzam war es auch, der im April 1988 in kleinem Kreis über die Grundlegung – die »Basis«, die »qaida« – der künftigen Gesellschaft reflektierte. Wenige Monate später, am 11. August 1988, beriet die Gruppe über die Bildung einer Organisation, mit deren Hilfe man sich ans Werk machen wollte. Vordringlich ging es um Antworten auf die Frage, wie man den Heiligen Krieg nach dem angekündigten Abzug der Sowjets aus Afghanistan fortführen könne. »Das Treffen endete am Abend des 20. August 1988«, notierte der Sekretär: »Al-Qaida nahm am 10. September 1988 mit einer Gruppe von 15 Brüdern die Arbeit auf.«[2]

Von der Legende überzeugt, seine arabische Fremdenlegion habe die Sowjets aus Afghanistan vertrieben, kehrte Osama bin Laden als Held nach Saudi-Arabien zurück, stieg wieder ins Familienunternehmen ein, sammelte Geld und intensivierte seine Kontakte zu Turki ibn Faisal, einem Spross des Königshauses und Chef des saudi-arabischen Geheimdienstes. Der war dann auch einer der Ersten, denen die »radikalen Veränderungen in der Persönlichkeit« des konvertierten Dschihadisten sowie seine »Arroganz und seine Überheblichkeit« auffielen.[3]

Inzwischen war Osama bin Laden ein gefragter Mann – als Geschäftsmann und Dschihadist. Und so erreichte ihn 1990 eine Einladung Hasan at-Turabis. Der weltgewandte, weitgereiste islamische Gelehrte war im Juni die treibende Kraft hinter einem Putsch im Sudan gewesen. 1992 zog bin Laden mit seinen vier Frauen und damals 17 Kindern nach Karthum, baute Straßen, ließ Al-Qaida-Rekruten zu Terroristen ausbilden und sie auf den Dschihad gegen die USA vorbereiten.

Weil er aber auf diesem Feld einstweilen keine symbolträchtigen Anschläge vorweisen konnte, bekannte er sich zu solchen, mit denen er nichts oder nur wenig zu tun hatte. So reklamierte er die Urheberschaft für den ersten Anschlag auf das World Trade Center. Am 26. Februar 1993 detonierte die Bombe in der Tiefgarage, tötete sechs Menschen und verletzte mehr als 1000. Der Bombenleger war in einem afghanischen Lager ausgebildet worden. Ob bin Laden den Auftrag für den Anschlag in New York gegeben hatte, blieb unklar. Ganz sicher hatte er aber nichts mit der Ermordung und Schändung amerikanischer Soldaten in Somalia zu tun, durch die es, wie im letzten Kapitel gesehen, Anfang Oktober 1993 zu einer folgenreichen Kehrtwende der amerikanischen Interventionspolitik kam.

Da der amerikanische Nachrichtensender CNN die Bilder aus Somalia in alle Welt übertrug, übernahm bin Laden die Vaterschaft für das Geschehen und tat so einiges für sein rasant steigendes Ansehen in den einschlägigen Kreisen. Das war riskant. Zum einen wuchsen die Widerstände in der arabischen Welt, weil die Aktionen des Unruhestifters einer Reihe von Regierungen, etwa der ägyptischen und der saudi-arabischen, gegen den Strich gingen. Zum anderen nahm die Zahl der Konkurrenten und Rivalen in der Terrorszene zu. Anfang Februar 1994 entging bin Laden einem Attentat und wurde fortan nicht mehr ohne Leibwächter gesehen. Zu dieser Zeit distanzierte sich auch seine Familie öffentlich von Osama, und die Saudis entzogen ihm die Staatsbürgerschaft und sein Vermögen. Als er Mitte Mai 1996 auf massiven Druck der USA und Ägyptens zum Verlassen des Sudan aufgefordert wurde, musste er auch seine dortigen Investitionen abschreiben.

Osama bin Laden war bankrott und auf der Flucht. Aber er hatte ein Ziel, und er hatte eine klare Vorstellung davon, wer die Feinde waren: die USA, Israel und Saudi-Arabien. Das erklärte er im März 1997, inzwischen zurück in Afghanistan, einem Team von CNN. Es war sein erstes Fernsehinterview: »Wir haben der Regierung der USA den *dschihad* erklärt, weil die Regierung der USA … – sowohl direkt als auch indirekt – durch ihre Unterstützung der israelischen Besatzung [Palästinas] in äußerst ungerechter, abscheulicher und verbrecherischer Weise gehandelt hat … Die Herzen der Muslime sind erfüllt von Hass gegen die Vereinigten Staaten von Amerika und den amerikanischen Präsidenten.« Und weil die saudische Regierung sich »loyal« gegenüber den Amerikanern verhalten und deren Truppen ins Land gelassen hatte, galt das auch für sie.[4]

Dass er der Führer von al-Qaida war, sagte bin Laden im Frühjahr 1997 nicht. Auch nicht ein knappes Jahr später, als er die Fatwa der »Internationalen Islamischen Front«, eines Klubs radikaler, terrorerprobter, miteinander konkurrierender Islamisten, unterzeichnete, die dazu aufrief, Amerikaner zu töten, wann und wo immer man auf sie traf. Die Existenz von al-Qaida war außerhalb des engsten Zirkels so gut wie unbekannt, auch den amerikanischen Geheimdiensten. Als sich das zu ändern begann, blieben effektive Maßnahmen zunächst aus, weil NSA und CIA nicht an einem Strang zogen. Außerdem verwandte bin Laden bei seinen seit 1997 abgehörten Telefonaten Codewörter, die man nicht entschlüsseln konnte.

Auch nicht am 7. August 1998, als bin Laden sein Satellitentelefon »quasi als Fernbedienung« benutzte.[5]

Mit den verheerenden Bombenanschlägen auf die amerikanischen Botschaften in Daressalam und Nairobi verschickten Osama bin Laden und al-Qaida gleich mehrere Botschaften: Erstens und vor allem waren die USA der eigentliche Gegner. Nicht zufällig jährte sich an diesem 7. August 1998 zum achten Mal der Tag, an dem die ersten amerikanischen Truppen in Saudi-Arabien eingetroffen waren, um von dort in den Kampf gegen den Irak zu ziehen. Nicht nur für Osama bin Laden war diese saudische Kollaboration mit den USA der Sündenfall. Zum Zweiten konnte die Zahl der Opfer gar nicht hoch genug sein, allein in Kenia starben 213 Menschen, 4500 wurden verletzt, die Trümmer brannten tagelang. Drittens wurde in der Rückschau klar, dass auch die Synchronisation mehrerer Selbstmordattentate zur Handschrift dieser Terrortruppe gehörte. Dabei ging es um die Maximierung von Furcht und Schrecken. Sie zu verbreiten ist die eigentliche Absicht des Terrorismus, nicht nur des fundamentalistischen.

Und dann spielte die hohe Symbolkraft der Anschläge eine besondere Rolle. Die Terrorakte sollten die Verletzbarkeit und damit die Vergänglichkeit der Supermacht Amerika zeigen. So auch der Angriff auf den im jemenitischen Hafen Aden liegenden Zerstörer USS *Cole*. Das 150 Meter lange, mit dem Besten und Modernsten, darunter der Tarnkappentechnologie ausgestattete Schiff war durch 70 Tonnen schwere Panzerschilde geschützt. Und doch gelang es al-Qaida mit Hilfe eines sprengstoffbepackten Fischerbootes, den Zerstörer schwer zu beschädigen. Um ein Haar wäre er vor den Augen der Welt gesunken.

Die spektakulären Aktionen gegen die Botschaften und den Zerstörer der Amerikaner hatten weitreichende Folgen. Vor allem für den Drahtzieher. Osama bin Laden war endgültig die unangefochtene Führungsfigur von al-Qaida, und mit den Vergeltungsschlägen der Amerikaner in Afghanistan gelangte »die Marke Osama Bin Laden zu weltweiter Bekanntheit«.[6] Im Juni 2001 ging die konkurrierende Terrororganisation al-Dschihad, die durch Anschläge und Attentate in Ägypten aufgefallen und für die Ermordung Anwar as-Sadats verantwortlich war, endgültig in al-Qaida auf. Außerdem flossen frische Petrodollars. Vor den Anschlägen vom 11. September betrug das Jahresbudget von al-Qaida schätzungsweise bis zu 35 Millionen US-Dollar.[7]

Und dann strömten scharenweise Rekruten in die afghanischen Ausbildungslager. Die Männer, die jetzt kamen, waren keine gescheiterten Existenzen, und sie gehörten keinesfalls gesellschaftlichen Randgruppen an. Zu ihren »gemeinsamen Merkmalen … zählte neben ihrer urbanen Kultur, ihrem kosmopolitischen Hintergrund, ihrer Bildung, ihrer Sprachbegabung und ihren Computerkenntnissen die Entwurzelung. Die meisten von ihnen hatten sich dem Dschihad nicht in dem Land angeschlossen, in dem sie aufgewachsen waren.«[8] Das traf auch auf die Männer der Gruppe um Mohammed Atta zu, einen gebürtigen Ägypter, der 1992 nach Hamburg gekommen war und am 11. September 2001 das erste Flugzeug in den Nordturm des World Trade Center steuerte.

Kurzfristig waren die Anschläge dieses 11. September für al-Qaida ein spektakulärer Erfolg. Dass mit den beiden Türmen ein Inbegriff der westlichen, kapitalistischen, vermeintlich verkommenen Welt vor aller Augen in sich zusammenfiel, hatten selbst die Planer nicht erwartet. Aber mit dem Anschlag hatte die Terrororganisation ihren Zenit überschritten. Und Osama bin Laden war ein toter Mann. Erst hatte er den USA den Krieg erklärt, jetzt erklärten die Vereinigten Staaten von Amerika Osama bin Laden den Krieg. Und sie führten ihn. Wie bei den Anschlägen auf New York war die Welt – vertreten durch den amerikanischen Präsidenten – auch bei der Hinrichtung bin Ladens Zeuge: Barack Obama und der Nationale Sicherheitsrat verfolgten im Weißen Haus live, wie der meistgesuchte Mann der Welt am 2. Mai 2011 im pakistanischen Abbottabad durch eine Spezialeinheit der Navy Seals erschossen wurde.

Ohne ein sicheres Rückzugsgebiet hätte al-Qaida die Anschläge nicht über Jahre hinweg planen und vorbereiten können. Afghanistan bot den bis zu 3000 Kämpfern aus mindestens 13 arabischen

Staaten alles, was sie brauchten. Diese Unterstützung kam durch die Taliban, wenn die den Topterroristen zunächst auch nicht ohne Misstrauen beobachteten. Die Taliban waren eine mehr oder weniger national orientierte Organisation. Al-Qaida hingegen operierte weltweit. Mithin bestand die Gefahr, dass massive Reaktionen auf die Terrorakte von al-Qaida mittelbar oder gezielt auch die Taliban treffen konnten. So kam es dann auch.

Die rasante Karriere der »Talibs«, der Koranschüler, hatte mehrere Ursachen, darunter die gleichgültige Haltung des Westens, allen voran der Vereinigten Staaten, die bald nach dem Abzug der Sowjets das Interesse an Afghanistan verloren. Das war nicht nur Ausdruck westlicher Ignoranz, sondern hatte auch mit den dramatischen Umbrüchen in Europa und der eskalierenden Lage am Persischen Golf zu tun. Zurück blieb ein zerstörtes Land mit einem Riesenheer vor allem durch Minen versehrter Menschen und einem beträchtlichen Arsenal sowjetischer und westlicher Waffen, von denen niemand verlässlich zu sagen vermochte, wer sie kontrollierte.

Anfang November 1994 sah man klarer. Gleichsam aus dem Nichts tauchte eine im Westen bis dahin so gut wie unbekannte, vom pakistanischen Geheimdienst ISI logistisch und von Saudi-Arabien finanziell unterstützte Gruppe von Kämpfern vor Kandahar auf, nahm die zweitgrößte Stadt des Landes im Handstreich und erbeutete unter anderem Dutzende von Panzern und Militärfahrzeugen aller Art, außerdem sechs Transporthubschrauber und sechs Abfangjäger des Typs MiG-21. Damit begann der anscheinend unaufhaltsame Siegeszug der Taliban. Im September 1996 nahmen sie Kabul ein.

Das war auch ein Sieg über die Mudschaheddin. Nach dem Abzug der geschlagenen Sowjetarmee hatten diese den Gegner und damit ihr gemeinsames Ziel verloren. Während der Süden des Landes von Milizen und Banditen kontrolliert wurde, übten im Norden der usbekische Warlord Rashid Dostum und im Raum Kabul der paschtunische Kriegsherr Gulbuddin Hekmatyar die Kontrolle aus. Hekmatyar war während der sowjetischen Besatzung vom pakistanischen Geheimdienst und von den Amerikanern gefördert und ausgerüstet worden. Nach dem Abzug der Sowjets wechselte der machthungrige Opportunist wiederholt die Seiten,[9] war seit 1993 zweimal – zuletzt bis zur Einnahme Kabuls durch die Taliban – afghanischer Premierminister gewesen und fand sich 2001 an der Seite Osama bin Ladens ein.

Alle diese Kriegsherren und Milizionäre verstanden sich zwar nach wie vor als Mudschaheddin, hatten aber aufgrund ihrer brutalen Willkürherrschaft den anfänglich hohen Kredit in der Bevölkerung verspielt. Das war die Stunde der Taliban. Die meisten von ihnen hatten nicht am Kampf gegen die Sowjets teilgenommen, sondern waren in den afghanischen Flüchtlingslagern in Pakistan religiös geschult und militärisch ausgebildet worden. Anders als die in Fraktionen zersplitterten Mudschaheddin traten sie geschlossen auf und hatten ein klares islamisch geprägtes Weltbild. Zwar kannte man die führenden Figuren der Taliban namentlich, wusste auch, dass der einäugige Mullah Mohammed Omar bis zu seinem Tod im Frühjahr 2013 ihr Führer war, aber wie sie aussahen, wusste man nicht, denn es gab keine Bilder: »Nach den Roten Khmer in Kambodscha« waren die Taliban »die geheimnisvollste politische Bewegung der Welt«.[10] Genau genommen waren sie gar keine politische Bewegung, jedenfalls bezogen sie keine eindeutigen politischen Positionen, gaben nicht einmal Pressekonferenzen.

Bekannt waren hingegen ihre Interpretation des Koran und vor allem ihre extreme Auslegung der Scharia, also der islamischen Gesetzgebung. Ein komplettes Verbot jedweder Art von Unterhaltung, die Schließung sämtlicher Mädchenschulen, die Verbannung der Frau aus der Öffentlichkeit oder auch die gezielte Zerstörung als unislamisch identifizierter Kulturgüter schufen eine Form des inneren Terrors, die man bis dahin so nicht gekannt hatte. Es war eine Kriegführung gegen die eigene Bevölkerung.

Anders als al-Qaida haben die Taliban ihren Heiligen Krieg nie grenzüberschreitend geführt, also den Dschihad nicht nach außen getragen und damit globalisiert. Sie haben sich auf die Eroberung, den Erhalt und die Wiedereroberung der Macht in ihrem Land konzentriert, waren und sind so gesehen Nationalisten. Allerdings haben sie dem internationalen Terrorismus ein Rückzugsgebiet und eine Operationsbasis zur Verfügung gestellt, und ganz offenkundig hat ihre extreme Auslegung der Scharia anderen Terrororganisationen rund um den Globus als Vorbild gedient.

Dass die Taliban ihre Herrschaft in Afghanistan bis Ende der neunziger Jahre gefestigt hatten, verdankten sie auch der direkten und indirekten Förderung von außen, insbesondere durch Pakistan, Saudi-Arabien und die Vereinigten Staaten. Über Pakistan und Saudi-Arabien unterstützten die USA die Terrortruppe bis 1996 mehr oder weniger offen und bis 1999 zumindest noch halbherzig. Für diese Taktik der Amerikaner sprach zum einen, dass die Taliban willens und in der Lage zu sein schienen, den Bürgerkrieg zu beenden und Afghanistan zu einen – selbstverständlich zu ihren Bedingungen. Außerdem glaubten offenbar einige in Washington, dass man die Taliban als Druckmittel gegen den Iran einsetzen, also gewissermaßen durch den Pakt mit einem Teufel einen anderen Teufel vertreiben könnte.

Und schließlich spielten die Interessen der amerikanischen Öl-firma Unocal und das Projekt einer Pipeline von Turkmenistan durch Afghanistan nach Pakistan eine Rolle. Wäre ein Mitte Oktober 1997 von Unocal, Pakistan und Turkmenistan unterzeichnetes Abkommen in Kraft getreten, hätten die Taliban ordentlich Transitgebühren kassiert. Aber so weit kam es nicht. Die an dem Abschluss nicht beteiligten Taliban lehnten es ab. Sie hatten andere Quellen. Denn Afghanistan war inzwischen der weltweit größte Opium- und Heroinproduzent, und die Taliban gehörten mit einer rund zwanzig-prozentigen Gewinnbeteiligung am Opiumgeschäft zu den Profiteuren.

Das Ende dieser zumindest stillschweigenden Duldung wurde eingeläutet, als die USA im August 1998 massiv auf die Anschläge von al-Qaida in Nairobi und Daressalam reagierten. Dabei bombardierten sie nicht nur die Lager Osama bin Ladens in Afghanistan, sondern unterstützten auch die sogenannte Nordallianz, ein instabiles Bündnis vormaliger Mudschaheddin-Fraktionen und Warlords, gegen die Taliban.

Als der Sicherheitsrat der Vereinten Nationen am 19. Januar 2001 die Taliban beschuldigte, Afghanistan als Drehscheibe des internationalen Terrorismus zu missbrauchen, Sanktionen gegen sie verhängte und die Auslieferung Osama bin Ladens forderte, war klar, dass nicht nur die näheren und ferneren Nachbarn – der Iran, die Türkei, Indien, Russland und die zentralasiatischen vormaligen Sowjetrepubliken –, sondern auch der Westen den Ernst der Lage erkannt hatten. Nur geschah das zu spät. Und die Amerikaner mussten sich nach den Anschlägen des 11. September zudem fragen lassen, ob sie nicht wie zuvor schon im Irak auf das falsche Pferd gesetzt und durch die jedenfalls mittelbare Unterstützung der Taliban auch die Attentäter von al-Qaida gepäppelt hatten.

Damit riss die Kette gravierender Fehler nicht ab. Zwar rief die NATO in Reaktion auf die Anschläge des 11. September erstmals in ihrer Geschichte den Bündnisfall aus. Und den Amerikanern sowie den mit ihnen kämpfenden Verbündeten gelang es im Rahmen der Operation »Enduring Freedom« auch, die Taliban militärisch weitgehend auszuschalten. Weil sich die USA aber gleichzeitig auf den fragwürdigen zweiten Krieg gegen den Irak vorbereiteten, setzten sie in Afghanistan zunächst keine eigenen Bodentruppen ein, sondern verließen sich in dieser Hinsicht auf die Nordallianz. Das hatte zur Folge, dass sich die Führungsriegen der Taliban wie al-Qaidas – zum Teil mit pakistanischer Hilfe – in die Räume jenseits der Grenze absetzen konnten.

Das war der »größte Fehler dieses Kriegs«.[11] Denn schon Ende 2002 gelangten die Taliban von Pakistan aus zurück an die Macht – und zwangen Amerika zu handeln. Obgleich der seit Januar 2009 amtierende Präsident Barack Obama mit dem Versprechen angetreten war, die amerikanischen Truppen aus dem Irak und Afghanistan abzuziehen, schickte er nur wenige Wochen später weitere 21 000 Marineinfanteristen, darunter 4000 Ausbilder, mit dem Auftrag an den Hindukusch, den Aufbau von Armee und Polizei voranzutreiben und so das Land in die Lage zu versetzen, sich aus eigener Kraft gegen den Terror der Taliban zu wehren.

Keines dieser Ziele war erreicht, als Obama Ende Mai 2014 ohne Vorwarnung der Verbündeten einen vorgezogenen kompletten Truppenabzug aus Afghanistan ankündigte und damit auch das Ende des

NATO-Kampfeinsatzes einläutete. Schon 2015 verdoppelte sich die Zahl der Binnenflüchtlinge gegenüber dem Vorjahr und lag jetzt bei 1,2 Millionen.[12] Als die Taliban schließlich am 28. September 2015 völlig unerwartet für einige Tage die Stadt Kundus eroberten, hatte Obama kaum noch eine Wahl. Am 15. Oktober kündigte er den einstweiligen Rückzug vom Rückzug an[13] und ließ 10 000 Soldaten im Land. Damit vollzog er die dritte Kurskorrektur innerhalb von sechs Jahren. Aber weder dieser vertagte Abzug der amerikanischen Einheiten noch die Tötung ihres Anführers Mullah Omar im April 2013 sowie seines Nachfolgers drei Jahre darauf vermochten die Taliban an den Verhandlungstisch zu bringen. Die amerikanische Afghanistanpolitik stand vor dem Bankrott.

Das konnte nicht das letzte Wort sein, sofern der Westen, allen voran seine Führungsmacht USA, in der arabischen beziehungsweise islamischen Welt nicht den Rest an Glaubwürdigkeit verlieren wollte. Zur Bewährungsprobe wurde das syrische Schlachtfeld.

Dass Syrien zu einer Hochburg des Terrorismus werden konnte, lag nicht zuletzt am desolaten Zustand des Nachbarn Irak. Das chaotische Land, das die Amerikaner dort 2003 nach ihrem Feldzug hinterlassen hatten, wurde zum idealen Rückzugsgebiet von Terroristen und Terrororganisationen aus aller Welt. Ihren Weg dorthin nahmen sie zumeist über das benachbarte Syrien. Auch dort hatte der Bürgerkrieg inzwischen Einzug gehalten.

Anlass für den Krieg war die Weigerung des syrischen Staatspräsidenten Baschar al-Assad, den Forderungen der Opposition nach einer grundlegenden Reform des autokratisch regierten Landes nachzukommen. Assad war 2000 seinem Vater Hafiz al-Assad nachgefolgt und hatte sich zunächst als vorsichtiger Reformer präsentiert. Aber dann erhoben sich, Mitte Dezember 2010 in Tunesien beginnend, die Völker der arabischen Welt gegen die zum Teil seit Jahrzehnten amtierenden Despoten. Lange vom Westen toleriert, wenn nicht hofiert, fegte der »arabische Frühling« einen nach dem anderen von ihnen hinweg. Ben Ali, Saleh, Mubarak, Gaddafi – über kurz oder lang, auf die eine oder andere Weise mussten sie alle ihre Posten räumen. Weil Assad dieses Schicksal keinesfalls teilen wollte, ging er mit allen Mitteln gegen die Opposition vor und schloss einen Pakt mit dem Teufel: Indem er Terroristen aus aller Herren Länder über Syrien in den Irak weiterreisen ließ, zog er einige seiner späteren erbittertsten Gegner groß.

Der Westen sah dem zusehends brutaler geführten syrischen Bürgerkrieg zunächst tatenlos zu, begann dann zögerlich mit der Unterstützung namentlich der Freien Syrischen Armee (FSA), einem Dachverband einiger der mehr als 100 Rebellengruppen, die gegen Assad und sein Regime kämpften. Ein direktes Eingreifen lehnte Präsident Obama wiederholt strikt ab, zog aber im Sommer 2012 erstmals öffentlich eine »rote Linie«. Sollte das Regime chemische Waffen einsetzen, sei diese Linie überschritten, und das konnte nur heißen: Damit wäre der Anlass für eine amerikanische Intervention gegeben. Als es so weit kam, als die syrische Armee am 21. August 2013 in Ghuta, im östlichen Umland von Damaskus, tatsächlich Giftgas einsetzte und mehr als 1400 Zivilisten tötete, hielt Amerika still – und verspielte ein weiteres Stück seiner rasant schwindenden Glaubwürdigkeit.

Obama mochte für seine Entscheidung gute Gründe haben. So waren zu eben dieser Zeit Inspekteure der Vereinten Nationen vor Ort, um Informationen über das syrische Chemiewaffenarsenal einzuholen, außerdem hatte das britische Parlament gerade erst Premier David Cameron, einem potentiellen Partner der Amerikaner, ein Eingreifen untersagt. Vor allem aber, so der Präsident, hätten sich die Chemiewaffen durch einen amerikanischen Raketenangriff »nicht eliminieren« lassen.

Dass sich diese Geschichte für Obama nicht zu einem Debakel auswuchs, lag an dessen russischem Amtskollegen Putin, der neben dem Iran und der kampferprobten libanesischen Hisbollah zu den wenigen Verbündeten Syriens zählte. Als sich Obama und Putin wenige Tage nach dem Giftgasangriff von Ghuta bei einem G20-Gipfel trafen, signalisierte der amerikanische dem russischen Präsidenten: Sollte er, Putin, »Assad zur Übergabe seiner Chemiewaffen zwingen« können, sei er, Obama, nicht mehr zu einem Angriff gezwungen.[14]

Tatsächlich brachte Putin den Diktator von Damaskus zur Herausgabe seiner Chemiewaffen. Und das hatte weitreichende Folgen. Zum einen stärkte der Coup Putins Syrien- und Nahostpolitik, die zwei Jahre später in einem weiteren spektakulären Coup, dem direkten militärischen Eingreifen Russlands in den Konflikt, gipfelte. Vor allem aber standen Amerika und mit ihm der Westen jetzt unter Zugzwang: Wenn man schon nicht gegen das Damaszener Regime vorgehen wollte, dann jedenfalls gegen den IS, den »Islamischen Staat«, der inzwischen große Teile Syriens kontrollierte.

Als eigentlicher Gründer des Islamischen Staates gilt Abu Musab al-Zarqawi. Der im Oktober 1966 geborene Jordanier hatte sich während einer langjährigen Gefängnisstrafe inklusive Folter vom Kleinkriminellen zum Dschihadisten und Psychopathen entwickelt, war während zweier Aufenthalte in Afghanistan durch al-Qaida zum Terroristen ausgebildet worden und hatte nach seiner Rückkehr in Jordanien die Gruppe at-Tauhid gegründet. Nach den Vergeltungsschlägen der Amerikaner gegen Afghanistan tauchten Zarqawi und seine Gruppe 2002 im Nordirak auf.

Ob Zarqawi und seiner at-Tauhid ohne amerikanische Hilfe der Durchbruch in die erste Riege des internationalen Terrorismus gelungen wäre, sei dahingestellt. Tatsächlich schufen die USA im März 2003 mit dem Angriff auf den Irak »erst das Schlachtfeld«,[15] auf dem der Jordanier seine irakische Karriere machen konnte. Seit der amerikanische Außenminister Colin Powell am 5. Februar 2003 in einer längst legendären Rede vor den Vereinten Nationen eine Verbindung zwischen dem Regime Saddam Husseins und al-Qaida hergestellt und damit den bevorstehenden Angriff auf den Irak legitimiert hatte, war auch Zarqawi weltweit ein Begriff. Denn Powell hatte dessen Namen sage und schreibe einundzwanzigmal genannt und ihn trotz eindeutig anderslautender Erkenntnisse der CIA als Verbindungsmann bin Ladens zu Saddam Hussein identifiziert.

Nicht einmal ein Jahr später war Zarqawi der unangefochtene Führer der sunnitischen Rebellion im Irak. Das lag auch an seiner hochprofessionellen Propagandaarbeit. Für Botschaften aller Art nutzte Zarqawi konsequent das Internet. Dort dokumentierte er auch die von ihm persönlich exekutierte Enthauptung einer amerikanischen Geisel. Es war die erste ihrer Art. Das Opfer war zuvor in jene orangefarbene Kleidung gesteckt worden, die auch die von den Amerikanern misshandelten muslimischen Insassen von Abu Ghraib und Guantánamo hatten tragen müssen.

Den Höhepunkt des Terrorfeldzugs von at-Tauhid bildeten am 2. März 2004 Bombenanschläge gegen schiitische Heiligtümer in Kerbela und Bagdad. Erklärtermaßen wollte Zarqawi die latenten Spannungen zwischen der schiitischen Mehrheit und der sunnitischen Minderheit des Irak in einen Bürgerkrieg überführen und dieses Szenario für die angestrebte Machtübernahme im Irak nutzen. Die Entfesselung des Bürgerkriegs gelang auch deshalb, weil der im April 2006 ins Amt gekommene Ministerpräsident Nuri al-Maliki, ein Schiit, die Kluft weiter vertiefte: In der blutigsten Phase forderte der Bürgerkrieg Monat für Monat bis zu 3000 Opfer.

Und doch stand Abu Musab al-Zarqawi, als er im Juni 2006 durch einen amerikanischen Luftangriff getötet wurde, am Rande des Scheiterns. Offensichtlich waren er und seine irakische Terrororganisation nicht in der Lage, die Sunniten vor der Rache der kompromisslos vorgehenden schiitischen Milizen zu schützen, denn die erhielten inzwischen tatkräftige Unterstützung aus dem Iran.

Zunächst hatte Zarqawi mit der Kriegserklärung an die irakischen Schiiten gegen den entschiedenen Widerspruch der al-Qaida-Zentrale gehandelt. Aber dann vollzog er, für viele Beobachter überraschend, Mitte Oktober 2004 eine Kehrtwende, indem er Osama bin Laden Gefolgschaft schwor. Damit hatte Zarqawi 2004 erreicht, was Powell gut anderthalb Jahre zuvor wider besseres Wissen behauptet hatte: Bin Ladens Terrornetzwerk war Konfliktpartei im Irak.

Diese außer Kontrolle geratene Lage rief die Vereinigten Staaten erneut auf den Plan. Im Januar 2007 reagierte Präsident George W. Bush mit einer deutlichen Erhöhung der amerikanischen Truppenpräsenz im Irak. Außerdem gingen die Amerikaner – mit Beratern sowie mit Bündeln von Dollarnoten – auf die irakischen Stammesfürsten und Notabeln zu und unterstützten sie in ihrem Kampf gegen Zarqawis inzwischen führungslose Terroristentruppe. 2009 galt diese als besiegt. Als dann aber Bushs Nachfolger Barack Obama sein Wahlkampfversprechen einlöste, den Abzug der amerikanischen Truppen ankündigte und zunächst bis zum 1. Juli 2009 die irakischen Städte räumen ließ, begann die rasante Wiederbelebung des irakischen Terrorismus.

Am 15. Oktober 2006 hatte die irakische al-Qaida – also die vormalige at-Tauhid – den »Islamischen Staat Irak« (ISI) proklamiert und an seiner Spitze einen Emir installiert, der zugleich als »Befehlshaber der Gläubigen« firmierte. Das zeugte je nach Sicht der Dinge entweder von einem beträchtlichen Selbstbewusstsein oder von nicht minder beträchtlicher Weltfremdheit, kontrollierte dieser »Staat« doch nicht einmal einen nennenswerten Teil des Irak. Das änderte sich allmählich, nachdem die Amerikaner Ende 2011 endgültig den Irak verlassen hatten. Zwar machte Obama wie in Afghanistan auch hier einen Rückzug vom Rückzug und retournierte 4000 Soldaten, doch vermochte das die Ausbreitung des »Islamischen Staates Irak« kurzfristig nicht aufzuhalten. Als es so weit war und aus dem virtuellen ein realer Staat wurde, hatten viele schon einmal von ihm gehört, nicht nur im Irak.

Dieser »Islamische Staat Irak« hatte einen Emir und einen Kriegsminister, und als sich die beiden im April 2010 in die Luft sprengten, bevor die Amerikaner sie stellen konnten, rückten andere nach. Zum Emir wurde der bis dahin weitgehend unbekannte Iraker Ibrahim Ibn Awad al-Badri ernannt, der sich den Kampfnamen »Abu Bakr al-Baghdadi« zulegte. Baghdadi, wohl Jahrgang 1971, hatte vermutlich an der Islamischen Universität Bagdad eine »lange und profunde religiöse Ausbildung«[16] und mit Sicherheit im berüchtigten Camp Bucca eine nicht minder gründliche Ausbildung in Sachen Terrorismus erhalten. Nicht ohne Grund wurde das amerikanische Gefangenenlager von einem vormaligen Kommandanten einmal als »Schnellkocher für den Extremismus« bezeichnet.[17] Auch Abu Muhammad al-Adnani, der im August 2016 getötete Propagandachef der Terrororganisation und Planer der Anschläge in Europa, saß in dieser al-Qaida-Schmiede ein.

Seit Mai 2010 führte Abu Bakr al-Baghdadi den »Islamischen Staat Irak«. Am 4. Juli 2014 erschien auf dschihadistischen Webseiten ein Video, das Baghdadi während der ersten Freitagspredigt des Fastenmonats Ramadan zeigt. Das war eine Sensation, weil der bislang im Untergrund agierende Terroristenführer sich erstmals der Öffentlichkeit zeigte. Bei dieser Gelegenheit rief er sich zum Kalifen und zum rechtmäßigen Herrscher des Irak und Syriens aus und kündigte an, dass sich die im April 2013 proklamierte und von ihm geführte Organisation »Islamischer Staat im Irak und Syrien« (ISIS) fortan nur noch »Islamischer Staat« (IS) nenne.[18] Das war sowohl eine Kriegserklärung an den Machthaber in Damaskus als auch eine Kampfansage an al-Qaida. Denn mit der Ausrufung des Kalifats erhob der IS den Anspruch auf die weltweite Führung der Dschihadisten.

Und schließlich war es kein Zufall, dass die Anfang Juli 2014 ausgestrahlte Videobotschaft Baghdadis in der Großen Moschee der nordirakischen Stadt Mossul aufgenommen worden war. Denn dort hatte der »Islamische Staat« erst wenige Wochen zuvor einen spektakulären militärischen Erfolg verbuchen können. Mit der Eroberung der Millionenstadt Mossul hatte niemand gerechnet: 60 000 Soldaten und Polizisten, eine »ganze Armee mit Panzern, Apache-Hubschraubern, gepanzerten Humvee-Geländewagen, Artilleriegeschützen und Raketenwerfern« rannte davon »vor einer überschaubaren Zahl« von 1000 IS-Kämpfern »auf Pick-ups mit aufmontierten Maschinengewehren«.[19] Als sie Reißaus nahmen, ließen sie nicht nur einen Großteil ihres Waffenarsenals, dazu säckeweise Uniformen der irakischen Armee und Polizei zurück, die den Terroristen noch einmal gute Dienste leisten sollten, sondern auch die Zentralbank mit ihren rund 400 Millionen US-Dollar – und eine schutzlose Bevölkerung. Die erfuhr umgehend, was es hieß, unter dem kompromisslos ausgelegten und militant umgesetzten Diktat der Scharia zu leben. Dieser brutale Umgang des IS mit der unterdrückten Bevölkerung, sein Anspruch auf universelle Geltung und exklusive Geschichtsdeutung, aber auch die konsequente Nutzung moderner Kommunikationsmittel erinnerten manchen Beobachter an die totalitären Systeme der ersten Hälfte des 20. Jahrhunderts.

Die Einnahme Mossuls war einer der Gründe für den Sinneswandel des amerikanischen Präsidenten. Ausschlaggebend aber waren der drohende Völkermord an der religiösen Minderheit der im Sindschar-Gebirge eingekesselten Jesiden und die Bilder von der Enthauptung unter anderem amerikanischer Geiseln. Am 8. August 2014 flog die US-Luftwaffe die ersten Angriffe gegen den IS im Irak, am 22. September auch in Syrien. Damit taten die USA das, was Barack Obama bislang konsequent abgelehnt hatte: Sie traten – mit ihren Luftstreitkräften, seit Anfang 2017 in bescheidenem Umfang auch mit Bodentruppen – in den syrischen Bürgerkrieg ein.

Bis zum Jahresende 2014 hatte sich eine Koalition aus mehr als 60 westlichen und arabischen Ländern gebildet. Weitere schlossen sich an, 2017 auch die NATO. Der Schwerpunkt dieser »globalen Allianz« lag auf Luftangriffen vor allem der Amerikaner. Am Boden kämpfte ein bunt zusammengewürfeltes informelles Bündnis. Gebildet wurde es von der irakischen Armee, konkurrierenden syrischen und konkurrierenden irakischen Kurdenverbänden, konkurrierenden radikalschiitischen Milizen sowie Dutzenden größerer und kleinerer, zum Teil in der erwähnten Freien Syrischen Armee organisierter Brigaden. Außer dem gemeinsamen Kampf gegen den »Islamischen Staat« verband sie wenig, im Gegenteil. Je komplexer die Kämpfe wurden, umso härter bekämpften sich die Gegner des IS mitunter gegenseitig. Nicht einmal in der Frage, ob man neben dem IS auch die übrigen radikalislamischen Terrororganisationen wie insbesondere die Al-Nusra-Front bekämpfen solle oder nicht, bestand Einigkeit.

Hinzu kam, dass die intervenierenden Mächte unter dem Vorwand einer Bekämpfung des IS allesamt auch, wenn nicht in erster Linie andere Ziele verfolgten: Saudi-Arabien auf der einen und die Türkei und Katar auf der anderen Seite unterstützten konkurrierende sunnitische Milizen, in deren Reihen wiederum Ausländer aus bis zu 80 Staaten gegen das Assad-Regime kämpften. Der Iran griff mit schiitischen Milizen aus dem Irak, Afghanistan, Pakistan und vor allem mit der kampferprobten libanesischen Hisbollah in das

Geschehen ein. Russland intervenierte mit seinen Luftstreitkräften sowie mit Söldnern eines privaten Militärunternehmens und baute so, wie im letzten Kapitel gezeigt wird, seine 40 Jahre zuvor verlorengegangene Stellung in der Region wieder auf. Die Türkei schließlich schickte reguläre Truppen mit dem Ziel über die Grenze, die Bildung eines nicht von ihr kontrollierten Kurdenstaates zu verhindern.

Damit nicht genug, modifizierten die direkt oder indirekt in den syrischen Großkonflikt Involvierten immer wieder einmal ihre Zielsetzungen und wechselten damit zwangsläufig ihre formellen und informellen Koalitionspartner. So hatte, bis es so weit war, kaum jemand damit gerechnet, dass sich im Dezember 2016 mit Russland, der Türkei und dem Iran drei der Hauptakteure im Syrienkonflikt auf eine gemeinsame Linie verständigen würden. In Moskau boten sich die Außenminister dieser Länder zweitweilig mit Erfolg als Vermittler und Garanten eines Abkommens zwischen dem Damaszener Regime und der syrischen Opposition an. Solchermaßen in Zugzwang geraten, bewegten sich auch die USA und verständigten sich im Juli 2017 mit Russland auf eine Einstellung der Kampfhandlungen im Südwesten Syriens.

Das syrische Chaos erinnerte an den Bürgerkrieg im benachbarten Libanon, der – unter massiver syrischer Beteiligung – von 1975 bis 1990 gedauert hatte, also immerhin 15 Jahre. Und es spielte anfänglich dem »Islamischen Staat« zu, der sich innerhalb weniger Jahre »zu einer schnell wachsenden Guerillatruppe mit Merkmalen einer konventionellen Armee« entwickelte.[20] Von 2014 bis 2016 kontrollierte der IS ein Gebiet von der Größe Großbritanniens mit mindestens fünf Millionen Menschen. Gewissermaßen nebenher war damit auch jene künstliche Grenze zwischen dem Irak und Syrien aufgehoben, auf die sich der Brite Mark Sykes und der Franzose François Georges-Picot Mitte Mai 1916 verständigt hatten. Die Propagandisten des IS wussten das geschickt einzusetzen, und der Westen wurde wieder einmal von seiner Geschichte eingeholt.

Dass der »Islamische Staat« zeitweilig eine militärisch ernstzunehmende Macht war, lag auch an der zweiten Reihe hinter dem engsten Führungskreis, den »Ingenieuren des Terrors«. Diese bestand aus ehemaligen Angehörigen der Armee und der Sicherheitskräfte Saddam Husseins, also durchweg Angehörigen der marginalisierten sunnitischen Minderheit des Landes. Unter ihnen befanden sich hochrangige Offiziere wie Haji Bakr, so sein neuer Name, der strategische Kopf und »Staats-Entwerfer« des IS. Auch dieser Zulauf von Kadern des Saddam-Regimes war eine unmittelbare Folge der amerikanischen Kriegführung und Besatzungspolitik: Nach dem Sturz Saddam Husseins hatte der Amerikaner Paul Bremer als Zivilverwalter im Irak 2003 mit der Auflösung der Armee und dem Verbot der Staatspartei dafür gesorgt, dass gleichsam über Nacht ein potentielles Heer gut ausgebildeter und trainierter Terroristen und Dschihadisten, insgesamt mehrere Hunderttausend Männer, für neue Aufgaben zur Verfügung stand.[21]

Eine signifikante Verbesserung der Schlagkraft des IS bildete schließlich der Zustrom ausländischer Kämpfer, von denen bis Anfang 2015 rund 15 000 aus 100 Ländern zum IS gestoßen sein dürften, darunter bis zu 1500 Kaukasier, von denen viele beträchtliche Kampferfahrung besaßen. Überdies hatte die Schulung der »ausländischen Terrorkrieger« den Nebeneffekt, dass sie nach der Rückkehr in ihre Heimatländer als Mitglied einer Zelle oder als sogenannte Schläfer für Anschläge einsetzbar waren. Nicht zufällig beschloss der Sicherheitsrat der Vereinten Nationen im September 2014 eine Reihe von Maßnahmen zur Bekämpfung dieser »Foreign Terrorist Fighters«.[22]

So hielt der »Islamische Staat« die arabische Welt und den Westen in Atem. Seine anfänglich großen Erfolge gingen vor allem auf das Konto unerwartet schneller, konzentrierter Vorstöße. Außerdem beherrschte der IS die digitale Kriegführung von Anfang an virtuos. Er war die »erste Terrorgruppe, die ein physisches und ein digitales Territorium« kontrollierte, sagt der Chef von Google Ideas.[23] 2016 ging man davon aus, dass die Terrorgruppe auf diesem Gebiet einen Vorsprung von rund zehn Jahren hatte. Nicht zuletzt machte die Rückeroberung Falludschas und Mossuls durch die irakische Armee im Juni 2016 beziehungsweise im Juli 2017 deutlich, dass die sunnitische Minderheit im Zweifelsfall vom Regen in die Traufe kam. Dort galt der IS vielen immer noch als das geringere Übel.

Auf Dauer hatte die Terrormiliz allerdings gegen professionell organisierte und ausgerüstete Armeen und die zermürbenden Luftschläge der Allianz keine Chance. Außerdem konnte der IS – anders als der Konkurrent und Gegner al-Qaida auf dem Höhepunkt seines Erfolgs – kaum auf finanzielle Unterstützung von außen zählen. Er musste sich also seine Ressourcen in den eroberten Gebieten beschaffen. Die wichtigsten Einnahmequellen waren Steuern, Öl und Raub. Sie versiegten in dem Maße, in dem die Islamisten an Territorien verloren. Zwei Jahre nach der Proklamation des »Islamischen Staates« waren seine Einnahmen um mehr als die Hälfte geschrumpft.

Die militärischen Niederlagen und die Ressourcensuche zwangen die Terrormiliz, sich umzuorientieren. Zum einen zog sie sich in vermeintlich sichere Bastionen etwa in Afghanistan zurück, blieb allerdings auch dort im Visier amerikanischer Bomber, wie Mitte April 2017 die Zerstörung eines Tunnelsystems durch den erstmaligen Einsatz der sprengstärksten Fliegerbombe aller Zeiten (GBU-43) demonstrierte. Zum anderen erschloss sich der »Islamische Staat« neue Quellen. Das gelang, weil die Zahl der gescheiterten Staaten (»failed states«) nicht ab-, sondern eher noch zunahm. Und diese Großbiotope der Gewalt und der Anarchie waren und sind ideale Rückzugsräume des international operierenden islamistischen Terrors.

So Libyen. Hier profitierte der IS zudem von den eklatanten Fehlern und Dilettantismen des Westens. Jahrelang hatte man Muammar al-Gaddafi hofiert, weil der Diktator über beträchtliche Ölvorkommen gebot und überdies ein formidables Erpressungsinstrument in der Hand hielt: Es lag an ihm, ob er die von Libyens Küsten aus nach Europa drängenden Migranten zurückhielt oder nicht. Den Preis für die Schließung der Schleusen bestimmte er, die Europäer zahlten ihn. Aber dann entschieden sich die USA, Großbritannien und das vorpreschende Frankreich doch zu einem radikalen Kurswechsel und intervenierten – abermals ohne einen Plan für die Zeit danach – im Frühjahr 2011 massiv mit Luftschlägen im libyschen Aufstand.

Am Ende war Gaddafi entmachtet und ermordet, das Land endgültig ins Chaos gestürzt und das Terrain für den radikalen Islamismus planiert. Zu diesem vernichtenden Ergebnis kam fünf Jahre später der Auswärtige Ausschuss des britischen Parlaments. Dass sich eine Reihe weltpolitischer Akteure – China, Russland, Brasilien, Indien und auch Deutschland – bei der entscheidenden Abstimmung im Sicherheitsrat der Vereinten Nationen der Stimme enthielt und sich auch nicht an den militärischen Operationen gegen Libyen beteiligte, ist allerdings ebenfalls Teil der Geschichte.

Zu den mittelbaren Konsequenzen dieses Debakels gehörte, dass auch die libyschen Dschihadisten kräftig expandierten, bis Anfang 2016 die Zahl ihrer Kämpfer auf mehr als 10 000 verzehnfachten[24] und sich dem »Islamischen Staat« als Provinz unterstellten. Bis zum Sommer 2015 hatte weltweit rund ein Dutzend Terrormilizen diesen Schritt getan, darunter in Afghanistan, Algerien, Ägypten, dem Jemen, Pakistan, Saudi-Arabien, der Kaukasusregion – und Nigeria.[25]

Anfang März 2015 schwor Abubakar Shekau, der inzwischen gestürzte Anführer der nigerianischen Terrororganisation Boko Haram, Abu Bakr al-Baghdadi in einer Videobotschaft die Gefolgschaft. Für den Treueschwur waren offenbar auch pragmatische Erwägungen maßgeblich: Am folgenden Tag begannen die Armeen Nigerias, unterstützt von den Streitkräften Nigers, Kameruns und des Tschad, mit einer groß angelegten Offensive gegen die nigerianischen Islamisten.[26] Anderthalb Jahre später hatte Boko Haram fast sämtliche eroberten Gebiete im Nordosten des Landes wieder verloren.

Verglichen mit dem »Islamischen Staat«, den Taliban oder al-Qaida ist Boko Haram weniger eine straff organisierte Gruppe als eine Art »Oberbegriff für den Aufstand«, ein Dach, unter dem eine unbestimmte Zahl von Zellen und Fraktionen Anschläge verübt. Selbst über den Namen der Terrorgruppe herrscht Unklarheit. Offenbar wurde ihr die Bezeichnung Boko Haram – »Westliche Bildung ist verboten« – durch konkurrierende islamistische Organisationen, also von außen verpasst, weil man die ursprünglich salafistische Sekte im Nordosten Nigerias nicht zu Unrecht in diesem Sinne verstand. Die Gruppe selbst, jedenfalls Shekaus Fraktion, nennt sich »Menschen, die sich der Verbreitung der Lehren des Propheten und dem Dschihad verpflichtet fühlen«.[27]

Sicher ist, dass die Anfänge von Boko Haram im Jahr 2003 liegen, als sich die Gruppe unter Führung Mohammed Yusufs, eines radikalen Geistlichen, im Nordosten des Landes zusammenfand und, so der Aufruf ihres Führers, den Kampf gegen Nigerias korrupte Regierung und die Sicherheitskräfte aufnahm. Durch diese kurzzeitig neutralisiert, machten Boko Haram oder einige ihrer Zellen seit 2011 wieder durch spektakuläre Aktionen auch jenseits der Landesgrenzen von sich reden.

Offenbar verfügte die Organisation über gute Verbindungen zum Establishment des Nordens. Das sind jene Kreise, in denen sich Ende der sechziger Jahre der massive Widerstand gegen die Unabhängigkeitsbestrebungen der ölreichen südöstlichen Provinzen Nigerias formierte. Von diesem Biafrakrieg, in dem der Norden 1970 den Sieg davontrug, wurde im zehnten Kapitel berichtet. Jedenfalls konnte Boko Haram auf gut funktionierende »Patronage-Netzwerke«[28] und damit auch auf nennenswerte Finanzmittel zurückgreifen.

Für erhebliches Aufsehen in der westlichen Welt sorgten im August 2011 der Selbstmordanschlag auf das Hauptquartier der Vereinten Nationen in der Hauptstadt Abuja und im April 2014 der Angriff auf die Stadt Chibok, bei dem 276 Mädchen aus einer christlichen Schule entführt wurden. Allerdings waren das eher Ausnahmen. Die meisten Opfer von Boko Haram waren Muslime, und das zeigt, dass die kompromisslose Auslegung des Korans vor allem nach innen gerichtet war. Ende 2016 lag die Zahl der Opfer bei weit über 17 000. Bis zu drei Millionen Menschen waren auf der Flucht, ihre Dörfer vernichtet, die Felder zerstört. Als nach der weitgehenden Vertreibung der Islamisten durch die nigerianische und verbündete Armeen Anfang 2017 Bilanz gezogen wurde, zeichnete sich eine der schlimmsten humanitären Katastrophen dieser Zeit ab.

Boko Haram ist nicht Nigeria, und Nigeria ist nicht Afrika. Aber in der Terrorgruppe spiegeln sich wie in einem Brennglas die Probleme des Landes, und in diesen wiederum die Probleme des Kontinents. Auch wenn diese Probleme keinesfalls eindimensional auf die Weichenstellungen und die Hinterlassenschaften der vormaligen Kolonialherren reduziert werden können, ist der heutige

Zustand Nigerias ohne diese Vorgeschichte nicht zu verstehen. Als die britischen Kolonialherren Nigeria – seit den achtziger Jahren des 19. Jahrhunderts nach ihren Bedürfnissen und gemäß den Vereinbarungen mit ihren kolonialen Nachbarn Deutschland und Frankreich – formten, nahmen sie keine Rücksicht auf zum Teil über Jahrhunderte gewachsene Strukturen und zerlegten ganze Königreiche wie zum Beispiel Bornu, das seit dem 12. Jahrhundert eine Hochburg des Islam gewesen war und noch die Forschungsreisenden des 19. Jahrhunderts tief beeindruckt hatte.

Mit der faktischen Auflösung Bornus wurden nicht zuletzt die alten Verbindungen in den arabischen Raum gekappt. Die Ölvorkommen im Süden Nigerias und die einseitige Konzentration der nigerianischen Wirtschaft auf diese Ressource taten ein Übriges, um den Norden abzuhängen. An der Wende zum 21. Jahrhundert kamen gerade einmal vier Prozent der Studienanfänger an nigerianischen Universitäten aus dem Nordosten des Landes.[29] Dass sich Boko Haram in diesem Raum formierte, war kein Zufall. Denn dort treten die immensen Probleme des Landes besonders krass zutage.

Nigeria ist nicht nur der größte Ölproduzent Afrikas, es ist auch ein Beispiel für den Ressourcenfluch. Der scheinbar unerschöpfliche Zufluss von Öl und damit von Geld trägt dazu bei, dass diejenigen, die den Zugriff haben, nicht über den Tag hinaus denken. Weil Korruption und Kleptokratie schwer vorstellbare Ausmaße angenommen haben, leidet die Mehrheit der 170 Millionen Nigerianer Not. Benzin und Diesel müssen aus den Nachbarländern importiert werden, Strom gibt es in vielen Landesteilen nicht, brauchbare Straßen sind eine Ausnahme. Bei der Armutsquote hält das Land eine Spitzenstellung. Und die Weltbank geht davon aus, dass 50 Millionen junge Nigerianer arbeitslos oder unterbeschäftigt sind. Der Chefökonom der Bank sah darin eine Zeitbombe.[30] Boko Haram hat die erste Stufe gezündet.

Hier wie fast überall auf der Welt ist der Terror nicht die Ursache der Misere, sondern eine Ausgeburt von Armut, mangelnder Bildung, schreiender Ungerechtigkeit und krassem Versagen der politischen Kaste, der Behörden und der Sicherheitskräfte. Der Terror beseitigt die Misere nicht. Er verstärkt sie, weil er von ihr lebt. Attacken und Massaker, Vergewaltigungen und Entführungen, mit denen jederzeit und überall zu rechnen ist, zielen auf die Widerstandskräfte der Einzelnen und des Staates. Ein Teufelskreis. Aber kein geschlossener. Vielmehr ist es so, dass der radikale Islamismus längst zu einem grenzüberschreitenden Phänomen geworden ist. Wohl ist Boko Haram nach wie vor eine primär nach innen orientierte, so gesehen national aufgestellte Terrororganisation, doch es gibt belastbare Hinweise auf eine Kooperation zwischen Boko Haram einerseits und al-Qaida im Islamischen Maghreb (AQIM) beziehungsweise deren Ablegern oder auch al-Shabaab in Somalia andererseits.

Hinzu kommt, dass der grenzüberschreitende Schmuggel von Rohstoffen aller Art, insbesondere auch von Rauschgift, zu den wichtigsten Einnahmequellen von Terrororganisationen zählt. Da sie weder willens noch in der Lage sind, ihren Finanzbedarf durch eine funktionierende, produktionsbasierte, wettbewerbsfähige Volkswirtschaft zu decken, sind sie auf Einnahmequellen wie diese angewiesen.[31]

Das hat weitreichende Konsequenzen auch für die nördliche Halbkugel, wo man viele dieser Rohstoffe braucht und einige, wie das Rauschgift, fürchtet. Vor allem aber zerstören diese Raubzüge in Verbindung mit Zwangsmaßnahmen und Schikanen aller Art die Lebensgrundlage der Bevölkerung. Das unterscheidet den regional agierenden Terror vom global operierenden Terrorismus. Dessen Anschläge rund um den Globus erhöhen die Unsicherheit, aber sie stellen das Überleben nicht infrage. Die Anschläge des 11. September haben nicht zu einem Exodus aus New York oder Washington geführt. Ganz anders stellt sich die Situation in jenen Gegenden zum Beispiel des Nahen und Mittleren Ostens dar, in denen sich der Terror festgesetzt hat. Um ihm zu entkommen, lassen viele alles zurück und nehmen Höllenritte durch Wüsten oder Gebirge und über Meere in Kauf, um sich in Sicherheit zu bringen. Hunger und Armut, Dürre und Flut tun ein Übriges. So wurde die Massenflucht zum Signum des anbrechenden 21. Jahrhunderts.

Einbruch in Melilla. Nicht zum ersten Mal versuchen im Oktober 2014 Hunderte afrikanische Migranten den Grenzzaun zu der spanischen Enklave in Marokko zu überwinden. An den Küsten Nordafrikas beginnt für viele Flüchtlinge die letzte Etappe ihrer gefährlichen Reise.

KAPITEL 12

FLUCHT

In den frühen Morgenstunden des 6. Oktober 2005 eskalierte die Lage. Von den mehr als 1000 Flüchtlingen, die versuchten, den drei Meter hohen Grenzzaun von Melilla zu überwinden, kamen etliche ums Leben. Sie wurden entweder zu Tode getrampelt oder von spanischen und marokkanischen Sicherheitskräften erschossen. Melilla war 1497 von den Spaniern erobert worden, 1580 folgte Ceuta. Die beiden Enklaven im heutigen Marokko gehören nach wie vor als »autonome Städte« zu Spanien.

Als die Lage im Oktober aus dem Ruder zu laufen drohte, war das Aufnahmelager in Melilla schon heillos überfüllt. Für 400 Menschen gebaut, hausten dort 1700. Wie viele sich in den provisorischen Lagern außerhalb des Zauns aufhielten, vermochte niemand zu sagen. Jedenfalls schickte die marokkanische Regierung weitere 2000 Soldaten, um zu verhindern, dass die Lage um und in Melilla und Ceuta außer Kontrolle geriet. Sicher war, wohin die Flüchtlinge wollten: Europa war das Ziel. Auch für die vielen, die es nicht in die beiden spanischen Enklaven und von dort auf den europäischen Kontinent schafften. Längst hatten Profiteure Wege und Mittel gefunden, um die Flüchtlinge auf illegalen Wegen von Nordafrika nach Spanien oder Italien zu bringen: Wer 1500 Euro Kopfgeld zahlte, war dabei. Im Schnitt bis zu 3500 Euro musste aufbringen, wer zuvor noch die Sahara zu durchqueren hatte, um auf der westlichen Route über Marokko oder Libyen nach Spanien oder Italien zu gelangen. Sammelpunkte für die Schlepper waren Agadez in Niger, Adré im Tschad sowie Gao in Mali.

Und dann gab es noch die östliche Route, auf der sich vor allem Flüchtlinge aus dem Sudan, Somalia und insbesondere aus Eritrea, »der schlimmsten Diktatur des afrikanischen Kontinents«,[1] auf den Weg zur libyschen Küste machten. Ausgangspunkt war hier Omdurman im Sudan. Dort wurden sie von Schleppern auf Lastwagen gepackt und in einem Höllenritt durch die Sahara transportiert. An der Küste begann der zweite Teil der Reise, die Überquerung des Mittelmeers in überfüllten, oft seeuntüchtigen Booten. Das Kopfgeld war dem auf der westlichen Route vergleichbar.

Zehn Jahre später kassierten die Schlepper schon bis zu 5000 Euro für den Transport aus einem afrikanischen Land nach Europa. Inzwischen waren sie gut organisiert. Chef des größten afrikaweit operierenden Schleppernetzwerks mit Basen in Libyen, Ägypten und einer Reihe von Staaten südlich der Sahara war ein Eritreer, genannt der »General«. Seit im Herbst 2013 ein von ihm Richtung Italien geschicktes Schiff gekentert und mehr als 360 Menschen ums Leben gekommen waren, zählte er zu den weltweit meistgesuchten Schleusern. Und die Mittelmeerroute war die gefährlichste. Nach Angaben der Internationalen Organisation für Migration (IOM) starben dort alleine im ersten Halbjahr 2016 fast 3000 Menschen.[2]

Die Fahndung sudanesischer, britischer und italienischer Behörden nach dem Kopf des Schleppernetzwerks erinnerte an die Jagd auf Topterroristen. Wie schon seit längerem bei der Terroristenjagd üblich, hörte man seit 2014 das Mobiltelefon des »Generals« ab. So erfuhren die Schleuserjäger unter anderem, dass die Bande alleine in der ersten Jahreshälfte 2014 bis zu 8000 Afrikaner von Libyen nach Italien transportiert hatte. Vor allem aber konnte man – in einer deutschen Flüchtlingsunterkunft – zunächst den »Schatzmeister« des »Generals«, dann in Italien 24 »Zuarbeiter«, 2016 schließlich im Sudan den Kopf des Netzwerks selbst dingfest machen.[3]

Längst spielten sich Szenen wie die vor Melilla oder Ceuta auch in Europa selbst ab. Obgleich das Flüchtlingslager Sangatte bei Calais Ende 2002 geschlossen wurde, griff die Polizei während der ersten Jahreshälfte 2005 in der Umgebung der Stadt 8000 Migranten ohne Aufenthaltsgenehmigung auf, die versuchten, nach England zu kommen. Auch mit dieser Aktion bekamen die Behörden die Lage am Zugang zum Eurotunnel nicht in den Griff; im Herbst 2016 stand die nächste »vollständige und dauerhafte Räumung« an, wie sich der Staatspräsident ausdrückte.

Dabei zeigte sich vor Calais lediglich die Spitze eines Eisbergs. Seriöse Schätzungen gingen davon aus, dass sich 2005 in Frankreich bis zu zwei Millionen Einwanderer allein aus dem frankophonen Afrika aufhielten, die allermeisten ohne gültige Papiere.

Die Ursachen für diese Völkerwanderung waren die immer gleichen, die Menschen seit eh und je zum Verlassen ihrer Heimat zwingen. Es sind Krieg und Bürgerkrieg, Mord und Totschlag, Verfolgung und Vergewaltigung, Hunger und Durst, Erwerbs- und Perspektivlosigkeit. Die triste Lage erklärt die hohe Bereitschaft dieser Länder, die Menschen ziehen und sie andernorts ihr Glück suchen zu lassen. Migranten sind für viele Staaten zu unentbehrlichen Devisenbringern geworden. Die Weltbank schätzte, dass auf diese Weise allein 2015 fast 40 Milliarden US-Dollar in afrikanische Herkunftsländer geflossen sind, wobei der bei weitem überwiegende Anteil von Migranten stammte, die lediglich von einem in ein anderes afrikanisches Land gezogen waren.[4]

Die komplexe Motivlage zeigt auch, dass die Grenzen zwischen Flüchtlingen, Migranten und Asylsuchenden fließend sind. Nicht alle Migranten sind Flüchtlinge. Hingegen sind praktisch alle Asylsuchenden Migranten. Aber nicht jeder Migrant hat ein Anrecht auf Asyl. So jedenfalls stellt sich die Lage in Deutschland dar, das seit dem Zusammenbruch der alten Weltordnung ein bevorzugtes Ziel für Flüchtlinge, Migranten und Asylsuchende ist.

Dafür gibt es eine Reihe von Gründen. So war Deutschland nur für wenige Jahrzehnte eine Kolonialmacht. Und was die Deutschen im Zeitalter des Imperialismus in Afrika, in Asien und im Pazifik an kolonialem Besitz zusammengetragen hatten, mussten sie schon am Ende des Ersten Weltkriegs wieder abtreten. Daher war Deutschland nirgends die letzte Kolonialmacht, und das bedeutete: Kein Volk der Erde hat sich seine Unabhängigkeit vom Deutschen Reich beziehungsweise nach 1945 von einem der beiden deutschen Teilstaaten erkämpfen müssen. So besaß und besitzt Deutschland, das in der Zeit des »Dritten Reiches« in Europa einen verheerenden Eroberungs- und Vernichtungsfeldzug geführt hat, in der außereuropäischen Welt einen hervorragenden Ruf. Hinzu kommt, dass das vereinigte Deutschland und der europäische Kontinent insgesamt seit dem Ende des Kalten Krieges als befriedet und wohlhabend gelten. Das macht Europa heute für Flüchtlinge, Migranten und Asylsuchende attraktiv.

Während des 19. und in der ersten Hälfte des 20. Jahrhunderts sah das ganz anders aus. Damals war Europa der Hauptschauplatz von Flucht und Vertreibung, Migration und Auswanderung: Zwischen 1820 und 1920 sind rund 55 Millionen Europäer alleine nach Nord- und Südamerika ausgewandert.[5] Viele von ihnen, wenn nicht die meisten, versuchten drückender Armut und stupider Perspektivlosigkeit zu entkommen. Als die USA die Einwanderung 1924 strikter limitierten und quotierten, hatte das zwangsläufig Rückwirkungen auf Europa. Säuberung und Vernichtung taten ein Übriges. Infolge dieser Bedrohung bewegten sich während der ersten Hälfte des 20. Jahrhunderts mitunter Hunderttausende, wenn nicht Millionen Menschen in relativ kurzen Zeiträumen innerhalb eines Landes oder auch grenzüberschreitend in Europa von einer in eine andere Richtung. Mit der massenhaften Flucht und Vertreibung am Ende des Zweiten Weltkriegs erreichte die Entwicklung ihren verheerenden Höhepunkt und zugleich ihr Ende. Davon wurde im dritten Kapitel berichtet. Der Kalte Krieg schob den Flüchtlingsströmen einen Riegel vor. Jedenfalls in Europa.

Nicht hingegen in weiten Teilen Afrikas und Asiens. Hier setzten im großen Maßstab sowohl die grenzüberschreitende wie auch die Binnenflucht – also die der Flüchtlingsströme, die sich innerhalb eines Landes bewegen – erst mit dem Ende des Zweiten Weltkriegs ein. Auslöser waren jene Konflikte, die nach 1945 mit der Befreiung von kolonialer Vorherrschaft einhergingen und vielfach in Bürger-, Grenz- oder auch Ressourcenkriege mündeten. Mit dem Ende des Kalten Krieges und dem Zerbröseln seiner starren Grenzordnung zog es seit 1991 Flüchtlinge, Migranten und Asylsuchende aus Afrika und Asien immer stärker auch nach Europa. Aber dort war man auf diesen massiven Zustrom nicht vorbereitet.

Dabei bildeten diejenigen, die Europa erreichten, nur eine Minderheit. Denn im globalen Maßstab beherrschte nach wie vor die

Binnenflucht das Bild. Das Verlassen der Heimat, die Flucht in ein fremdes Land oder gar einen fremden Kulturkreis ist für die meisten nur der letzte Ausweg. Dabei sieht es in manchen benachbarten Ländern auch nicht besser aus als in der Heimat, und oft verweigern mögliche Zufluchtsländer die Aufnahme oder es werden die Menschen am Verlassen ihres Heimatlandes gehindert.

Zu Beginn des 21. Jahrhunderts bewegten sich weltweit fast zwei Drittel der Flüchtlinge innerhalb der Landesgrenzen. Etwa 40 von 65 Millionen waren es Ende 2015. Alleine in Kolumbien wurden beinahe sieben Millionen Binnenflüchtlinge gezählt – Ergebnis des jahrzehntelangen Krieges zwischen den Revolutionären Streitkräften Kolumbiens (FARC) und der Zentralregierung in Bogota –, dicht gefolgt von Syrien.[6]

Wenig überraschend gehörten Kolumbien und Syrien 2015 auch zu den zehn Staaten, denen die meisten Menschen den Rücken kehrten. Mit deutlichem Abstand führten Syrer auf der Liste der grenzüberschreitenden Flüchtlinge, gefolgt von denen, die Afghanistan, Somalia, Südsudan, Sudan, die Demokratische Republik Kongo, die Zentralafrikanische Republik, Myanmar – das vormalige Burma –, Eritrea und Kolumbien verließen.

Nichts an dieser Liste überrascht. Sämtliche dieser Staaten wurden seit Jahren von schweren Krisen aller Art erschüttert. In keinem Fall war die Staatengemeinschaft willens oder in der Lage, die Ursachen dieser desaströsen Entwicklung rechtzeitig, entschieden und vor allem vor Ort zu bekämpfen. Davon wurde im zehnten Kapitel am Beispiel des zentralafrikanischen Mordens berichtet.

Die Rechnung für diese Ignoranz hatten lange die unmittelbaren Nachbarn der kriegs- und katastrophengeschüttelten Staaten zu zahlen. Denn sie waren für Hunderttausende, mitunter für Millionen der erste und häufig der einzige Zufluchtsort. Da die aufnehmenden Länder in der Regel ihrerseits mit schweren inneren Krisen und Konflikten zu kämpfen hatten, verschärfte sich deren eigene Situation mitunter signifikant. Mitte 2015 waren das – mit dem von den meisten Flüchtlingen angestrebten Zufluchtsziel beginnend – die Türkei, Pakistan, der Libanon, der Iran, Äthiopien, Jordanien,

Kenia, Uganda, der Tschad und der Sudan. Vergleicht man die Zahl der Flüchtlinge mit der Zahl der Einwohner in den aufnehmenden Ländern, wurde diese Liste mit weitem Abstand vom Libanon angeführt, gefolgt von Jordanien.[7]

Im Laufe des Jahres 2015 änderte der Hauptstrom der Migranten und Flüchtlinge aus dem Nahen und Mittleren Osten fast schlagartig seine Richtung, seine Dichte und seine Intensität. Vor allem die Syrer nahmen nicht mehr die bis dahin eingeschlagene Route über Ägypten und Libyen und von dort über das Mittelmeer nach Italien. Sondern sie versuchten jetzt, über die Türkei auf eine der griechischen Mittelmeerinseln und von dort über den Balkan nach Westeuropa, insbesondere nach Deutschland zu gelangen.

Damit reagierten die Syrer auf die Entscheidung Ägyptens, die Grenzen zu schließen und so die Route über Libyen faktisch zu sperren. Zugleich stieg die Zahl derer, die ihr Heimatland verlassen wollten. Nach vier Jahren Bürgerkrieg war die Hoffnung auf ein baldiges Ende der Kämpfe ebenso geschwunden wie der Glaube an eine Zukunft im Nachkriegssyrien, wann immer es ein solches geben würde. Außerdem war jetzt der Zeitpunkt erreicht, an dem viele nicht nur bereit, sondern auch in der Lage waren, das Geld für die Flucht aufzubringen.

Den letzten Anstoß für den sprunghaft anschwellenden Flüchtlingsstrom und seine neue Route bildete eine folgenreiche Entscheidung der Vereinten Nationen. Wegen akuten Geldmangels kürzten sie im Winter 2014/15 die Nahrungsmittelzuteilungen für die syrischen Flüchtlingsfamilien, die in Ägypten, Jordanien, dem Libanon und vor allem in der Türkei Zuflucht gefunden hatten. Das betraf etwa vier Millionen Menschen. Eigentlich wollten sie im Nahen Osten, also nahe der Heimat bleiben. Aufgrund der zusehends schlechten Versorgungslage, ihrer stark eingeschränkten Bewegungsfreiheit, dem mangelnden Zugang zu Schulen und Krankenhäusern und nicht zuletzt der Verweigerung einer Arbeitserlaubnis sahen viele jetzt in den Lagern jenseits der syrischen Grenzen keine Perspektive mehr und trafen eine schwere, nicht nur in materieller Hinsicht existentielle Entscheidung. Schließlich wussten sie, wohin die jahrzehntelange Lagerexistenz Millionen von Palästinensern oder Afghanen geführt hatte. Also machten sie sich auf den Weg – entschlossen und verzweifelt, geschleust und navigiert.

Erstmals in der Geschichte wurde ein Flüchtlingsstrom dieser Dimension gezielt, informiert und geschlossen an sein Ziel geführt. GPS und Google, Twitter und Facebook waren die Mittel; West- und Nordeuropa waren das Ziel. So erklärte der Betreiber der Seite *The Safe and Free Route to Asylum for Syrians* den Flüchtlingen in »präzise formulierten Schritten«, wie sie von Griechenland nach Westeuropa gelangen konnten. »Er beschrieb alles: wie man Tickets kauft, wie viel diese kosteten, gab Tipps, wie die Leute sich anziehen und pflegen … und was sie in ihren Rucksäcken dabeihaben sollten (›eine internationale SIM-Karte …‹).« Das entsprach »nahezu exakt der Vorgehensweise von Hunderttausenden von Menschen im Lauf des Jahres 2015«, jedenfalls bis Ungarn seine Grenze dicht machte.[8]

Zum Sprungbrett nach Europa wurde die Türkei, zur »Schleuser-Hauptstadt« Izmir. Innerhalb kürzester Zeit hatten Schlepper und Händler eine passende Infrastruktur etabliert. 500 Euro mussten die Flüchtlinge alleine pro Kopf und Nacht in einer der Absteigen von Izmir zahlen. Schlauchboote, aus China importiert, Schwimmwesten oder Partyballons, mit deren Hilfe sich unter anderem Handys wasserdicht verpacken lassen, wurden an jeder Ecke feilgeboten.

In Izmir sammelten sich auch die afghanischen Flüchtlinge, die in aller Regel eine noch strapaziösere Reise hinter sich hatten. Von einem Schleppernetzwerk organisiert und Etappe für Etappe koordiniert, führte sie der Weg über die Berge nach Pakistan, von dort durch den Iran in die Türkei nach Izmir, wo sie mit den Syrern und anderen auf den Weitertransport auf eine der griechischen Inseln wie Chios, Samos oder Lesbos warteten.[9] Für den Weg von Afghanistan nach Deutschland stellten die Schlepper pro Kopf 12 000 Euro in Rechnung – gefälschte Pässe, erforderliche Visa, Transportmittel und Unterkünfte inklusive. Flüchtlinge aus Syrien hatten rund 5500 Euro zu zahlen. Die Kosten für Schleusungen aus Nordafrika lagen bei 1400 Euro.[10]

Alle Staaten, welche die Entwurzelten aus Afghanistan und Syrien passierten – Pakistan, Iran, Türkei –, hatten in den vergangenen Jahren jeweils bis zu einer Million oder mehr Flüchtlinge aufgenommen. Ihre Neigung, die Nachrückenden an der Weiter- und Ausreise zu hindern oder den Schleppern das Handwerk zu legen, war gering. Auch deshalb wurden die Europäer in der zweiten Jahreshälfte 2015 beinahe über Nacht von einem unkontrollierten Zustrom von Flüchtlingen und Migranten überrollt.

In Europa wurde dieser Flüchtlingsstrom zur »Fluchtmasse«. Elias Canetti – Jahrgang 1905, Migrant, Emigrant und Literaturnobelpreisträger –, der früh Erfahrung mit dieser Masse gesammelt hatte, beschrieb sie 1960 so: »Die *Fluchtmasse* wird durch *Drohung* hergestellt. Es gehört zu ihr, dass alles flieht; alles wird mitgezogen. Die Gefahr, von der man bedroht wird, ist für alle dieselbe. Sie konzentriert sich auf einen bestimmten Ort. Sie macht keinen Unterschied … das Auffallendste an der Massenflucht ist die Kraft ihrer Richtung … Es genügt, der Masse den Weg abzuschneiden, damit sie in eine andere Richtung ausbricht … Die Massenflucht … bezieht ihre Energie aus ihrem Zusammenhalt.«[11]

Wer sich im Herbst 2015 auf dem Balkan aufhielt, spürte diese Energie, und das obgleich oder eben weil der Strom der Flüchtlinge, Migranten und Asylsuchenden an den Außengrenzen Europas seinen Charakter änderte. Hier wurde der Exodus zur Binnenflucht. Das lag an der Verfasstheit der Europäischen Union. Seit den neunziger Jahren des 20. Jahrhunderts hatten die Mitglieder dieses Staatenverbundes ihre Binnengrenzen weitgehend aufgehoben. Wer einmal eine der vielfach nur unzureichend gesicherten Außengrenzen der EU passiert hatte, wurde praktisch nicht mehr kontrolliert und konnte sich jetzt auf das großzügige europäische Asylrecht berufen. Mit ihm hatte die EU 2004 »buchstäblich einem jeden der mehr als sechs Milliarden Menschen außerhalb Europas das gerichtlich zu überprüfende Individualrecht zugesichert, ein aufwendiges Asylrecht zu beantragen«.[12]

So kam es, dass im Spätsommer des Jahres bis zu 10 000 Menschen die österreichisch-deutsche Grenze überquerten. Tag für Tag.

Wollte Deutschland diesen Strom aufhalten, um zum Beispiel eine ordnungsgemäße Registrierung zu gewährleisten und so zu verhindern, dass mit diesem Strom Wirtschaftsmigranten, aber auch Kriminelle und Terroristen ihren Weg in die westlichen Metropolen fanden, gab es nur zwei Möglichkeiten: Zum einen musste diese sogenannte Balkanroute auf europäischer Seite geschlossen werden. Zum anderen und vor allem aber musste man die Türkei davon überzeugen, dass sie die Weiterreise der Flüchtlinge, Migranten und Asylsuchenden auf den Balkan auf ihrem Territorium unterband.

Damit besetzten das Land und namentlich sein Präsident Recep Tayyip Erdoğan im Handumdrehen eine Schlüsselrolle in der europäischen Politik. Seit 2003 hielt Erdoğan – Jahrgang 1954, Parteigründer und Berufspolitiker mit Erfahrung in vielfältigen Funktionen – die Zügel der türkischen Politik fest in der Hand, bis 2014 als Ministerpräsident, seither als Staatsoberhaupt. Erdoğans Partei für Gerechtigkeit und Entwicklung (AKP) war im November 2002 auch deshalb aus dem Stand zur stärksten Kraft geworden, weil ihr ein schwieriger Spagat zu gelingen schien: Obgleich oder eben weil ihr Führungspersonal dezidiert islamistische Wurzeln hatte, war die AKP die erste Volkspartei seit Gründung der Republik. Dass Erdoğan dem tief gespaltenen Land so über Jahre hinweg eine ungewohnte politische und wirtschaftliche Stabilität verschaffte, halten ihm auch seine Kritiker zugute. Er »führte die Republik vor die Tore Europas, wagte einen Neuanfang in der Kurdenpolitik, baute die Infrastruktur auf und demilitarisierte das Land«.[13] Das war die eine Seite.

Es gibt auch eine andere. Das ist der zusehends autokratische, misstrauische Herrscher, der die Wirklichkeit auch deshalb nur selektiv wahrnimmt, weil der Grat zwischen tatsächlicher und vermeintlicher Bedrohung schmal ist: Dass ein Teil der Kurden, gerade die in der Arbeiterpartei Kurdistans (PKK) Organisierten und ihre Sympathisanten, für die Türkei eine ernstzunehmende Bedrohung darstellte, stand außer Frage. Dass Erdoğan die Kurden schließlich insgesamt als Gegner deklarierte, war hingegen auch für wohlwollende Beobachter kaum noch nachzuvollziehen.

So gesehen kam Erdoğan Mitte Juli 2016 der überstürzt und dilettantisch eingefädelte Putschversuch eine Gruppe türkischer Militärs gerade recht. Ob, seit wann und in welchem Maße der Präsident, der bei dem Staatsstreich inhaftiert, wenn nicht getötet werden sollte, von solchen Plänen wusste, sei dahingestellt. Sicher ist, dass es ihm nach wenigen Stunden gelang, die Massen mit einer digitalen Botschaft auf die Straßen und Plätze zu rufen. Solchermaßen gestärkt, verschärfte Erdoğan noch einmal den Kurs gegen all jene innerhalb und außerhalb des Landes, die er schon lange als Gegner identifiziert hatte.

Damit brachte er den Westen in eine schwierige Lage. Ähnlich wie Wladimir Putin war auch Recep Tayyip Erdoğan dort zunächst als Reformer, Modernisierer und aufgeklärter Nationalist wohl gelitten. Das änderte sich in dem Maße, in dem die beiden Machtmenschen innenpolitisch die Zügel anzogen, was sie ohne nennenswertes außenpolitisches Risiko tun konnten, weil der Westen auf sie angewiesen war. Ohne oder gar gegen Putin war der Ukrainekonflikt, ohne Erdoğan die Flüchtlings- und Migrationskrise schwerlich zu beenden. Und beide hatten ein entscheidendes Wort mitzureden, als es um die Beendigung des Syrienkrieges und damit eine der größten Ursachen der Fluchtbewegung ging. Von Russlands Rolle in diesem Konflikt wird im letzten Kapitel berichtet.

Der türkische Präsident bekämpfte nicht nur mit Hilfe syrischer Rebellen den syrischen Präsidenten Assad, sondern er hatte auch den Schlüssel zur Fluchttür in der Hand. Seit das Deutsche und das Osmanische Reich vor dem Ersten Weltkrieg enge politische und militärische, wirtschaftliche und auch kulturelle Beziehungen aufgebaut hatten, war die Türkei gegenüber Deutschland beziehungsweise Europa niemals in einer stärkeren Position als jetzt. Die Zeiten, in denen türkische Minister- und Staatspräsidenten in Bonn beziehungsweise Berlin antichambrierten, um Beitrittsperspektiven ihres Landes zur Europäischen Union und Visafreiheit für ihre Bürger nachsuchten, waren vorbei. Nicht Recep Tayyip Erdoğan war 2016 Dauergast bei Angela Merkel, sondern die Bundeskanzlerin reiste im Monatsrhythmus zum türkischen Staatspräsidenten.

Diese Bittgänge ließen gelegentlich übersehen, dass man sich nicht auf einer Einbahnstraße befand, sondern dass die Türkei ihrerseits auf deutsche Hilfe angewiesen war. Als wichtigster Handelspartner und Investor, aber auch als Mitfinanzier der Lasten, die das Land infolge der Flüchtlingskrise zu stemmen hatte, war Deutschland kaum ersetzbar. Und es war diesbezüglich in der Pflicht.

Die Schließung der Balkanroute hatte nämlich auf Dauer nur dann Bestand, wenn die Türkei die Migranten und Flüchtlinge von der unkontrollierten Weiterreise in die Europäische Union abhielt und das Gros von ihnen auf nicht absehbare Zeit unterbrachte und versorgte. Das musste organisiert und finanziert werden. Kein zweites Land der EU hatte am Bestand dieser Regelung ein ähnlich großes Interesse wie die Bundesrepublik und dort namentlich die Kanzlerin. Zum einen waren die Aufnahmekapazitäten nicht unbegrenzt. Bis zu 900 000 Menschen, die alleine 2015 nach Deutschland und damit in ein Mitgliedsland der EU kamen, ließen sich nicht Jahr für Jahr verkraften. Zum anderen trug die Bundesregierung die entscheidende Verantwortung für diese Entwicklung.

Als die Bundeskanzlerin in der Nacht vom 4. auf den 5. September 2015 die Grenzen offen halten ließ und »die Flüchtlinge dieser Erde nach Deutschland holte«,[14] traf Angela Merkel – Jahrgang 1954, in der DDR promovierte Physikerin, seit 2000 Vorsitzende der CDU und seit 2005 Bundeskanzlerin – eine folgenreiche Entscheidung. Denn sie beließ es nicht bei einer großzügigen humanitären Geste, die angesichts der katastrophalen Zustände jenseits der deutschen Grenze für jedermann nachvollziehbar gewesen wäre, sondern sie traf eine grundlegende politische Entscheidung, die schwerlich mit geltendem europäischen Recht vereinbar war.

Die sogenannte Dublin-Vereinbarung sieht vor, dass ein Flüchtling dort um Asyl ersuchen muss, wo er europäischen Boden betritt. Diese Position hätte die Bundesregierung beziehen können und wohl auch einnehmen müssen, zumal das Problem ja nicht über Nacht auftauchte. Schon Wochen vor der dramatischen Zuspitzung hatte die Bundeskanzlerin die Flüchtlingsfrage als die »größte Herausforderung« bezeichnet, die sie in ihrer Amtszeit »bezüglich der

Europäischen Union gesehen« habe: »Hier wird sich entscheiden, ob Europa dieser Aufgabe gewachsen ist.«[15]

Nicht zuletzt weil das Dublin-Verfahren sehenden Auges demontiert wurde, war Europa der Aufgabe nicht gewachsen. Und weil Europa ihr nicht gewachsen war, saß Anfang September 2015 ein Riesenheer von Flüchtlingen, Migranten und Asylsuchenden, die eigentlich Richtung Deutschland wollten, unter unwürdigen Umständen in Ungarn und Österreich fest. Auch diese angespannte Situation ging auf eine Folge von Fehlern zurück, die zuvor auf deutscher Seite gemacht worden waren. So hatte das Bundesamt für Migration und Flüchtlinge am 25. August eine Twittermeldung abgesetzt, wonach das Dublin-Verfahren im Falle syrischer Staatsangehöriger faktisch nicht weiter verfolgt werde, und das hatte zur Folge, dass gleichsam über Nacht fast alle, die auf der Balkanroute unterwegs waren, zu Syrern wurden. Selten wurden so viele Ausweisdokumente auf einen Schlag entsorgt wie in diesen Tagen.

Nachdem die Kanzlerin die Grenzen hatte offen halten lassen, vermittelte sie mit einschlägigen Gesten wie dem Foto, das sie mit einem syrischen Flüchtling bei der Aufnahme eines Selfies zeigte, den Eindruck, Deutschland sei willens und bereit, »ohne Obergrenze« aufzunehmen. Wie die Twittermeldung verbreitete sich auch dieses Bild mit digitaler Geschwindigkeit um die Welt. Merkels einschlägige Bekundungen (»Wir schaffen das!«) und die anfänglich freundliche Begrüßung der Flüchtlinge durch die Bevölkerung zum Beispiel am Münchener Hauptbahnhof taten ein Übriges.

Rasch wurde deutlich, dass der Zustrom von bis zu 10 000 Menschen täglich auf Dauer weder verkraftbar noch beherrschbar war. Die Bundeskanzlerin reagierte auf ihre Weise. Mit eisernem Willen wartete sie ab, bis die Balkanstaaten und Österreich ihrerseits die Konsequenzen aus der zusehends unhaltbaren Lage zogen. Am 24. Februar 2016 war es so weit. In Wien beschloss eine Konferenz der betroffenen Balkanstaaten – ohne Griechenland –, koordiniert zu handeln, und das hieß im Klartext: die Grenzen zu schließen. Seit dem 7. März ließen Slowenien, Kroatien, Serbien und Mazedonien niemanden mehr ohne gültige Papiere passieren, brachten den Strom der Migranten und Asylsuchenden weitgehend zum Erliegen – und zogen damit jene Obergrenze, die Merkel brauchte, aber partout nicht nennen wollte.

In Verbindung mit signifikanten Einschränkungen des deutschen Asylrechts führten die drastischen Maßnahmen Österreichs und der Balkanstaaten dazu, dass der Ball jetzt bei Griechenland, Mazedonien und der Türkei und damit in einem Spannungsfeld der europäischen Politik lag. Das wusste die Türkei zu nutzen. Mit der Neubelebung des Beitrittsprozesses und der Prüfung der Visafreiheit für türkische Staatsbürger zahlte die EU nun einen Preis, den die meisten Europäer, auch die Bundeskanzlerin, lange keinesfalls zu zahlen bereit gewesen waren. Es blieb nicht die einzige Konzession.

Das Abkommen mit der Türkei vom 18. März, das dritte seiner Art seit Dezember 2013, war ein Geschäft auf Gegenseitigkeit: Für jeden illegal nach Griechenland gelangten und dann in die Türkei retournierten syrischen Flüchtling nahm die Europäische Union der Türkei einen syrischen Flüchtling ab. Das war eine pragmatische Lösung, die beste unter lauter schlechten Alternativen, aber sie blieb fragwürdig. Da die Türkei kein Vollmitglied der Genfer Flüchtlingskonvention von 1951 ist, gilt sie nicht als sicheres Herkunftsland. Wie hätte Europa, wie hätte Deutschland wohl reagiert, wäre eine solche Vereinbarung zwischen der Türkei und Russland oder zwischen Russland und China geschlossen worden?

Die Entscheidungen der Europäischen Union in der Flüchtlingskrise waren Minimalkompromisse. Tatsächlich war die Gemeinschaft in dieser Frage tief gespalten. Abgesehen von Schweden war nicht ein einziges der übrigen 26 Mitgliedsländer der EU bereit, Deutschland eine nennenswerte Anzahl der syrischen und all der anderen Flüchtlinge abzunehmen. Vielmehr bemächtigte sich eine rasant zunehmende Zahl europafeindlicher Kräfte des Themas und brachte die Gemeinschaft an den Rand des Infarkts.

Das hatte weitreichende Konsequenzen, vor allem für die stärkste Wirtschaftsmacht der Gemeinschaft. Deutschland nahm mit Abstand die meisten Flüchtlinge, Migranten und Asylsuchenden auf und musste zudem für die sich daraus ergebenden Folgen aufkommen. Sie waren und sind enorm, und sie sind langfristig. Wie langfristig, vermag niemand sicher zu sagen. Denn die meisten Migranten kamen erschöpft und all ihrer Habe beraubt im gelobten Land an. Dass sich die Deutschen im beginnenden 21. Jahrhundert um die Bedrängten und Beraubten dieser Welt kümmern, ist mehr als eine Fußnote der Weltgeschichte. Denn in der ersten Hälfte des 20. Jahrhunderts waren sie die Verfolger und die Räuber.

Seengrund. Der systematische Wasserentzug, der in der Sowjetzeit beginnt, hat den zu Kasachstan und Usbekistan gehörenden Aralsee in eine Wüstenlandschaft verwandelt. Der See war einmal das viertgrößte Binnengewässer der Erde. Heute nimmt Wasser eine Spitzenposition auf der Beuteliste von Räubern ein.

KAPITEL 13

RAUB

Nichts war vor ihnen sicher. Fremde Heere waren immer auch auf Beutezug. Was ihnen in die Hände fiel, wurde konsumiert, abtransportiert oder vernichtet: Land und Rohstoffe, Gold und Geld, Kunstwerke und Dokumente, Lebensmittel und Vieh, auch Menschen. Zu allen Zeiten waren Sklaven und Söldner, Kriegsgefangene und Zwangsarbeiter eine gefragte Beute. Auch im 20. Jahrhundert, auch in Europa, auch in Deutschland. Der Feldzug, der am 1. September 1939 mit dem Überfall auf Polen begann, war ein Eroberungs-, ein Vernichtungs- und ein Beutefeldzug. Mit ihm holten sich die Deutschen, was ihnen bislang vorenthalten worden war: ein gigantisches Kolonialreich.

Selbst im Zeitalter des Imperialismus hatte es Deutschland nicht zu einer erstrangigen Kolonialmacht gebracht. Zum einen waren ihm in den zurückliegenden Jahrhunderten andere – zunächst Holländer, Spanier und Portugiesen, dann Engländer und Franzosen – zuvorgekommen und hatten die Erde in großangelegten Raubzügen unter sich verteilt. Zum anderen achteten nun vor allem die Briten darauf, dass die Deutschen nicht zu gefährlichen Konkurrenten wurden, sondern sich zwischen 1884 und 1914 mit einigen Besitzungen in Afrika und im Pazifik begnügten. Und selbst die gingen mit dem Ersten Weltkrieg schon wieder verloren.

Was Bismarck und Wilhelm II. nicht geschafft hatten, gelang Hitler. Allerdings nur für wenige Jahre und, wie im vierten Kapitel berichtet, mit einem rassenideologisch dimensionierten Programm. Und Deutschlands »Lebensraum« lag auch nicht in Afrika oder Asien, sondern in Europa. Nichts war vor den Deutschen sicher, die seit dem Spätsommer 1939, vor allem aber seit dem Überfall auf die Sowjetunion zum Raubzug gen Osten ansetzten. So kamen jetzt nicht nur fast zwei Millionen sowjetische Kriegsgefangene im Deutschen Reich zum Arbeitseinsatz, sondern auch zivile sogenannte

283

Ostarbeiter aus Osteuropa und der Sowjetunion, allen voran aus der Ukraine, und schließlich sogar Insassen der Konzentrationslager, darunter zahlreiche Juden. Schätzungsweise 13,5 Millionen ausländische Arbeitskräfte aus ganz Europa wurden bis zum Ende des Zweiten Weltkriegs im Großdeutschen Reich eingesetzt. Im August 1944 stellten sie in der Land- und Forstwirtschaft fast die Hälfte aller Arbeitskräfte, im Bergbau, in der Baubranche und in der Metallindustrie etwa ein Drittel. Zum Einsatz kamen sie überdies bei den Kommunen, bei den Kirchen und nicht zuletzt in Privathaushalten.

Im Übrigen gingen Jahrzehnte ins Land, bis sich Deutschland 2001, also während der Kanzlerschaft Gerhard Schröders, jenseits zwischenstaatlicher Abkommen zu einer Entschädigung der noch lebenden vormaligen Zwangsarbeiter bereit fand. Dafür wurden zehn Milliarden D-Mark bereitgestellt, die je zur Hälfte von rund 6500 Unternehmen und vom Bund aufgebracht wurden. Verglichen mit dem, was der deutsche Beutefeldzug der Jahre 1939 bis 1945 in die Kassen gespült hatte, war das ein Tropfen auf den heißen Stein. Insgesamt holte sich das Deutsche Reich von den laufenden Kriegskosten, konservativ gerechnet, rund 170 Milliarden Reichsmark aus ausländischen Quellen. Das entspräche heute etwa zwei Billionen Euro.

Allein die Lohnsteuerabgaben aus industrieller Zwangsarbeit, welche die Unternehmen zu entrichten hatten, machten mehr als ein Viertel des gesamten Lohnsteueraufkommens aus. Ein bedeutender Posten waren auch die Arisierungserlöse von bis zu 20 Milliarden Reichsmark, die aus Besitztümern der europäischen Juden stammten. Zu Recht ist gesagt worden, dass der Holocaust »unverstanden« bleiben muss, »sofern er nicht als der konsequenteste Massenraubmord der modernen Geschichte analysiert wird«.[1]

Die jüdische Bevölkerung der von Deutschland besetzten Länder war auch in besonderem Maße vom vermutlich größten organisierten Kunstraub der neueren Geschichte betroffen. Von zahlreichen, zum Teil miteinander konkurrierenden Organisationen, allen voran dem Einsatzstab Reichsleiter Rosenberg (ERR) durchgeführt, galten die Beutezüge vor allem Frankreich und der Sowjetunion. In

Frankreich, wo der Sonderstab Bildende Kunst des ERR alleine mehr als 20 000 Gemälde, Grafiken und kunstgewerbliche Objekte plünderte, wurde in der Regel kein staatliches Eigentum angetastet, was man mit einem »gewissen Respekt vor der öffentlichen Meinung in Frankreich« erklärt hat.[2]

In der Sowjetunion zielte der Kulturgutraub hingegen schon deshalb fast ausschließlich auf staatlichen Besitz, weil es kaum noch Privatbesitz und auch keinen privaten Kunsthandel mehr gab. Da es der Wehrmacht nie gelang, Leningrad – also das vormalige Sankt Petersburg – und Moskau einzunehmen, blieben die beiden wichtigsten musealen Zentren des Landes vom deutschen Raubzug verschont. Was den Besatzern in den Galerien, Museen und Bibliotheken von Kiew, Charkow oder Minsk in die Hände fiel, nicht zuletzt komplette wissenschaftliche Sammlungen, war immer noch von enormem Umfang und schwer zu schätzendem Wert. Darunter auch Objekte von legendärem Ruf wie das Bernsteinzimmer, das einmal das Berliner Stadtschloss der Hohenzollern geziert hatte, dann, so will es die Legende, von Preußens König Friedrich Wilhelm I. Russlands Zaren Peter dem Großen gegen ein Bataillon gut gebauter russischer Söldner übersandt worden war. 1941 wurde das Bernsteinzimmer im Katharinenpalast vor den Toren Leningrads von einem deutschen Kulturraubkommando in Kisten verpackt und nach Königsberg geschickt, wo sich am Ende des Krieges seine Spur verlor.

Als sich die Rote Armee seit 1943 auf die Eroberung Deutschlands vorbereitete, spielten auch hier Kunst- und Kulturgüter eine besondere Rolle. Ähnlich wie die Deutschen stellten die Sowjets »Trophäen-Brigaden«[3] aus Kunsthistorikern, Museumsleuten, Künstlern und Restauratoren zusammen. Die Aktion wurde unter strengster Geheimhaltung, auch vor den westlichen Alliierten, geplant. Am Ende fielen den Beutejägern in öffentlichen wie privaten Beständen zweieinhalb Millionen Kunstwerke, Bücher und andere Kostbarkeiten in die Hände. Und wie zuvor die Deutschen das Bernsteinzimmer, nahmen jetzt die Sowjets symbolträchtige Großobjekte wie den gewaltigen Pergamonaltar mit, für dessen Präsentation man zu Beginn des 20. Jahrhunderts auf der Berliner Museumsinsel ein eigenes Gebäude errichtet hatte. Ein großer Teil der Beute wanderte sofort in Geheimdepots und wurde nie gezeigt. Warum auch immer.

Zu den bevorzugten Kulturgütern auf den Raubzügen aller Seiten gehörten zu allen Zeiten die Bestände der Archive. Wer sie besitzt, verfügt über das Gedächtnis des Gegners und übt damit auch die Deutungshoheit über dessen Vergangenheit aus. So haben die Deutschen zum Beispiel während des Ersten Weltkriegs die belgischen Archive, während des Zweiten die Archive Polens, Hollands und Frankreichs geplündert. Unter anderem diese Bestände fielen bei Kriegsende den Sowjets in die Hände, als sie ihrerseits die deutschen Archive leerräumten. Briten und Amerikaner wiederum beschlagnahmten unter anderem die Akten der Militärs und des Auswärtigen Amtes und transportierten sie nach Washington oder London. Bis sie in den fünfziger Jahren nach und nach zurückgegeben wurden, hatten die Deutschen also nur eingeschränkte Möglichkeiten, sich mit ihrer jüngeren Vergangenheit angemessen auseinanderzusetzen. Nicht wenigen diente das als willkommener Vorwand, es nicht zu tun.

Zeitlich und räumlich komplexe Feldzüge wie die Russlandfeldzüge der Deutschen während der beiden Weltkriege hatten stets mit einem Handicap zu kämpfen: Wie ließ sich die Versorgung der eigenen Armeen sicherstellen? Je weiter sich diese von der Heimatbasis entfernten, je erfolgreicher sie also waren, umso prekärer wurde die Versorgungslage. Schon Napoleons Grande Armée ist 1812 auch daran zugrunde gegangen, dass die Russen bei ihrem Rückzug konsequent alles vernichteten, was die ursprünglich einmal fast 500 000 Mann zum Überleben brauchten. Und was für Napoleons Armee das Getreide, war für Hitlers Wehrmacht das Öl. Ohne diesen Schmierstoff saßen die hochmobilen Verbände früher oder später fest.

Das galt auch für Japans Feldzug. Die Embargomaßnahmen der Westmächte, insbesondere der USA, hatten unter anderem dazu geführt, dass die japanischen Ölvorräte dramatisch geschwunden waren. Als selbst weitgehende Konzessionen Tokios, wie die stufenweise Räumung des gerade besetzten Indochina, nicht zum Erfolg, also zur Aufhebung des Boykotts führten, eröffneten die Japaner am

7. Dezember 1941 mit dem Angriff auf Pearl Harbor den Krieg gegen die Vereinigten Staaten und nahmen Kurs auf die Ölfelder im pazifischen Raum.

In den strategischen Planungen des Deutschen Reiches spielten vor allem die kaukasischen Ölvorkommen eine entscheidende Rolle. Schon zu Beginn des 20. Jahrhunderts war die Hälfte des weltweit geförderten Erdöls aus dem Gebiet um Baku gekommen. Solange die Berliner Strategen noch nicht unmittelbar über diese und andere Vorkommen verfügten, mussten sie auf entsprechende Lieferungen aus dem Ausland zurückgreifen. Von erheblicher Bedeutung während der Jahre 1939/40 waren amerikanische Lieferungen von Benzin und insbesondere Ölen, die auch nach dem deutschen Überfall auf die Sowjetunion zunächst nicht eingestellt wurden. Zeitgleich hatte sich Deutschland Ende Mai 1940 vertraglich indirekt die Ölvorkommen im rumänischen Ploieşti gesichert. Schließlich garantierten die zahlreichen Absprachen und Abkommen, die im Sommer 1939 im Umfeld des Hitler-Stalin-Paktes getroffen wurden, nicht zuletzt einen zuverlässigen Nachschub von Rohstoffen aller Art, auch von Öl.

Mit dem deutschen Überfall auf die Sowjetunion wurden die kaukasischen Ölfelder zu einem herausragenden Ziel dieses Raubzugs. Anfang April 1942 ordnete Hitler, der inzwischen auch den Oberbefehl über das Heer übernommen hatte, in seiner berühmt-berüchtigten »Weisung Nr. 41« an, »bei Verhalten der Heeresmitte, im *Norden* Leningrad zu Fall zu bringen …, auf dem *Südflügel* der Heeresfront aber den Durchbruch in den Kaukasus-Raum zu erzwingen«,[4] also Stalingrad zu nehmen. Diese Überdehnung der Front markierte den Anfang vom Ende dieses Feldzugs – und des Deutschen Reiches.

In den Beutezügen der jüngeren Vergangenheit behielt die Eroberung der Öl-, dann auch der Gasfelder eine Spitzenposition auf der Prioritätenskala. Weil das Öl andere, klassische Energieträger wie die Kohle längst hinter sich gelassen hat, weil es auf absehbare Zeit für die Industrie und die Landwirtschaft, für die automobile Gesellschaft und die Luftfahrt, auch für das Militär unverzichtbar ist, zählt es zu den heiß begehrten Devisenbringern. Wer Ölquellen besitzt und die

Fördertechniken kontrolliert, verfügt über einen steten Nachschub für die Kassen.

Dass dieser Zufluss im Übrigen nichts über den inneren Zustand eines ölreichen Landes sagt, zeigen viele krasse Beispiele. Nigeria, der größte Ölproduzent Afrikas, Venezuela, das mutmaßlich über die weltweit größten Ölvorkommen verfügt, oder auch der Südsudan, der nicht zuletzt wegen der Ölvorkommen die Unabhängigkeit wollte, stehen als Staaten vor dem Bankrott. Immerhin hat der Südsudan es bis zur Unabhängigkeit geschafft. Andere, wie Nigerias südöstliche Provinzen, sind 1970 auch daran gescheitert, dass der Norden diesen Raub der Ölquellen nicht zuließ. Davon wurde im zehnten Kapitel berichtet. Wieder andere wie die vormaligen zentralasiatischen Sowjetrepubliken Aserbaidschan, Kasachstan oder Turkmenistan kamen zu ihrer Unabhängigkeit und damit zum eigenen Öl wie die sprichwörtliche Jungfrau zum Kind. Wäre die Sowjetunion intakt und ihre Führung handlungsfähig gewesen, wäre das nie und nimmer geschehen.

Wenn es ums Öl ging, griffen alle schnell zur Waffe. Die drei Golfkriege, von denen im neunten Kapitel berichtet wurde, waren auch Kriege ums Öl. Nicht nur die beiden Feldzüge, die der Irak von 1980 bis 1988 gegen den Iran und 1990 gegen Kuwait führte, sondern mittelbar auch der amerikanische Irakfeldzug des Jahres 2003. Dass die USA ihn geführt hätten, wäre in dieser Hinsicht nichts zu holen oder zu sichern gewesen, ist schwer vorstellbar. Und das Chaos, das die Amerikaner dort hinterließen, mündete wiederum in eine Entwicklung, die man wohl als den vierten Golfkrieg begreifen kann: So vergleichsweise bescheiden die Fördermengen und die Raffineriekapazitäten auch sein mochten, für den »Islamischen Staat« waren die Ölfelder in den von ihm kontrollierten Gebieten des Irak und Syriens eine unverzichtbare Einnahmequelle für die Finanzierung seines Terrorkriegs. Nach Schätzungen der amerikanischen Regierung nahm der IS 2015 etwa eine halbe Milliarde US-Dollar aus den illegalen Ölverkäufen ein.[5] Dass Staaten wie die Türkei zu den wenn auch inoffiziellen Abnehmern zählten, zeigt, wie profitabel der Raub sein kann.

Das gilt für Öl, und es gilt für Gas. Glaubte man dem russischen Präsidenten Wladimir Putin, dann zweigte die Ukraine mehr oder weniger konsequent einiges von dem Gas, das eigentlich für Westeuropa bestimmt war, für eigene Zwecke ab. Dass sie dazu in der Lage war, hatte historische Gründe. Denn mit dem Zerfall der Sowjetunion waren die Leitungssysteme, durch die das Gas von den sibirischen Quellen zu den europäischen Abnehmern gelangte, zu guten Teilen unter die staatliche beziehungsweise halbstaatliche Kontrolle Weißrusslands und vor allem der Ukraine geraten. Damit begann ein Poker, der sich in den Wintern 2005/06 und dann 2008/09 zu einem schweren Konflikt zwischen Russland und der Ukraine entwickelte, im Westen als »Gaskrieg« firmierte und auch die Abnehmer und Verbraucher in Europa tangierte. Ungarn, Polen, Tschechien und Bulgarien meldeten Lieferausfälle, die Slowakei rief den Notstand aus.

Aber wie zweigt man Gas ab? Auf seinem Weg von Sibirien nach Westeuropa muss das Gas immer wieder an Verdichterstationen durch Kompressoren angetrieben werden. Sie gehören mit zu den sensibelsten Punkten des gesamten Systems. Betrieben werden die in Abständen von bis zu 200 Kilometern arbeitenden Kompressoren mit einem Teil des transportierten Gases. Russland beziehungsweise das staatliche russische Erdgasförderunternehmen Gazprom behauptete, dass die Ukraine einen guten Teil der Gasmenge, die Kiew für den Betrieb der Kompressoren veranschlagte, für die eigene Versorgung abzweige. Die Ukraine bestritt das vehement.

Schwer zu sagen, welche Seite es mit der Wahrheit nicht so genau nahm. Jedenfalls hatte der Gasraub sogar das Zeug zu einem militärischen Konflikt und spielte dann auch bei der russischen Annexion der Krim, von der im folgenden Kapitel berichtet wird, eine nicht zu unterschätzende Rolle. Vor allem aber war der Gasraub neben dem maroden Zustand der ukrainischen Pipelines für den Kreml ein entscheidender Anlass, eine komplett neue Gasleitung zu bauen, die durch die Ostsee verläuft, mithin die Ukraine umgeht und nach der Inbetriebnahme der beiden Stränge der zweiten Leitung von 2019 an jährlich bis zu 110 Milliarden Kubikmeter Gas von den sibirischen Quellen nach Westeuropa transportieren kann.

Man ahnt, was auf dem Spiel steht, wenn es um den Raub des wirklich lebenswichtigen Rohstoffs geht. Der Mensch kann ohne Öl und Gas auskommen, ohne Gold und Silber sowieso. Ohne Grundnahrungsmittel wie dem Fisch kann er nicht überleben, ohne Wasser schon gar nicht. Die einen wie das andere zählen grundsätzlich zu den erneuerbaren Ressourcen. Daher hat man lange geglaubt, sie könnten nie zur Neige gehen. Das aber ist ein Irrtum. 2015 reichten die innerhalb eines Jahres erneuerbaren Ressourcen bis zum 13. August. Danach zehrte die Menschheit von den Reserven.

Niemand weiß genau, wie viele Tierarten ausgestorben sind oder ausgerottet werden. Derzeit sind es bis zu 160 – Tag für Tag. Grundsätzlich ist keine einzige ausgenommen, auch der Fisch nicht. Und der gehört zu den wichtigsten Grundnahrungsmitteln weltweit. Um den Fisch hat man schon Kriege geführt. Selbst in der jüngsten Geschichte, sogar in Europa. Die drei sogenannten Kabeljau- oder auch Fischereikriege, die Island zwischen 1952 und 1976 mit Großbritannien, zeitweilig auch mit der Bundesrepublik Deutschland ausgetragen hat, waren keine Bagatellen. Isländische Fischer kappten britische Fangnetze, britische Kriegsschiffe rammten isländische Wachfahrzeuge,[6] und die isländische Politik setzte die deutsche in einem sensiblen Punkt derart unter Druck, dass man in Bonn vom »Dolchstoß eines Freundes in den eigenen Rücken« sprach.[7] Immerhin waren alle drei – Island, Großbritannien und die Bundesrepublik – Mitglieder der NATO. Auch deshalb kamen sie nach einem Vierteljahrhundert zur Vernunft.

Hinter dem Konflikt stand ein Bündel grundsätzlicher Fragen, so die nach der Größe der Zone, die ein Staat vor seinen Küsten als Hoheitsgebiet beanspruchen darf. Das Thema steht auf der Tagesordnung, seit die Sowjetunion 1921 als erstes Land ihre Hoheitszone deutlich erweitert hat. Damals ging es um 12 Meilen. Heute geht es, denkt man an die chinesischen Ansprüche im Ost- und im Südchinesischen Meer, von denen gleichfalls im folgenden Kapitel berichtet wird, um wesentlich mehr.

Für Island ging es im Kabeljaukrieg in erster Linie um den Fisch und seine Zukunft. Die Sorge vor einer lokalen Überfischung ist längst zu einem globalen Albtraum geworden. Die illegale, unge-meldete, unregulierte Fischerei hat Formen angenommen, die den Fischbestand und damit ein Grundnahrungsmittel perspektivisch infrage stellen. Um die Jahrtausendwende dürften bis zu 60 Prozent der Gesamtmenge aus solchen Fängen gekommen sein. 2007 ging die Ernährungs- und Landwirtschaftsorganisation der Vereinten Nationen davon aus, dass dem weltweiten Fischraub 23 000 Fische-reifahrzeuge und 740 Fischtransportschiffe zur Verfügung stan-den. Es ist ein Milliardengeschäft, das »hochgradig organisiert und global vernetzt« ist.[8] Es ist ein Raubzug.

Wie der Fisch wird auch das Wasser knapp: »Uns geht das Was-ser aus«, gab der Chef des weltweit größten Nahrungsmittelkon-zerns 2011 zu Protokoll: »Mit den Öl- und Gasreserven der Welt lässt sich der Energieverbrauch in den nächsten 200 Jahren sicher-stellen. So lange reichen die Süßwasserreserven nicht mehr.« Die Gründe sind bekannt, werden aber konsequent verdrängt. Gerade einmal 1,5 Prozent des Wassers werden unmittelbar von Menschen verbraucht, der größte Teil hingegen von der Industrie und vor allem von der Landwirtschaft.[9] So führte der während der Sowjetzeit be-gonnene großflächige Anbau von Baumwolle dazu, dass der Aralsee, immerhin das ehemals viertgrößte Binnengewässer der Erde, im Laufe der Jahrzehnte praktisch ausgetrocknet ist.

Weil beträchtliche Mengen des zivil oder industriell gebrauchten Wassers ungefiltert in Flüsse und Seen zurückfließen, weil es auch deshalb vielerorts keinen Zugang zu sauberem Trinkwasser gibt, weil durch marode Leitungssysteme Unmengen von Wasser versickern, weil der mit Abstand größte Teil des Süßwassers im ewigen Eis, in Gletschern oder unter der Erde gebunden und daher nicht einmal ein Prozent in Flüssen und Seen leicht zugänglich ist, weil der Klimawan-del ein Übriges tut und weil rund 7,5 Milliarden im Schnitt älter wer-dende Menschen von den knapper werdenden Vorräten leben müs-sen, ist ein heftiger Kampf um diese wertvollste aller Ressourcen entbrannt, und das heißt auch: Es wird gestohlen, was das Zeug hält.

Dabei kommt es nicht unbedingt auf die absolute Menge des entnommenen Wassers, auch nicht auf die Größe der Flüsse oder

Seen an. Es muss nicht gleich um den Euphrat oder den Nil gehen. Der Grenzfluss Silala zum Beispiel, dessen Quellen in Bolivien liegen, ist gerade einmal 8,5 Kilometer lang. Davon verlaufen 3,8 Kilometer auf bolivianischem, 4,7 Kilometer auf chilenischem Territorium. Dort mündet der Silala in den Loa, der seinerseits in den Pazifik fließt. Das hat der Internationale Gerichtshof (IGH) im Juni 2016 festgestellt,[10] und schon die Tatsache, dass der IGH mit dieser Frage – und nicht zum ersten Mal mit dem Konflikt zwischen den beiden südamerikanischen Nachbarn – befasst ist, zeigt, dass es um viel geht.

Vordergründig geht es um die Forderung Boliviens, wonach Chile für die Entnahme von Wasser aus dem Silala und seine Nutzung im Kupferbergbau Ausgleichszahlungen leisten soll. Tatsächlich hat sich Bolivien nie mit der Tatsache abgefunden, dass Chile im Pazifischen Krieg, dem sogenannten Salpeterkrieg der Jahre 1879 bis 1883, einen rund 400 Kilometer langen Küstenstreifen annektiert und Bolivien damit vom Meer abgeschnitten hat. Seither ist es das einzige Land auf dem amerikanischen Kontinent ohne einen eigenen direkten Zugang zum Meer. Selbst der Nachbar Paraguay hat über den Rio Paraná einen Atlantikzugang.[11] Alle Versuche einschließlich des Friedensvertrages von 1904, den Konflikt zu beenden, sind bislang gescheitert. Die Auseinandersetzung um das Wasser des Silala ist so gesehen auch ein Stellvertreterkrieg, in dem es eigentlich um einen bolivianischen Korridor durch Chile, also einen Zugang zum Meer geht.

Man ahnt, welche Dimensionen Konflikte annehmen können, in denen es tatsächlich um den Raub des Wassers geht und in denen womöglich mehr als zwei Konfliktparteien mitmischen. Wie im Nahen Osten. Der Jordan gehört zu den weltweit gut 260 Flussläufen, die mehr als einen Anrainer haben. Gleichzeitig zählt er mit rund 250 Kilometern zu den kürzeren internationalen Flüssen der Erde. Seine Hauptquellen liegen in Israel, Syrien und Jordanien, zu den Anrainern des Jordan zählen neben diesen drei Staaten mittelbar der Libanon und unmittelbar die Palästinensergebiete. Die Umleitung des Jordanwassers durch Syrien und Israel war eine der Ursachen des dritten, des sogenannten Sechstagekrieges zwischen Israel und seinen arabischen Nachbarn. Davon wurde im neunten Kapitel berichtet. Seit Israel infolge dieses Krieges die syrischen Golanhöhen und das bis dahin jordanisch beherrschte Westjordanland besetzt hält, kontrolliert es mehr oder weniger sämtliche Wasservorkommen der Region. Israels rigorose Entnahme auch der Grundwasservorräte und die nicht minder rigorose Beschränkung neuer Brunnenbauten in den Palästinensergebieten zeigen, dass es im Nahostkonflikt seit seinen Anfängen immer auch um das Wasser ging.

Dass sich Israel 1994 und 1995 mit Jordanien und den Palästinensern – mit diesen vorläufig und immer wieder von Rückschlägen unterbrochen – auf einen Modus vivendi in der Wasserfrage verständigte, zeigt aber auch: Wasser verbindet. Im Guten wie im Schlechten. In der Nachbarschaft Israels zum Beispiel die Türkei, Syrien und den Irak. Euphrat und Tigris, die Lebensadern Syriens und des Irak, entspringen in der Türkei. Die begann Mitte der sechziger Jahre des 20. Jahrhunderts mit den Planungen eines der gigantischsten Vorhaben seiner Art, dem sogenannten Südostanatolien-Projekt GAP. Mit einem System von 22 Staudämmen und 19 Wasserkraftwerken verfolgt Ankara hier die beiden Ziele, die man gemeinhin mit dem Bau solcher Stauwerke verbindet: die Deckung des zunehmenden Energiebedarfs und die Bewässerung landwirtschaftlich nutzbarer Flächen. 1983 war Baubeginn des Atatürk-Staudamms. Als er neun Jahre später fertiggestellt wurde, bedeckte der See eine Fläche von rund 880 Quadratkilometern. Mehr als 50 000 Menschen mussten ihre Städte und Dörfer verlassen, wurden also, wenn man so will, ihrer Heimat beraubt.

Die Dämme und Seen liegen zwar einerseits auf türkischem Territorium, andererseits aber im Kurdengebiet und damit in einer traditionellen Krisenregion. Verstärkt wird das Konfliktpotential durch den staatlichen Zerfall des Irak und Syriens. Solange es in Bagdad und Damaskus handlungs- und kontrollfähige Regierungen gab, war der Konflikt begrenzbar. 1987 garantierte die Türkei zum Beispiel Syrien in einem Gemeinsamen Protokoll einen definierten Wasserzufluss. 1998 folgte ein Sicherheits-, 2004 ein Freihandelsabkommen. 2009 gründeten die Türkei, Syrien und der Irak einen Strategischen

Kooperationsrat, und im Februar 2011 begannen die Türkei und Syrien an der Grenze sogar mit dem Bau eines gemeinsamen Staudamms.

Das kam einer Sensation gleich. Und es war der Scheitelpunkt. Kurz darauf brach in Syrien der Bürgerkrieg aus, und im Irak wie später auch in Syrien setzte der »Islamische Staat« zeitweilig zu seinem Siegeszug an. Damit wurden die türkischen, aber auch die irakischen und syrischen Staudämme über Nacht zu einem Mittel der Kriegführung. Denn offensichtlich setzte die Türkei die Wasserversorgung auch als Druckmittel gegen das Regime von Baschar al-Assad ein, so dass man von »Tötung durch Wasserentzug« gesprochen hat.[12] Davon ist nicht nur die syrische, sondern auch die irakische Bevölkerung betroffen, weil das Wasser von Euphrat und Tigris durch Syrien in den Irak weiterfließt. Hier wie dort wird es wiederholt für die örtliche Versorgung aufgestaut. Beide Länder beziehen den größten Teil des sich erneuernden Wassers von jenseits ihrer Grenzen.

Nicht nur die Türkei, auch sämtliche Konfliktparteien innerhalb Syriens setzen »Wasser als Waffe« ein und verfolgen damit ein Spektrum von Zielen. Es reicht vom Angebot einer gesicherten Wasserversorgung über die Drohung des Wasserentzugs bis hin zur finsteren Warnung des »Islamischen Staats«, die »Waffe Wasser in ihrer verheerendsten Form« einzusetzen und die Dämme zu sprengen.[13]

Der Raub des Wassers ist also eine Sache, der Raub der Dämme ist eine andere. Der Euphrat-Staudamm, der größte Syriens, wurde im Februar 2013 zeitweilig eine Beute des IS. Schon in der Planungsphase war der Damm ein Politikum. Als der Westen die Hilfe beim Bau und bei der Finanzierung verweigerte, öffnete er den Sowjets auch hier die Tür, durch die sie entschlossen eintraten. Es war der zweite Fall. Der erste war der Assuan-Staudamm. Von den Schachzügen der Großmächte abgesehen, war der Damm allerdings nie ein Streitfall der internationalen Politik, weil Ägypten am Unterlauf des Nils liegt, der Damm mithin im Wesentlichen nur die eigene Strom- und Wasserversorgung regelt.

Davon abgesehen ist der Nil – mit 6695 Kilometern einer der längsten Flüsse der Welt – für Raubzüge aller Art und jeder Dimension geradezu prädestiniert. Insgesamt 160 Millionen Menschen in elf Anrainerstaaten leben von ihm. Er hat zwei Hauptquellen, den Weißen Nil, der im Viktoriasee entsteht, und den Blauen Nil, der aus Äthiopien kommt und dem Strom 86 Prozent seines Wassers zuführt. Davon sind der Sudan und Ägypten mehr oder weniger alternativlos abhängig. Ägypten bezieht 97 Prozent seines Wassers von außerhalb seiner Grenzen – im Übrigen gefolgt von den Niederlanden mit 89 Prozent –, im Falle des Sudan sind es 77 Prozent.[14]

Deshalb beschlossen Kairo und Karthum schon 1929, die Abflussmenge des Nils unter sich aufzuteilen. 87 Prozent des Nilwassers sollte ihnen zustehen, davon wiederum das mit Abstand meiste Ägypten. Äthiopien, einer der Wasserspeicher Afrikas, hatte das Nachsehen. Eine Dürre und eine Heuschreckenplage, die in dieser Zeit den Norden des Landes heimsuchten, zogen innere Unruhen nach sich und ließen keinen Raum für eine entschiedene politische Intervention; im Herbst 1935 eröffnete dann Italien seinen Krieg gegen das Land. Bei alldem stand Äthiopien allein, der Sudan und Ägypten hatten Rückendeckung durch die Kolonialherren. Zwar war Ägypten de jure unabhängig, tatsächlich aber führten die Briten immer noch die Regie.

Dass Kairo seine Ansprüche auf das Nilwasser bis heute aus einem 1929 geschlossenen, 1959 ergänzten Vertrag ableitet, ist bemerkenswert. Wie es andererseits nicht überrascht, dass Äthiopien eigene Wege geht und Anfang April 2011 mit dem Bau des gewaltigen Renaissance-Staudamms begonnen hat. Womöglich war es ein Zufall, aber wenige Wochen später betrat mit dem unabhängigen Südsudan, den der Weiße Nil quert, ein weiterer Hauptakteur die Bühne. Dass im riesigen Quellgebiet des Weißen Nils mit der Demokratischen Republik Kongo, mit Ruanda, Burundi und Uganda die Kombattanten der drei Kongokriege auch in der Wasserfrage mitmischen, macht die Lage noch komplizierter, als sie ohnehin schon ist.

Bis in die jüngste Vergangenheit hinein hatte Ägypten Äthiopien immer wieder einmal mit Krieg gedroht, sollte es den Blauen Nil aufstauen. Weil das schon aus geostrategischen Gründen eine leere Drohung bleiben musste und weil sich Äthiopien auch deshalb nicht vom Bau des Renaissance-Staudamms, des größten seiner Art in Afrika, abhalten ließ, kamen die beiden, vermittelt durch den Sudan, zur Räson. Im März 2015 unterzeichneten Ägypten, der Sudan und Äthiopien eine Grundsatzvereinbarung über das Nilwasser. Ob sie trägt, muss man sehen. Das eine Zeitlang stabile und prosperierende Äthiopien steht wohl am Rande eines Bürgerkriegs, und die somalische Terrormiliz al-Shabaab hat längst einen Fuß in der äthiopischen Tür.

Sollte die Grundsatzvereinbarung über das Nilwasser aber tragen, würden auch die nördlichen Anrainer des Nil – der Sudan und Ägypten – zu den Gewinnern zählen. Denn erstens müssten Ägyptens Glaubwürdigkeit und seine Handlungsfähigkeit nicht mehr unter leeren Kriegsdrohungen leiden. Zweitens wird auch nach Fertigstellung des Damms kaum weniger Wasser in Assuan ankommen, weil es Äthiopien gar nicht um mehr Wasser, sondern um mehr Energie geht. Und drittens dürften sowohl der Sudan als auch Ägypten sogar unter dem Strich schon deshalb von dem Riesendamm profitieren, weil sein Wasserkraftwerk wesentlich mehr Strom produzieren wird, als Äthiopien auf absehbare Zeit verbrauchen kann.

Wasser kann also auch verbinden, und das nicht nur in Afrika.[15] Auf anderen Kontinenten gibt es ebenfalls belastbare Vereinbarungen zu grenzüberschreitenden Flusseinzugsgebieten. Im Falle der Nachbarn Indien und Pakistan trägt eine solche seit mehr als fünfeinhalb Jahrzehnten. Das ist erstaunlich. Denn als die Briten 1947 das Juwel ihres Weltreichs in die Unabhängigkeit entließen und es bei dieser Gelegenheit in Indien, West- und Ostpakistan, das heutige Bangladesch, teilten, warfen sie auch die Frage nach der Nutzung der vormals gemeinsamen Wasserressourcen auf. Viermal haben Indien und Pakistan seither gegeneinander Krieg geführt, zuletzt 1999.

Die Konfliktursachen sind vielfältig, auch der Indus gehört grundsätzlich dazu. Er liefert Wasser für mehr als 100 000 Quadratkilometer Land, weltweit die größte Bewässerungsfläche eines einzelnen Flusssystems.[16] Eben deshalb nahmen die beiden Hauptanrainer – übrigens auf Druck der Bank für Wiederaufbau und

Entwicklung, eine Organisation der Weltbank – schon 1954 Verhandlungen auf, verständigten sich im September 1960 vertraglich auf eine »zufriedenstellende Nutzung des Wassers des Indus-Flüsse-Systems« und installierten eine »Permanente Indus Kommission«.[17]

Es gibt gute Gründe, warum Indien und Pakistan, die inzwischen beide zu den Atommächten zählen, daran festhalten. An der Wasserfront bauen sich nämlich andere, schwerwiegende Konflikte auf. In Indien haben drei katastrophale Dürren innerhalb von nur zehn Jahren in Verbindung mit einem nicht minder katastrophalen Wassermanagement dazu geführt, dass man von heraufziehenden »Wasserkriegen« spricht. Dabei kam es auch zu Toten, aber – noch – nicht in Konflikten zwischen Indien und dem einen oder anderen seiner Nachbarn, sondern zwischen einzelnen Bundesstaaten wie Punjab und Haryana, der Kornkammer Indiens.

Und dann ist da noch China. Im Zusammenhang mit ihrer gigantischen landesweiten Staudammplanung spielt der Himalaya für die Pekinger Wasserarchitekten eine herausragende Rolle. Weil aber das Gebirgsmassiv das Quellgebiet großer Ströme wie des Indus, des Brahmaputra oder auch des Mekong ist, müssen die unter größter Geheimhaltung vorangetriebenen Projekte der Volksrepublik unmittelbare oder mittelbare Folgen für Indien, Pakistan und Bangladesch, für Myanmar, Laos, Thailand, Kambodscha oder Vietnam haben. In einer Reihe dieser Staaten sieht man die Aktivitäten Chinas nicht isoliert, sondern als Etappen eines großangelegten Raubzugs. Und der zielt nicht nur auf das Wasser, sondern auch auf Fischbestände und Territorien im Ost- und im Südchinesischen Meer, womöglich gar auf einen Anteil am antarktischen und am arktischen Kuchen.

Oder war es ein Zufall, dass die staatliche Meeresverwaltung Chinas im Februar 2016 öffentlich ankündigte, eine Fliegerstaffel in der Antarktis stationieren zu wollen? Offiziell mit dem Auftrag, wissenschaftliche Expeditionen zu unterstützen. Zu diesem Zeitpunkt unterhielt China dort schon vier Forschungsstationen, und seit 1994 betreibt es einen Forschungseisbrecher. Unter der riesigen Eiskuppe des Südpols werden reiche Rohstoffvorkommen vermutet.

Allerdings sind sie, wenn überhaupt, nur mit größtem Aufwand erreichbar.

Außerdem verbietet das 1991 unterzeichnete und 1998 ratifizierte Madrider Umweltschutzprotokoll zum Antarktisvertrag für 50 Jahre die Suche nach Rohstoffen, gar nicht zu reden von der Förderung.[18] Der Antarktisvertrag selbst, 1959 von zwölf Staaten unterschrieben und seit 1961 in Kraft, gehört auch deswegen zu den bemerkenswerten Dokumenten, weil er auf einem der gefährlichen Höhepunkte des Kalten Krieges jedwede militärische Aktivität einschließlich von »Kernexplosionen« und der »Abfuhr radioaktiver Stoffe« verbot und die »Freiheit der wissenschaftlichen Forschungen« verbriefte.[19]

Zwar ist Peking dem Vertrag wie dem Umweltschutzprotokoll beigetreten,[20] hat auch im Oktober 2016 mit zwei Dutzend weiteren Staaten sowie der EU einen Teil des angrenzenden Meeresgebietes unter Schutz gestellt. Andererseits könnten die verstärkten Aktivitäten darauf hindeuten, dass über kurz oder lang vollendete Tatsachen geschaffen oder doch Ansprüche erhoben werden. Denn das rohstoffarme, bevölkerungsreiche Land denkt in großzügigen zeitlichen und räumlichen Dimensionen. Wohl nicht zufällig fielen die Ankündigungen einer Fliegerstaffel oder auch einer fünften Forschungsstation in der Antarktis mit den entschlossenen Aktivitäten im Ost- und im Südchinesischen Meer zusammen, die im folgenden Kapitel beleuchtet werden. Und im September 2015 wurden auch in der arktischen Beringsee fünf chinesische Kriegsschiffe gesichtet – erstmals in der Geschichte und zeitgleich mit einer Reise des amerikanischen Präsidenten durch Alaska.

Die Arktis zählt zu den größten, weitgehend unerschlossenen Rohstoffreservoiren der Erde. Sie war und ist daher für Raubzüge aller Art geradezu prädestiniert. Es gibt seriöse Schätzungen, wonach sich bis zu einem Viertel der weltweit unerschlossenen Lagerstätten von Öl und Gas dort befinden könnten. Außerdem eine Reihe von Metallen und nicht zuletzt: reiche Fischbestände. Dass die Region seit einigen Jahren verstärkt in den Fokus nicht nur der Anrainer rückt, ist kein Zufall. Denn mit dem Abschmelzen des Polareises werden die Lagerstätten der Rohstoffe und die Fischbestände leichter zugänglich. Außerdem eröffnen sich auch für den Handel neue, in nicht allzu ferner Zukunft womöglich sogar ganzjährig befahrbare Routen. Dann wird der Schiffsverkehr zwischen Europa, Amerika und Asien seinen Weg nicht mehr durch den Suez-, den Panamakanal oder gar um das Kap der Guten Hoffnung nehmen müssen, sondern kann die Nordost- oder die Nordwestpassage nehmen.

Das alles weckt Begehrlichkeiten, und schon der Kreis der Anrainer ist so groß und heterogen, dass Konflikte programmiert scheinen. Zwar definiert das 1982 geschlossene, 1994 in Kraft getretene und von mehr als 150 Staaten unterzeichnete Seerechtsübereinkommen bestimmte Größen wie das Küstenmeer, den Festlandssockel oder auch die sogenannte Ausschließliche Wirtschaftszone, die bis zu 200 Seemeilen von der Küstenlinie entfernt verläuft. Aber wie geht man zum Beispiel mit der Feststellung einzelner Anrainerstaaten der Arktis um, wonach sich ihr Festlandssockel deutlich über diese Wirtschaftszone hinaus erstreckt?

Zu den Anrainern zählen mit Russland und den Vereinigten Staaten die beiden Weltmächte des Kalten Krieges, außerdem Kanada, Norwegen, Dänemark, das auch hier die Interessen Grönlands wahrnimmt, Finnland, Schweden sowie mittelbar auch Island. Vier von ihnen gehören der NATO an, drei sind Mitglieder der Europäischen Union. Als erste Nation hat Kanada bereits 1909 Ansprüche auf die arktischen Ländereien formuliert, 1910 schickte Russland eine Marinemission in die Polarregion, und 1924 formulierten die USA ihren Anspruch auf das Seegebiet zwischen der Küste Alaskas und dem Nordpol.[21]

Zu den offensivsten Anrainern gehört Russland, das – auch hier – die sowjetische Tradition fortschreibt. Schon 1926 hatten die Sowjets nämlich einseitig ihre Staatsgrenze bis zum Nordpol verlängert und den fast sechs Millionen Quadratkilometer großen Sektor zum sowjetischen Staatsgebiet erklärt. 2007 unternahm Russland eine spektakuläre Polarmission, die nach Angaben Moskaus den Beweis lieferte, dass die Sibirien vorgelagerten unterseeischen Gebirgszüge geologisch zum eurasischen Kontinent gehören. 2008 billigte der russische Sicherheitsrat ein Dokument über die »Grundlagen der Arktis-Politik der Russischen Föderation«, in dem es heißt, das Polargebiet solle ab 2020 als »strategische Rohstoffbasis« genutzt werden.[22] Und 2015 bekräftigte Russland bei den Vereinten Nationen noch einmal seine Ansprüche auf ein Gebiet, in dem nach den Angaben Moskaus 4,9 Milliarden Tonnen fossiler Brennstoffe lagern.[23]

Damit stellt sich die Frage, ob es sich um legitime, mit der Seerechtskonferenz zu vereinbarende Ansprüche handelt. Kann Russland tatsächlich, wie 2007 behauptet, den Beweis antreten, dass sein Festlandssockel so weit reicht? Dann wären die Ansprüche unter Umständen mit der Konvention, aber ganz gewiss nicht mit den Ansprüchen anderer Anrainer, allen voran Kanada, vereinbar. Oder handelt es sich hier um einen großangelegten Raubzug? Und was wird hier geraubt? Rohstoffe aller Art? Oder Territorien? Handelt es sich mithin um die Vorbereitung einer weiteren Annexion? Überraschend wäre das nicht. Denn die Annexion von Territorien macht wieder Schule.

Trockenfallende Erhebung. 1988 beginnt China im
Bereich der Spratly-Inseln mit der Annexion von
Felsen und Atollen. Aus einzelnen Aktionen wird
eine militärische Großoperation im Süd- und im
Ostchinesischen Meer. Sie ist ein Beispiel für die
Renaissance der Annexionspolitik im Zeitalter der
Globalisierung.

KAPITEL 14

ANNEXION

Darauf waren sie nicht vorbereitet. Es war der Supergau. Am 25. Dezember 1991 wurde über dem Kreml die Rote Fahne eingeholt. Aus russischer Sicht war das der vorläufige Tiefpunkt einer Entwicklung, die drei Jahre zuvor im Baltikum begonnen hatte. Im Oktober 1988 hatten sich in Estland, Lettland und Litauen Volksfronten formiert, deren erklärtes Ziel die Wiederherstellung der staatlichen Unabhängigkeit war.

Adressat war Michail Gorbatschow – Jahrgang 1931, seit März 1985 Generalsekretär der Kommunistischen Partei der Sowjetunion, seit März 1990 auch ihr Staatspräsident. Angetreten war er mit dem Anspruch, eine grundlegende Reform des maroden Riesenreichs zu stemmen. Endlich sollte Lenins Staat den gleichen Rang einnehmen wie die rivalisierende Weltmacht USA, und zwar in jeder, selbstverständlich auch in militärischer Hinsicht. Totengräber der Sowjetunion wollte Gorbatschow keinesfalls werden. Als es so weit war, liquidierte er sie kampflos.

Seit dem Herbst 1988 also forderten die baltischen Volksfronten vom Kreml ein Bekenntnis zu jenen geheimen Absprachen, auf deren Basis Stalin und Hitler sich seit dem Sommer 1939 an die Aufteilung Ostmitteleuropas gemacht hatten. Als die sowjetische Führung dieser Forderung am 18. August 1989 nachkam, war klar, dass sich der Zusammenbruch der UdSSR nicht mehr aufhalten ließ: Wenn man den einen das Recht auf Selbstbestimmung zugestand, konnte man sie anderen auf Dauer nicht verwehren. Am 16. Dezember 1991 erklärte Kasachstan als letzte der früheren Sowjetrepubliken seine Unabhängigkeit.

Inzwischen war auch der Herrschaftsbereich außerhalb der sowjetischen Staatsgrenze kollabiert. Das Ende zeichnete sich ab, als die Warschauer-Pakt-Staaten im Juli 1989 vom Recht eines jeden Volkes sprachen, »das gesellschaftspolitische und ökonomische

System, die staatliche Ordnung, die es für sich als geeignet betrachtet, zu wählen«.[1] Als dann in der Nacht vom 9. auf den 10. November 1989 die innerdeutsche Grenze geöffnet wurde, gab es kein Halten mehr. Anders als Jahrzehnte zuvor in der DDR, in Ungarn und der Tschechoslowakei verließen die Panzer der Sowjetarmee, von wenigen kurzzeitigen Ausnahmen wie in Litauen abgesehen, nirgends die Kasernen. Das bleibt das Verdienst Gorbatschows, sofern er überhaupt noch die Kontrolle über die Streitkräfte besaß.

Mit der Auflösung der Sowjetunion, ihres Imperiums und ihres Militärpakts hatte Russland den schützenden Gürtel verloren, den Stalin während des Zweiten Weltkriegs um das Herz der alten europäischen Flügelmacht gelegt hatte. Was übrig geblieben war, stand ein Jahrzehnt lang vor dem Infarkt. Und dann schien der Westen den chronischen Schwächezustand auch noch für seine Zwecke nutzen zu wollen. Schlimm genug, dass die Vereinigten Staaten nach dem Zusammenbruch der Sowjetunion in Europa geblieben waren. Nachgerade unerträglich war aber die Ausdehnung ihres politischen und militärischen Herrschaftsbereichs bis in das unmittelbare Vorfeld Russlands. Jedenfalls nahm man das dort so wahr. Dass die Aufnahme einer Reihe von Staaten in die über Jahrzehnte gewachsenen westlichen Gemeinschaften auch zur Stabilisierung Ostmittel- und Südosteuropas beitrug, zählte in Moskau nicht.

Den Anfang machte am 24. April 1999 ein NATO-Gipfel in Washington, der mit der Teilnahme Polens, der Tschechischen Republik und Ungarns die große Erweiterung der Allianz um schließlich zwölf Staaten im Südosten und Osten Mitteleuropas einleitete. Am 29. März 2004 folgten Bulgarien, Estland, Lettland, Litauen, Rumänien, die Slowakei und Slowenien, am 1. April 2009 Albanien und Kroatien, am 5. Juni 2017 Montenegro. Ähnlich rasant verlief die Erweiterung der Europäischen Union. Neben Malta und Zypern wurden zum 1. Mai 2004 Estland, Lettland, Litauen, Polen, Tschechien, die Slowakei, Ungarn und Slowenien aufgenommen, zum 1. Januar 2007 folgten Bulgarien und Rumänien und am 1. Juli 2013 Kroatien.

Durch diese Aufnahmewellen wurde noch einmal in Erinnerung gerufen, dass mit dem Ende des Kalten Krieges nicht nur die Sowjetunion, sondern auch die Tschechoslowakei und vor allem Jugoslawien aufgelöst worden beziehungsweise implodiert waren. Zwar hatte sich Jugoslawien schon seit den ausgehenden vierziger Jahren dem unmittelbaren sowjetischen Einfluss entzogen, doch es war nicht in den westlichen Gemeinschaften aufgegangen. Dass jetzt einzelne Nachfolgestaaten Jugoslawiens diesen Schritt nachholen wollten, war für Moskau unerfreulich. Alarmiert reagierte der Kreml, als die NATO im Frühjahr 1999 noch weiter ging und militärisch in Restjugoslawien, also im Wesentlichen in Serbien, intervenierte.

Anlass für diesen Krieg, für den es kein Mandat der Vereinten Nationen gab, war das brutale Vorgehen der Belgrader Führung gegen die Unabhängigkeitsbestrebungen des Kosovo, einer autonomen Provinz Serbiens. Für den Westen gab es kaum eine Alternative als einzugreifen: Wenige Jahre zuvor, im Juli 1995, hatten nämlich Blauhelmsoldaten der UNO tatenlos zugesehen, wie bosnisch-serbische Soldaten und polizeiliche Hilfstruppen im ostbosnischen Srebrenica mehr als 7000 Muslime ermordeten, obgleich die Stadt zur »UN-Schutzzone« erklärt worden war. Das durfte sich nicht wiederholen.

Mit dem Kosovokrieg näherte sich der Westen aus Sicht des Kreml einer roten Linie. Weniger weil Serbien vor dem Ersten Weltkrieg einmal ein Bundesgenosse gewesen war. So weit gingen die Loyalitäten nicht. Ausschlaggebend war, dass die NATO Russland nicht in die Entscheidungen eingebunden, sondern vielmehr demonstrativ außen vor gehalten hatte. Dass der Westen bei seiner Haltung blieb, als er 2008 die Unabhängigkeit des Kosovo anerkannte, verschärfte die zu diesem Zeitpunkt schon arg angespannte Lage weiter.

Natürlich machten die Völker und Nationen Ost-, Ostmittel- und Südosteuropas von einem unantastbaren Recht Gebrauch, als sie in die westlichen Gemeinschaften drängten. Aber das zählte aus russischer Perspektive nicht. Hingegen zählte sehr wohl, dass die Vereinigten Staaten sich nicht mit dieser Erweiterungsrunde zufriedengeben, sondern auch Georgien und die Ukraine in die NATO aufnehmen wollten. Spätestens damit war die erste rote Linie überschritten.

So sah das auch eine Reihe führender westlicher Politiker wie Helmut Schmidt, Helmut Kohl, Gerhard Schröder und Angela Merkel, also sämtliche zu diesem Zeitpunkt noch lebenden deutschen Bundeskanzler. Sie lehnten die Aufnahme Georgiens und der Ukraine in die NATO ab. Russland beließ es nicht beim Widerspruch, sondern schritt zur Tat. Anlass waren die Wiederwahl eines engen Weggefährten der Amerikaner zum Staatspräsidenten von Georgien und die Entscheidung der NATO vom April 2008, dem Land eine vage Beitrittsperspektive zu eröffnen. Die militärische Intervention in Georgien, mit der Moskau im August 2008 auf eine Provokation durch Tiflis reagierte, war das Ergebnis einer von beiden Seiten betriebenen Eskalation. Aus Sicht des maßgeblichen russischen Politstrategen hatte sie auch eine präventive Funktion. Das galt erst recht für die massive Intervention in der Ukraine, mit der er im Februar 2014 auf einen innenpolitischen Umsturz antwortete.

Dieser Stratege war Wladimir Putin – Jahrgang 1952, Jurist, KGB-Agent und seit 2000 Staatspräsident der Russischen Föderation. Auch während des Intermezzos der Jahre 2008 bis 2012, in denen er als Ministerpräsident amtierte, war er die entscheidende Figur der russischen Politik. Die äußeren und vor allem die inneren Probleme, mit denen Russland und damit sein starker Mann zu kämpfen hatten, waren immens. Kurzfristig musste Putin mit dem Erbe aufräumen, das ihm sein Vorgänger Boris Jelzin hinterlassen hatte. Dazu gehörten neben ungelösten Nationalitätenkonflikten, insbesondere im Kaukasus, eine demoralisierte Armee mit veralteter Bewaffnung, die grassierende Korruption und die maßlose Bereicherung einiger weniger, der sogenannten Oligarchen. Nicht zufällig galt Putin auch im Westen zunächst als Hoffnungsträger.

Die Ordnung der Hinterlassenschaften seines Vorgängers war für Wladimir Putin ein kurzfristiges Ziel. Langfristig ging und geht es um wesentlich mehr. Dreh-, Angel- und Bezugspunkt im Weltbild dieses Mannes war und ist der vollständige, auch territoriale Kollaps Russlands am Ende des Ersten Weltkriegs. Obgleich sie ihn nicht verursacht, wohl aber beschleunigt hatten, mussten die Sowjets seit dem ersten Tag ihrer Herrschaft an dieser Last tragen, um gut sieben

Jahrzehnte später, am Ende des Kalten Krieges, noch schlechter dazustehen als am Ende des Ersten Weltkriegs.

Vermutlich hätte sich Putin zunächst einmal mit der Stabilisierung dessen zufriedengegeben, was Russland nach dem Supergau des Jahres 1991 geblieben war. Aber die Vereinigten Staaten, die NATO und die Europäische Union ließen das in seiner Wahrnehmung nicht zu. Zwar hat die NATO niemals förmlich auf eine Expansion in Ostmittel- und Südosteuropa verzichtet. Doch sowohl amerikanische als auch deutsche Politiker haben zumindest zeitweilig einen solchen Verzicht angedeutet. Und selbst wenn sie das nie getan haben sollten, wäre es ein Gebot der politischen Vernunft gewesen, sich bei der Osterweiterung der Europäischen Union, vor allem aber der NATO zurückzuhalten.

Zwangsläufig rief die Expansion der NATO nach Osten im Kreml die Erinnerung an den Cordon sanitaire der Zwischenkriegszeit wach. Dieser Gürtel war, wie im zweiten Kapitel beschrieben, eine Erfindung des Westens, erstreckte sich von Finnland bis zum Schwarzen Meer, umfasste nicht zuletzt Staaten, die bis 1918 ganz oder teilweise zu Russland gehört hatten, und sollte der Eindämmung der jungen Sowjetunion dienen. Nach deren Auflösung stieß der Westen seit 1991 erneut in diese Räume vor, und das bedeutete aus der Sicht des Kreml: Die Streitkräfte des westlichen Bündnisses standen vor Sankt Petersburg. Das war ein militärischer, und es war ein politischer Affront. Immerhin hatten die Sowjets in der Dämmerstunde ihrer Herrschaft noch eine NATO-Mitgliedschaft des vereinigten Deutschland akzeptiert, damit ein ungemein weitgehendes Zugeständnis gemacht und es ihren Nachfolgern hinterlassen.

Mit der rudelweisen Aufnahme vormaliger Sowjetrepubliken und Warschauer-Pakt-Staaten in die Atlantische Allianz näherte sich der Westen daher bedenklich einer weiteren roten Linie. Mitte Dezember 2001 überschritt er sie, als die Vereinigten Staaten während der Präsidentschaft von George W. Bush vom ABM-Vertrag über die Begrenzung der Raketenabwehr zurücktraten. 30 Jahre zuvor war er zwischen den USA und der Sowjetunion geschlossen worden und sollte sicherstellen, dass keine der beiden nuklearen

Supermächte auf die Idee kam, als erste die Bombe einzusetzen. Mit der Kündigung des ABM-Vertrages wurde diese nukleare Logik außer Kraft gesetzt.

Damit nicht genug, forcierten die Amerikaner jetzt ein eigenes Raketenabwehrsystem. Ursprünglich war es als National Missile Defense (NMD), also als nationales Programm konzipiert. Aber dann machte sich die NATO 2010 diese Idee zu eigen und schritt auch gleich zur Tat: Erst wurde die Kommandozentrale des jetzt »Ballistische Raketenabwehr« (BMD) genannten Systems im pfälzischen Ramstein, dem europäischen Hauptquartier der amerikanischen Luftwaffe, eingerichtet. Dann begann man in Polen und Rumänien, also in vormaligen Warschauer-Pakt-Staaten, mit der Stationierung.

Mag ja sein, dass diese Maßnahmen nicht, jedenfalls nicht in erster Linie, gegen Russland gerichtet waren, wie man in Washington betonte. Aber konnte man ernsthaft annehmen, dass dieses Manöver in Moskau nicht als Gefährdung der russischen Zweitschlagsfähigkeit verstanden und in einem unmittelbaren Zusammenhang mit der Ausdehnung der NATO bis an die Grenzen Russlands gesehen werden musste? Damit wurde Russland in eine heikle, eine schwache, eine bedrohliche Position manövriert. Und weil Präsident Wladimir Putin wusste, wohin das in den zwanziger und dreißiger Jahren des 20. Jahrhunderts geführt hatte, ging er in die Offensive. Dazu gehörte die Entwicklung »schlagkräftiger« Systeme, mit denen »jedes beliebige Raketenabwehrsystem« zu überwinden sein soll.[2]

Dazu gehörte aber auch, dass die russischen Streitkräfte ihrerseits in Räume vorstießen, die bis 1991 zur Sowjetunion gehört hatten. So die Ukraine, vor allem die Krim, die seit 1783 zu Russland gehörte. Dass sie 1954 durch Chruschtschow der Ukraine zugeschlagen worden war, zählte für Putin und seine Leute nicht, weil damals weder Chruschtschow noch sonst jemand an eine Auflösung der Sowjetunion gedacht und damit ernsthaft in Erwägung gezogen hatte, dass Sewastopol einmal nicht mehr unter der Kontrolle des Kreml stehen könnte. Ohne die Kontrolle über den Hafen Sewastopol lag aber die russische Schwarzmeerflotte gewissermaßen auf dem Trockenen.

Eine Zeitlang sah es so aus, als könnten sich Russland und die Ukraine auf eine pragmatische Regelung ihrer Interessen verständigen. Jedenfalls kamen sie im April 2010 überein, dass die russische Schwarzmeerflotte über 2017 hinaus für weitere 25 Jahre in Sewastopol verbleiben durfte. Im Gegenzug gestand Russland der Ukraine im Gashandel bis 2019 Vergünstigungen im Wert von rund 40 Milliarden Dollar zu. Vor dem Hintergrund der erwähnten »Gaskriege« der jüngeren Vergangenheit war das nicht selbstverständlich.

Natürlich war es kein Zufall, dass mit dem zehn Wochen zuvor gewählten Viktor Janukowitsch in Kiew ein Präsident die Regie führte, der auf die Zusammenarbeit mit Moskau setzte. Dazu gehörte neben den Absprachen über die Schwarzmeerflotte und das Gas auch die Absage an ein Assoziierungsabkommen mit der Europäischen Union. Es war der Ukraine durch Brüssel angedient worden und bedeutete zugleich eine Abkehr von der geplanten Zollunion der Ukraine mit Russland. Unter massivem Druck des Kreml machte Janukowitsch einen Rückzieher und stoppte im November 2013 unvermittelt die Unterzeichnung des EU-Abkommens.

Dieser Alleingang des ukrainischen Präsidenten wie überhaupt seine Nähe zum Kreml, aber auch sein autokratisches, auf Selbstbereicherung angelegtes Regiment sowie sein brutaler Einsatz gegen die Opposition trugen wenige Wochen später maßgeblich zu seinem Sturz bei. Als sich Janukowitsch in der Nacht vom 21. auf den 22. Februar 2014 aus Kiew absetzte und dann vom ukrainischen Parlament entmachtet wurde, war für Russlands Präsident endgültig die nächste »rote Linie überschritten«.[3] Janukowitsch war gewiss nicht Putins favorisierter Partner. Der Russe traute dem Ukrainer nicht über den Weg, Freunde waren sie schon gar nicht. Aber Janukowitsch stand dafür, dass die Ukraine nicht vom Westen vereinnahmt wurde – und dass die Vereinbarungen bezüglich der Krim hielten.

Sechs Tage nach dem Kiewer Umsturz besetzten prorussische Militärs den Flughafen Simferopol auf der Krim, am 1. März 2014 genehmigte das russische Parlament die Entsendung von Truppen in die Ukraine, am 6. März stimmten die Abgeordneten des Parlaments der »Autonomen Republik Krim« für den Anschluss an Russland, am folgenden Tag bekundeten auch beide Kammern des russischen Parlaments die Bereitschaft zu einem Anschluss der Krim, und am 16. März sprach sich die große Mehrheit der wahlberechtigten Bewohner der Krim in einem Referendum für den Anschluss an Russland aus. Seit dem 21. März 2014 gehört die Halbinsel zur Russischen Föderation. Wenige Tage später stürmten russische Einheiten in Sewastopol das letzte Schiff der ukrainischen Marine und hatten diese damit zum größten Teil unter ihrer Kontrolle.

Zum Zeitpunkt der Annexion der Krim kämpften im Osten der Ukraine bereits von Russland unterstützte Separatisten und eingeschleuste russische Soldaten für die »Unabhängigkeit« der »Volksrepubliken« von Donezk und Lugansk. Ginge es nach Putin, kehrten diese mehrheitlich von Russen bewohnten, kurzzeitig als »Neurussland« firmierenden Gebiete eher früher als später heim ins Mutterland.[4] Und das wäre womöglich erst ein Anfang, denn mit dem Zerfall der Sowjetunion lebten 1991 »plötzlich 25 Millionen Russen im Ausland«. Russland könne es sich »einfach nicht leisten – allein schon im Interesse der Sicherheit in Europa –, dass diese Menschen willkürlich ihrem Schicksal überlassen bleiben«, sagte Putin schon 1994. Damals war er noch Vizebürgermeister von Sankt Petersburg.[5]

Als Präsident wurde Putin viele Jahre von diesem offensiven Patriotismus getragen. Das half, gravierende Defizite im Innern zu kaschieren. Dass nachrückende Generationen andere Prioritäten setzen, ist offenkundig. So gesehen steht Putins Außen- und Sicherheitspolitik auf tönernen Füßen. Zumal sich spektakuläre und im Innern populäre Aktionen wie die Annexion der Krim wenn überhaupt, so gewiss nicht in dichter Taktfolge wiederholen lassen.

Obgleich auch für die meisten westlichen Beobachter außer Frage stand, dass sich im Ergebnis des Referendums der Wille der allermeisten Bewohner der Krim spiegelte, war die ganze Aktion, beginnend mit dem russischen Militäreinsatz, völkerrechtswidrig. Übrigens auch deshalb, weil die USA, Großbritannien und nicht zuletzt Russland der Ukraine im Dezember 1994 unter anderem ihre territoriale Integrität garantiert hatten. Im Gegenzug hatte sich die Ukraine verpflichtet, die auf ihrem Territorium gelagerten beziehungsweise stationierten sowjetischen Atomwaffen, immerhin rund 15 Prozent des Arsenals, an Russland abzugeben.

Lediglich elf Staaten, darunter Syrien, Kuba und Nordkorea, hielten die Annexion der Krim für völkerrechtlich legitim, als die Vollversammlung der Vereinten Nationen am 26. März 2014 ein Meinungsbild erstellte. Für die überwältigende Mehrheit der Russen, allen voran für ihren Präsidenten, war das unerheblich. Für Putin stand seit dem Sturz Janukowitschs fest, dass der Westen mit allen Mitteln versuchte, die Ukraine in sein Lager zu ziehen. So waren die Beziehungen zur NATO seit Unterzeichnung der NATO-Ukraine-Charta im Juli 1997 ständig intensiviert worden. Als einziges Nicht-mitglied hatte die Ukraine seither an mehreren von der NATO durchgeführten Militäroperationen teilgenommen, als erster »Part-ner-Staat« war sie an einer NATO Response Force beteiligt. Im Juni 2016 nahm sie dann – wie im Übrigen auch Georgien – an einem Großmanöver der NATO in Polen teil. Schon zum 1. Januar 2016 war das Assoziierungsabkommen der Europäischen Union mit der Ukraine in Kraft getreten, das unter anderem die Übernahme der »Werte« vorsah, »auf die sich die Europäische Union stützt«.[6]

Konnte man diese Entwicklungen im Kreml ernsthaft ignorie-ren? Mussten nicht der Ostdrang von EU und NATO, die Kündigung des ABM-Vertrages und die Stationierung eines amerikanischen Raketenabwehrsystems vor der russischen Haustür, die militärische und wirtschaftliche Einbindung der Ukraine in den Westen und, Mitte März 2014 beginnend, die Verhängung aller möglichen Sank-tionen gegen Russland als Elemente einer Strategie interpretiert werden, die auf eine nachhaltige Schwächung Russlands hinauslief?

Das konnte und das kann der russische Präsident nicht zulassen, denn er weiß: Wer Schwäche zeigt, ist angreifbar. Das galt schon für die Sowjetunion. Es gilt auch für Russland. Russland ist schwach. In fast jeder Hinsicht, auch militärisch. Im direkten Vergleich sind die Vereinigten Staaten in nahezu allen Bereichen drückend überlegen, sieht man einmal von den nuklearen Arsenalen ab. Bei der Volks-wirtschaft sieht es nicht besser aus. 2013 erreichte Russland gerade einmal 12,7 Prozent der Wirtschaftsleistung der USA. Bei den

Exporten kam das Land von 2003 bis 2012 nicht einmal auf 30 Prozent der Werte, welche die drei führenden Exportnationen der Erde – China, Deutschland und die USA – jeweils vorzuweisen haben. Diese russischen Exporte wiederum bestehen zum größten Teil aus Gas und Öl, und das heißt: Ein Preisverfall bei den fossilen Rohstoffen geht an die Substanz. In einem unmittelbaren Sinne an die Substanz geht auch die ungünstige demographische Entwicklung. Kein zweites Land der Erde, von Japan abgesehen, hat mit diesem Problem so zu kämpfen wie Russland.[7]

Die russische Offensive – vor allem, aber eben nicht nur – in der Ukraine war mithin nicht Ausdruck von Stärke, im Gegenteil. Wladimir Putin wollte unbedingt verhindern, dass ein durch vielfältige innere Konflikte und Defizite sowie durch enorme äußere Verluste erheblich geschwächtes Land noch angreifbarer wurde, als es das in der Wahrnehmung vieler Russen ohnehin schon war. So gesehen lag Amerikas Präsident Barack Obama richtig, als er Russland Ende März 2014 in einer provozierend polemischen Wendung als »Regionalmacht« bezeichnete, deren offensive Strategie gerade nicht auf ihre Stärke, sondern auf ihre »Schwäche« verweise.[8] Weil Putin diese Analyse teilte, musste er in die Offensive gehen, und das auf allen Ebenen.

Dabei ist Putin kein Hasardeur. Er provoziert, und das kontrolliert, aber den Verstand verloren hat er nicht. Ein Vorstoß in Richtung Polen kommt für ihn schon deshalb kaum in Betracht, weil die russischen Streitkräfte nicht in der Lage sind, die Sicherheit oder gar die Existenz Polens mit einer großräumigen militärischen Operation in Frage zu stellen. Anders ist die Lage im Falle der baltischen Staaten. Denn in der russischen Enklave Kaliningrad sind hochmoderne Waffensysteme stationiert, und Russland hat bei grenznahen Manövern auch schon bis zu 80 000 Mann mobilisiert. Allerdings setzt ein rascher Vorstoß gegen die drei baltischen Staaten ein Stillhalten, wenn nicht eine Kooperation Weißrusslands voraus. Würde es Putin, misstrauisch wie er ist, darauf ankommen lassen?

Vor allem aber ist da der Faktor NATO. In Moskau weiß man, dass die 2014 beschlossenen Maßnahmen der Allianz – wie die

Aufstellung von vier ständig im Baltikum und in Polen rotierenden Bataillonen – eine Warnung sind. Und man weiß auch, dass die NATO in der Lage wäre, mit Hilfe ihrer Response Force binnen einem Monat bis zu 30 000 Mann einzufliegen – sofern sie das wollte. Und eben das ist der springende Punkt. Schon bis 2017 konnte man daran zweifeln, dass sich die USA und damit die Allianz zu einer massiven Antwort auf einen russischen Vorstoß gegen die baltischen Staaten durchringen würden. Denn im Hauptquartier zu Brüssel ist natürlich bekannt, dass zum Beispiel die in Kaliningrad stationierten russischen Raketen auch Warschau und Berlin erreichen können.[9] Seit dem Einzug des Republikaners Donald Trump ins Weiße Haus ist vieles denkbar. Tatsächlich wagt niemand eine Prognose, wie sich Trump im Fall eines russischen Angriffs auf die baltischen Staaten oder Polen verhalten würde. Wenn es nämlich ein Markenzeichen des 45. Präsidenten der Vereinigten Staaten von Amerika gibt, dann ist es seine Unberechenbarkeit.

So sieht man das wohl auch im Kreml. Also bleibt Russland bei der Strategie gezielter Nadelstiche und führt dem Westen zum Beispiel in der Grauzone des Cyberkrieges seine Verwundbarkeit vor Augen. Die Kostproben, die russische Hacker in den letzten Jahren abgeliefert haben, sollen zumindest den Eindruck erwecken, dass Russland, wenn es will, auf diesem Gebiet eine ernstzunehmende Bedrohung vitaler westlicher Interessen in Szene setzen könnte.

Sehr real demonstriert der Kreml dem Westen dessen eingeschränkte Handlungsfähigkeit, wenn er ihn immer wieder einmal vor vollendete Tatsachen stellt. So beim Zustandekommen des zweiten Minsker Abkommens. Darin verständigten sich Russland und die Ukraine, vermittelt durch die deutsche Bundeskanzlerin und den französischen Staatspräsidenten, Mitte Februar 2015 unter anderem auf eine Waffenruhe, einen Gefangenenaustausch und eine »Dezentralisierung«. Faktisch lief das auf eine westliche Anerkennung der völkerrechtswidrigen Abspaltung Donezks und Lugansks von der Ukraine hinaus. Dass während der Konferenz die Kämpfe um einen strategisch wichtigen Eisenbahnknotenpunkt weitergingen und dieser trotz der in Minsk vereinbarten Waffenruhe dann tatsächlich mit russischer Hilfe von den Separatisten eingenommen wurde, zeigte dem russischen Präsidenten, dass er am längeren Hebel saß.

Angela Merkel und François Hollande nahmen es hin. Denn sie hatten keine Wahl, wenn sie das Abkommen unter Dach und Fach bringen wollten. Es war die beste unter lauter schlechten Optionen. Dass sie mit Petro Poroschenko auch noch einem ukrainischen Präsidenten mit zweifelhafter Oligarchenbiographie die Stange halten und ihn als Repräsentanten einer demokratischen Ukraine hofieren mussten, zeugte von ähnlicher Hilflosigkeit wie die im Westen verbreitete Neigung, den russischen Präsidenten zu dämonisieren: »Die Dämonisierung von Wladimir Putin«, hat mit Henry Kissinger ein Altmeister in Sachen Theorie und Praxis der Machtpolitik diagnostiziert, ist »keine Strategie; sie ist ein Alibi für die Abwesenheit einer Strategie«.[10] Diese Schwäche des Westens ist Russlands Stärke. Wladimir Putin pokert. Und das nicht einmal hoch. Für ihn ist die begrenzte militärische Offensive jenseits der Landesgrenzen die beste Verteidigung. Er will, dass Russland heute so behandelt wird wie die Sowjetunion während des Kalten Krieges – nicht als »Regionalmacht«, sondern als eine Weltmacht gleichen Ranges mit den USA.

In diesem Sinne führte der Kreml im Atomdeal mit dem Iran und im syrischen Großkonflikt dem zeitweilig sprachlosen Westen vor Augen, dass gegen Russland nichts oder wenig, mit Russland hingegen vieles geht. Im Falle des Iran trug die ausgesetzte Lieferung von russischen S-300-Flugabwehrraketen entscheidend dazu bei, dass Teheran im Juli 2015 nach 13 Konfliktjahren ein umfassendes Abkommen über das iranische Atomprogramm unterzeichnete. Im Falle Syriens manövrierte sich Russland in die Position eines Vermittlers, ohne oder gar gegen den ein Frieden oder auch nur ein belastbarer Waffenstillstand schwer vorstellbar ist. Eine ähnliche Position erarbeitete sich Russland in Libyen, das nach dem Sturz des Diktators Muammar al-Gaddafi Ende 2011 in Chaos und Bürgerkrieg versank. Nur fiel Moskaus Unterstützung Chalifa Haftars, eines mächtigen Warlords im Osten des Landes, lange nicht auf, weil sie im Windschatten des syrischen Bürgerkriegs erfolgte.

Dort wurde die massive Intervention auch zu einer eindrucksvollen Demonstration der Erfolge, die Russland seit dem Georgienkrieg bei der Restrukturierung und Modernisierung seiner Streitkräfte erzielt hat. Mit dem, was Putin im und vom syrischen Latakia aus vorführen ließ, hatte im Westen niemand gerechnet. Offenbar gut vorbereitet, wurde dort binnen kurzem ein voll einsatzbereiter Luftwaffenstützpunkt eingerichtet, von dem aus Russland unter anderem mit Jagdbombern, Erdkampfflugzeugen, Kampfhubschraubern und Drohnen effektiv in das Geschehen eingreifen konnte. Die Marschflugkörper, die von Kriegsschiffen im Kaspischen Meer und einem Jagd-U-Boot im Mittelmeer abgeschossen wurden, erreichten zwar nicht immer ihr Ziel, wohl aber ihren Zweck: Sie machten Eindruck. Und darum vor allem ging es dem Präsidenten. Die Operation in Syrien wertete Russland militärisch und politisch auf und hielt andere davon ab, die nach wie vor erheblichen inneren und äußeren Schwächen des Landes zu seinem Nachteil zu nutzen.

Der Preis für das Eingreifen in den syrischen Bürgerkrieg war hoch. Zu zahlen hatte ihn die syrische Zivilbevölkerung, allen voran die Einwohner der Stadt Aleppo, die nicht zuletzt wegen massiver russischer Luftschläge gegen die Gegner des Assad-Regimes in ein Inferno schier unvorstellbaren Ausmaßes verwandelt wurde. Das war ein Jahr nach Beginn der russischen Intervention und zeigte, dass auch das Kalkül des Kreml nicht so aufging wie erwartet. Dort nämlich war man ursprünglich von einem drei- bis viermonatigen Einsatz ausgegangen. Außerdem verschwand mit jeder Angriffswelle die Hoffnung, das russische Eingreifen könne zu einem mehr oder weniger geordneten Rückzug Assads führen. Und mit der Hoffnung schwand im Westen die Glaubwürdigkeit Russlands und seines Präsidenten.

Kaum ein westlicher Beobachter war noch bereit, in der russischen Intervention in Syrien eine Beteiligung am Kampf gegen den internationalen Terrorismus zu sehen, die natürlich eine Rolle spielte. Denn im Irak und in Syrien kämpften Tausende Russen in den Reihen des »Islamischen Staates«, darunter der im Frühjahr 2016 im Irak getötete Militärchef der Organisation Omar al-Schischani (»der

Tschetschene«). Und der IS schlug auch in Russland zu. Daher sollte die syrische Expedition ursprünglich auch eine Warnung an Russlands nähere und fernere südliche Nachbarn mit ihrem gefährlichen Destabilisierungspotential sein. Nicht zufällig war der für diese Region zuständige Zentrale Militärbezirk zugleich für den Einsatz in Syrien verantwortlich.

Mit seiner offensiven annexionistischen Strategie geht Russland kein besonders hohes Risiko ein. Zum einen weiß der Kreml um die zögerliche Haltung des Westens. Zum anderen steht Russland mit seiner strategischen Offensive nicht allein. Auch China folgt ihr, und das mit einer ähnlichen übergeordneten Zielsetzung wie der Nachbar im Norden: »Wiederaufstieg der großen chinesischen Nation« lautet die von Staatspräsident Xi Jinping ausgegebene Parole. Zu den Mitteln zählen konsequente Übernahmen im Bereich der Hochtechnologie, der Softwarebranche und des Energiesektors in der westlichen Welt. Und dazu gehört die Annexion von Territorien und Seegebieten im Ost- und im Südchinesischen Meer. Dort geht es um die Kontrolle einiger der wichtigsten Schifffahrtsstraßen der Welt, vor allem aber um Rohstoffe und Fischbestände. Chinas Strategie ist großräumig, langfristig und umfassend angelegt.

Wie Russland in der Ukraine reagiert China in dem riesigen Seegebiet östlich und südlich seiner Küsten auf tatsächliche oder vermeintliche Provokationen mit massiven Gegenmaßnahmen und verändert so den Status quo zu seinen Gunsten. Dieser Kurs »reaktiver Geltendmachung« von Ansprüchen[11] verfolgt nicht mehr die langjährige Politik der Konfliktvermeidung und der freundschaftlichen Beziehungen zum Ausland, mit der Deng Xiaoping bis 1997 unter anderem die innere Genesung und Stabilisierung Chinas in der Nach-Mao-Zeit flankierte. Vielmehr führte er das Land geradezu in eine direkte Konfrontation mit einer Reihe näherer und ferner Nachbarn.

Die von dem neuen chinesischen Kurs Betroffenen sind unter anderem Brunei, Malaysia, die Philippinen, Taiwan, Vietnam – und Japan. Das ist gefährlich. Denn in China sind die Gräueltaten der japanischen Besatzer während der ersten Hälfte des 20. Jahrhunderts nicht vergessen, von denen im vierten Kapitel berichtet wurde. Diese Erinnerungen und Emotionen lassen sich mobilisieren, wenn die Pekinger Führung Rückendeckung für ihre außenpolitischen Offensiven sucht und damit auch von innenpolitischen Schwierigkeiten aller Art ablenkt. Im Konflikt mit Japan, das seinerseits mit Südkorea um eine Gruppe von Felsen im Japanischen beziehungsweise Ostmeer streitet, geht es um üppige Öl- und Gasvorkommen im Ostchinesischen Meer. Zwar hatten sich Peking und Tokio 2008 auf eine gemeinsame Erschließung geeinigt, tatsächlich errichtete China aber in den kommenden Jahren im Alleingang eine Bohrinsel nach der anderen und installierte auf zumindest einer auch eine Radaranlage.

Unmittelbar brisanter ist der Streit um eine kleine Gruppe von Inseln, die von den Japanern »Senkaku« und von den Chinesen »Diaoyu« genannt wird. Die nordöstlich von Taiwan gelegenen Eilande waren 1895 als Folge des Chinesisch-Japanischen Krieges an Japan gefallen, wurden nach dem Zweiten Weltkrieg nicht an China zurückgegeben, sondern unter amerikanische Verwaltung gestellt und 1970 wieder Japan übertragen. Als Japan und die Volksrepublik China im Sommer 1978 Frieden schlossen, verständigten sie sich darauf, die Sache ruhen zu lassen. Offenbar waren die Inseln als Konfliktursache zu unbedeutend.

Im Jahr 2012 kündigte die japanische Regierung mit Zustimmung der USA das Stillhalteabkommen faktisch auf: Erst erklärte sie, dass die Inseln zu Japan gehörten, dann nationalisierte Tokio drei von ihnen, die sich zuvor im Privatbesitz befunden hatten. China reagierte im November 2013, richtete eine sogenannte Luftverteidigungszone ein und schickte Schiffe in die Gewässer nahe der Inselgruppe. Mal waren es bis zu 200 Fischerboote, mal war es ein Kriegsschiff. Die Geschichte zeigt, wie ein banaler Anlass über Nacht eine virulente Wirkung entfalten kann: Auslöser von Japans politischer Offensive war eine Provokation durch den betrunkenen Kapitän eines chinesischen Fischkutters. Im Sommer 1937 hatte sich aus einem vergleichbaren Vorfall ein Krieg zwischen den beiden entwickelt.

Für Peking sind die Diaoyu-Inseln ein Schauplatz unter anderen. Tatsächlich geht es um die vorherrschende Stellung im Ost- und im Südchinesischen Meer, von dem China mehr als 80 Prozent beansprucht. Begründet wird dieser Anspruch mit der sogenannten Neun-Striche-Linie. Sie wurde 1947 – in etwas anderer Form – durch die Kuomintang-Regierung veröffentlicht, 1949 von den Kommunisten nach ihrem Sieg im Bürgerkrieg übernommen und 1953 in ihrer heutigen Form festgelegt. Nach Auffassung der chinesischen Diplomatie lassen sich die Ansprüche bis in die Antike zurückverfolgen.[12]

Ein Mittel der Einflusssicherung in dem riesigen Gebiet sind künstliche Inseln, von denen China alleine 2014 sieben neu aufgeschüttet hat. Das tun zwar außer Brunei auch die anderen Anrainer. Allerdings vollziehen Malaysia, die Philippinen, Taiwan und Vietnam solche Maßnahmen innerhalb ihrer jeweiligen Ausschließlichen Wirtschaftszone, die jedem Land bis zu 200 Seemeilen vor seiner Küste zusteht. So hat es das Seerechtsabkommen der Vereinten Nationen von 1982 festgelegt. Im Falle Chinas ist es genau umgekehrt: Peking baut die Inseln, um dann dort Ausschließliche Wirtschaftszonen zu etablieren. Dabei sind die Basen, auf denen die künstlichen Inseln errichtet werden, im Sinne der Seerechtskonvention gar keine Inseln, sondern Felsen beziehungsweise »trockenfallende Erhebungen«. Sie haben also weder Wasservorkommen noch natürliche Vegetation, und das bedeutet: Für sie lässt sich besagte Ausschließliche Wirtschaftszone gar nicht reklamieren.[13]

Ohnehin liegen viele der von China beanspruchten Inseln und Riffe, Felsen oder trockenfallenden Erhebungen weit mehr als 200 Seemeilen vor Chinas Küste. Im Falle des zu den Spratly-Inseln gehörenden Fiery-Atolls sind es zum Beispiel mehr als 1000 Kilometer. Seit 1988 hält China dieses Atoll und andere Teile der heftig umstrittenen Spratly-Inseln besetzt. Auch das ist konsequent, denn einmal besetzt oder aufgeschüttet, werden einige der natürlichen oder künstlichen Inseln mit Landebahnen, Kontroll- und Radaranlagen zu veritablen militärischen Stützpunkten – zum »unversenkbaren Flugzeugträger« – ausgebaut. So formuliert es die chinesische Marine.[14] Das angesichts heftiger Proteste nachgeschobene Argument, die Inseln dienten auch der Seenotrettung und der Meeresforschung, vermochte die unmittelbar betroffenen Nachbarn nicht zu kalmieren.

Vor allem die Philippinen und Vietnam betrachten die Manöver Chinas im Bereich der Spratly-Inseln als unmittelbare Eingriffe in ihrem jeweiligen Vorfeld. Der Konflikt wird dadurch verschärft, dass mit Brunei, Malaysia und Taiwan drei weitere Anrainer Ansprüche zumindest auf einen Teil der Inselgruppe erheben und China hierzu multilaterale Gespräche ebenso ablehnt wie eine Schlichtung durch die Vereinten Nationen. Außerdem unterwirft sich Peking nicht der Rechtsprechung des Internationalen Seegerichtshofs in Hamburg und akzeptiert auch nicht den Schiedsspruch des Ständigen Schiedshofs in Den Haag vom 12. Juli 2016. Mit ihm gaben die Richter den Philippinen nach dreijährigem Verfahren in allen Punkten recht. So erklärten sie unter anderem die aus der Neun-Striche-Linie hergeleiteten historischen Ansprüche für grundsätzlich unrechtmäßig. Auch bestätigte der Schiedshof im Haag, dass sich aus der Kontrolle eines Felsens beziehungsweise einer trockenfallenden Erhebung kein Anspruch auf eine Ausschließliche Wirtschaftszone von bis zu 200 Seemeilen herleiten lässt, ganz gleich ob der Felsen oder die Erhebung nun zu China gehört oder nicht.

Gegenstand des Verfahrens war der Konflikt um die Spratly-Inseln, die seit geraumer Zeit die internationale Aufmerksamkeit beanspruchen. 1988 war es wegen dieser Inselgruppe sogar zu Seegefechten zwischen China und Vietnam gekommen. In jüngster Zeit haben die beiden Kontrahenten ihre Ansprüche mit der Stationierung von Waffensystemen unterstrichen. Das sind keine Quisquilien, immerhin hatte China, wovon im achten Kapitel berichtet wurde, 1979 einen Krieg gegen Vietnam geführt. Als Peking 2014 rund 200 Kilometer vor der Küste Vietnams eine Ölplattform installierte, eskalierte der Konflikt zwischen den beiden Nachbarn kurzzeitig in schweren antichinesischen Ausschreitungen, die zu Toten und Verletzten führten und Tausende Chinesen veranlassten, Vietnam den Rücken zu kehren.

Inzwischen hat der chinesische Expansions- und Annexions-drang im Südchinesischen Meer die Dimension eines Seebebens angenommen, dessen Wellen bis an die Küsten der USA anbranden. Selbst Staaten wie Vietnam, die lange Zeit nichts von Amerika wissen wollten, suchen jetzt den Schulterschluss mit diesem mächtigen östlichen Anrainer des Pazifik: »Vietnam, ein früherer Gegner, ist heute ein Partner, mit dem wir zunehmend warme, persönliche und nationale Verbindungen geknüpft haben«, gab Außenminister John Kerry, der selbst in Vietnam gekämpft hatte, im Frühjahr 2016 auf einer Veteranenfeier zu Protokoll.[15]

Natürlich ist die amerikanische Rückendeckung nicht selbstlos. Der pazifische Raum ist für die USA aus politischen, wirtschaftlichen und militärischen Gründen von herausragender Bedeutung. Entsprechend umfassend reagiert Washington, sogar mit militärischen Maßnahmen. Dazu zählt mittelbar die Stationierung eines Raketenabwehrsystems in Südkorea, auch wenn dieses in erster Linie gegen den Raketen testenden Norden des geteilten Landes gerichtet ist. Vor allem führen Marine und Luftwaffe immer wieder Patrouillen in den umstrittenen Zonen des Ost- und des Südchinesischen Meeres durch. Dabei wurde unter anderem festgestellt, dass China auf der größten der Paracel-Inseln Boden-Luft-Raketen stationiert. Yongxing steht zwar seit Jahrzehnten unter chinesischer Verwaltung, wird aber auch von Vietnam und Taiwan beansprucht. Um keinen Zweifel an den Besitzverhältnissen aufkommen zu lassen, hat China 2012 dort sogar eine Stadt gegründet und zum Verwaltungszentrum für das Südchinesische Meer erklärt.

Peking kann sich diese kontrollierte Offensive leisten, weil es zweigleisig fährt. Den Konflikten infolge der Landnahme auf der einen steht ein Netz guter Beziehungen auf der anderen Seite gegenüber. China ist ein gefragter Handelspartner, Investor und Entwicklungshelfer, baut – im Zuge seiner »neuen Seidenstraße« – zuverlässig und schnell Häfen und Wasserkraftwerke, Eisenbahnstrecken und Schnellstraßen. Peking folgt damit einer seit einem halben Jahrhundert bewährten Strategie. Den Anfang machten Entwicklungshilfeprojekte in Afrika, dem bis heute das besondere Augenmerk der chinesischen Kommunisten gilt: Im September 1967 schloss China mit Tansania und Sambia ein Abkommen über den Bau einer 1800 Kilometer langen, in Daressalam beginnenden Eisenbahn. Dieses bis dahin größte chinesische Entwicklungshilfeprojekt wurde 1975 fertiggestellt; 50 Jahre späte errichtete die Volksbefreiungsarmee in Djibouti, also am Horn von Afrika, ihren ersten Auslandsstützpunkt.

Im April 1974 hatte Deng Xiaoping vor der UNO die chinesische Version der »Drei-Welten-Theorie« erläutert. Danach formten die beiden Vormächte USA und UdSSR die Erste, die hochentwickelten Staaten in West und Ost die Zweite und die unterentwickelten Länder die Dritte Welt.[16] Dieser Dritten Welt rechnete sich China selbst zu. Bis heute hält das Land grundsätzlich an dieser Position fest.

Dahinter steckt eine langfristig und global angelegte Strategie. Auch im Südchinesischen Meer. Dort wie in anderen Gegenden Asiens und weiten Teilen Afrikas lässt sich die durch die Volksrepublik etablierte, in der Regel durch chinesische Firmen und Arbeitskräfte realisierte Infrastruktur auch für die eigenen Interessen nutzen. Straßen und Eisenbahnen, Flug- und Seehäfen beflügeln den Handel und sind bei der Realisierung der geostrategischen Ziele Pekings hilfreich. Gleichwohl – oder eben deshalb – ist die Hilfe in vielen Staaten der Region wie Bangladesch, Indonesien, Kambodscha, Laos, Myanmar, Pakistan oder Sri Lanka willkommen. Die Offerten sind so attraktiv, dass selbst Leidtragende der chinesischen Großoffensive wie die Philippinen in einigen Bereichen beidrehen – in diesem Fall bedingt durch einen Wechsel im Präsidentenamt. Der hatte im Frühjahr 2016 einen irrlichternden, aber populären Mann an die Macht gebracht und die scheinbar banale Erkenntnis bestätigt, dass auch in der Politik nichts ewig ist. Das war schon immer die eigentliche Herausforderung einer geduldigen Diplomatie. Und Chinas Diplomaten haben große Geduld.

Für Peking haben solche neuen und alten Partnerschaften überdies interessante Nebeneffekte: Zum einen verhindern sie, dass sich internationale Gemeinschaften wie der Verband Südostasiatischer Nationen (Asean) geschlossen gegen Pekings Offensive im Ost-und im Südchinesischen Meer stellen. Und zum anderen lassen sich mit Hilfe der neuen Partner Rivalen wie Indien oder Vietnam – falls nötig – unter Druck setzen.

Und dann ist da noch der Faktor Russland. Seit dem ausgehenden 19. Jahrhundert war das Verhältnis der beiden großen Nachbarn selten entspannt. Wenn sie aber an einem Strang zogen, hatte das stets weltpolitische Relevanz. So auch jetzt. Ihre Annexionsoffensiven im Ost- und Südchinesischen Meer beziehungsweise in der Ukraine betreffen den jeweils anderen nicht unmittelbar. Mittelbar profitieren sogar beide von den strategischen Offensiven des anderen, weil diese den Rest der Welt, allen voran die USA, von ungeteilter Aufmerksamkeit abhalten.

Peking und Moskau müssen nicht bei null anfangen. Seit Mitte der neunziger Jahre des 20. Jahrhunderts und zuletzt 2010 haben sie ihre »strategische Partnerschaft« konsequent ausgebaut.[17] Dass Chinas Staatspräsident Xi Jinping im Mai 2015 nach Moskau und Russlands Staatspräsident Wladimir Putin im September 2015 nach Peking reisten, um an den jeweiligen Feierlichkeiten anlässlich der Siege über Deutschland beziehungsweise Japan während des Zweiten Weltkriegs teilzunehmen, war von hoher symbolischer Bedeutung.

Die Sanktionen des Westens zwingen Moskau, nach neuen Absatzmärkten insbesondere für seine Gas- und Ölvorräte Ausschau zu halten. Und da bietet sich der riesige chinesische Markt geradezu an. China seinerseits stellt damit klar, dass es die westlichen Sanktionen gegen Russland nicht mitträgt. Im Mai 2014 vereinbarten Russland und China den Bau einer Gaspipeline, die nach Fertigstellung 30 Jahre lang jährlich 38 Milliarden Kubikmeter Erdgas nach Süden transportieren soll. 2015 war Russland – nach zehn Jahren wieder – Chinas wichtigster Erdöllieferant und löste damit Saudi-Arabien ab. Auch hier wurden langfristige Lieferverträge vereinbart. Natürlich nutzten die Chinesen Russlands schwierige Lage, als es an das Aushandeln der Konditionen ging.

Es war, so gesehen, eine ungleiche Partnerschaft. China zählt wirtschaftlich zu den vorwärtsstürmenden, Russland hingegen zu den stagnierenden, wenn nicht regressiven Volkswirtschaften. Auch militärisch schließt China zu seinem nördlichen Nachbarn, von den nuklearen Arsenalen abgesehen, auf. Andererseits hat Russland etwas zu bieten, was China dringend sucht, aber im Westen nicht einkaufen kann: Moderne Waffensysteme und die Zusammenarbeit mit kriegserprobten Streitkräften. Seit 2009 führen die russische und die chinesische Marine gemeinsame Manöver durch. 2015 fanden diese erstmals im Mittelmeer, 2016 im Südchinesischen Meer und 2017 in der Ostsee statt. Außerdem übten russische und chinesische Marinesoldaten zum ersten Mal eine gemeinsame amphibische Landung.

Was die russischen Waffenfabriken zu bieten haben, demonstrierte Russland bei der Intervention in Syrien, die unter anderem deshalb in Szene gesetzt worden war. Schon seit Jahren baut China in Lizenz eine Reihe von Varianten des russischen Su-27-Abfangjägers, und auch die chinesischen Antischiffsraketen der Typen YJ-12 und YJ-18 basieren auf russischer Technologie.[18] In Moskau sieht man das mit gemischten Gefühlen, denn die Chinesen exportieren gerade die Kopien des russischen Su-27 mit Erfolg. Der Westen kennt diese Kopiermanie seit langem, wenn auch nicht im Bereich der Rüstungsindustrie.

Daher hielt sich der Kreml bedeckt, als Peking eine Wunschliste mit dem Modernsten und Besten präsentierte, was russische Waffenschmieden zu bieten haben. Dazu gehören das Flugabwehrraketensystem S-400, das dem amerikanischen Patriot-System zumindest gleichwertig ist, und das Mehrkampfflugzeug Su-35, eine Weiterentwicklung der Su-27, die auch im internationalen Maßstab keinen Vergleich zu scheuen braucht. 2015 gaben die Russen dem chinesischen Drängen aber doch nach.[19] Denn Russland braucht China. Russland ist angezählt. Außerdem spült die Lieferung derart begehrter Güter nicht nur Geld in die klammen Kassen, sondern sie hilft auch, immer wieder auftauchende Schwierigkeiten bei den Energiegeschäften auszubügeln. Vor allem aber stabilisiert sie die strategische Bindung zweier Partner, die sich mit ihrer konsequenten Annexionspolitik keine Freunde machen.

Die beiden kennen diese Rolle des Außenseiters, seit 1912 die chinesische und 1917 die sowjetische Republik ins Leben traten. Anfänglich waren die Überlebenschancen der einen wie der anderen gering. Aber dann schafften sie es doch. Die Union der Sozialistischen Sowjetrepubliken ist zwar seit 1991 Geschichte, aber ihre außen- und sicherheitspolitischen Maximen haben dieses Ende überdauert. Dass sich an der Außen- und Sicherheitspolitik Chinas etwas ändern wird, sollte die Kommunistische Partei einmal nicht mehr die maßgebliche politische Kraft sein, darf man bezweifeln.

Dagegen sprechen die geostrategischen Koordinaten und die Lehren, die man hier wie dort aus der Geschichte gezogen hat. Als die Nationalchinesen und die Bolschewiki ums Überleben kämpften, kamen gelegentlich Delegationen des jeweils anderen zu Besuch, um Altlasten der Vorgänger aus dem Weg zu räumen, sich gegenseitig Mut zuzusprechen und sich kennenzulernen. Schon damals wurden die Skepsis und ein grundsätzliches Misstrauen greifbar, das beide Seiten nie verloren haben.

Als sich im Herbst 1923 eine chinesische Studienkommission – ausgesandt von Sun Yat-sen, geleitet von Chiang Kai-shek – in Moskau umsah, kam sie zu dem Schluss, dass die Sowjets »im Hinblick auf gemeinsame Ziele« nicht an eine »ständige« Zusammenarbeit glaubten.[20] Das war die eine Seite. Es gab eine andere, und die hat Georgi Wassiljewitsch Tschitscherin, damals für die sowjetische Außenpolitik zuständig, am 1. August 1918 in einem Brief an Sun Yat-sen so auf den Punkt gebracht: »Unser Erfolg ist Euer Erfolg, unsere Vernichtung ist Eure Vernichtung.«[21] Im Kern gilt das bis heute. Was in den Oktobertagen des Jahres 1917 in Russland begann, ist nicht abgeschlossen.

Hundert Jahre Weltgeschichte

Es war eine Kriegserklärung an die Welt. Als die russischen Put-schisten im Herbst 1917 die Macht an sich rissen, ließen sie keinen Zweifel, dass ihre Revolution lediglich der erste Schritt auf dem Weg zur globalen Revolution sein werde. Die Bolschewiki hatten keine Wahl. Denn nur wenn sie in der Welt erfolgreich waren, konnten sie auf Dauer in Russland ihre Herrschaft sichern. So machten sie sich die Welt zum Feind. Sie waren die Ersten in der neueren Geschichte, die nicht einem lokalen, regionalen, nationalen oder auch internationalen Gegner den Krieg erklärten, sondern allen, die sich ihnen in den Weg stellten. Wo auch immer. Seither hat die Welt nicht mehr zu einem universellen Frieden gefunden. Denn auch andere haben den Weg der Bolschewiki eingeschlagen, auch wenn die meisten nichts mit ihnen zu tun haben wollten.

Legitimiert wurden ausnahmslos alle Kriege und Interventio-nen der vergangenen 100 Jahre mit der Gefahrenabwehr. Sicherheit ist zwar nicht alles, aber ohne Sicherheit ist alles nichts. Sicherheit ist nicht verhandelbar. Die Verteidigung des Lebens und der Frei-heit, des Besitzes und der Ressourcen ist ohne Alternative. Ob die Bedrohung von einem realen oder imaginären äußeren oder von einem wirklichen oder erdachten inneren Feind ausgeht, ist dabei letztlich gleichgültig. Was zählt, ist die Wahrnehmung, und der kann man bekanntlich auf die Sprünge helfen.

Die Argumente mochten noch so sehr an den Haaren herbei-gezogen sein, wenn es um die Wahrung der Sicherheit ging, war jedes Mittel recht. Auch der Erstschlag. Selbst im nuklearen Zeitalter galt er als legitim; und der konventionelle Angriffskrieg war denkbar, so-lange die entscheidende Schwelle, die den Einsatz der strategischen Atomwaffen auslösen konnte, nicht überschritten wurde. Die Pla-nungen der Sowjetarmee sahen bis in die frühen achtziger Jahre hinein einen – aus sowjetischer Sicht präventiven – Angriff vor, bei dem unter Einsatz taktischer Nuklearwaffen binnen kurzem der Rhein erreicht sein sollte.

Nahm die Angst vor einer existentiellen Bedrohung erst einmal überhand, wurden die Grenzen zwischen Defensive, Prävention und Offensive fließend. So kam es, dass die Nerven blank lagen. Genau genommen waren die letzten 100 Jahre eine Zeit des hypernervösen Ausschauhaltens[1] nach dem oder denen, die nur darauf warteten, dass man Schwäche zeigte und sich damit angreifbar machte. Da das, wenn auch abgestuft, grundsätzlich für alle galt, fühlte sich niemand wirklich sicher. Nirgends auf der Welt, auch nicht in Afrika oder Asien. Bis in den Zweiten Weltkrieg hinein lagen dort die Kolonialherren voreinander auf der Lauer, loteten aus, wann, wie und wo der imperiale Konkurrent zur Tat schreiten würde. Nach dem Zweiten Weltkrieg schlüpften die nunmehr souveränen Nationalstaaten Afrikas und Asiens in diese Rolle, denn staatliche Souveränität und Sicherheit sind zwei Seiten einer Medaille. Da die Zahl der neuen Staaten erheblich größer war als die Zahl der vormaligen Kolonien oder gar der ehemaligen Kolonialherren, nahmen auch das partikulare Bedürfnis nach Sicherheit und mit ihm die kollektive Nervosität rasant zu.

Der Nahe Osten ist dafür ein Beispiel. Bis in den Ersten Weltkrieg hinein gehörte fast der gesamte Raum zum Osmanischen Reich, danach wurde er im Wesentlichen von England und Frankreich kontrolliert. Nach dem Zweiten Weltkrieg gab es allein hier ein halbes Dutzend neuer Nationalstaaten, und vor allem einer von ihnen, nämlich Israel, schritt immer wieder präventiv zur Tat, wenn er seine Sicherheit – zu Recht oder auch nicht – gefährdet sah. Damit nicht genug, ging die Bedrohung dort wie beinahe überall auf der südlichen Halbkugel bald nicht mehr nur von staatlichen Akteuren, also in aller Regel von den unmittelbaren Nachbarn aus, sondern von kaum berechenbaren und daher nur schwer fassbaren Kräften wie der Guerilla oder dem Terror.

Dagegen wurde die nördliche Halbkugel während des Kalten Krieges von zwischenstaatlichen Kriegen wie auch von der Guerilla weitgehend verschont, der Terror blieb hier im Wesentlichen eine nationale oder regionale Herausforderung, und Interventionen im eigenen Machtbereich wurden von der jeweils anderen Seite stillschweigend toleriert. Diese insgesamt ruhige Lage verdankten die Staaten des Nordens zum einen dem informellen, aber tragfähigen Waffenstillstand, den die beiden Vormächte USA und Sowjetunion noch vor Ende des Zweiten Weltkriegs geschlossen hatten.

Zum anderen aber knüpften sie, mit den Vereinten Nationen beginnend, ein immer dichteres Netz kollektiver Sicherheit. Die NATO und der Warschauer Pakt lagen zwar voreinander auf der Lauer, sorgten aber eben deshalb als komplementäre Bündnisse für stabile Verhältnisse. Einen Höhepunkt dieser Entwicklung bildete die Schlussakte der Konferenz über Sicherheit und Zusammenarbeit in Europa (KSZE), die nicht nur 1975 den Status quo des geteilten Kontinents, sondern auch die Spielregeln des Kalten Krieges verbindlich festschrieb. Flankiert wurde diese kollektive gegenseitige Versicherung von einer Reihe bilateraler Absprachen zwischen den beiden Vormächten, vor allem im nuklearen Bereich. Sie stellten sicher, dass weder die USA noch die Sowjetunion in Versuchung kommen würden, als Erste loszuschlagen.

Keine Frage, dieses System kollektiver Sicherheit war gut. Es war unter den obwaltenden Umständen die beste Möglichkeit der Friedenssicherung. Und doch hatte es erhebliche Mängel und gravierende Konstruktionsfehler. Zu diesen gehörte, dass der Norden – fixiert auf seine äußere und innere Sicherheit und berauscht vom solchermaßen garantierten Wohlstand – drohende nichtmilitärische Gefahren weitgehend ausblendete, allen voran die Belastung und Bedrohung der Umwelt.

Dem entsprach der Raubbau auf der südlichen Halbkugel. Im Grunde legte der Norden während des Kalten Krieges seine koloniale beziehungsweise imperiale Mentalität nie wirklich ab. Auch nach dem Zweiten Weltkrieg behandelte man die jetzt sogenannte Dritte Welt als Rohstoff- und Arbeitskräftelieferanten, als Deponie für vieles, was man im Norden nicht entsorgen konnte oder wollte, als Testgelände neuer Waffen, Kampfstoffe oder Gifte und nicht zuletzt als Schlachtfeld, auf das sich anstehende Konflikte verlagern und auf denen sie sich austragen ließen. Natürlich war das keine einseitige Angelegenheit. Die Not vor Ort – »Unterernährung, Analphabetismus, Krankheit, hohe Geburtenzahlen, Unterbeschäftigung und geringes Einkommen« –,[2] aber auch Korruption, Vetternwirtschaft, totalitäre Ambitionen von Einzelnen, Organisationen oder auch Ethnien spielten diesem Kreislauf zu.

So baute sich über die Jahrzehnte im Süden ein Konfliktpotential auf, das man in Moskau oder Warschau, in Washington oder Bonn, in London oder Paris nur wahrnahm, wenn sich einer aus den eigenen Reihen zum Beispiel in Algerien, Vietnam oder Afghanistan in schwere Bedrängnis manövriert hatte. Und auch zwischenstaatliche Konflikte der Völker und Staaten wurden nur registriert, wenn eigene politische, militärische, wirtschaftliche oder auf Rohstoffe bezogene Interessen zumindest mittelbar tangiert waren.

Gewiss gab es etliche Versuche von Staaten der südlichen Halbkugel, ihre Sicherheit durch regionale politische, militärische oder wirtschaftliche Zusammenschlüsse zu erhöhen. Dauerhaft erfolgreich war keiner. Und die »europäischen« oder »nordatlantischen« Systeme und Gemeinschaften kollektiver Sicherheit, die der Norden über Jahrzehnte erfolgreich betrieb, schlossen den Süden nicht nur nicht ein, sondern schon mit der Namensgebung ausdrücklich aus. Auch das war ein schwerer Konstruktionsfehler, den man allerdings anfänglich schon deshalb nicht sehen konnte, weil in der Gründungsphase der NATO oder der diversen westeuropäischen Gemeinschaften viele ihrer Mitglieder noch Kolonial- beziehungsweise Mandatarmächte waren.

Die gravierendsten Konstruktionsfehler des gesamten Systems kollektiver Sicherheit wurden erst sichtbar, als dieses kollabierte: Die westlichen, vor allem die westeuropäischen Gemeinschaften suggerierten den Völkern, dass der Krieg zwischen ihnen grundsätzlich nicht mehr denkbar sei. So hatte man sich im Laufe der Jahrzehnte an den inneren Frieden gewöhnt. Man hielt ihn für ewig.

Ein Vierteljahrhundert nach dem Zusammenbruch der alten Weltordnung wird auch der Krieg als Mittel der Konfliktlösung wieder denkbar. Sogar die Legitimation des Angriffs als Auftakt eines vorgeblich gerechten Krieges erfährt eine neue Konjunktur. Selbst in Europa. Die Balkankriege der neunziger Jahre des 20. Jahrhunderts machten den Anfang, Russlands Intervention in der Ukraine schrieb die Entwicklung fort.

Jetzt wurde zudem offenkundig, dass es kein taugliches Instrument der Kriegsverhütung mehr gibt. Sämtliche Systeme kollektiver Sicherheit haben sich überlebt. NATO und Europäische Union, Vereinte Nationen und OSZE, also die Nachfolgeorganisation der KSZE, waren in die spezifische Konstellation des Kalten Krieges hinein konstruiert worden. Sie hingen so gesehen am Tropf des Ost-West-Gegensatzes. Keine dieser Gemeinschaften war auf den Exitus der Sowjetunion und damit auf das Ende des Kalten Krieges vorbereitet. Keine von ihnen hat es in den folgenden 25 Jahren geschafft, sich den grundlegend geänderten Verhältnissen anzupassen – sieht man von den sowjetisch dominierten Gemeinschaften wie dem Warschauer Pakt ab. Sie traten mit der Sowjetunion von der Weltbühne ab. Sie hatten sich erledigt.

Der Westen zog diese Konsequenz nicht, im Gegenteil: Unfähig oder unwillens zur Reform, aber auch überwältigt vom Andrang der jungen Staaten Ostmittel- und Südosteuropas, nahmen NATO und EU in Serie neue Mitglieder auf. Und entfremdeten alte. Dass mit Großbritannien erstmals seit 1945 ein tragendes Mitglied freiwillig die EU und damit eine der ältesten westlichen Gemeinschaften verlässt, ist konsequent. Und es ist ein Fanal. Nicht wegen des Schrittes an sich: Die EU kann ohne Großbritannien auskommen. Schwerer wiegt, dass die Briten offensichtlich der Überzeugung sind, internationale Krisen ließen sich im Alleingang lösen.

Ebenso sehen das Amerikas republikanischer Präsident Donald Trump und etwa die Hälfte seiner Landsleute, die im November 2016 zur Wahl gegangen sind. Zugleich versteht beziehungsweise stilisiert sich Trump als Stimme derer, die zu den Verlierern der vergangenen 25 Jahre gehören. Das sind nicht nur in den USA, sondern in praktisch allen klassischen Industrienationen die Angehörigen der Arbeiterschaft in der Industrie und im Bergbau. Denn sie und ihre Familien – das Rückgrat dieser Gesellschaften – geraten von zwei

Seiten unter Druck: Daheim verdrängt die dynamische digitale Konkurrenz die traditionellen Branchen, von außen bedient sich eine rasant wachsende Mittelschicht am globalen Wohlstandskuchen.

Lebten 1980 noch 1,9 Milliarden Menschen in extremer Armut, so sind es dreieinhalb Jahrzehnte später trotz imposanten Bevölkerungswachstums nurmehr etwa 700 Millionen, und das heißt: Mehr als eine Milliarde Menschen hat ihre Situation verbessern können. Der Lebensstandard dieser neuen Mittelschicht in großen Teilen der vormals sogenannten Dritten Welt wie in China und Indien lässt sich zwar nicht annähernd mit dem der relativ verarmenden Mittelschichten der klassischen Industrienationen vergleichen. Aber immerhin sind ihre Angehörigen extremer Armut und damit Hunger und mangelnder Bildung, Krankheit und geringer Lebenserwartung entkommen.[3]

Es scheint paradox, entbehrt aber im Lichte der Weltgeschichte der vergangenen hundert Jahre nicht der Logik, dass diese Entwicklung die globale Lage nicht grundlegend entspannt, sondern in einigen Bereichen sogar erheblich verschärft. Zum einen führt die Verlagerung des globalen Wohlstands zu einer graduellen Verschlechterung der Lebenssituationen vieler Menschen auf der nördlichen Halbkugel. Jedenfalls wird die Entwicklung dort so empfunden, und das zählt. Es ist dieses Gefühl, das wiederum mit einer zunehmenden Angst vor einer unkontrollierten Zuwanderung und Überfremdung einhergeht, das den rasanten Aufstieg des Populismus befördert.

Und auch auf der südlichen Halbkugel gibt es Verlierer, nämlich jene, die der extremen Armut und allem, was sich mit ihr verbindet, bislang nicht entkommen sind und relativ weiter verlieren: Tiefer kann man im Vergleich immer sinken. Vor allem aber nimmt die Zahl der Staaten und Regionen des Südens zumindest nicht ab, in denen Genozid und Ökozid, Flucht und Vertreibung, Hunger und Elend an der Tagesordnung sind. Im Kern handelt es sich dabei um Konfliktpotentiale, die dort während des Kalten Krieges gewachsen sind.

Seit 1991 gehen diese eine Verbindung mit jenen Konfliktpotentialen ein, die während der ersten Hälfte des 20. Jahrhunderts die politische Landschaft gerade in Europa dominiert haben. Für ein halbes Jahrhundert waren sie ruhiggestellt. Mit dem Ende des Kalten Krieges sind viele wieder aktiv und haben eine enorme Eigendynamik entwickelt. Die Verbindung dieser beiden Konfliktherde lässt für die Zukunft nichts Gutes erwarten. Der Rückblick in die Gegenwart zeigt, was da auf uns zukommen kann. Das sind die schlechten Nachrichten aus der Weltgeschichte.

Es gibt aber auch Anlass zum vorsichtigen Optimismus. Richtig ist, dass in den vergangenen hundert Jahren ungezählte Kriege aller Art und Intensität mit immensen Verlusten und bleibenden Schäden geführt worden sind. Richtig ist aber auch, dass andere verhindert beziehungsweise beendet werden konnten. Weil die Vernunft – mitunter in letzter Minute – obsiegte oder weil ein übergeordnetes gemeinsames Interesse definiert werden konnte.

Manchmal waren die Akteure auch schlicht erschöpft, hatten ihre Ziele ganz oder teilweise erreicht oder konnten nicht mehr den für eine Fortsetzung des Konflikts notwendigen Rückhalt mobilisieren. So die nordirische IRA, die baskische ETA, die kolumbianische FARC und jedenfalls zeitweilig auch die PLO beziehungsweise einige ihrer Ableger. Und zumindest Letztere waren über Jahrzehnte hinweg nicht nur eine nationale beziehungsweise regionale, sondern auch eine potentielle internationale Bedrohung. Stellt man das in Rechnung, verliert der moderne fundamentalistische Terrorismus zwar nichts von seinem Schrecken. Aber das Bedrohungspotential, das ja immer in die Zukunft weist, relativiert sich doch.

Eine zuversichtliche Grunddisposition, die nicht mit naivem Euphemismus verwechselt werden darf, ist auch mit Blick auf die Gefahren zulässig, die im Umgang mit der Umwelt und insbesondere mit den natürlichen Ressourcen lauern. Sicher sind die Folgen des Raubbaus verheerend, ist vieles nicht mehr aufzuhalten oder gar zu revidieren. Andererseits hat die Vernunft selbst dann immer wieder einmal Oberhand gewonnen, wenn es um die wichtigste aller natürlichen Ressourcen ging: Auf eine Verteilung des Wassers haben sich, jedenfalls zeitweilig, auch Nachbarn verständigen können, die im Übrigen wenig gemein oder sogar – und mitunter wiederholt – gegeneinander Krieg geführt haben. So Indien und Pakistan, Israel und seine Nachbarn, die Türkei, Syrien und der Irak oder auch Äthiopien, Ägypten und der Sudan. Auch dass sich die meisten Staaten der Erde, und zwar mit messbarem Erfolg, auf eine Bekämpfung des sogenannten Ozonlochs oder auf einen Schutz der Antarktis verständigt haben, gibt Anlass zu hoffen. Nicht mehr, aber auch nicht weniger. Denn mit einer fatalistischen Weltsicht, die sich bei der Betrachtung der vergangenen hundert Jahre beinahe zwangsläufig einstellt, lässt sich die Zukunft nicht gestalten.

Angesichts der ungeheuren Erblasten, die alleine infolge der Kernspaltung zu schultern sind, gibt es gar keine Alternative, als über tragfähige Lösungen nachzudenken. Denn niemals zuvor hat der Mensch sehenden Auges den Nachlebenden eine derart schwere Hypothek aufgebürdet. Spätestens seit dem Abwurf der beiden Atombomben über Japan und der Kernschmelze beziehungsweise der Reaktorexplosion in Harrisburg und Tschernobyl wusste man das. Spätestens. Gleichwohl sind die nuklearen Arsenale seit 1945 stetig ausgebaut worden, auch hat sich der Kreis der Nuklearmächte erweitert, und was heute noch in ihren Depots lagert, reicht zur mehrfachen völligen Vernichtung allen Lebens auf diesem Planeten. Schließlich zeigt der Fall Nordkorea, dass ein im Übrigen zurückgebliebenes Land, das über die Bombe verfügt und nichts mehr zu verlieren hat, die Welt in Atem halten kann. Keine andere Drohung führt der Staatengemeinschaft ihre Hilflosigkeit so schonungslos vor Augen wie die nukleare.

Eben weil diese Szenarien so bedrohlich waren und sind, hat der Mensch von dem Gebrauch gemacht, worüber nur er verfügt: seinem Verstand. So hat Südafrika, 1989 beginnend, seine Atombomben und die entsprechenden Fertigungsanlagen zerstört und der Iran 2015 nach jahrelangen Verhandlungen umfassenden Kontrollen seines Atomprogramms zugestimmt. Das Atomteststoppabkommen und der Nichtverbreitungsvertrag von 1963 und 1969, die in den siebziger Jahren begonnenen amerikanisch-sowjetischen beziehungsweise -russischen Absprachen über eine Begrenzung respektive einen

Abbau der nuklearen Potentiale oder auch der 1987 von Washington und Moskau unterzeichnete und umgesetzte INF-Vertrag über die Vernichtung der nuklearen Mittelstreckenraketen in Europa waren Versuche, eine aus dem Ruder gelaufene Entwicklung unter Kontrolle zu bekommen. Der INF-Vertrag war zudem der erste Fall der Weltgeschichte, in dem ein hochmodernes Waffensystem vollständig zur Vernichtung freigegeben wurde. Und das während eines Krieges.

Dass dieser Dritte Weltkrieg, der als Kalter Krieg in die Geschichte eingegangen ist, jedenfalls auf der nördlichen Halbkugel nicht heiß geführt wurde, war weniger selbstverständlich, als es heute klingt. Und schon gar nicht selbstverständlich war das erstaunliche Ende dieses Krieges, das, bis es eintrat, niemand für möglich gehalten hat. Immerhin verabschiedete sich 1991 einer der beiden weltpolitischen Hauptakteure auch deshalb geräuschlos aus der Weltgeschichte, weil die größte Armee der Welt in ihren Kasernen blieb. Dabei war die Rote Armee 1917 gegründet und jahrzehntelang ausgebaut und modernisiert worden, um genau diesen Supergau, den Exitus der Sowjetunion, zu verhindern. Ein zweiter vergleichbarer Fall ist jedenfalls aus der neueren Geschichte nicht bekannt. Bis heute lässt sich diese beispiellose, kollektive Kapitulation vor dem eigenen Untergang nicht erschöpfend erklären.

Aber natürlich gibt es Antworten. Vor allem ist es der Union der Sozialistischen Sowjetrepubliken nie gelungen, eine überzeugende Alternative zum politischen und wirtschaftlichen, zum kulturellen oder auch weltanschaulichen Modell des weltpolitischen Gegners zu entwickeln. An diesem Modell mussten sich die Kremlherren aber stets messen lassen, weil dessen Untergang erklärtermaßen die Voraussetzung für das eigene Überleben war. Der Entwurf der freien und demokratischen, rechtsstaatlichen und marktwirtschaftlichen Welt blieb der attraktivere, stärkere, überlegene. Dabei hat auch sie eine Fülle von Deformationen und Demontagen, Missbräuchen und Übergriffen gesehen: Im Namen westlicher Werte sind Kriege geführt, Verbrechen begangen und Erblasten angehäuft worden.

Dass das »westliche« Modell, wie es heute im Allgemeinen genannt wird, durch solche Irrwege nicht in seinen Grundfesten erschüttert wurde, liegt an seiner Eigenschaft, zu überleben, sich zu läutern, zu regenerieren und zu modernisieren. Das sind wichtige Voraussetzungen, wenn es darum geht, den Herausforderungen der globalisierten Welt standzuhalten. So wie es heute aussieht, stellen diese Herausforderungen vieles von dem, was die Welt im Zeitalter der drei Weltkriege gesehen hat, schon deshalb in den Schatten, weil sich die globalisierte Welt weitgehend der Kontrolle entzieht. Das ist brandgefährlich, denn Kontrolle ist eine Grundvoraussetzung für Sicherheit, und in einer grenzenlosen Welt gehört Sicherheit mehr denn je zu den Grundbedürfnissen.

Je überschaubarer die zu kontrollierende Landschaft ist, umso besser lässt sie sich sichern. So gesehen ist die Renaissance des Nationalstaats keine Überraschung. Wie weit sie trägt, wird man sehen. Sich gegen sie zu stemmen, ist sinnlos. Dafür ist der nationale Impetus zu stark. Nichts verbindet die Menschen so sehr wie die gemeinsame Sprache, die gemeinsame Kultur, die gemeinsame natürliche Umwelt, die gemeinsame Geschichte und immer auch eine gemeinsame Gefahr. Nicht zufällig geht die Wiederbelebung der nationalen Idee mit dem Gefühl einer Gefährdung der nationalen Identität einher, das in der Furcht vor einer außer Kontrolle geratenden Überfremdung gründet.

Wer heute meint, der europäischen Integration habe ursprünglich die Idee einer Aufhebung oder gar Auflösung des Nationalstaats zugrunde gelegen, verkennt die Realität der fünfziger Jahre. Das integrierte Europa sollte ganz im Gegenteil gerade die Rahmenbedingungen für dessen Überleben beziehungsweise im deutschen Fall für seine Wiederherstellung schaffen. So kam es dann auch. Ohne die feste Einbindung der Bundesrepublik in die europäischen Gemeinschaften hätte die nationalstaatliche Vereinigung Deutschlands 1991 kaum eine Chance gehabt.

Im Lichte dieser Gründungsidee Europas überrascht es nicht, dass sämtliche Versuche gescheitert sind, ihren Mitgliedern substantielle nationalstaatliche Rechte zu nehmen und sie in einem abstrakten supranationalen Rahmen zu bündeln. So schon 1954 im Falle der Europäischen Verteidigungsgemeinschaft und zuletzt 2005 im Falle der europäischen Verfassung. Dass man sich um die Jahrtausendwende überhaupt an eine Verfassung wagte, lag an einem gravierenden Defizit der gerade ins Leben gerufenen Währungsunion. Der fehlte nämlich das tragfähige Fundament einer politischen Union, die diesen Namen verdiente. Die Verfassung sollte – unter anderem – dieses Fundament nachträglich unter ein erste Risse zeigendes Gebäude ziehen. Das konnte nicht gutgehen.

So wurde ein Konstruktionsfehler zur maßgeblichen Voraussetzung für das Zustandekommen des Euro. Es gab weitere wie die mitunter nur schwer miteinander vereinbaren Motive der Teilnehmer der Währungsunion oder auch die gravierende Schieflage des Systems, die dadurch entstand, dass wirtschaftlich starke Mitglieder der EU, wie Großbritannien, dem Währungsverbund fernblieben, hingegen andere, wie Griechenland, aufgenommen wurden, obgleich sie die Voraussetzungen nicht erfüllten.

Nach alledem ist das integrierte Europa heute erschöpft und kraftlos. Während des Kalten Krieges aus der Taufe gehoben und nie den Rahmenbedingungen der globalisierten Welt angepasst, muss es vor deren Herausforderungen kapitulieren. Das krasse Versagen in der sogenannten Flüchtlingskrise ist ein Beispiel, die Unfähigkeit, mit der neu belebten nationalen Idee angemessen umzugehen, ist ein anderes. Dabei tauchte sie nicht unerwartet auf. Für die jungen Staaten Ostmittel- und Südosteuropas war die Suche nach einer Lebensversicherung für ihre gerade erkämpfte nationale Identität das entscheidende Motiv, um sich der Europäischen Union und anderen inter-»nationalen« Organisationen anzuschließen. Das belebte auch in den Reihen ihrer etablierten Mitglieder den nationalen Gedanken neu. Jetzt kam zum Tragen, dass die Westeuropäer – einige wie die Deutschen mehr, andere weniger – den Nationalstaat zwar im Laufe der Jahrzehnte vergessen, tatsächlich aber nie aufgehoben, sondern sich gegen die Beschneidung seiner Souveränität gewehrt hatten. Wie der Aufstieg des Populismus zeigt, wird das eine Gratwanderung.

Denn die Grenzen zwischen gesundem nationalen Selbstbewusstsein und ausgrenzendem Nationalismus sind fließend.

So steht Europa an jenem Scheideweg, an dem mancher Beobachter die Gemeinschaft schon vor einem Vierteljahrhundert gesehen hat. Entweder man begnügt sich mit der Fortschreibung jener beispiellosen Erfolgsgeschichte, die Europa auf seinem ureigensten Feld, der Wirtschafts- und Handelspolitik, vorzuweisen hat, und verharrt so in der Stagnation. Oder man verhandelt Europa in einem Kreis dazu entschlossener Mitglieder von Grund auf neu und trägt damit den Herausforderungen einer Welt Rechnung, welche die einzelnen Nationen in jeder Hinsicht überfordert.

Die alles entscheidende Voraussetzung besteht in der überfälligen Kartographie der Wirklichkeit. Denn die hat mit den Gegebenheiten der zwischen Ost und West, Nord und Süd geteilten Welt kaum mehr etwas gemeinsam. 25 Jahre nach ihrem Untergang muss der Diagnose, sofern sie überhaupt schon gestellt und akzeptiert ist, die Therapie folgen. Mit einer Reparatur hier, einer Ergänzung dort ist es nicht getan. Die globalisierte Welt folgt anderen Regeln als die geteilte. Dass diese in vielen Bereichen nicht einmal geschrieben sind, macht die Lage nicht gerade einfacher.

Die »Vereinigung der europäischen Nationen«, von der Frankreichs Außenminister 1950 sprach und die heute wieder oder immer noch das Gebot der Stunde ist, verlangt nach einem neuen Grundlagenvertrag. Die Chancen, dass er gelingt, stehen nicht schlecht, zumal das über Jahrzehnte gewachsene Konvolut von Absprachen, Vereinbarungen und Verträgen ja nicht makuliert, wohl aber bei dieser Gelegenheit radikal entschlackt werden muss. In der Entstehungsphase ging es für die sechs Gründungsmitglieder um nicht weniger, als »dass der Jahrhunderte alte Gegensatz« namentlich zwischen Frankreich und Deutschland »ausgelöscht« wurde.[4] Nationen, die das nach zwei verheerenden Weltkriegen und während eines aufziehenden dritten geschafft haben, sollten auch die Kraft und die Phantasie aufbringen, sich gemeinsam den Herausforderungen einer Welt zu stellen, die sich am Abgrund bewegt. Es ist eine Chance. Man muss sie ergreifen.

Nachwort

Die internationalen Beziehungen sind komplex und dynamisch, vielschichtig und facettenreich. Das liegt in ihrer Natur. Und es liegt an zwei gegenläufigen Tendenzen. Einerseits hat sich die Zahl der Nationalstaaten seit 1917 von gut 50 auf über 200 fast vervierfacht. Insbesondere wegen der rasanten Entwicklung von Technik, Verkehr und Kommunikation, aber auch wegen der nicht minder rasanten Zerstörung der natürlichen Umwelt haben allerdings im selben Zeitraum die Möglichkeiten nationaler Problemlösung ständig abgenommen, und das bedeutet im Umkehrschluss: Jede nationale Krise hat das Potential eines internationalen Konflikts. Auch deshalb ist die Welt im Krieg.

Wer Geschichte, Gegenwart und Zukunft der internationalen Beziehungen erfassen und durchdringen will, muss seine Ergebnisse auf den Prüfstand stellen. Immer wieder. Dafür bedarf es fordernder und erfahrener Gesprächspartner. Ich hatte das Privileg, 35 Jahre lang im Auswärtigen Amt für die historische Ausbildung der Attachés verantwortlich zu sein und die Jahr für Jahr aufs Neue begonnenen Gespräche mitunter über Jahrzehnte fortführen zu können. Von keiner zweiten beruflichen Erfahrung habe ich so profitiert wie von dieser. Dafür bin ich sehr dankbar.

Dankbar bin ich auch Dr. Matthias Braun, Dr. Dimitrios Gounaris und Dr. Claus W. Schäfer für ihre vielfältige Unterstützung, Thomas Rathnow und Julia Hoffmann für das Engagement des Verlags und Ditta Ahmadi für das kreative Lektorat.

Gregor Schöllgen
Erlangen, im Sommer 2017

ANHANG

Anmerkungen

Prolog

1 George Orwell, »You and the Atom Bomb«, zitiert nach: *The Complete Works of George Orwell*, Bd. 17: *I Belong to the West*, hrsg. von Peter Davison, London 1998, S. 319ff., Zitat S. 321. Das Bild des bolschewistischen Terrors zeichnete Orwell 1945 in seiner Fabel *Farm der Tiere*.

Kapitel 1

1 Michail Gorbatschow, *Erinnerungen*, Berlin 1995, S. 203 und 323.
2 Sebastian Haffner, *Der Teufelspakt. Die deutsch-russischen Beziehungen vom Ersten zum Zweiten Weltkrieg*, Zürich ⁴1994, S. 26.
3 Ludwig Dehio, »Deutschland und die Epoche der Weltkriege«, in: *Historische Zeitschrift* 173 (1952), S. 77–94, Zitat S. 80.
4 Sebastian Haffner, *Von Bismarck zu Hitler. Ein Rückblick*, München 1987, S. 47.
5 *Hansard's Parliamentary Debates*. Third Series, Bd. 204, S. 81.
6 George F. Kennan, *Bismarcks europäisches System in der Auflösung. Die französisch-russische Annäherung 1875 bis 1890*, Frankfurt a. M./Berlin/Wien 1981, S. 12.
7 Das schrieb der Reichskanzler am 30. Juli 1912 an den deutschen Botschafter in St. Petersburg, zitiert nach: Gregor Schöllgen, *Imperialismus und Gleichgewicht. Deutschland, England und die orientalische Frage 1871–1914*, München ³2000, S. 439.
8 Dekret über den Frieden, in: *Handbuch der Verträge 1871–1964. Verträge und andere Dokumente aus der Geschichte der internationalen Beziehungen*, hrsg. von H. Stoecker, Berlin [Ost] 1968, S. 164ff., Zitat S. 164.
9 Gottfried-Karl Kindermann, *Der Aufstieg Ostasiens in der Weltpolitik 1840-2000*, Stuttgart/München 2001, S. 118f.
10 Christian Teichmann, *Macht und Unordnung. Stalins Herrschaft in Zentralasien 1920–1950*, Hamburg 2016, S. 243.

Kapitel 2

1 Margaret MacMillan, *Die Friedensmacher. Wie der Versailler Vertrag die Welt veränderte*, Berlin 2015, S. 602.
2 *Der Friedensvertrag zwischen Deutschland und der Entente*. Vollständige Volksausgabe der amtlichen deutschen Übertragung. Im Auftrage des Auswärtigen Amtes, Charlottenburg 1919, Artikel 231.
3 Ebd., Artikel 43.
4 Ebd., Artikel 80.
5 Ebd., Artikel 104.

6 W. I. Lenin, *Sämtliche Werke*, Bd. 25, Wien/Berlin 1930, S. 635f.

7 Haffner, *Teufelspakt*, S. 110.

8 *Reichsgesetzblatt Teil II*, Jahrgang 1922, S. 677f.

9 *Ursachen und Folgen. Vom deutschen Zusammenbruch 1918 und 1945 bis zur staatlichen Neuordnung Deutschlands in der Gegenwart. Eine Urkunden- und Dokumentensammlung zur Zeitgeschichte*, hrsg. von Herbert Michaelis u. a., 26 Bde., Berlin [1958ff.], Bd. 6, Nr. 1375.

10 Eine Rede Stresemanns über seine Locarno-Politik, in: *Vierteljahrshefte für Zeitgeschichte* 15 (1967), S. 416–436, Zitat S. 418.

11 Paul Schmidt, *Statist auf diplomatischer Bühne 1923–45. Erlebnisse des Chefdolmetschers im Auswärtigen Amt mit den Staatsmännern Europas*, Bonn 1949, S. 320.

12 *Akten zur deutschen auswärtigen Politik 1918–1945. Aus dem Archiv des Auswärtigen Amtes*, Baden-Baden bzw. Göttingen 1951ff. (= *ADAP*) D VI, Nr. 758.

13 Die Bundesregierung, Mitschrift Pressekonferenz im Wortlaut: Pressekonferenz von Bundeskanzlerin Merkel und Staatspräsident Putin am 10. Mai 2015 in Moskau.

14 Kindermann, *Der Aufstieg Ostasiens in der Weltpolitik*, S. 99.

15 21 Forderungen Japans an China, in: *Handbuch der Verträge 1871–1964*, S. 145ff., Zitat S. 147.

16 MacMillan, *Die Friedensmacher*, S. 439.

17 Neunmächtepakt von Washington über China, in: *Handbuch der Verträge 1871–1964*, S. 223ff., Zitat S. 224.

18 Kindermann, *Der Aufstieg Ostasiens in der Weltpolitik*, S. 177.

19 Ebd., S. 182. Es ging ja nicht nur um Europa, sondern unter anderem auch um den Nahen und Mittleren Osten.

Kapitel 3

1 Philipp Ther, *Die dunkle Seite der Nationalstaaten. »Ethnische Säuberungen« im modernen Europa*, Göttingen 2011, S. 11f.

2 Katrin Boeckh, *Von den Balkankriegen zum Ersten Weltkrieg. Kleinstaatenpolitik und ethnische Selbstbestimmung auf dem Balkan*, München 1996, S. 258.

3 Klaus Kreiser, *Atatürk. Eine Biographie*, München 2008, S. 98f.

4 *Handbuch der Verträge 1871–1964*, S. 231ff., Zitat S. 234.

5 Stephen P. Ladas, *The Exchange of Minorities. Bulgaria, Greece and Turkey*, New York 1932, S. 633ff.

6 Ther, *Die dunkle Seite der Nationalstaaten*, S. 81 und 83f.

7 Erwin Viefhaus, *Die Minderheitenfrage und die Entstehung der Minderheitenschutzverträge auf der Pariser Friedenskonferenz 1919. Eine Studie zur Geschichte des Nationalitätenproblems im 19. und 20. Jahrhundert*, Würzburg 1960, S. 74ff.

8 Der Friedensvertrag zwischen Bulgarien und den Alliierten und Assoziierten Mächten, nebst dem Schlußprotokoll gezeichnet in Neuilly-sur-Seine am 27. November 1919, ratifiziert in Paris am 9. August 1920, Berlin 1920, Artikel 56 § 2.

9 Carole Fink, *Defending the Rights of Others. The Great Powers, the Jews, and International Minority Protection, 1878–1938*, New York 2006, S. XV.

10 Włodzimierz Borodziej, *Geschichte Polens im 20. Jahrhundert*, München 2010, S. 131.

11 Der Minoritätenschutzvertrag zwischen den Alliierten und Assoziierten Hauptmächten und Polen, abgeschlossen am 28. Juni 1919, Artikel 7 und 9, in: Viefhaus, *Die Minderheitenfrage*, S. 231ff.

12 Gotthold Rhode, »Polen von der Wiederherstellung der Unabhängigkeit bis zur Ära der Volksrepublik 1918–1970«, in: *Handbuch der europäischen Geschichte*, hrsg. von Theodor Schieder, Bd. 7: *Europa im Zeitalter der Weltmächte*, S. 978ff., hier S. 1004f.

13 *ADAP*, D II, Nr. 107.

14 Ebd., Nr. 135.

15 *ADAP*, D VI, Nr. 40.

16 Adolf Hitler, *Reden und Proklamationen 1932–1945*. Kommentiert von einem deutschen Zeitgenossen, hrsg. von Max Domarus, 2 Bde., Neustadt a. d. A. 1962/63, Bd. 2, S. 1383 und 1391.

17 Ther, *Die dunkle Seite der Nationalstaaten*, S. 166.

18 R.M. Douglas, »*Ordnungsgemäße Überführung*«. Die Vertreibung der Deutschen nach dem Zweiten Weltkrieg, München 2012, S. 90 und 113.

19 Gesetz betreffend das Abkommen vom 28. Juli 1951 über die Rechtsstellung der Flüchtlinge, in: *Bundesgesetzblatt*, Teil II, Nr. 19, 24. November 1953.

20 Gesetz vom 8. Mai 1946 über die Rechtmäßigkeit von Handlungen, die mit dem Kampf um die Wiedergewinnung der Freiheit der Tschechen und Slowaken zusammenhängen, in: *Dokumentation der Vertreibung der Deutschen aus Ostmitteleuropa* […], hrsg. von Theodor Schieder, Bd. IV/I: *Die Vertreibung der Deutschen Bevölkerung aus der Tschechoslowakei*, Berlin 1957, S. 291.

21 Mitteilung über die Drei-Mächte-Konferenz von Berlin, 2. August 1945, in: *Handbuch der Verträge 1871–1964*, S. 378ff., Zitat S. 388.

22 Ther, *Die dunkle Seite der Nationalstaaten*, S. 183 und 185.

23 Ebd., S. 192ff.

Kapitel 4

1 David Bergamini, *Japan's Imperial Conspiracy*, New York 1971, S. 4 und 44.

2 Haile Selassie im Interview mit: *Le Figaro*, 25./26. März 1959, zitiert nach: Asfa-Wossen Asserate, *Der letzte Kaiser von Afrika. Triumph und Tragödie des Haile Selassie*, Berlin 2014, S. 143.

3 Haile Selassie, Rede vor dem Völkerbund, 30. Juni 1936, in: *League of Nations Official Journal*. Special Supplement No. 151, Genf 1936, S. 22ff., Zitat S. 25.

4 Zitiert nach: Andreas Hillgruber, *Deutschlands Rolle in der Vorgeschichte der beiden Weltkriege*, Göttingen [3]1986, S. 76f.

5 Ian Kershaw, *Höllensturz. Europa 1914 bis 1949*, München 2016, S. 490.

6 Hitler, *Reden und Proklamationen 1932–1945*, Bd. 2, S. 1391.

7 *Das Diensttagebuch des deutschen Generalgouverneurs in Polen 1939–1945*, hrsg. von Werner Präg und Wolfgang Jacobmeyer, Stuttgart 1975, S. 335.

8 *ADAP*, D XI/2, Nr. 532.

9 Generaloberst Halder, *Kriegstagebuch. Tägliche Aufzeichnungen des Chefs des Generalstabes des Heeres 1939–1942*, hrsg. vom Arbeitskreis für Wehrforschung; bearb. von Hans-Adolf Jacobsen, 3 Bde., Stuttgart 1962–1964, Bd. 2, S. 203.

10 Haffner, *Der Teufelspakt*, S. 151.

11 Zitiert nach: Walerij Danilow, »Hat der Generalstab der Roten Armee einen Präventivschlag gegen Deutschland vorbereitet?«, in: *Österreichische Militärische Zeitschrift* 31 (1993), S. 41–51, Zitat S. 49.

12 Halder, *Kriegstagebuch*, Bd. 2, S. 337.

13 Hans Buchheim u. a., *Anatomie des SS-Staates. Gutachten des Instituts für Zeitgeschichte*, Bd. 2: Martin Broszat u. a., *Konzentrationslager, Kommissarbefehl, Judenverfolgung*, Olten/Freiburg i.Br. 1965, S. 204.

14 Zitiert nach: Hans-Adolf Jacobsen, *1939–1945. Der Zweite Weltkrieg in Chronik und Dokumenten*, Darmstadt 1959, S. 572.

15 Stellungnahmen und Gedanken zum Generalplan Ost des Reichsführers SS, 27. April 1942, zitiert nach: »Der Generalplan Ost«, hrsg. von Helmut Heiber, in: *Vierteljahrshefte für Zeitgeschichte* 6 (1958), S. 281–325, Zitate S. 297ff.

16 So hält es eine Aktennotiz einer Besprechung der an den kriegswirtschaftlichen Planungen beteiligten Ressorts und der Wehrmacht vom 2. Mai 1941 fest: *Der Prozess gegen die Hauptkriegsverbrecher vor dem Internationalen Militärgerichtshof. Nürnberg, 14. November 1945–1. Oktober 1946*, 42 Bde., Nürnberg 1947–1949 (= IMT), Bd. 31, S. 84.

17 *ADAP*, D X, Nr. 101.

18 *IMT*, Bd. 26, S. 267.

19 *Die Tagebücher von Joseph Goebbels*. Im Auftrag des Instituts für Zeitgeschichte hrsg. von Elke Fröhlich, Teil II: Diktate 1941–1945, Bd. 2: Oktober-Dezember 1941, München u. a. 1996, S. 498.

20 *ADAP*, E III, Nr. 209.

21 *ADAP*, E I, Nr. 150.

22 Nikolaus Wachsmann, *KL. Die Geschichte der nationalsozialistischen Konzentrationslager*, München 2016, S. 341.

23 Ulrich Herbert, *Das Dritte Reich. Geschichte einer Diktatur*, München 2016, S. 75.

24 *Staatsmänner und Diplomaten bei Hitler. Vertrauliche Aufzeichnungen und Unterredungen mit Vertretern des Auslandes 1939–1941*, hrsg. von Andreas Hillgruber, 2 Bde., Frankfurt a. M. 1967/70, Bd. 2, S. 546.

25 Hitler, *Reden und Proklamationen 1932–1945*, Bd. 2, S. 1764.

26 Halder, *Kriegstagebuch*, Bd. 3, S. 295.

27 Werner Maser, *Hitlers Briefe und Notizen. Sein Weltbild in handschriftlichen Dokumenten*, Düsseldorf/Wien 1973, S. 375.

28 Bundesministerium der Finanzen, Referat V B 4, Leistungen der öffentlichen Hand auf dem Gebiet der Wiedergutmachung, Stand 31. Dezember 2015.

29 Albert Speer, *Erinnerungen*, Frankfurt a. M./Berlin 1969, S. 446.

30 Herbert, *Das Dritte Reich*, S. 120.

31 Norman M. Naimark, *The Russians in Germany. A History of the Soviet Zone of Occupation, 1945–1949*, Cambridge, Mass., 1995, S. 133.

32 Zitiert nach: Bogdan Musial, *Kampfplatz Deutschland. Stalins Kriegspläne gegen den Westen*, Berlin 2008, S. 280.

33 Mao Tse-tung, »Strategie des chinesischen revolutionären Krieges«, in: ders., *Theorie des Guerillakrieges oder Strategie der Dritten Welt*, Reinbek 1966, S. 35ff., hier S. 94f.

34 Henry Kissinger, *China. Zwischen Tradition und Herausforderung*, München 2011, S. 107.

35 Jürgen Osterhammel, *China und die Weltgesellschaft. Vom 18. Jahrhundert bis in unsere Zeit*, München 1989, S. 344.

36 Jonathan D. Spence, *Chinas Weg in die Moderne*, München/Wien 1995, S. 688.

37 Osterhammel, *China und die Weltgesellschaft*, S. 375.

38 Kindermann, *Der Aufstieg Ostasiens in der Weltpolitik*, S. 507.

39 Spence, *Chinas Weg in die Moderne*, S. 694.

Kapitel 5

1 Dokumente der Konferenz von Jalta, in: *Handbuch der Verträge*, S. 335ff., Zitat S. 343f.

2 D.A. Rosenberg, »U.S. nuclear stockpile, 1945 to 1950«, in: *The Bulletin of the Atomic Scientists* 38 (1982), S. 25ff., Zitat S. 30.

3 Zitiert nach David Holloway, *Stalin and the Bomb. The Soviet Union and Atomic Energy 1939–1956*, New Haven/London 1994, S. 266.

4 *Archiv der Gegenwart*, Bd. 11ff., Wien u. a. 1941ff. (= *AdG*) 23 (1953), S. 4110.

5 *Europa-Archiv*, Bd. 1ff., Oberursel bzw. Bonn 1946ff. (=*EA*) 1 (1946/47), S. 344.

6 Milovan Djilas, *Gespräche mit Stalin*, Frankfurt a. M. 1962, S. 146.

7 *EA* 4 (1949), S. 2115.

8 Department of Justice. Civil Division: Radiation Exposure Compensation System. Claims to Date Summary of Claims Received by 10/19/2014. All Claims.

9 Nachweise im Einzelnen bei Gregor Schöllgen, *Geschichte der Weltpolitik von Hitler bis Gorbatschow 1941–1991*, München 1996, S. 169f.

10 Reiner Grundmann, *Transnationale Umweltpolitik zum Schutz der Ozonschicht. USA und Deutschland im Vergleich*, Frankfurt a. M. 1999, S. 76.

11 Susan Solomon u. a., »Emergence of healing in the Antarctic ozone layer«, in: *Science*, 30. Juni 2016.

12 *EA* 23 (1968), D. 321ff., Zitat D. 325.

13 Willy Brandt, *Friedenspolitik in Europa*, Frankfurt a. M. 1968, S. 179.

14 Michael R. Beschloss, *Powergame. Kennedy und Chruschtschow. Die Krisenjahre 1960–1963*, Düsseldorf 1991, S. 326.

15 Osterhammel, *China und die Weltgesellschaft*, S. 375.

16 Der Aufenthalt Franklin D. Roosevelts auf der Krim im Februar 1945 fand unter den äußeren Umständen des Zweiten Weltkriegs statt und hatte folglich einen anderen Stellenwert.

17 *EA* 27 (1972), D. 289ff., Zitat D. 290.

18 The White House. Briefing Room, Speeches & Remarks: Remarks By President Barack Obama In Prague As Delivered, 5. April 2009.

19 *Zeit Online*, 16. September 2016: »Ex-Außenminister Powell: Israel hat 200 Atomsprengköpfe«.

Kapitel 6

1 Zitiert nach Department of State, *The China White Paper August 1949* [...], New Introduction by L. P. Van Slyke, Stanford 1967, S. XVII.

2 United Nations, Department of Public Information, *Yearbook 1950*, S. 230.

3 Zitiert nach Bernd Bonwetsch/Peter M. Kuhfus, »Neue Quellen zum Eintritt Chinas in den Koreakrieg (Juni–Oktober 1950)«, in: *Vierteljahrshefte für Zeitgeschichte* 34 (1986), S. 269ff., hier S. 274 bzw. 277.

4 *Chruschtschow erinnert sich*, hrsg. von Strobe Talbott, Reinbek 1971, S. 373f.; *Cold War International History Project Bulletin*, Washington 1992ff. (= CWIHPB) 3 (1993), S. 15ff.; ebd. 4 (1994), S. 61.

5 Gottfried-Karl Kindermann, *Der Aufstieg Koreas in der Weltpolitik. Von der Landesöffnung bis zur Gegenwart*, München 2005, S. 122.

6 *Foreign Relations of the United States. Diplomatic Papers*, 1945ff., Washington 1967ff. (= FRUS) 1950/VII, S. 1148f.

7 Ebd., S. 1041f.

8 *History of Joint Chiefs of Staff: The Joint Chiefs of Staff and National Policy*, Vol. III: 1950–1951. The Korean War, Part One, Washington 1998, S. 254.

9 *AdG* 20 (1950), S. 2587f.

10 Konrad Adenauer, *Erinnerungen 1945–1953*, Stuttgart 1965, S. 359.

11 *EA* 5 (1950), S. 3518f.

12 *FRUS* 1948/VI, S. 48f.

13 *Das Überleben sichern. Der Brandt-Report. Bericht der Nord-Süd-Kommission*, Frankfurt a. M. u. a. 1981, S. 66.

14 Die Konferenz von Bandung, in: *Handbuch der Verträge 1871–1964*, S. 592ff., Zitat S. 593.

15 Kindermann, *Der Aufstieg Ostasiens in der Weltpolitik*, S. 375.

16 Abweichende Erklärung des Vertreters der Vereinigten Staaten von Amerika vom 21. 7. 1954 zu den Genfer Vereinbarungen vom 20. und 21. 7. 1954, in: *Handbuch der Verträge 1871–1964*, S. 565.

17 Marc Frey, *Geschichte des Vietnamkriegs. Die Tragödie in Asien und das Ende des amerikanischen Traums*, München [8]2006, S. 40.

18 Zu den Verträgen im Einzelnen: Gregor Schöllgen, *Deutsche Außenpolitik. Von 1945 bis zur Gegenwart*, München 2013, S. 52ff.

19 *AdG* 24 (1954), S. 4804.

20 *EA* 3 (1948), S. 1263.

21 Adenauer, *Teegespräche 1950–1954*, bearbeitet von H. J. Küsters, Berlin 1984, S. 293.

22 *EA* 6 (1951), S. 4552f.

23 Kissinger, *China*, S. 141.

Kapitel 7

1 Hubertus Knabe, *17. Juni 1953. Ein deutscher Aufstand*, Berlin 2003, S. 334ff.

2 Wladimir K. Wolkow, »Die deutsche Frage aus Stalins Sicht (1947‑ 1952)«, in: *Zeitschrift für Geschichtswissenschaft* 48 (2000), S. 20ff., Zitat S. 45.

3 Wilfriede Otto, »Sowjetische Deutschlandnote 1952. Stalin und die DDR. Bisher unveröffentlichte Notizen Wilhelm Piecks«, in: *Beiträge zur Geschichte der Arbeiterbewegung* 3/1991, S. 374ff., Zitat S. 378.

4 Kommuniqué des Politbüros vom 9. Juni 1953, in: *Dokumente der SED*, Bd. IV, Berlin [Ost] 1954, S. 428ff., Zitat S. 428.

5 Erklärung des Regierenden Bürgermeisters von Berlin, 13. August 1961, in: *Dokumente zur Deutschlandpolitik*, hrsg. vom Bundesministerium für innerdeutsche Beziehungen, Frankfurt a. M. 1976, S. 18.

6 Georg von Rauch, *Geschichte der Sowjetunion*, Stuttgart ⁷1987, S. 509.

7 Zitiert nach: Dietrich A. Loeber, »Die Ereignisse in Ungarn und die sowjetische Definition der Aggression«, in: *EA* 11 (1956), S. 9355.

8 Pressekonferenz vom 18. Dezember 1956, in: *Department of State: Bulletin*, 7. Januar 1957, S. 3f.

9 *CWIHPB* 4 (1994), S. 68.

10 *EA* 23 (1968), D. 391.

11 Ebd., D. 451f.

12 Willy Brandt, *Begegnungen und Einsichten. Die Jahre 1960–1975*, Hamburg 1976, S. 283.

13 Mark Kramer, »Poland, 1980–81. Soviet Policy During the Polish Crisis«, in: *CWIHPB* 5 (1995), S. 1 und 116ff., Zitat S. 118.

14 Michael Kubina/Manfred Wilke (Hrsg.), »*Hart und kompromißlos durchgreifen«. Die SED contra Polen 1980/81. Geheimakten* […], Berlin 1995, S. 197ff. und 204ff.

15 Sitzung des Politbüros des Zentralkomitees der KPdSU, 10. Dezember 1981, in: *CWIHPB* 5 (1995), S. 134ff.

16 *Akten zur Auswärtigen Politik der Bundesrepublik Deutschland*, hrsg. im Auftrag des Instituts für Zeitgeschichte, 1953 und 1962ff., München 1994ff. (= *AAPD*) 1984, Nr. 95, Anm. 19.

17 Brandt, *Begegnungen und Einsichten*, S. 420.

18 *AAPD* 1966, Nr. 298.

19 Zitiert nach: Walter Isaacson, *Kissinger. Eine Biographie*, Berlin 1993, S. 340.

20 *Frankfurter Allgemeine Zeitung* (= *FAZ*), 31. Mai 2016: »Gemeinsam gegen die ›Terroristen‹«.

21 *The New York Times*, 21. November 1995: »Where Is Che Guevara Buried? A Bolivian Tells«.

Kapitel 8

1 Mao Tse-tung, »Strategie des chinesischen revolutionären Krieges«, S. 87.

2 Kindermann, *Der Aufstieg Ostasiens in der Weltpolitik*, S. 518f.

3 *AdG* 34 (1964), S. 11362.

4 Jeanne Mager Stellman u. a., »The extent and patterns of usage of Agent Orange and other herbicides in Vietnam«, in: *Nature* 422 (2003), S. 681ff.

5 Joseph P. Hupy, »The Environmental Footprint of War«, in: *Environment and History* 14 (2008), S. 405ff., hier S. 415f.

6 Martina Lenzen-Schulte, »Agent Orange ist noch im Dienst«, in: *FAZ*, 17. August 2016.

7 *AAPD* 1961, Nr. 140, Anm. 6.

8 Wie Anm. 5.

9 Kindermann, *Der Aufstieg Ostasiens in der Weltpolitik*, S. 562f.

10 Zitiert nach: Ernst-Otto Czempiel, *Machtprobe. Die USA und die Sowjetunion in den achtziger Jahren*, München 1989, S. 77.

11 Kindermann, *Der Aufstieg Ostasiens in der Weltpolitik*, S. 566.

12 Kissinger, *China*, S. 378ff.

13 Sitzung des Politbüros des Zentralkomitees der KPdSU, 17. März 1979, in: *CWIHPB*, Nr. 8/9 (1996/97), S. 136ff., Zitate S. 137 und 141.

14 Nicht datierte persönliche Note Andropows für Breschnew, ebd., S. 159.

15 Odd Arne Westad, »Prelude to Invasion: The Soviet Union and the Afghan Communists, 1978–1979«, in: *The International History Review* 16 (1994), S. 49ff., hier S. 63 und 68.

16 *AAPD* 1987, Nr. 22.

17 *EA* 35 (1980), D. 103f.

18 Conrad Schetter, *Kleine Geschichte Afghanistans*, München [2]2007, S. 102ff., Zitat S. 104.

19 Sitzung des Politbüros des Zentralkomitees der KPdSU, 13. November 1986, in: *CWIHPB*, Nr. 8/9 (1996/97), S. 178ff., Zitat S. 178.

20 Schetter, *Kleine Geschichte Afghanistans*, S. 112.

21 Mao Tse-tung, »Strategische Fragen im Guerillakrieg gegen Japan«, in: ders., *Theorie des Guerillakrieges*, S. 103ff., Zitat S. 106.

Kapitel 9

1 Zitiert nach: *Bericht über Palästina. Erstattet durch die Britische Königliche Palästina-Kommission unter dem Vorsitz von Earl Peel und auf Befehl Seiner Britischen Majestät vom Staatssekretär für die Kolonien dem Britischen Parlament vorgelegt im Juli 1937*, Berlin 1937, S. 25.

2 Konrad Adenauer, *Erinnerungen 1959–1963. Fragmente*, Stuttgart 1968, S. 35.

3 Pressekonferenz vom 27. November 1967, in: Charles de Gaulle, *Discours et Messages 5: Vers Le Terme* (Janvier 1966–Avril 1969), Paris 1970, S. 227ff., Zitat S. 232.

4 Franz Josef Strauß, *Die Erinnerungen*, Berlin 1989, S. 341ff.

5 *AAPD* 1965, Nr. 2.

6 *Bulletin*, hrsg. vom Presse- und Informationsamt der Bundesregierung, Berlin, 18. März 2008.

7 *AdG* 26 (1956), S. 6084f.

8 *EA* 12 (1957), S. 9785.

9 Peter J. Opitz (Hrsg.), *Das Weltflüchtlingsproblem. Ursachen und Folgen*, München 1988, S. 202.

10 *Newsweek*, 9. April 1973: »Egypt: Heading for War«.

11 Bill Clinton, *My Life*, New York 2004, S. 944.

12 *FAZ*, 1. September 2014: »Der überflüssige Krieg«.

13 *FAZ*, 12. Juli 2016: »Legosteine im Bunker«.

14 Michael Brzoska/Thomas Ohlson, *Arms Transfers to the Third World, 1971–85*, Oxford/New York 1987, S. 191–195.

15 Das bilanzierte der deutsche Botschafter in Bagdad im Mai 1987, also 15 Monate vor Unterzeichnung des Waffenstillstands: *AAPD* 1987, Nr. 152, Anm. 1.

16 James A. Baker, III, *The Politics of Diplomacy. Revolution, War and Peace 1989–1992*, New York 1995, S. 359.

17 The White House: President Says Saddam Hussein Must Leave Iraq Within 48 Hours. Remarks by the President in Address to the Nation, 17. März 2003.

Kapitel 10

1 David van Reybrouck, *Kongo. Eine Geschichte*, Berlin 2013, S. 490.

2 Dominic Johnson, *Kongo: Kriege, Korruption und die Kunst des Überlebens*, Frankfurt a. M. [3]2014, S. 69.

3 Alison Des Forges, *Kein Zeuge darf überleben. Der Genozid in Ruanda*, Hamburg 2002, S. 20.

4 Ebd., S. 198 und 34.

5 *FAZ*, 27. August 1998: »Ein ›Tutsi-Land‹ in Zentralafrika?«. Der Bericht stammt vom Afrika-Korrespondenten der *FAZ*, Robert von Lucius. Ihm und seinem Nachfolger Thomas Scheen ist die dichte, kenntnisreiche Berichterstattung über den ruandischen Völkermord und die diesem folgenden drei Kongokriege zu danken.

6 Helmut Strizek, »Das Arusha-Gericht. Die schwierige juristische Aufarbeitung einer Katastrophe. Eine vorläufige Zwischenbilanz«, in: Theodor Hanf u. a. (Hrsg.), *Entwicklung als Beruf*. Festschrift für Peter Molt, Baden-Baden 2009, S. 202ff., Zitat S. 204.

7 Hans Christoph Buch, »Kollateralschaden Kongo. Eine afrikanische Tragödie«, in: *FAZ*, 6. Juni 2005.

8 Des Forges, *Kein Zeuge darf überleben*, S. 35.

9 Johnson, *Kongo*, S. 70f.

10 *FAZ*, 10. November 2007: »Hutu gegen Tutsi, diesmal in Kongo«.

11 *AAPD* 1984, Nr. 248.

12 Johnson, *Kongo*, S. 43 und 55.

13 Theodor Hanf, »Herrscher, Söldner, Demokraten. Vom Kongo zum Zaire und zurück«, in: *FAZ*, 14. Juni 1997.

14 Johnson, *Kongo*, S. 74.

15 Peter Molt, »Der schwierige Frieden in der Region der Großen Seen Afrikas«, in: Konrad-Adenauer-Stiftung, *Auslandsinformationen* 2/2009, S. 27ff., Zitat S. 38.

16 United Nations. Human Rights. Office of the High Commissoner, Democratic Republic oft the Congo, 1993–2003 […], August 2010, S. 14 und 18.

17 Reybrouck, *Kongo*, S. 498.

18 *FAZ*, 23. Oktober 1998: »Zimbabwe beginnt eine weitere Offensive im Kongo-krieg«.

19 United Nations Security Council, Final report of the Panel of Experts on the Illegal Exploitation of Natural Resources and Other Forms of Wealth of the Democratic Republic of the Congo, 16. Oktober 2002.

20 Wie Anmerkung 5.

21 United Nations. Security Council, Resolution 1291 (2000). Adopted by the Security Council at its 4104th meeting, on 24 February 2000.

22 *Süddeutsche Zeitung* (= *SZ*), 26. Juli 2002: »Im Urwald des Horrors«.

23 Johnson, *Kongo*, S. 100.

24 United Nations. Security Council, Third Report of the Secretary General on the United Nations Organization Mission in the Democratic Republic of the Congo, 12. Juni 2000.

25 *SZ*, 25./26. November 2011: »Bunt und tödlich«.

26 Lakhdar Brahimi im Interview mit: *FAZ*, 6. Juni 2006.

27 *FAZ*, 30. Juni 2015: »Mädchen bei lebendigem Leib verbrannt«; *FAZ*, 9. Juli 2016: »Junges Land ohne Zukunft«.

28 *FAZ*, 22. Dezember 2008: »Mugabe: Zimbabwe gehört mir«.

29 *FAZ*, 31. März 2012: »Afrikas junge Demokraten«.

30 *SZ*, 13./14. November 2004: »Rasse als Waffe«.

Kapitel 11

1 Lawrence Wright, *Der Tod wird euch finden. Al-Qaida auf dem Weg zum 11. September*, München 2008, S. 142.

2 Zitiert nach ebd., S. 185.

3 Jamal Khashoggi, »Osama offered to form army to challenge Saddam's forces: Turki«, in: *Arab News*, 7. November 2001.

4 Peter L. Bergen, *Heiliger Krieg Inc. Osama bin Ladens Terrornetz*, Berlin 2003, S. 32f. und 37. Bergen führte das Interview gemeinsam mit Peter Arnett von CNN.

5 Steve Coll, *Die Bin Ladens. Eine arabische Familie*, München 2008, S. 511f.

6 Ebd., S. 513.

7 Louise Shelley, »Schmutzige Verstrickungen. Der globale Terrorismus und das organisierte Verbrechen«, in: Konrad-Adenauer-Stiftung, *Auslandsinformationen* 1/2016, S. 89ff.

8 Wright, *Der Tod wird euch finden*, S. 408.

9 *FAZ*, 14. Mai 2016: »Kabuls Pakt mit dem Kriegsherrn«.

10 Ahmed Rashid, *Taliban. Afghanistans Gotteskämpfer und der neue Krieg am Hindukusch*, München [2]2011, S. 21.

11 Ebd., S. 340.

12 *Spiegel Online*, 17. Mai 2016: »Mehr als 37 000 afghanische Familien fliehen vor Gefechten«.

13 *New York Times*, 15. Oktober 2015: »In Reversal. Obama Says U.S. Soldiers Will Stay in Afghanistan to 2017«.

14 Jeffrey Goldberg, »The Obama Doctrine. The U.S. President Talks Through

His Hardest Decisions About Amarica's Role in the World«, in: *The Atlantic*, April 2016, S. 1ff., Zitate S. 13f.

15 Guido Steinberg, *Kalifat des Schreckens. IS und die Bedrohung durch den islamistischen Terror*, München 2015, S. 41.

16 Ebd., S. 73.

17 Jenna McLaughlin, »Was Iraq's Top Terrorist Radicalized at a US-Run Prison?«, in: *Mother Jones*, 11. Juli 2014.

18 Steinberg, *Kalifat des Schreckens*, S. 15.

19 Christoph Reuter, *Die Schwarze Macht. Der »Islamische Staat« und die Strategen des Terrors*, München 2015, S. 173.

20 Steinberg, *Kalifat des Schreckens*, S. 106.

21 Reuter, *Die Schwarze Macht*, S. 9, 23 und 33.

22 United Nations. Security Council, 24. September 2014: Resolution 2178 (2014).

23 *SZ*, 18./19. Juni 2016: »Krieg im Internet«.

24 Issandr El Amrani, »How Much of Libya Does the Islamic State Control?«, in: *Foreign Policy*, 18. Februar 2016.

25 Daniel Byman, »ISIS Goes Global. Fight the Islamic State by Targeting Its Affiliates«, in: *Foreign Affairs* 95 (2016), S. 76ff., hier S. 78.

26 *FAZ*, 9. März 2015: »Boko Haram und der ›Islamische Staat‹«.

27 Mike Smith, *Boko Haram. Der Vormarsch des Terror-Kalifats*, München 2015, S. 26f.

28 Jan Sändig, »Boko Haram: Lokaler oder transnationaler Terrorismus?«, in: *Aus Politik und Zeitgeschichte* 24–25/2016, S. 33ff., hier S. 36.

29 Abdul Raufu Mustapha, Ethnic Structure, »Inequality and Governance of the Public Sector in Nigeria«, in: United Nations Research Institute for Social Development, *Democracy, Governance and Human Rights Programme Paper* No. 24, November 2006, S. 12.

30 Smith, *Boko Haram*, S. 80.

31 Shelley, »Schmutzige Verstrickungen«, S. 97.

Kapitel 12

1 Patrick Kingsley, *Die Neue Odyssee. Eine Geschichte der europäischen Flüchtlingskrise*, München 2016, S. 43.

2 *FAZ*, 14. Juni 2016: »Der Tod an Bord«.

3 *FAZ*, 9. Juni 2016: »Das Ende des Generals«.

4 The World Bank, *Press Release*, 18. Dezember 2015: »International Migration at All-Time High«.

5 Jürgen Osterhammel, *Die Verwandlung der Welt. Eine Geschichte des 19. Jahrhunderts*, München ²2009, S. 238.

6 UNHCR, *Global Trends. Forced Displacement in 2015*, 20. Juni 2016.

7 UNHCR, *Mid-Year Trends 2015*.

8 Kingsley, *Die Neue Odyssee*, S. 188.

9 Ebd., S. 192ff. und 233.

10 *IAB-Kurzbericht* 24/2016: »IAB-BAMF-SOEP-Befragung von Geflüchteten: Flucht, Ankunft in Deutschland und erste Schritte der Integration«.

11 Elias Canetti, *Masse und Macht*, Bd. 1, München 1960 , S. 54f.

12 Hans-Peter Schwarz, *Die neue Völkerwanderung nach Europa. Über den Verlust politischer Kontrolle und moralischer Gewissheit*, München 2017, S. 17.

13 Ciğdem Akyol, *Erdoğan. Die Biographie*, Freiburg/Basel/Wien 2016, S. 13.

14 *FAZ*, 3. September 2016: »Überrollt«.

15 Die Bundesregierung: Pressekonferenz von Bundeskanzlerin Merkel zum Europäischen Rat am 26. Juni 2015. Mitschrift Pressekonferenz. Im Wortlaut.

Kapitel 13

1 Götz Aly, *Hitlers Volksstaat. Raub, Rassenkrieg und nationaler Sozialismus*, Frankfurt a. M. [5]2005, S. 318. Dort auch die zitierten Zahlen: S. 190, 317 und 324.

2 Anja Heuss, *Kunst- und Kulturraub. Eine vergleichende Studie zur Besatzungspolitik der Nationalsozialisten in Frankreich und der Sowjetunion*, Heidelberg 2000, S. 346.

3 Konstantin Akinscha/Grigori Koslow, *Beutekunst. Auf Schatzsuche in russischen Geheimdepots*, München 1995, S. 8.

4 *Hitlers Weisungen für die Kriegführung 1939–1945. Dokumente des Oberkommandos der Wehrmacht*, hrsg. von Walther Hubatsch, Frankfurt a. M. 1962, Nr. 41.

5 *NBC News*, 11. Dezember 2015: »ISIS Earned $ 500 Million From Selling Oil: Treasury Official«.

6 Ulrich Groenke, »Kabeljaukrieg«, in: *Island* 8 (2002), S. 24ff.

7 *AAPD* 1972, Nr. 137.

8 Carsten Schymik/Kai Striebinger, »Illegale, ungemeldete und unregulierte Fischerei«, in: Stormy-Annika Mildner (Hrsg.), *Konfliktrisiko Rohstoffe? Herausforderungen und Chancen im Umgang mit knappen Ressourcen*, Stiftung Wissenschaft und Politik, Berlin 2011, S. 77ff., hier S. 86.

9 Peter Brabeck-Letmathe im Interview mit: *SZ*, 16. August 2011.

10 *International Court of Justice, Press Release Unofficial*, Nr. 2016/16, 6. Juni 2016: »Chile Institutes Proceedings Against Bolivia With Regard to a Dispute Concerning the Status and Use of the Waters of the Silala River System«.

11 *Le Monde diplomatique*, 10. Dezember 2015: »Bolivien schaut zum Meer«.

12 *The Trumpet*, 11. Juni 2014: »Turkey Dries Up the Euphrat«.

13 Tobias von Lossow, »Wasser als Waffe: Der IS an Euphrat und Tigris«, *SWP-Aktuell* 94, November 2015, Zitat S. 8.

14 Susanne Neubert/Waltina Scheurmann, »Kein Blut für Wasser. Wasserknappheit muss nicht zu Kriegen führen«, in: *Internationale Politik* 3/2003, S. 31ff., hier S. 33.

15 Frank Kürschner-Pelkmann, »Wasser trennt – Wasser verbindet«, in: *afrika süd* 3/2013, S. 33ff.

16 Christiane Fröhlich, »Zur Rolle der Ressource Wasser in Konflikten«, in: *Aus Politik und Zeitgeschichte* 25/2006, S. 32ff., Zitat S. 35.

17 The International Bank of Reconstruction and Development, The Indus Waters Treaty, 19. September 1960.

18 *SZ*, 11./12. Juni 2016: »Gepanzerte Schatzkammer«.

19 Vertrag über die Antarktis, 1. Dezember 1959, in: *Handbuch der Verträge 1871–1964*, S. 673ff.

20 Björn Ahl, *Die Anwendung völkerrechtlicher Verträge in China*, Dordrecht u. a. 2009, S. 201, Anm. 58.

21 Helga Haftendorn, »Auf dünnem Eis. Fragile Sicherheit in der Arktis«, in: *Internationale Politik* 9/2009, S. 1ff.

22 Ebd.

23 *FAZ*, 6. August 2015: »Griff nach dem Nordpol«.

Kapitel 14

1 *EA* 44 (1989), D. 605.

2 *SZ*, 7./8. Mai 2016: »Der kalte Geist des alten Krieges«.

3 Hubert Seipel, *Putin. Innenansichten der Macht*, Hamburg 2015, S. 285.

4 *SZ*, 30./31. August 2014: »Der Traum von ›Neurussland‹«.

5 Zitiert nach *FAZ*, 2. Mai 2016: »Putins Ziele, Russlands Ideologie«.

6 Assoziierungsabkommen zwischen der Europäischen Union und ihren Mitgliedsstaaten einerseits und der Ukraine andererseits, in: Amtsblatt der Europäischen Union L 161/3, 29. Mai 2014.

7 Hermann Simon, »Armes Russland«, in: *FAZ*, 22. März 2014.

8 *Washington Post*, 25. März 2014: »Obama Dismisses Russia As ›Regional Power‹ Acting Out of Weakness«.

9 *FAZ*, 31. Januar 2017: »Lücken in der Abschreckung«.

10 Zitiert nach: Seipel, *Putin*, S. 23.

11 Stephanie Kleine-Ahlbrandt, »Chinas Expansion ins Meer«, in: *Le Monde diplomatique*, 9. November 2012.

12 *The Pacifc Chronicle*, 12. Dezember 2012: »Chinas Neun-Striche-Linie im Südchinesischen Meer«.

13 *Bundesgesetzblatt* 1994/II: Gesetz zu dem Seerechtsübereinkommen der Vereinten Nationen vom 10. Dezember 1982. Vom 2. September 1994.

14 *Frankfurter Allgemeine Sonntagszeitung*, 24. Mai 2015: »›Hauen Sie sofort ab!‹«.

15 *FAZ*, 21. Mai 2016: »Der Feind meines Feindes«.

16 *EA* 29 (1974), D. 285.

17 Margarete Klein/Kirsten Westphal, »Russlands Wende nach China«, *SWP-Aktuell*, September 2015.

18 Paul Schwartz, *Russia's Contribution to China's Surface Warfare Capabilities*, Center for Strategic and International Studies, August 2015.

19 *Deutsche Welle*, 24. November 2015: »Why Russia Needs China to Buy Its Weapons«.

20 Zitiert nach: Kindermann, *Der Aufstieg Ostasiens in der Weltpolitik*, S. 130.

21 Zitiert nach: Fritz T. Epstein, »Außenpolitik in Revolution und Bürgerkrieg, 1917–1920«, in: *Osteuropa-Handbuch. Sowjetunion. Außenpolitik 1917–1955*, hrsg. von Dietrich Geyer, Köln/Wien 1972, S. 86ff., Zitat S. 148.

Bilanz

1 Darauf hat für den Fall des deutschen Kaiserreichs Joachim Radkau aufmerksam gemacht: *Das Zeitalter der Nervosität. Deutschland zwischen Bismarck und Hitler*, München/Wien 1998.
2 *Das Überleben sichern. Der Brandt-Report.* Bericht der Nord-Süd-Kommission, Frankfurt a. M. u. a. 1981, S. 66.
3 *SZ*, 12./13. November 2016: »Wolke der Ignoranz«.
4 *EA* 5 (1950), S. 3091.

Personenregister

Geographisches Register

Bildnachweis